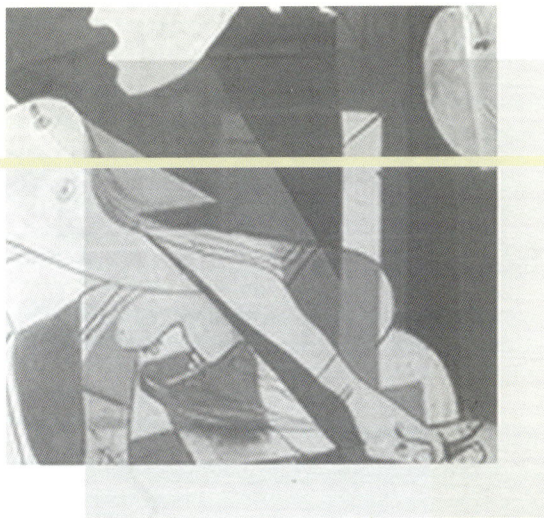

Yishuxue Shijiang

艺术学十讲

童焱 著

厦门大学出版社
XIAMEN UNIVERSITY PRESS
国家一级出版社
全国百佳图书出版单位

拉斐尔《雅典学院》

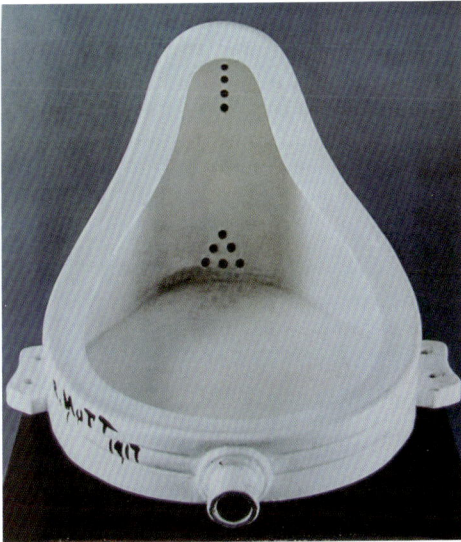

杜尚《泉》

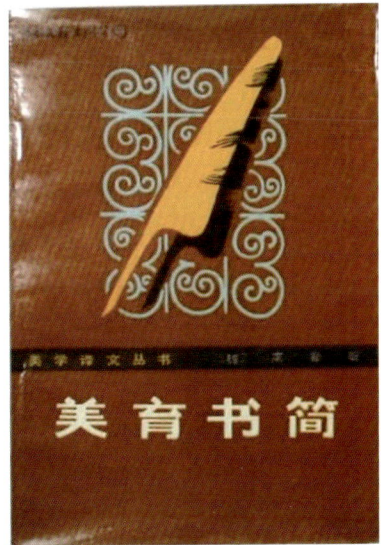

《美育书简》

阿尔塔米拉洞穴壁画

现代豫剧《朝阳沟》剧照

达·芬奇《蒙娜丽莎》

《断臂的维纳斯》

米勒《拾穗者》

齐白石《虾》

凡 高《向日葵》

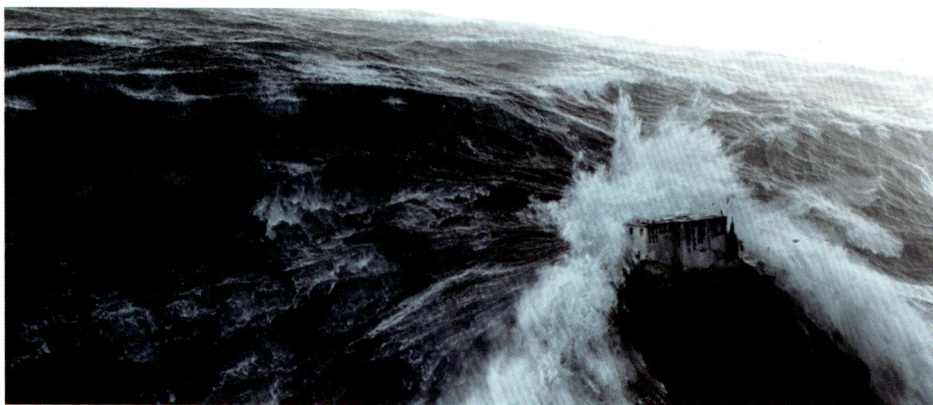

电影《2012》剧照

自　序

　　理论研究成果往往会滞后于现实活动，但这并不意味着没有必要去开展理论研究活动。我们开展理论研究的意义，并不是针对当下的难题，而是着眼于人类社会历史的整体发展。离开了它的承前启后、继往开来，不仅我们的各项现实行动会是盲目的，而且整个人类的社会实践活动也不可能拥有一个光明的未来。

　　艺术理论研究在现实中基本上是吃力不讨好的，因为艺术本是属于天才的事业，理论研究在这种现实面前会显得尤其苍白。但是，若想在现实中发展艺术事业，使其更好地服务于我们的生活，就必须开展关于艺术理论的各项研究工作。当然，在艺术理论的影响、教育和指导下成长起来的艺术家，不一定个个都会成为天才，可是在实际生活中，一项事业的正常发展，一定要在红花和绿叶相得益彰的表现中，才会显示出它盎然的生机。

　　通常情况下，理论家的工作任务就是解剖麻雀，区分事物，帮助大家认识、理解事物，把握其本质和发展规律。可是，艺术表现形式却是内容和形式高度统一的生命象征物，把这样一个极富生命品质的有机体及其发展历程说清楚、讲明白，确实很困难。但是，这件事再不容易，再吃力不讨好，也需要有人来做。否则，谈艺术的发展与未来，就是一句空话。

　　本书中探讨的十个艺术理论问题，是本人长期学习、思考艺术理论问题的结果，其中沉淀了不少我在教学和艺术体验活动中的发现和感悟。现在，我不揣浅薄把它们写出来，借这次出版机会，与大家分享和交流，希望能够得到学界同仁们的基本肯定和批评指正，也希望这本书能够为艺术教育事业的发展贡献绵薄之力。

　　是为序。

童焱

2014 年 10 月 1 日于西村卜二斋

目　录

引 言

　　说起艺术这个概念，现在估计没有人会说不知道。可是，要是问大家艺术是什么，能够说出个一二三的人并不多。大部分人都会一脸茫然地看着你，然后说："不知道！"

　　当然，大家做艺术，爱艺术，并不一定非得清楚艺术是什么。就像你在马路上问行人，哲学是什么，物理是什么，被问的人十有八九脑子都会发蒙，不知道该怎么回答一样，世上很多概念，你若不问，大家似乎都懂得，你若是一问，大家往往又一下子都不知道或不清楚了。况且，我们在日常生活中做事，按照正常的程序，也并不是得在弄清楚这件事情是什么以后才开始去做的。所以，对于一件事情的本质或一个概念的内涵，大家弄不清楚或者干脆就不知道，这在日常生活当中是一件很正常的事情，没什么好感觉难为情的。

　　然而，对于做理论研究的人来说，假如他们对于一些基本概念没有自己的认识，在一些大问题上没有达成共识，这就是工作能力上的缺陷，也是研究水平不够高超的表现。而对于那些想在实践和生活中少走冤枉路，希望提高劳动效率和生活品质的人来说，不去关心事物的本质和掌握事物的发展规律，做井底之蛙，是不行的。他们必须去学习、掌握必要的理论知识，并在实践和生活中检验和提高认识。

　　所以，理论研究工作对于人的社会生活的发展而言，是非常必要的。好的理论不仅能够指导实践，而且能够提高我们的生活品质。对于想要从事艺术实践活动的人和想要开展艺术人生的人来讲，如果他们不花时间去思考和认识那些关于艺术的本质和规律性的问题，就难以取得好的实践成果，过上能够充分体现审美品质的高雅生活。

　　那么，我们对于艺术的本质和规律又有哪些发现和认识呢？这些就是接下来我要重点介绍和讲述的内容。首先，我要讲讲艺术的本质问题。

第一讲

艺术本质论

迄今为止,对于艺术的本质问题的研究,我们通过实践观察和认识理解,已经获得了非常丰富的思想认识成果。它们都或多或少地影响了我们看待艺术文化的眼光,指导并促进了人类艺术实践活动的发展与繁荣。对于这些思想认识成果,我在这本书里不准备一一加以介绍。我只想介绍、说明其中几个具有代表性的思想理论,借此来抛砖引玉,一方面激发读者对艺术理论学习的兴趣,另一方面为接下来的思考学习活动打下思想和认识的基础。

第一节 艺术是模仿

艺术是模仿,这是西方艺术哲学史中非常有影响的理论学说。欧洲美学思想的奠基人、古希腊美学思想的集大成者亚里士多德对这个概念作出过深入而又科学的解释,19 世纪俄国美学家车尔尼雪夫斯基曾经说过:"他的概念竟雄霸了二千余年。"①

古希腊是欧洲文明发展的摇篮,在这里产生的历史文化,不仅对后来欧洲文化的发展产生了巨大的影响,而且对世界文化的发展产生了积极的推动作用。就艺术文化的发展而言,古希腊人对于艺术,不仅喜爱,还相当重视。其表现是,他们一方面让缪斯女神来管理这个领域,另一方面还通过哲学家们的讨论来帮助人们提高审美认识,发现艺术的真谛。模仿说,就是在这样的背景下诞生的。

模仿是人的一种本能。人类的学习能力在很大程度上依赖于模仿的作用。婴儿在模仿活动中学会了做表情、做动作,学会了讲话。成人也在模仿活动中掌握了基本技能,还在这种行为中取乐。古希腊人在发展本民族文化的活动中,一开始也是充分地发挥了这种本能的作用,比如,他们的雕塑创作,一开始就是靠模仿古埃及人的样式和做法上路的。但是,随着古希腊人的民族性在文化发展活动中的逐渐显露,他们最初作为一种素质和技巧的模仿行为也就成为自我实现的一个阶段性的内容,单纯的自然模仿行为最终为理想性的创造行为所替代,而人们对模仿概念的认识也在这种文化创造活动中发生了改变。

在古希腊人非常丰富的艺术创作活动中,有些形式是偏于模仿性的,比如雕塑、绘画和戏剧,而有些形式则让人觉得它们与单纯的模仿行为无关,比如建筑和音乐。尽管如此,在后来比较成熟的古希腊哲学思想中,它们都被划入"模仿"的范畴,也就是说,它们的艺术性都是由模仿来决定的。这说明,在富于理性和智慧的哲学家那里,模仿,这个概念的意义和普通人所讲的并不一样。当然,即便是在这群智者的心里,他们对于模仿的认识也是不同的。不过,正是因为有了这样的不同,我们才看到了当时思想斗争的状况,也看到了后来思想发展的结局。现在,我重点谈谈卷入这场思想斗争的两个关键人物——柏拉图和亚里士多德,说说他们各自的模仿观。

一、柏拉图的"影子说"

柏拉图是一个持客观唯心论思想的哲学家,他对模仿的认识和对模

---

① [俄]车尔尼雪夫斯基:《美学论文选》,人民文学出版社1957年版,第129页。

仿行为的评价也是基于这一基本的哲学立场。

根据当时流行的说法,参照平时比较常见的模仿性艺术,如雕塑和绘画,柏拉图提出了著名的美学论断——影子说。这个说法在肯定了艺术是模仿的同时,也否定了这种行为的文化价值。

他说,假如一个木匠做一张床,靠的是心中的理念,那么,一个画家画一张床,那就只能是靠他对现实中那张床的模仿。在柏拉图看来,理念的地位是至高无上的,它是先验的,是绝对的,是世界真正的主宰,而我们人类的生活只有依靠理念,才能走在正确或善的轨道上。遗憾的是,对于神秘的理念,我们除了运用理智来把握外,是别无他法的。而理智又是如何得知这个神秘理念的呢?它不是靠分析和推理,而是靠灵感的灌入,一种人在迷狂状态中对神秘信息的接收。按照柏拉图的思想,只有真正的哲学家和诗人才可能得到理念,他们都是那种在迷狂中得到理念的信息,并在静观中能够表达或传达这种信息的人。但是,他们对理念的把握和表达永远只能是相对的。因为就理念的绝对性(纯一)而言,我们人类对它的把握,只能是无限地趋近,而不可能达到同一的水平。

这样说来,木匠做一张床,他脑子里的理念就已经与那个纯一的理念有了一定的距离,那么,画家对这张床的模仿,与纯一的理念的距离也就更远。假如木匠做出的床,是对理念的模仿,是根据自己意识到的理念的影子开展的模仿性活动,那么,画家根据木匠做的床开展的模仿,就是对影子的影子的模仿,很显然,这样的模仿行为,其失真程度是更大的,因此,它不应该作为有价值的人类文化行为来加以推广,人们也不应该去欣赏和效仿这样的行为。

柏拉图说的这番话,听起来是很有道理的,因为它完全符合逻辑。但是,合理未必合情。仔细想想,这个擅长做形而上学分析的哲学家,对模仿以及艺术价值问题的讨论,显然是过于理论化了。他在思想上构建出一个理想国,希望由一位理性的哲学家来执掌这个国家的王权。在这个理想国中,你见不到诸如雕刻家、画家之类的艺术家的身影,因为他们不道德的行为有碍于奉行理念的理想国的建设。柏拉图这番构想与安排,并不是因为他关心哲学家的使命和艺术事业的发展,而是醉翁之意不在酒,目的只是宣扬他的哲学信念,传播他的客观唯心论思想。所以,假如我们把他对模仿的认识和对模仿性行为的评价当一回事,看作是一种美学原则和价值评判标准,那么我们的现实举措就会缺乏实际的针对性。把当时最流行的艺术表现形式——模仿性艺术打入冷宫,而把那些非模仿性的艺术,比如诗、音乐,高高抬起,大肆宣扬,这显然与当时艺术发展的事实不符,也与后来西方艺术世界,特别是造型艺术发展的现实状况不符。

柏拉图的模仿说,只是一种先入为主、用来自圆其说的哲学式的表达,而不是实事求是的科学性论述,历史局限性很大。如果我们不用批判的眼光来看待、分析他的思想,而是跟着他一起片面地否定模仿性艺术的价值,那就落入了他所设置的理论圈套,成为一家之言的牺牲品。

在古希腊哲学界,真正对模仿进行科学的认识、分析与说明的,是柏拉图的学生亚里士多德。

二、亚里士多德的"模仿说"

作为柏拉图的学生,亚里士多德继承了柏拉图的哲学立场,但是,在理念居于何处这个问题上,他和老师的思想观点发生了严重的分歧。

文艺复兴时期意大利著名画家拉斐尔画过一幅史诗性的名作《雅典学院》。在这幅画中,从象征着古典文化的拱门中走出来的两位伟大的历史人物,就是柏拉图和亚里士多德。他们一边辩论着,一边向我们走来。柏拉图一手指着天,亚里士多德一手指着地。二人形象高大,面容冷峻。

绘画是一门造型艺术,靠塑造人物形象来表达具体的含义。拉斐尔设计这样一套动作,是在告诉我们两位哲学大师所激烈辩论的议题。柏拉图认为:人们所要效仿的理念绝不可能在人的现实经验中找到。而亚里士多德的手势告诉我们,他反对这个观点。他认为:"理"在"事"中,离"事"就无所谓"理"。所谓理念就隐含在现实事物中,它们等待着我们去发现和总结。画家通过创作不仅再现了想象中的那个伟大的古典时代,而且为我们揭示了推动古典文化发展的内在的精神动力,让我们通过人物形象理解了这一精神动力的基本内容。

在艺术模仿这个问题上,通过经验观察,亚里士多德认为,艺术家的模仿并不是机械死板地照抄事物的表面,而是通过整体性的观察、体会来再现事物应该是的样子。

亚里士多德经常在著述中强调:虽然被模仿的东西是令人不愉快的,

但一件模仿品却常常是令人愉快的。

"作为一个整体,诗艺的产生似乎有两个原因,都与人的天性有关。首先,从孩提时候起人就有模仿的本能。人和动物的一个区别就在于人最擅模仿并通过模仿获得了最初的知识。其次,每个人都能从模仿的成果中得到快感。可资证明的是,尽管我们在生活中讨厌看到某些实物,比如最讨人嫌的动物形体和尸体,但当我们观看此类物体的极其逼真的艺术再现时,却会产生一种快感。这是因为求知不仅于哲学家,而且对一般人来说都是一件最快乐的事,尽管后者领略此类感觉的能力差一些。因此,人们乐于观看艺术形象,因为通过对作品的观察,他们可以学到东西,并可就每个具体形象进行推论,比如认出作品中的某个人物是某某人。"①

与柏拉图不同,亚里士多德进行哲学思考的立足点并不是完全依赖于形而上学的思辨,而是重视对现实的观察和总结。从上面一段论述中,我们可以看到,他首先确定了模仿是人的天性,认识到人在模仿活动中会感到快乐。其次,他又从进一步的观察中发现人在模仿活动中得到的快乐,并不在于成功地复现了对象,而是在于人们在模仿过程中领悟或推断出了事实,这样,他就把包括艺术在内的模仿性行为和人类探求理念的行为结合在一起,使它们拥有了本应具有的文化地位。

"既然运用智力和感到惊奇能给人以快感,我们就不能不得出这样的结论:凡是属于模仿性艺术之列的东西,如绘画、雕塑和诗歌以及一切模仿得惟妙惟肖的东西,都能给人以快感,就是在对象本身不能给人以快感的时候,也是如此。因为给人以快感的不是那个对象,而是进行了推断,'这就是那个',以致可以对智力加以运用。"②

为了进一步说明艺术模仿行为具有促进思维、提高认识方面的价值,亚里士多德不仅在经验基础上强调了艺术家的模仿性行为与哲学的亲密关系,还用具体的事实说明了艺术模仿行为的特色。

在表述自己美学思想的专著《诗学》中,他说:"诗是一种比历史更富

---

① ［古希腊］亚里士多德:《诗学》,商务印书馆1996年版,第47页。
② ［英］鲍桑葵:《美学史》,商务印书馆1985年版,第77～78页。

哲学性、更严肃的艺术。"①因为诗人所模仿的东西,并"不在于描述已经发生的事,而在于描述可能发生的事,即根据可然或必然的原则可能发生的事"②。那些可能发生的事情,往往要比真实发生的事情,更加容易让人相信。艺术家通过这类模仿,就会倾向于表现带普遍性的事,而历史却只是倾向于记载具体的事情。按照亚里士多德的信念,假如一个诗人所描述的故事取材于历史,那么只有在他表达出某一历史故事的可能性的时候,他才算是一个真正的诗人。正因为如此,他把模仿性艺术称作是人的创造性的行为。

美国当代美学家 H. G. 布洛克在解释可能性这个概念的时候,讲述了一个很有意思、也很有说服力的事实:很多时候,当我们讲述一个真实的理由时,因为它难以置信,所以得不到人们的理解。为了避免麻烦,我们就必须编出一个可能发生的谎言来避免不必要的争执。比如,某一天我上班迟到了,导致迟到的真实理由是一只老虎跑到了我的汽车驾驶室里,我怕说出这样的理由会让大家觉得是在胡扯,就只能编出半路车胎爆裂的假话来赢得大家的同情和理解。这种事情说明,编造出来的可能发生的事情,尽管不符合客观事实,却因为合乎情理而产生了让大家普遍接受与认同的结果。

亚里士多德通过观察,发现了生活中这一现象,并在此基础上进一步去考察艺术家的创作,于是,就在他们的模仿行为中看到了比他的老师柏拉图更加深刻的东西。

在他看来,艺术家乐于去模仿的并不是事物本来的样子,而是事物可能是或应该是的样子。艺术家的模仿行为并不受事物真实发生或存在方式的限制,也不服从艺术形式之外的事物特征的制约,而是通过满足艺术品内在的需要,即前后一致性、完整性、统一性等形式规则的要求,去改变或改编所谓"真实"的事物。这样一来,诗人或画家在再现事物时,就体现出很大的自由度,它既可以是以前的样子,也可以是现在的样子;既可以是传说的样子,也可以是想象或可能的样子。总之,艺术家的模仿并不是受外在的客观标准制约的,而是像语言逻辑形式一样,是受自身的形式法

---

① [古希腊]亚里士多德:《诗学》,商务印书馆 1996 年版,第 81 页。
② [古希腊]亚里士多德:《诗学》,商务印书馆 1996 年版,第 81 页。

则安排的。它不是要求艺术家在创作活动中形似对象,而是要求将其理想化,让它们成为合乎情理的东西。也就是说,一个作品中所表现的非真实的东西,只要看上去或听起来是可能的,不论它如何荒唐,我们都乐于接受。

从这个思想表述中,我们看到了亚里士多德的模仿说与柏拉图的模仿说之间的差别。同时,我们也了解了这个理论为后来西方古典主义艺术创作的发展给予了多大的支持,为西方艺术文化的发展做出了多大的贡献。

三、模仿说的问题

艺术是模仿,模仿即再现。在艺术再现活动中,艺术家再现不是像镜子一样反映个别的或具体的事物,而是通过整体性的处理再现事物可能是的样子,从而揭示个别事物中所包含的普遍意义。从这个意义上去理解模仿说,我们不仅看到了那场师徒二人间思想斗争的结果,还看到了古希腊美学思想的发展,树立了自己心中评判艺术价值高低的基本尺度。

在亚里士多德对模仿问题的讨论中,他将大量笔墨花费在了戏剧研究,特别是悲剧研究中。在他看来,戏剧通过人的模仿天性再现的是人的行动。这意味着戏剧再现行为并不是模仿某一个具体的动作或者是某一件具体的事情,而是用于表述整个时空转换过程的有头有尾的事件,说到底,就是在再现一个有机的统一体。由于亚里士多德给当时所有美的艺术都冠上"模仿性"艺术这一头衔,这使得我们从他关于诗和戏剧的讨论中得出了一些接近普通美学理论的结论来。具体归纳一下,他的模仿说有两个具体内容:一个是艺术因为模仿的是事物应该或可能的样子而具有普遍性的意义,另一个是艺术家在强调整体性的艺术再现活动中让模仿行为富有形式自律的理想色彩。

英国美学家鲍桑葵在《美学史》中这样评价亚里士多德的美学思想:"第一次有人尝试来分析一种艺术形式的结构和演变,并把它的根源归之于人性的基本倾向。因此,这就不能不揭开美学思想史上的一个时代。"①柏拉图贬低模仿性艺术的价值,却从一个侧面暗示了当时社会上模仿性艺术的流行。亚里士多德没有轻视这一普遍流行的社会文化现象,他根据艺术创作的实际情况,准确地指出了艺术再现行为的本质特征,认为这足以支撑一种假定,即模仿性艺术"有能力再现看不见的东西和更深刻的实在"②。

经亚里士多德阐释的模仿说,对西方美学思想和艺术发展产生深远的影响。在这一思想原则指导下,西方古典艺术的发展进一步在实践活动中为这一理论注入具体的内容,形成了自己的创作法则,如在戏剧创作领域中产生的"三一律"。这样的规范性,最终让古典主义艺术创作走入了自闭和僵化的境地,成为了象牙塔中的艺术,失去了艺术应有的创造力和生命力。另外,在艺术再现行为实现自身理想的过程中,由于无法完全撇开它与本能的关系,不能划分艺术与生活的界限,这在富于理论思辨传统的西方哲学界看来,也是一个不小的问题,容易让人在他治和自治的模棱两可认识中,产生艺术形式也可以拷贝现实事物,评判艺术价值的标准来源于外部事物的错误观念。还有一个比较突出的问题是,亚里士多德的美学思想是建立在哲学认识论基础上的,他在评价模仿性艺术的文化价值时,所运用的尺度是艺术表现形式是否能含有普遍性的意义。这种形式和内容的二分法,显然与后来比较成熟的美学思想有着不小的距离。

当一种思想理论在现实中的影响发展到了这一程度,它自身的问题也在实践与理论探讨活动中越来越明显地暴露出来。艺术实践要想取得好的成果,必须要有更加正确的理论来指导方向,而理论本身的瑕疵,也必须在思想批判当中,要么予以纠正,要么予以推翻。于是,在现实发展与理论批判的双重压力下,模仿说的影响开始渐渐地在人们的头脑中褪去昔日的光华,越来越边缘化。而在加速这一现象生成的原因当中,新的美学思想的诞生是不容忽视的。这个思想就是诞生于 19 世纪欧洲的表现说,意大利美学家克罗齐是这一学说的代表性人物。

---

① ［英］鲍桑葵:《美学史》,商务印书馆 1985 年版,第 91 页。
② ［英］鲍桑葵:《美学史》,商务印书馆 1985 年版,第 100 页。

第二节 艺术是表现

随着 19 世纪初浪漫主义艺术潮流在欧洲的涌动，人们对传统美学思想——模仿说的批判也越来越剧烈，艺术是表现的美学思想就是在这个大的文化现实背景下诞生的。随着这种思想观念的传播，围绕着"表现"问题，人们也产生出一些不同的看法，其中代表性的观点如下。

一、表现是感情的释放

在普通人的理解中，表现这个概念意味着个人把压抑在心中的情绪释放或发泄出来，从而达到心理平衡的目的。这个观点在中国古代的美学思想中也有所表达。

在汉代《毛诗序》中有这样一段话："情动于中而行于言，言之不足故嗟叹之，嗟叹之不足故咏歌之，咏歌之不足，不知手之舞之，足之蹈之也。"[①]这段话听起来讲的是这样一个道理，像舞蹈、歌唱、语言表达等形式的发生，都是来源于人心中的情。人心中的情越多，越浓烈，就越是需要有一个相应的艺术表现形式来帮助它宣发。言语承载不了的情，由歌唱这个形式来承载，歌唱承载不了的情，就由舞蹈这种形式来承载，这级级演变的情感承载形式，既说明了人的感情世界的丰富性，同时也说明了艺术表现活动的一大功能，就是宣泄或释放个人内心积蓄的情感能量。事实上，这段话作此理解是不太符合情理的。

中国的传统文化讲"情"，但是，我们对情的表达并不是肆意地发泄，而是讲究以理节情和文质彬彬。仅仅从字面意义上去理解"情动于中而行于言"这段话，并借此解读"艺术是表现"这个美学论断，无论在中国传统美学还是在西方美学中，都是不够准确，甚至是错误的。

---

① 北京大学哲学系美学教研室编：《中国美学史资料选编》，中华书局 1980 年版，第 130 页。

同样是在《毛诗序》中,我们还可以看到这样的话:"情发于声,声成文谓之音。"①所谓音乐,是由特定形式约束的声音,即"有组织的乐音"。从这一点来推测,中国人所讲的"言",也肯定不是胡言乱语,而是指有一定结构性的语言表达形式,由这种形式所表达出来的情,才具有艺术表现和传达的价值。

没有形式,也就没有文化。人类任何一种文化行为都必须通过特定的形式来展示,同时也必须通过特定的形式来显示其意义。形式感越强,文化的形象就越鲜明,文化的意图也就越明确。就艺术表现形式而言,它所表现与传达的感情就越能够为人们所感知和体验。

假如我们能够从传统文化的语境中来认识和理解"情动于中而行于言"这段话,就不会把中国人讲的艺术表现简单地理解为情感的释放。我们的礼乐文化传统,一方面要求艺术讲情,"诗言志,歌永言"②,"《诗》三百,一言以蔽之,曰:'思无邪'"③。另一方面,我们又讲究文以载道,尽善尽美,形式和内容的完美统一。有这样的要求,我们怎么可以说"情动于中而形于言"这段关于艺术表现的话,讲的是发泄个人情绪的问题呢?事实上,中国传统美学中讲的艺术表现,在道德上的价值要大于在美学上的价值,从这个意义上讲,我们的艺术表现观,既与情感发泄问题无关,也与真正的美学思想有着一定的距离。而我们现在所要探讨的艺术是表现,却是一个地地道道的西方美学命题。

"表现"这个词成为一个美学术语,要归功于19世纪初兴起的西方浪漫主义文化。在这一时期的浪漫主义艺术家看来,艺术就是人类感情宣泄、外溢的活动。本来,"表现"这个词的意义,无论是在德语中还是在英语中,都有"挤出"或"压出"的意思,浪漫主义者采用这个意义,把艺术创作理解为内在的感情因为受到挤压而喷流出来,从人的心里转入艺术作品中,并产生感染力的过程。这个过程的实现,与其说在于转化,不如说

① 北京大学哲学系美学教研室编:《中国美学史资料选编》,中华书局1980年版,第130页。
② 北京大学哲学系美学教研室编:《中国美学史资料选编》,中华书局1980年版,第11页。
③ 北京大学哲学系美学教研室编:《中国美学史资料选编》,中华书局1980年版,第11页。

在于内心情感受压抑的状况。道理很简单,如果情感没有受到压抑,又何以产生喷涌或释放的能量呢? 其实,浪漫主义者喜欢鼓吹表现,就是和那个时代人的自由受到宗教文化和不平等的封建专制文化压制、禁锢有关。法国启蒙运动的代表人物卢梭最早站出来以批判精神反对这种文化。他提出人生来平等、热爱自由以及教育要重视人的自然天性的主张,不仅对法国大革命起到了思想播种机的作用,对西方人的教育观念起到了更新作用,还为浪漫主义文化的发展培育了精神土壤。

作为英国浪漫主义文化发展史上的一位著名诗人,华兹华斯在阐述自己的思想观念时,曾把理性称为"从事解剖的刽子手"。他认为"一切好诗都是强烈感情的自然流露","是情感给予动作和情节以重要性,而不是动作和情节给予情感以重要性"。[①] 另一位与他同时代的英国诗人雪莱在《为诗辩护》中则更加鲜明地提出一个富于浪漫主义色彩的口号:"诗人,是未被世间公认的立法者。"[②]他和华兹华斯一道,都把抨击理性过度干预艺术家的生活,束缚人的精神的自由发展,视作浪漫主义者的人生使命。从他们的言行中,我们不难看出,浪漫主义者的艺术表现论,就是通过艺术形式把情感充分而强烈地表达出来,而且这样的思想观念在艺术界得以流行也并非一种偶然的现象。

可是,正是在这种思想观念的流行过程中,它的问题也不断地暴露出来,受到不少有识之士的批判和挖苦:假如艺术是表现,表现是个人情感的宣泄,艺术品的价值取决于它表现感情的强度,那么,最佳的艺术表现莫过于婴幼儿的哭闹。如果这样的推论成立,那么,这岂不是对现实中艺术表现行为的讽刺?

二、表现是传达感情

有些人基于自己的实践经验总结出自己的艺术表现观,其中最有影响的代表人物就是俄国著名文学家列夫·托尔斯泰。

在他看来,艺术表现的功能就是传达感情。为了让艺术表现功能得到充分发挥,艺术家的心里首先就必须要有感情可以传达,然后就是设法

---

① 刘若端:《十九世纪英国诗人论诗》,人民文学出版社 1984 年版,第 6~7 页。
② 刘若端:《十九世纪英国诗人论诗》,人民文学出版社 1984 年版,第 160 页。

把自己感受和体验到的情感如实地传达到读者或观众那里。他说:"一个遇见狼而受到惊吓的孩子把遇狼的事叙述出来,他为了要在其他人心里引起他所经验过的那种感情,于是描写他自己、他在遇见狼之前的情况、周围的环境、森林、他的轻松愉快的心情,然后描写狼的形象、狼的动作、他和狼之间的距离等等。所有这一切——如果男孩子叙述时再度体验到了他所体验过的感情,以之感染了听众,使他们也体验到叙述者所体验过的一切——便是艺术。"①

假如托尔斯泰的观点是正确的,那么,作家们如何去描写一个死囚的心理体验,又如何去表现死亡这个主题? 按照他的这个说法,一个表现悲伤这种感情的作家,在写作时,内心就应该充满了悲伤,甚至边写边哭,难以自持。而读者在读这类文字时,也应该有同样的心理反应。而事实上,正如俄国著名的文艺评论家别林斯基所言,艺术家们在表达自己内心感受的时候,并不是当即抒发,而是痛定思痛,是在平静地,甚至是满怀喜悦地描述自己心中的那种感受与体验,他既是在抒发情感,也是在自我欣赏。读者或观众在欣赏艺术作品的时候,心理反应也并不一定非得和作者所表达的情绪保持一致。比如,人们观看恐怖电影时,在受到惊吓之后,他们的情感反应往往不是害怕,而是愉悦,不是反感,而是激发出更加强烈的观赏欲望。在这里,受惊吓不是人们观赏艺术的目的,而是通过它的刺激得到一种让人的精神放松和愉悦的审美体验。

艺术是表现,表现是情感的传达。这种认识得到了很多艺术家,特别是走现实主义创作路线的艺术家们的支持。但是对于精于思辨的艺术理论家而言,这种思想观点是非常值得质疑的:感情不属于作品本身,作品是一回事,它所表达的内容又是另外一回事。艺术表现被分为两部分,一部分是真实的呈现物,比如绘画中所应用的各种形式元素,另一部分则是它所暗示的东西。这种理论上的区分符合创作事实和审美经验吗?

事实上,我们从艺术创作和艺术欣赏的经验中却发现,所谓的表现形式及其内容,其实是同一的,二者根本无法在人们的审美创造和欣赏活动中被分离开。美学家桑塔耶纳说:"表现力是经验赋予任何一个形象来唤

---

① [俄]列夫·托尔斯泰:《列夫·托尔斯泰文集》(第14卷),陈燊、丰陈宝等译,人民文学出版社1992年版,第173页。

起心中另一些形象的一种能力;这种表现力就成为一种审美价值,也就是说,成为表现。"①在经验层面上,我们认识"表现"这个概念,情感与外在的表现形式是不可分的,可是,一旦我们从分析层面来认识它,情感就和它的表现形式分离开。这样一来,我们就很难从建构性的认识论眼光来接受艺术表现是情感的传达这个定义。

理论研究要追求表达的严谨性,要重视逻辑与历史的结合。很显然,这个定义在逻辑上的看法与在经验中的看法并不一致,这就需要理论家进一步修订,使它的表述内容更加符合现实经验的要求。为了做好这个工作,艺术理论家们必须挖空心思地思考这样一个问题:人的感情是如何融入具体物理事物中,换言之,情感是怎么和艺术表现形式合二为一的呢?

围绕着对这个问题的思考,表现说又有了新的内容。

三、表现是想象

在感情如何从人的心中进入艺术作品中这个问题的解释上,英国著名哲学家科林伍德的解释具有一定的说服力。他说:"当说起某人要表现情感时,所说的话无非是这个意思:首先,他意识到有某种情感,但是却没有意识到这种情感是什么;他所意识到的一切是一种烦躁不安或兴奋激动,他感到它在内心进行着,但是对于它的性质却一无所知。处于此种状态的时候,关于他的情感他只能说:'我感到……我不知道我感到的是什么。'他通过做某种事情把自己从这种不确定的和受压抑的处境中解救出来,这种事情我们称之为表现他自己。"②

这位美学家认为,表现活动类似于语言表达,从而把语言这个概念引入艺术创作领域中。他说:"这是一种和我们叫做语言的东西有种关系的活动:他通过说话来表现他自己。这种事情和意识也有某种关系:对于表现出来的情感,感受到它的人对它的性质不再是无意识的了。这种事情同他感受这种情感的方式也有某种关系:未加表现时,他的感受的方式我

---

① [美]乔治·桑塔耶纳:《美感》,中国社会科学出版社1982年版,第134页。

② [英]罗宾·乔治·科林伍德:《艺术原理》,中国社会科学出版社1985年版,第112～113页。

们曾称之为是不确定的和受压抑的方式;既经表现之后,这种压抑的感受便消失了,他的精神也不知为何地感到轻松自如了。"①

同上一种突出宣泄感情的表现论相比,这种表现论在情感与艺术表现形式的关系上避免了简单的由因导果式的描述,而是引入了哲学认识论的色彩,将艺术表现看成是一个从非理性的情感冲动状态向审美理解转化的过程。在这个转化过程中,情感是一个被表现而不是被唤起,被发现而不是被描述,不确定却可以被感知的概念对象。作为某种内在心理状态的情感,在它未予以表现时,会让人觉得精神压抑,可一旦被表现或被意识到,这种压抑感就会得到适当的排出。

与普通意义上的情感发泄不同,审美情感的表现,是一个自我发现的过程。检验这种表现是否成功,或者说是否美,看的不是表现者有没有把一种感情宣泄掉,或者有没有把自己体验到的一种感情传达给观众,让他们也为之感动,而是看他是否真实地"说"出了自己对某种不确定情感的直觉感受。这样的表达不是一种手段与目的的关系,也不是在发泄、唤起和传达什么具体的情感内容,因此这种表现活动重要的是艺术家自己先得知道,而不是致力于寻找恰当的手段向观众发送明确的信号,让他们一下子就懂得所表现的情感内容具体是什么。也就是说,真正的艺术表现活动既是个人性的,也是心理体验性的,观众对于这种富于个人感觉和想象色彩的艺术表现行为一下子难以理解和欣赏,其实是很正常的。

在科林伍德的美学思想体系中,想象是一个关键词。在他看来,真正的艺术是想象性的,它不是在表达某种情感的概念,完成一个唤起和传达情感的任务,而是在想象的状态中发现和表现个人心中未被事先贴上某种标签的真实情感。"真正艺术的作品不是看见的,也不是听见的,而是在想象中的某种东西"②,而现实中那些运用特殊媒介形式完成的艺术,只是没有艺术生命力的外壳,是真实艺术作品的附属物。艺术家如果只把自己的精力放在这些外在形式的经营上,而不是着力于想象,那么,他

---

　　①　[英]罗宾·乔治·科林伍德:《艺术原理》,中国社会科学出版社 1985 年版,第113 页。

　　②　[英]罗宾·乔治·科林伍德:《艺术原理》,中国社会科学出版社 1985 年版,第146 页。

们的所作所为就是本末倒置,结果只能做出糟糕的艺术作品。在科林伍德的思想体系中,直觉、表现、想象是三位一体的,而想象的意义就是发现和表现感情。他说:"表现感情和把感情表现好是同一件事情,把感情表现坏了并不是一种表现感情的方式,而是没有表现感情。"①感情与想象的同一,是科林伍德美学思想的灵魂,他对想象与虚拟的区分,则使他的美学理论具有艺术批评的功能。以表现似是而非的想象为理想而创作作品,才是真正的艺术品。而以虚拟的手段占有或享受现实中无法实现的目的的艺术,则是伪艺术,或者说是庸俗的娱乐性的艺术。

科林伍德继承了意大利美学家克罗齐的美学思想,认为美是直觉,直觉是表现,同时,又进一步地明确了表现的内涵,即表现就是想象,从而把克罗齐的思想理论从形而上学的领域一步步地拉入现实情境中。

站在哲学的立场上,克罗齐对艺术表现这个概念做出了非常符合逻辑的解释。他说:"每一个真直觉或表象同时也是表现。没有在表现中对象化的东西就不是直觉或表象,就还只是感受和自然的事实。心灵只有借造作、赋形、表现才能直觉。若把直觉与表现分开,就永没有办法把它们再联合起来。"②在克罗齐看来,直觉就是指我们对事物完整形象的把握,而表现则是事物完整形象的形成。直觉和把握都是人的心灵功能,当表现发生时,它便被直觉。当直觉发生时,表现也就在表现。所以,在克罗齐的艺术哲学观念里,表现和直觉是一回事:艺术是表现,表现是直觉。科林伍德只是用想象这个概念来说明表现和直觉的同一性。

四、表现说的问题

在克罗齐的艺术表现理论指导下,我们明白了为什么说诗人无法用普通的语言来表达内心的感觉,为什么真正的艺术作品是不可复制的,同时我们也明白了为什么艺术家在创作活动中永远无法预先把握最终的效果。但是,这一富于成效的理论也有其自身的问题。

首先,表现这个概念很容易被普通人,甚至那些凭经验说话的艺术家

---

① [英]罗宾·乔治·科林伍德:《艺术原理》,中国社会科学出版社1985年版,第288页。

② [意]克罗齐:《美学原理》,上海人民出版社2007年版,第15页。

理解为宣泄或传达个人情感体验的行为。

其次,就克罗齐的美学主张而论,他为了坚持自己的思想立场,刻意把艺术看成是纯粹的精神产品,拒绝让艺术表现和现实中任何媒介发生关系,认为一旦艺术家用了某种形式的媒介去表现直觉,就必然会破坏表现本身的纯粹性和完整性。这样一来,一方面让他的表现论只是存在于理论层面,另一方面也否定了现实中艺术表现的价值,使之成为一种无法契合美学精神的无聊之举。这显然不能得到大多数艺术家的认可。

最后,克罗齐与科林伍德的表现说虽然合理地解释了情感是如何进入艺术品之中或者艺术是如何表现情感的问题,但是,从实际审美经验的角度看待这种解释,它仍带有将形式和内容分离的特征。就真实的艺术表现而言,形式和内容是不可分的,形式即内容,内容即形式。这也就意味着,艺术是直觉,直觉是表现或想象的理论表述方式还是存在着不完善的地方,需要艺术理论家们继续去寻找更加符合艺术本质的说法。

形式主义的艺术观就是在这一学术要求的背景下,结合当时艺术世界里出现的新现象——后印象派而产生的。

第三节　艺术是有意味的形式

形式,是西方人看待艺术问题时的核心概念。这种观点可以说自哲学诞生之日起便有了。在西方文明的诞生地古希腊,即便是一个把快乐视为至善的享乐主义者,也把自己乐于接受的活法当成是一种受理性观照的生活形式,而不是无拘无束的疯癫之举。对于人的艺术行为来讲,不论是出于再现的观念,还是出于表现的观念,它都必须体现出形式方面的意义,否则,它就不是一回事,属于非文化性的,也是野蛮和无价值的行为。

古希腊哲学家柏拉图认为,唯一真实和不掺杂质的快乐是理智的快乐,他借苏格拉底之口说出了这样的话:"我说的形式美,指的不是多数人所了解的关于动物或绘画的美,而是直线和圆以及用尺、规和矩绘制所形成的平面形和立体形……我说,这些形状的美不像别的事物是相对的,而是按照它的本质就永远是绝对美的。"①在柏拉图看来,一个人可以通过美的追求而获得哲学性智慧的果实,但是,这一切都必须建立在人们对于美的形式本身的观照基础上。从这个意义上讲,柏拉图的审美趣味与数学家的美感体验几乎是一致的,他们对抽象化的符号形式本身的肯定,不仅显示了希腊文化的特征,而且在当代著名哲学家恩斯特·卡西尔看来,也等于是确立了人类生活的原始现象特征②。他说:"符号思维和符号活动是人类生活中最富有代表性的特征,并且人类文化的全部发展都依赖于这种条件。"③尽管古希腊哲学家们对美学问题的讨论现在看来是比较粗糙且不准确的,像古希腊美学思想的集大成者亚里士多德,他也只是看到了美和真、审美与认知之间的关系而已,只是在认识上沾上了美学的边而已,但是不管怎样,他们的思想观点毕竟开创了西方美学研究的历史,并让我们在认识这段历史的过程中,看到了西方文化的理性精神和西方人在审美活动中观照事物形式本身的独特眼光。

事实上,直到 1790 年,德国美学家康德出版了德文版的美学专著《判断力批判》,关于美的形式问题才得到了针对性的解答,而受到很多现代艺术家支持的形式主义艺术观才有了立论的思想基石。

一、康德眼中的审美对象形式

在康德看来,只有针对对象形式本身的观照,才是审美的。而只有成为审美对象的事物才是真实而纯粹的美的事物。它既不是感性认识的产物,也不是理性认识的产物,而是介于二者之间,是感情和理性共同作用下的审美知觉的产物。康德的这种形式观,在基本的思想立场上与柏拉图是一致的,但是,就实际叙述的内容而言,却比柏拉图的美学思想要深入、细致且合理得多。

康德的审美形式观是在这样一种思辨中完成的。

首先,他假定人们的审美判断是客观的,大家对美丑都能有一个明确

---

① 北京大学哲学系美学教研室编:《西方美学家论美和美感》,商务印书馆 1980 年版,第 36 页。

② 这是恩斯特·卡西尔爱用的一个德文概念,原文是"Urphänomen"。

③ 〔德〕恩斯特·卡西尔:《人论》,上海译文出版社 1985 年版,第 8 页。

的认识,那么,开展这种判断就只能依赖人的理性能力,而不能依赖人的感性能力。可是,按照英国经验主义美学家的观点,人们对美的判断是基于人的美感,而美感的形成缘于人的趣味。在英国美学家休谟看来,在纯粹的感觉领域中,趣味是无可争辩的。正所谓"萝卜白菜各有所爱",花心思去证明哪一种爱好是正确的,哪一种爱好是错误的,显然是徒劳无益的。而我们想在关于美感的各种心理描述中找到让所有人都心服口服的结论,也是不可能的。有些人喜欢看悲剧,有些人喜欢看喜剧,在"喜欢"或个人趣味这个问题上,我们又如何能够强行肯定一种爱好,而坚决否定另一种爱好呢?除非我们是站在感情之外的领域去找依据,比如说,从道德和科学的立场上去评判对象的是非对错。

康德认同这一说法,他认为,我们若是依赖纯粹的感性力量来认识事物,充其量只能得到一种"印象",即体现出个人的主观有效性的判断,而不可能涉及事物的"形式",即体现出它自身的客观普遍性的内容。

随后,康德还认同另外一个假定,即人们可以通过推理的形式来形成一致的看法。假如张三说自己比李四矮,又知道王二麻子比李四高,可就是不承认自己比王二麻子矮,对于这样一种判断,我们就不会加以肯定,认为这是张三的个人爱好或感觉,他人不必较真,而是会认为,张三的说法是错误的,他是在胡搅蛮缠,蛮不讲理。很显然,在这类表达形式中,陈述是否正确,是不能打马虎眼的,它有一定的形式逻辑规范和要求。正因为如此,康德认定:只有通过理性的能力做出的判断才是客观真实的。

最后,康德说到了审美判断问题。审美判断既不同于经验性的美感,也不同于逻辑性的推断,而是化合了两种判断能力,让审美判断成为一种主观性的、把感性与理性融合于一体的知觉判断形式。

这就是说,当我们讲"这首曲子或这幅画真美"时,绝不仅仅是在说梦话,在表达一种纯粹个人的主观感受,而是想表达一种关于美的"客观事实"的断定。这样的表达与"萝卜真好吃"或"白菜真好吃"显然是不一样的。至少我们在前一种表达中,当有了不同看法以后,大家会觉得有必要争论一下,希望能得出一个是非对错的结果。而对于后者,明白人是不太愿意花大力气去辩驳的。当人们有了这样的生活经验以后,就比较容易理解,为什么说审美判断活动既是感性的又是理性的。说它是感性的,是因为一般人只需凭借个人的感受和生活经验就可以开展审美判断活动,不用费神去思考是否客观和表达形式的合理性问题。而说它是理性的,是因为它又的确是一种判断,体现出我们人类对美的认知能力。

更具体地讲,说人的审美判断活动中所包含有理性因素,即那种决定审美活动品质的客观标准因素,只不过是一种主观的假定。我们在审美体验中,只要稍加注意,都会感觉到审美对象形式里应该有一个关于美的实质性内容,不然,为什么大家在海边或山顶观看日出景象时,都会在一声不知是谁最先喊出的"美"的带动下,不约而同地欢呼雀跃,显露出快乐和激动的表情呢?

对于这个审美对象形式的客观标准问题,尽管我们有权提出自己的观点主张,却永远也不可能得到一个让人人都满意的标准答案。也就是说,对于美本身,我们只能根据审美经验主观地假定它的存在,而不可能像科学家那样说出一个客观性的结论。应该说,这是美学研究中大家必须面对的遗憾。不过,也正是因为这个从认识论角度讲的"遗憾",才有了美学或审美对象形式独立的存在价值。

既然审美对象形式不是出自感官的发现,也不是出自逻辑的推论与科学的实证,那么,它就既不服务于感性认识的需要,也不服务于理性认识的需要,这样一种无目的的形式只能服务于自身,成为一种介于印象和概念之间的"无目的合目的形式"——审美对象形式。

对于这种形式,我们不能靠普通知觉来发现,普通知觉所完成的任务是有助于进一步认识的归类,比如,我们在运用这种能力感知一朵花的时候,首先想到的是它是什么花,属于哪个科目。对于审美对象形式的发现,我们只能靠审美知觉力,也就是康德所说的判断力或鉴赏力。当我们运用这种能力来感知一朵花的时候,我们并不关心它叫什么名字,属于哪种类型,有什么实际功用,而是只关注由线条、色彩、块面等形式因素构成的形态,简而言之,就是关注其形式本身。很显然,运用审美知觉力来观看世界要比普通知觉看得更细腻,看得更丰富。① 当我们用审美的眼光来观看世界时,其形式将展示出一副新的"面孔"。我们无法通过记忆来辨认它,因此,每一次的审视,它总是留给我们一个新鲜的印象。我们也无法将之归类和分析,从而判断其优劣,所以,它总是保持着自由和活力。当我们用审美的态度来生活的时候,生活的形式将变得单纯而又美丽,而人在这样的生活方式当中也会变得更像一个人。他们活在当下的情境中,把自己全部的精神都投入生活过程当中,生活也因此变得生机勃勃、有滋有味。

正是因为认识到了这些,才造就了一批希望拥有艺术人生的形式主义者。在艺术批评领域,罗杰·弗莱和克莱夫·贝尔是两个代表性的人物。他们把康德的美学理论引入现实,在用这种眼光观察艺术世界时,发现并推出了后印象派,其代表人物塞尚成为"西方现代艺术之父"。在这个过程中,哲学家出身的克莱夫·贝尔撰写出一部美学专著《艺术》。在这部著作中,他提出了自己的美学主张:艺术是有意味的形式。

二、艺术是有意味的形式

罗杰·弗莱和克莱夫·贝尔都是20世纪初英国著名的艺术批评家。由于受到了康德美学思想的影响,为了捍卫以凡·高、高更和塞尚为代表的后印象派艺术的价值,为西方现代艺术的发展指引方向,他们提出了新的艺术哲学思想和价值评判标准,即形式主义的艺术观和艺术价值观。

在他们两个人看来,只有后印象派画家的创作行为才是"纯粹"的艺术行为,因为他们在创作活动中有一个共同的特征,就是在很大程度上摒弃了再现性的内容,并排除了历史、宗教和道德等方面的东西。弗莱认为,对于一个真正懂绘画艺术的人来说,决不会看重绘画题材,即绘画所再现的东西。贝尔对此也持同样的观点,他说:"艺术中的再现因素无论

---

① 英国形式主义艺术批评家罗杰·弗莱认为,这才叫"观看",是普通意义上的看见与审美意义上的欣赏之间的区别所在。他说:"只有当一个物体的存在不是为了满足我们的功利性目的,而是为了让我们观看,我们才真正去观看它。"对此,法国作家普鲁斯特也说:"一些人执意认为小说要像电影镜头一般连贯地展现各种事情。这样的观点是荒谬的。没有任何东西比这样一种电影镜头更远离我们实际上所感知的东西。"

有无害处总是无关紧要的东西。因为我们无须带着生活中的东西去欣赏一件艺术品,也无须关于生活的观念和关于事物的知识,也不必熟知生活中的各种情感,艺术本身会使我们从人类实践活动领域进入审美的高级领域。此时此刻,我们与人类的利益暂时隔绝了,我们的期望和记忆被抑制了,从而被提升到高于生活的高度。"①

按照弗莱的说法,当人们面对一件艺术品时,唯一正确的观赏方式就是观照形式本身,若用贝尔的说法,那就是去观看那种"有意味的形式"。这种在克莱夫·贝尔看来体现出艺术品共性的形式,究竟是怎样一种形式呢?它就是那种把物体自身看作目的的"纯形式"。这种形式以表现各种抽象的形式因素之间的关系为特征,艺术家不仅善于感知这种形式,还善于在被激发出来的审美感情的指引下积极有效地去表现这种形式。他说:"线条、色彩以某种特殊方式组成某种形式或形式之间的关系,激起我们的审美感情。这种线、色的关系和组合,这些审美的感人的形式,我称之为'有意味的形式',此乃是一切视觉艺术的共同性质"②,而"艺术家就是按这种规律去排列、组合出能够感动我们的形式"③。

弗莱和贝尔把康德的美学思想应用到了具体的视觉艺术批评领域,从而发现了后印象派,特别是塞尚在艺术探索上的价值,使他成为"西方现代艺术之父"。如果用他们提供的审美眼光来看塞尚的作品,就不会觉得塞尚不懂得透视,认为他没有能力把苹果、罐子、桌子逼真地画在体现三维视觉的画面中,而是觉得他才是一个真正懂艺术的人。因为他在艺术创作当中极力去关注画面形式本身,突出各种形式元素之间的张力关系,让画面成为一个有机的整体,而不是一个虚假视觉空间幻象。在康德美学思想那里,审美对象形式是一个既非感性又非理性的自在自为的形式,到了弗莱和贝尔的美学思想中,他们认为艺术家要想在艺术创作活动中追求纯粹的审美形式表达,就必须在剔除再现事物的基础上,进一步去摒弃三度空间幻象本身,这才算是真正地排除了一切再现性内容。罗杰·弗莱说:"平面艺术是想象生活的表现,而不是现实生活的临摹……

---

① [英]克莱夫·贝尔:《艺术》,中国文联出版公司1984年版,第16页。
② [英]克莱夫·贝尔:《艺术》,中国文联出版公司1984年版,第4页。
③ [英]克莱夫·贝尔:《艺术》,中国文联出版公司1984年版,第6页。

艺术就是这种想象生活的表现和一种刺激。"[①]

塞尚是西方美术史上最后一个还试图通过绘画与自然对话的艺术家,在他之后,经过形式主义美学家的鼓吹,西方现代艺术家们越来越倾向于把艺术看成是一个独立于自然对象、与自然对象世界平行发展的东西,在艺术创作上,他们也越来越倾向于走抽象化的道路。在这个方面,20世纪40年代在美国兴起的抽象表现主义画派,算是一个突出的典范,而以格林伯格为代表的美国抽象表现主义艺术批评家们则是把形式主义艺术批评观发挥到了极致,认为离开了平面性表达,绘画简直就是一个垃圾。

三、形式说的问题

首先,康德对真、善、美的划分以及对审美问题的认识,走的是形而上学的路线。这种西方经典的哲学认识方式,有助于我们从理论上看清事物的真相,却往往不一定符合事物的实际表现形式。就连康德本人也承认,在现实世界中,美大都以依存美的方式呈现自己,而不是那种纯粹美的形式。所以,对于康德的形式观,我们只能以认识论的方式来加以理解,而不能够在现实中机械地寻找相对应的形式。

其次,弗莱和贝尔虽然在看待艺术问题上有着同样的观点,但是在是否需要为艺术下定义的问题上却产生了极大的分歧。在弗莱看来,给艺术下定义就等于是判了艺术的死刑,艺术理论家可以为大家提供一个观赏艺术的眼光,但是,却不应该为艺术定一个死的原则。但是,他的这一看法却无法得到哲学家出身的贝尔的认同。站在一个哲学家的立场上看问题,假如我们要想解释一个对象,就必须先划定一个范畴,再为对象定性,否则,就不能算是在研究说明问题。于是,贝尔提出了"艺术是有意味的形式"这样一个富于形式主义色彩的美学思想。这个定义虽然得到很多现代艺术家的支持,但是从理论叙述本身来看,它却带有些循环论证的瑕疵。艺术概念本身就是一种形式,形式与内容不可分,说它是一种有意味的形式,就弄不清楚这个形式到底是个啥样的形式。

---

① [英]弗兰西斯·弗兰契娜,查尔斯·哈里森编:《现代艺术和现代主义》,上海美术出版社1988年版,第126页。

最后,美国抽象表现主义艺术批评家格林伯格的艺术批评观,把康德的美学思想具体化为一种左右艺术实践的批评原则,认为视觉艺术要想富于审美的品格,必须彻底地走向平面化,如果说康德把色彩排除在艺术形式之外,显示出他作为一个形而上学的理论家在讨论问题时先入为主的毛病,弗莱和贝尔认为再现事物是艺术家追求艺术理想道路上的死敌,把现代艺术创作引向了世俗审美趣味的精英化路线,那么,格林伯格的艺术主张则彻底地为艺术创作规定了一个框框,它在为抽象艺术的发展提供具体标准的同时,也让现代主义的艺术发展失去了开放性特征。

有人针对形式主义的美学观开了这样一个玩笑:假如艺术是有意味的形式,那么,我在饭馆里拿起菜单大声地朗读,就形式而言,这是否意味着它会是一首诗呢?

第四节　艺术是惯例

不论说艺术是什么,我们总是在得到一种认识之后,又会在现实中发现它的问题,然后又不得不换一个角度,继续探索它的真谛。而这,正是我们愿意去研究艺术哲学问题的乐趣所在。

从根本上讲,研究艺术本质问题的难度,主要是基于这样一个事实:它既不是纯然形而上的存在,也不是纯然形而下的实有;既不是绝对理性的形式,也不是绝对感性的现象;既不是物理上的事实,也不是心理上的真实。作为人们追求审美理想的具体行为,它活跃于上述各个对立面之间,体现出人们在理解与表现美上所显示出来的异常丰富的个性差异。而在人们认识其本质的过程中,不同的文化、不同的思想立场与认知角度,又导致了不同的认识成果。通过它们,我们既发现了问题的复杂性,同时也感受到了日益丰富的认识成果对于我们开展艺术活动的巨大影响力。就这个意义上讲,美学家乔治·迪基的艺术惯例论就非常值得我们去了解。

一、杜尚的"小便器"

理论研究的发展,既有来自理论研究本身的动力,也有来自现实中不断涌现的新事物的刺激。当代艺术理论家乔治·迪基的惯例论,就是因为受到了上述两种力量的影响而产生的,而他所关注的问题,不是艺术是什么,而是艺术品是什么。或者换一句话讲,就是:是什么让一件东西成了艺术品。

肇兴于19世纪末叶的西方现代艺术潮流,有一个基本的文化特征,那就是反叛传统。

你认为戏剧应该在舞台上表演,就会有一个现代艺术家在街头或某一公共场合创作"行为艺术";你认为一件艺术作品应该是有形的、可以供人观赏和买卖的东西,就会有一个艺术家把它封闭在一个无人能够进入的空间里;你说好的艺术作品必须经过艺术家的深思熟虑和千锤百炼,就会有艺术家玩出即兴的把戏来加以反对;你说好的艺术表现形式应该体现语言组织技巧上的娴熟与丰富性,而那些反对者就会创作出极简主义的作品来质疑上述要求;你觉得听音乐会应该保持安静的气氛,让台上美妙的乐声弥漫在整个音乐厅的空间里,可是,就有一些现代音乐家喜欢与观众互动,把台下发出的各种生活里的声响融入他们的音乐创作之中;当接受了传统美学思想教育的观众把艺术表现形式的整体性视为决定一个行动是否具有艺术性的标准时,现代音乐家约翰·凯奇就用在舞台上静坐4分33秒的行为来加以反驳……

在今天的艺术世界中,只要哪一种艺术被人贴上经典的标签,很快就会招来一大群用实际行动加以质疑的反对者,反叛或者是向传统艺术概念中的某一个方面展开挑战,成了现代艺术家的一项重要使命。他们那一次次惊世骇俗的表现,从表面上看,似乎是在哗众取宠,甚至有人认为是在搞恶作剧,但实际上,至少那些被选入现代艺术史的艺术家的所作所为是严肃的。他们试图借助一种实验性的艺术形态来突破既定艺术观念的束缚,让艺术的概念保持其开放性。

发生在当今艺术世界中的这些景象,不仅让现代艺术的创作体现出观念的价值,富有哲学色彩,而且也让受到这种艺术浪潮影响的艺术哲学家,开始跳出传统的研究思路,不再执迷于形而上的思辨路线,从关心"艺术是什么"的问题转入研究艺术存在的现实处境,即开始对"什么是艺术品"的问题产生了浓厚的研究兴趣。在探讨这个问题的过程中,理论家们不再站在传统的角度,要么是从物理的,要么是从心理的角度来寻求答案,而是站在惯例或审美文化环境的角度来展开研讨。

在现代艺术史上,最早提供这个视角,希望人们关注什么是艺术品这一问题的人,是法国现代艺术家马歇尔·杜尚。

1917年,杜尚将一件非常特殊的作品《泉》送交由美国收藏家瓦尔特·爱伦斯伯格筹办的独立艺术展,未被接受,但此事却成为了现代艺术史上的一个重要事件,该作品也成为一个影响西方现代艺术走向的里程碑。这件特殊的作品,是一只经过杜尚"设计"的小便器。为了让人们觉得它是一件艺术品,杜尚给它起了一个名字《泉》,而且还虚构了一个作者名"R. Mutt",签上了创作日期。

通常情况下,人们都会接受这样一个事实:凡是在美术馆里展出的"作品",都是艺术品。如果它在美术馆里展出,而且还有标题,有签名和日期,那么它的艺术品身份就更加明确了。杜尚知道人们心中信奉的这种"惯例",但是他自己却不肯接受这种惯例。他虽然不知道什么是艺术品,却认为:艺术与生活的界限并不是像现实中人为规定的那样泾渭分明。他在一次访谈中说:"'评判'这个词也是一件可怕的东西。它大有问题,而且也无力。一个社会决定接受某些作品,然后建一个卢浮宫,让它一直存在几个世纪。说到真理、真实、绝对的评价——我绝不相信这些。"[①]他想把经过一番设计的小便器搬进美术馆,与其说是为了展示一个标准的艺术,倒不如说是向公众提出一个问题——到底什么是艺术品。通过这件作品,人们会发现现场环境和公众的审美观念对审美价值判断的影响。也就是说,一个事物是不是艺术品,并不是取决于它的外在形式标准,而是取决于展示环境以及观众的眼光和教养。

二、艺术是惯例

假如你心血来潮,到路上随便问一个人:"艺术是什么?"估计大部分人都会站在那里发愣,不知道该说什么。如果这时你拿出一把榔头,然后再拿出一幅画,问:"你觉得哪一件东西是艺术品?"人们一般都会觉得你提出来的是一个非常简单的问题,答案肯定是后者。其实,这把榔头也是

---

① [法]卡包内:《杜尚访谈录》,广西师范大学出版社2001年版,第73~74页。

由一位设计师精心设计的产品,看上去也很漂亮,大家却不认为它是艺术品,而认为画是艺术品,这又是怎么回事呢?

还有一个现象也同样值得我们思考,平时我们在自行车修理铺经常会看到各种各样的自行车配件,像轮胎、车轮之类的东西,大家谁也不会把它们当成是艺术品或艺术创作的元素来看待,可是,一个普通自行车的把手经过毕加索的选择和加工,被命名为《牛头》展出后,它的意义和价值就从此发生了改变,从一个普通的自行车配件或是一个废品,变成了一件无价的艺术品。这又是怎么回事呢?是那个自行车把手本身就是艺术品,平时大家都没有发现,还是艺术家的创造让它脱胎换骨,变成了艺术品?

关于这些问题的解释,美学家乔治·迪基的思想观点是比较有说服力的。在他看来,艺术是一种社会文化机制的产物。一件物品之所以是艺术品,不是因为它拥有一个内在的形式品质,而是因为艺术世界中的各种关系的相互作用,才让它成为艺术品的。也就是说,艺术品是艺术世界作用下的产物。而在这个世界中,艺术家、艺术批评家、艺术史学家、艺术哲学家,画廊、博物馆、演出机构及其策划人、经纪人,媒体及其记者们,在决定一件物品的艺术品身份,引导公众观赏艺术时,发挥了关键性的作用。

随着现代艺术创作领域中涌现出越来越多的"现成品",像波普艺术家安迪·霍荷就把超级市场里常见的装肥皂的包装盒直接搬到展厅供人们观赏。乔治·迪基觉得有必要对艺术的定义稍加修改,认为:"艺术乃是被艺术世界承认为艺术是一切事物。"[①]与先前的定义不同,在这个定义中,迪基用"艺术是一切事物"替代了"艺术是人造物",这样,只要是由艺术家发现的东西,比如一片树叶,也都成了艺术品。

那么,"艺术世界"中的各种关系内容又是什么呢?它就是由艺术家,艺术作品,画廊、博物馆和演出机构,艺术经纪人、策划人,批评家,艺术史学家,艺术哲学家组成的现实社会中的艺术文化系统。某件东西一旦被网入这个系统中,它就变成了"艺术品"。比如,由某人做出的一件东西,

---

① [美]Thomas E. Wartenberg 编:《艺术哲学经典选读》(英文影印版),北京大学出版社 2002 年版,第 233 页。

一旦在著名的画廊机构中展出,还卖出了好价格,有一位著名的艺术批评家为此写过评论,被一位艺术史学家当成研究对象,那么,这件东西就容易让人觉得是艺术,而做这件东西的人也就被社会接受为艺术家。再往后,这个获得艺术家称号的人所做的任何东西,一旦出现在人们的视野内,都会被当成艺术品来对待。明白这些内容后,你也就懂得了乔治·迪基的惯例论美学观,知道现实中的那个叫做"艺术世界"的文化系统对艺术品身份界定的重要性。

艺术的性质不再是由某个它所以是的东西决定的,而是由特定的文化制度制造出来的文化权威们所决定的。简单地讲,人们可以比较轻松地从诸多事物中挑选出来的"艺术品",其实都是"被艺术"的产物。正如美学家 H. G. 布洛赫所说:"艺术并不仅仅是存在于人们的头脑里。艺术是文化的产物,存在于公众的艺术世界里。"①

为什么一把精美的榔头不是艺术品,而一幅看上去很一般的画却是艺术品呢?用迪基的美学理论,我们可以这样说:因为艺术批评家们普遍认为,作为一个艺术品,它身上不应该含有实用的价值。那为什么经过艺术家的选择,一件现成品就变成了艺术品,而普通人这样做却不能产生同样的效果呢?按照迪基的美学理论,我们可以这样解释:艺术家的想法是与众不同的,他们都是一些拥有奇妙想象力的人,经过他们选择的事物,一旦被放到特定的审美环境中加以展示,往往会显示出一种平时不为大家所关注的面目。就像杜尚在展厅里展示的小便器,平时大家对它都是熟视无睹的,可是当它出现在艺术展厅里,我们往往就会以一种特殊的态度和眼光来观照和欣赏它,发现它的审美价值。

现代艺术家的创作行为在很大程度上印证了黑格尔的预言。在黑格尔的美学体系中,他认为:艺术的发展必将会使自身转变为哲学思考。现代艺术家的创作,不仅仅是一种富于想象力的创造活动,还是一种艺术批评行为。正因为有了这样一种变化,现代艺术家们在艺术创作活动中,非常注意将自己独特的观念想法注入其中,并通过特殊的方式把艺术材料整合在一起,在吸引人们眼球,产生审美观照情绪的同时,也引导了人们

---

① [美]H. G. 布洛克:《美学新解》,辽宁人民出版社 1987 年版,第 295 页。

从一个陌生或特别的视角去观看那些司空见惯的事物。

三、惯例说的问题

艺术不是模仿,艺术不是表现,艺术也不是有意味的形式,艺术是惯例。迪基的美学观点虽然问题很多,却非常有说服力。另外,这个理论也开启了一个认识艺术本质问题的新视角,让我们从文化制度的角度看待艺术的性质问题,它不是致力于总结蕴含在各个艺术表现形式里的所谓的本质内容,而是根据约定俗成的文化现实去寻求位于艺术品与非艺术品之间的界限,结果,他也没有能够说出一个让所有人都感到满意的答案。只是这样的思想理论,突出了艺术家在决定何物是艺术,何物不是艺术时的权威性,也突出了审美环境对我们鉴别一件事物是否是艺术的决定性。所以,它是富于启发性和建设性的。

但是,按照乔治·迪基的定义,我们一方面不能理解所谓的艺术世界到底指的是什么,另一方面,他也没有告诉我们,到底是什么因素使一个东西成为艺术品。他只是说出了一个事实,那就是:一件东西之所以是艺术品,是因为得到了专家们的权威认可。很显然,这是一种马后炮式的解释。

所以,当我们受到了"惯例论"的启发,认识到了艺术品的存在价值有如"语句"或"手势"那样,离开了特定的文化环境和针对性的理解,它们就没有实际的意义后,还是会对到底什么是艺术品的问题困惑不已。

现在我们如果来到意大利米兰市,到施瓦兹画廊参观,还会看到杜尚那件命名为《泉》的惊世骇俗的作品,遗憾的是,这件作品已经不是原件,而是一件复制品,原来那个"小便器"已经被人偷走了。假如你是这个画廊的经理,遇到这样的事情,你是觉得花点小钱到厨卫商店买一个同样的产品来复制呢,还是觉得一定得追回原件才算是解决问题了呢?按照惯例论的解释,用前者来解决问题就行了,可是,仍然会有很多人不同意,因为在他们眼里,作为艺术品,就应该是独一无二的。

事实上,即便是专家,他们对于艺术品身份的认识也是模棱两可的,特别是对那些位于模糊边缘地带的艺术品身份的认定,就更是如此。

工艺品与艺术品之间存在本质的界限吗?过去很长一段时间里,人们眼里的艺术品就是工艺品。只是当人们具有了自觉的美学思想以后,才开始从理论上把二者区别开来,认为工艺品身上因为含有实用性的工具意义而与毫无实用价值的纯艺术产生了差别。可是,在实际的区分活动中,那些已经不再体现实用价值的工艺品,却成了身份归属问题上的难点。理论家们必须针对这些问题继续寻找更加精细的划分依据,才能暂时缓和一下矛盾。比如,认为有些工艺品虽然失去了实用性功能,但是由于它缺乏个性或创新性,而不能划入艺术品之列。这又导致了新的问题:什么叫个性,什么叫艺术创新?解释这些问题又会引发一系列难以统一的争论。

总之,关于艺术品是什么的问题,并不是一个惯例论就可以彻底解决的。惯例论的提出,非常富于思想启发性,但是也因为缺乏系统的论述,而无法产生更为精确的解释力量。艺术品的身份既然是由专家权威或艺术世界确定的,而这个圈子里面又难以产生统一的意见,这也就必然导致艺术创作领域的丰富性和多样性。这一点,在注重观念表达的现代艺术世界中表现得尤为突出。

通过上面的论述,我们知道要想认识清楚艺术的本质,知道什么是艺术品,是一件非常困难却值得去探究的事情。人类文化的发展不能离开理论的力量,人类的生活不能离开好奇心的支持。同样,只要艺术还与我们的生活相伴,它自身还在不断地演变和发展,我们就有责任去了解、认识它,去发现它的本质和规律。至少从目前人类艺术哲学的研究成果上来看,我们不仅积累了丰富的材料,而且看到了这些内容对人们开展艺术创作和艺术审美活动的积极影响。上面我所讲的内容,只是艺术哲学世界中的冰山一角,它们都有一定的代表性,但是,讲这些思想理论的意义,除了介绍、讲解它们以外,还是想抛砖引玉,让更多的人投入艺术本质问题的思考和研究当中,以便产生出更多、更精彩的思想理论主张。

第二讲

艺术特征论

有人把艺术世界比喻成百花园，它是一个丰富多彩的世界。对于这个世界的本质，目前我们还没有形成统一的认识，各方之间的观点冲突依然存在，创作路线上的争论也频频爆发。但是，对于这个世界的形象特征，随着我们视野的扩大、经验的丰富、概括能力的提高，特别是当 1563 年西方第一所现代意义上的美术学院在意大利佛罗伦萨诞生以后，随着美术学院教育在欧洲的蓬勃发展，出于认识和艺术教学安排上的需要，人们必须对艺术进行门类上的划分，在这个基础上，人们对艺术的特征也就有了相对系统和稳定的认识。到现在，我们所认识到的艺术的特征，主要有三大项内容，它们分别是形象性、主体性和审美性。

第一节　艺术的形象性

不论是绘画、雕塑，还是诗歌、音乐和舞蹈，无论它们在形态上看起来有多么不同，表现上又多么各具特色，只要它们是艺术，那么，它们就有一个共同的特征，那就是，它们都在用形象性的语言方式来表现内容,传达感情。一门艺术,一旦失去了形象性的表现特征,就像男人没有了阳刚之气,女人没有了阴柔之美,就不再让人觉得它是其所是,没有了它该有的样子。

因此,俄国美学家普列汉诺夫说,艺术"既表现人们的感情,也表现人们的思想,但是并非抽象地表现,而是用生动的形象来表现。这就是艺术最主要的特点"①。假如说科学家是用抽象性的符号语言编织出了一个世界,那么,艺术家就是用形象性的符号语言编织出了一个世界。俄国艺术理论家别林斯基对此说得更具体:"哲学家用三段论法,诗人用形象和图画说话。"②说到这里,有人可能会发问:那西方现代艺术史中的抽象派艺术是属于艺术的,还是属于哲学或者是属于科学的呢?对于这个问题,我的回答是,它当然是属于艺术的,因为它的语言表达形式是符合形象性的概念要求的。

不错,假如我们用传统的艺术欣赏方式来看待所谓的抽象艺术,往往会一头雾水,不知所云,这种体验与我们在猛然间去解答抽象性问题时的感受十分相似,很多人就因此把自己看不懂、欣赏不了的现代派艺术统称为抽象艺术。事实上,作为西方现代艺术史中的一个现象,一个有影响的艺术流派,抽象艺术中的"抽象"二字,并不是哲学范畴中所讲的那种用于分析判断的符号形式,而是被艺术理论家们借来说明一种艺术观念与潮流的概念名词。

荷兰艺术家蒙德里安是著名的抽象派艺术家,他的创作风格被艺术批评家们归类为"冷抽象"。看他的作品,你根本找不出一丁点儿堪称形象的内容,也没有任何明确的主题。很多人看毕加索的作品,已经感觉很费解,很"抽象"了,而蒙德里安的创作在这个方面的表现,则更是有过之而无不及。无论是蒙德里安,还是毕加索,他们都是曾经接受过传统美学思想教育和训练的艺术家,难道他们不知道抽象是一种与艺术表现方式无缘的做法吗?

据说,蒙德里安在工作室里创作作品的时候,拒绝打开窗户。他这样做的目的,就是不想让他的艺术创作受到任何外部现实世界因素的影响。

---

① [俄]普列汉诺夫:《没有地址的信》,人民文学出版社1962年版,第4页。
② [俄]别林斯基:《别林斯基选集》第2卷,上海文艺出版社1979年版,第429页。

可见,他非常清楚自己在做什么,他在做一种在形式观念上与传统不一样的艺术。这种艺术追求的是形式本身的审美价值,它通过点线面这些抽象形式因素间的张力结构关系体现出一种独特的形式美感,展示出一种更加真实的形象性特征。英国美学家克莱夫·贝尔称这种形式为"有意味的形式",认为艺术家在创作活动中只有创作出这样一种形式,才能证明他是在做艺术。所以,抽象派艺术并不是在开展一种符合哲学或科学要求的抽象性的表达活动,更不是在背离艺术表现活动的形象性特征,恰恰相反,它是在努力让艺术表现活动的形象性特征更加真实而又鲜明地展示出来。在这方面,音乐艺术的表现形式也是一个非常典型的案例。

"美是理念的感性显现"①,这是德国美学家黑格尔的著名论断。通过这个论断,我们不仅知道了美的理念是如何展现出来的,同时也明白了为什么艺术表现活动会那么强烈地体现出形象性的特征。对黑格尔的美学思想产生积极影响的德国美学家席勒说:"一块大理石,尽管是而且永远是无生命的,却能由建筑师和雕塑家把它变为活的形象。一个人尽管有生命和形象,却不因此就是活的形象。要成为活的形象,那就需要他的形象就是生命,而他的生命就是形象。只要我们只想到他的形象,那形象就还是无生命的,还是单纯的抽象;只要我们还只是感觉到他的生命,那生命就还没有形象,还只是单纯的印象。只有当他的形式活在我们的感觉里,他的生命在我们的知性中取得形式时,他才是活的形象。"②这"活的形象"就是对形象性概念的最佳注释。

一个"活的形象"就是美的化身,表现美的艺术只有不断地去塑造"活的形象",它才会具有审美的价值。抽象性的符号表达形式,通常都很难让人感受到这样的表现,它只是冰冷的概念形式,即便是形成一个系统化的结构关系,也只是在说明一个事实,揭示一个现象的本质,而无法引起人们的同情和感动。

一个富于形象性的艺术表现形式,它不同于生物学意义上的生命现象,它的鲜活表现,是因为艺术家在形式创造活动中融入了他作为审美主

---

① [德]黑格尔:《美学》第1卷,商务印书馆1979年版,第142页。
② [德]席勒:《美育书简》,中国文联出版公司1984年版,第87页。

33

体的生命内容,是所谓活的形象,实际上就是内在的生命力量对象化的结果。所以,离开了主观与客观的统一、内容和形式的统一、个性和共性的统一,谈艺术形象性,那就必然是无的放矢的,也是缺乏具体内容的。

第二节 艺术的主体性

主体是一个与客体相对的哲学概念,它的出现要追溯到古希腊。主体指的是实践活动和认识活动的承担者,客体指的是主体活动所指向的对象。

古希腊社会在步入文明阶段之后,就逐渐树立了以人为本的主体性哲学。在他们的文化体系中,主体性是人性的核心内容。从社会实践的角度来看,"主体性是人作为活动主体所具有的根本属性,它包括的内容是主体自觉活动中不可缺少的能动性、自主性、自为性。其中,能动性侧重于主体能力,表现为主体活动自觉选择和创造;自主性侧重于主体权利,表现为主体对活动诸因素的占有和支配;自为性侧重于主体目的,表现为主体活动的内在尺度和根据。只有三者的结合和统一,才能构成完整的主体和主体性"[①]。我们说艺术具有主体性的特征,就是在这个意义上讲的。

黑格尔认为,艺术就是理念的感性显现形式。这个思想认识充分体现了这位伟大的哲学家对艺术活动富于主体性的深刻洞察。

从表面上看,艺术家的创作活动是缺乏目的性的,意义也常常是含混不清的。但是,就艺术家一生的创作活动而言,他们孜孜以求的,并不是技艺上的精益求精,而是对自己心中美的理想世界的追求和表达。由于在这项活动中,他们应用的是形象化的语言,所以,在表达上就有一个从模糊到清晰再到自由的过程。这实际上也是一个自我实现的过程:人的社会主体性自始至终发挥着积极的作用,它让理念在感性化的媒介形式中展现出光芒,让心灵的力量冲出现实的樊篱,自由地飞翔。

---

① 赵一凡、张中载、李德恩编:《西方文论关键词》,外语教学与研究出版社 2006 年版,第 867 页。

正因为如此,诚实的艺术家在完成一件自己满意的作品后,欣喜之余,往往又很快地陷入烦恼,甚至是痛苦之中。追求完美是艺术家的通病,而完美之物却又只能是活在艺术家的心中。在他们的实际生活中,最让自己满意的作品,永远都只能是下一部。文艺复兴时期意大利绘画大师拉斐尔在画《伽拉忒亚》时曾经给好友写过一封信,在这封信中,他这样说道:"为了画出一个美人,我必须看几个美人,然而,无奈美人寥寥。因此,我就会运用脑中所想到的理想形象。"①艺术家通过把美的理念注入物质性的媒介材料中,使它们失去了原有的面目和意义,融入艺术性的表达之中,获得了审美价值,我们从中可以看到自己的精神世界,在创造和欣赏活动中实现人的自我确证。假如在人的艺术行为中没有充分体现出人的主体性,不能让人产生自我确证感,那么,这样的行为表现充其量也只是在炫耀技巧,这在黑格尔看来,并不具有真正的艺术品质。

马克思的思想立场与黑格尔是对立的,但是,他们对艺术的主体性特征的认识,却是一致的。

马克思说:"动物只是按照它所属的那个种的尺度和需要来建造,而人却懂得按照任何一个种的尺度来进行生产,并且懂得怎样处处都把内在的尺度运用到对象上去;因此,人也按照美的规律来建造。"②按照马克思的观点,人并不是一种抽象的存在物,它的主体性品格只有在社会实践活动中才能得到实现。

在建筑师眼里,蜂巢是一个非常精致的"建筑",但是,蜜蜂在盖完它们的"房子"之后,成千上万年里都保持着一致的样式,估计今后也难以有什么大的改变。而人类虽然最初造不出如此精美的东西,但是,人类却在不断地进步,不断地在经验和认识的基础上设计和建造出越来越符合大家期望的建筑。

人的生活是富于创造性的。而创造性,正是人之主体性表现的一大关键性内容。艺术是人的文化生活,由于它是按照美的尺度来开展活动的,想象是其内在的推动力,因此,它在其他各种人的文化生活形式当中,

---

① ［美］温尼·海德·米奈:《艺术史的历史》,上海人民出版社 2007 年版,第100 页。

② 《马克思恩格斯全集》第 42 卷,人民出版社 1971 年版,第 97 页。

更加充分地体现出了创造性的色彩,从而高度象征了人的社会主体性。

关于艺术的社会主体性特征,我国的艺术家很早就有了认识,并且在创作上积极地加以贯彻,从而推动了中国传统艺术形象的形成与发展。

早在东晋时期,画家顾恺之就提出了"以形写神"的创作原则。他说:"四体妍蚩,本无关于妙处,传神写照,正在阿堵中。"①意思是,画的好坏,不在于外在形体的装饰,而在于能否通过眼睛来传神。顾恺之讲的这段话,虽然是针对人物画的创作而言,但是旨趣却非常深远,他实际上是在讲艺术要传神,要表现出艺术家内在感觉的道理,即"悟对通神"、"迁想妙得"。

南朝刘宋时的画家宗炳在总结自己画山水画的经验时,认为"畅神"才是山水画创作的真正目的所在。他说:"神之所畅,孰有先焉?"②意思就是,山水画创作是最能够让人感觉到精神舒畅的艺术表现形式。

在魏晋南北朝时期形成的艺术理论到了宋代不仅得到了广泛的肯定,而且有所发展。像文人画思想观念的倡导者大文豪苏轼就在一首题画诗中讲:"论画以形似,见与儿童邻。赋诗必此诗,定非知诗人。诗画本一律,天工与清新……"③在他看来,艺术创作的主要任务,不是去状物描形,极尽模仿之能事,而是在于表达自然而清新的意境。这样的追求让人不禁联想到英国诗人柯勒律治所讲过的一句话:"如果艺术家只是临摹自然,natura naturata④,这是多么无谓的努力!"⑤由于我们中国人崇尚写意文化的精神,中国传统艺术历来不搞这类无聊的竞赛。在我们的传统艺术创作活动中,大家也重视写形,"画写物外形,要物形不改"⑥,但写形的

---

① 北京大学哲学系美学教研室编:《中国美学史资料选编》(上),中华书局 1980 年版,第 175 页。

② 北京大学哲学系美学教研室编:《中国美学史资料选编》(上),中华书局 1980 年版,第 178 页。

③ 北京大学哲学系美学教研室编:《中国美学史资料选编》(下),中华书局 1980 年版,第 36 页。

④ 拉丁文,意为无生气的自然。

⑤ 刘若端:《十九世纪英国诗人论诗》,人民文学出版社 1984 年版,第 99 页。

⑥ (宋)晁以道:《和苏翰林题李甲画雁》。

目的却是传神，"文以达吾心，画以适吾意而已"①。正因为如此，我们在创作中要求画家去追求不似之似的效果。清代大画家石涛说："天地浑溶一气，再分风雨四时，明暗高低远近，不似之似似之。"②这诗句中的意思，归结起来就是说：画家要想表现出自然的真容，就不能简单地以形写形，以色貌色，而是要用心感悟，通过营造不似之似的形式表现效果来展现一个比现实物象更加真实的世界。以形写神，形神兼备，这种内容和形式的统一，不正是黑格尔在他的美学中讲的艺术理想吗？这样的艺术表现形式，不正是艺术主体性特征的体现吗？

　　艺术创作是一种特殊的精神生产活动，这种活动最为显著的特征就是它的能动性。在人们从事简单粗糙的生产实践活动时，人的能动性就已经体现出来了，而在强调个性和创造性的艺术创作活动中，它的色彩也就越发浓烈。现代艺术家毕加索说："我不寻找，我见到。"③"寻找"因为预设了一个结果而显得被动，而"见到"则显示了一个主动性的过程，它与发现和探索结合在一起，让艺术创作不仅成为一个模仿现实事物的行为，还是一个认识和理解事物的行为，在毕加索看来，后者应该是开展艺术创作活动的首要任务。这种新观念显示出了西方现代艺术家对艺术主体性特征的热切关注和大力弘扬。

　　艺术作品的丰富多样性也充分说明了艺术主体性特征的存在。不论艺术创作活动与现实社会生活的关系有多么的密切，归根结底，它是源于个人生活体验与感受，经由个人方式的传达，表现出来的富于个性特征的形式。即便是两个艺术家同时画同一个对象，比如，印象派画家雷诺阿和莫奈就曾经面对同一处风景写生，结果却画出了不同情调的作品。艺术不是自然的传声筒，也不是机械地反映现实生活的一面镜子，而是心之桥、灵之舞，它传达的是人的情感，展现的是人心中的理想。

　　最后，我们在人们的艺术欣赏活动中也可以看到艺术文化的主体性

---

　　①　（宋）苏轼：《东坡题跋》卷五，《书朱象先画后》，乾隆又赏斋刊本，商务印书馆1958年版。

　　②　（清）石涛：《大涤子题画诗跋》卷一，《题〈青莲草阁图〉》，汪绎辰辑，上海美术出版社1987年版。

　　③　［德］瓦尔特·赫斯：《欧洲现代画派画论》，广西师范大学出版社2001年版，第104页。

特征。一千个读者心中,就有一千个哈姆雷特。我们在欣赏一件艺术作品的时候,并不是在接受一种理论、认识一个事实,而是在用心与艺术家交流。这种交流方式,一方面大家难以用常规的语言来表达;另一方面,对于各自所感受到的内容,大家也无法在表达中实现绝对的统一。审美活动是一个极其复杂的心理过程,它是在感知、理解、联想、想象等多种心理因素的相互协调、共同作用下完成的活动,因此,心理结构不同的人对作品的感悟和理解也不可能是一致的。在艺术审美活动中,艺术家希望找到知音,而观众则希望发现符合自己审美期待的对象,艺术家与观众、作品与欣赏者之间的交流和碰撞,让艺术审美活动富于多样性和创造性。

面对同样一部作品,有些人可能感动得流下热泪;有些人可能无动于衷;有些人看到了连艺术家自己都没有意识到的内容,从而丰富了艺术内涵;有些人却只是把目光停留在表面形式上,享受着感官刺激的快乐。但不管怎样,在艺术欣赏活动中,每个人都是能动的、自在的,也是自为的。人们在得到审美愉悦的同时,也让自己投入一场审美再创造的活动当中。从这个意义上讲,人人都可以是艺术家。

第三节　艺术的审美性

虽然艺术是人类主体性精神的象征形态,但具体而言,它却只是人类审美意识的物态形式。由于它集中反映了人类审美意识的全部内容,是"人的本质的对象化"①,因此,它要比自然美更加具有审美性。在德国古典主义美学家黑格尔眼中,美和艺术,就是一回事,只有艺术才是美的化身。

说艺术的审美性特征,不能不讲它自己的成长历史。

在漫长的人类进化过程中,由猿向人的演变离不开一个标志性文化产品的出现,那就是打制石器。作为人类最早拥有的劳动工具,它不仅揭开了人类文化发展的序幕,而且也开启了人类艺术创造的大门。

---

① 《马克思恩格斯论艺术》第 1 卷,中国社会科学出版社 1982 年版,第 156 页。

在工具制造和使用活动中,人们除了训练了自己的劳动技能外,同时也培养了自己的形式感受力,对于产品的形式外观也产生了观念上的要求。它让人的感官功能逐渐地从一种偏于本能的反应状态发展为一种偏于自觉的反应状态,在心理上,也从一种动物性的快感演化为人的美感。随着这一进程的不断发展,在某一特定的历史文化背景和特殊事件的激发下,艺术就从工具制作活动中独立出来,成为专属于审美意识支配的文化产品,它最初的面目就是富于装饰性意义的工艺形态。

在康德看来,图案设计之类的装饰艺术属于自由美。因为它不一定要描写受一种积极观念约制的任何对象。① 从这个意义上讲,工艺应当是人类历史上最早出现的艺术形式。当工艺的形态在现实中出现,并不断发展完善之后,人们心中的审美意识才能得到进一步的发育成长,其成熟的标志,就是以审美为目的的纯艺术的诞生。

说艺术的审美性特征,不能不谈它与美的关系。

作为一个受审美意识支配的文化形态,艺术的实际表现和美是一样的,并没有一个明确的目的。如果说有,那就只能是表现,即“用感性的艺术形象的形式去显现真实”②。对于其他目的,“例如教训、净化、改善、谋利、名位追求之类,对于艺术作品之为艺术作品是毫不相干的,是不能决定艺术作品概念的”③。德国美学家黑格尔讲的这番话告诉我们,艺术并不是帮助人们认识事物、培养情操的手段,艺术有它自己的目的。这个目的与手段同一,它的内容即形式,形式也即内容。

艺术表现形式中的确也含有思想性的内容,但是,艺术对于这个内容的表现是以感性或形象化的方式来完成的。比如唐代诗人王之涣写的这首《登鹳雀楼》:“白日依山尽,黄河入海流。欲穷千里目,更上一层楼。”它有励志性的思想内容,但是这一思想主题却是通过形象化的方式来表达的。读完这首诗,通常大家都会通过诗词形式所营造的意象当即感悟到这一思想内容,但是如果我们在字里行间找这个思想内容,却无法见到踪影。这不正符合了美学家们所描述的美的特征吗?“在美里普遍的与特

---

① 关于这一说法,见[英]鲍桑葵:《美学史》,商务印书馆1985年版,第350页。
② [德]黑格尔:《美学》第1卷,商务印书馆1979年版,第68页。
③ [德]黑格尔:《美学》第1卷,商务印书馆1979年版,第69页。

殊的,目的与手段,概念与对象,都是完全相互贯通的。……自然与自由、感性与概念都在一个统一体里找到了它们的保证和满足。"①艺术与美在特征上的一致性决定了人们对其审美性特征的确认。

讲艺术具有审美性特征,不能不谈它与风格的关系。

艺术创作活动离不开艺术家对风格的追求。风格是什么?风格最初的意思是指一种书体②,后来成为艺术批评中的一个概念,指的是艺术作品在整体上呈现出的具有代表性的独特面貌。假如一个艺术家在其创作生涯中产生了属于自己的风格,那么,这就意味着他的一生没有白过,他在艺术上的不懈努力有了应得的回报。

艺术风格的形成,是主观性的内容(如艺术家的个人生活经历、思想观念、艺术素养、情感倾向、个性特征、审美理想等)与客观性的内容(如艺术家所生活的时代、社会,所隶属的民族、阶级,所选择的题材、体裁、艺术门类等)相结合的产物,具有多样化和同一性的特征,所以要在创作中实现它,对于一个艺术家来讲,并不是一件容易的事情。

18世纪法国著名作家、博物学家布封有句名言:风格即人。③ 他讲这句话的意思,主要是说艺术家在表现方式和手法等方面显示其人格的一些特征。

黑格尔对这句话展开了批判。他认为,谈艺术风格问题,不能只是着眼于主观和任意的发挥,艺术家若是把这样的作风带入艺术创作活动中,并认为这样就可以创作出富于独创性的作品,让它产生审美的价值,这种想法未免过于天真了。"艺术家的独创性不仅见于他服从风格的规律,而且还要见于他在主体方面得到了灵感,因而不只是听命于个人的特殊的作风,而是能掌握住一种本身有理性的题材,受艺术家主体性的指导,把这个题材表现出来,既符合所选艺术种类的本质和概念,又符合艺术理想

---

① [德]黑格尔:《美学》第1卷,商务印书馆1979年版,第75页。

② 在罗马作家特伦斯和西塞罗的著作中,该词演化为书体、文体之意,表示以文字表达思想的某种特定方式。英语、法语的 style 和德语的 stil 皆由此而来。

③ 1753年,布封当选为法兰西院士,在入院仪式上,他发表了著名演说《论风格》,此言即出自这篇演说。

的普遍概念。"①这就是他对艺术风格的认识。在这种关于风格的思想认识中,富于个别和偶然的艺术家们的独创性表现与真正的客观性内容,如马克思所讲的人的本质力量及黑格尔所讲的人的主体性——心灵,是统一在一起的。

毫无疑问,艺术家在创作活动中都非常看重个性表现的价值,追求独创或风格的意义,黑格尔对风格的深刻认识,为艺术家们在实践活动中的风格追求行为指明了方向并铺设了道路。他说,一件艺术作品"要想表现出真正的独创性,它就得显示为整一的心灵所创造的整一的亲切的作品,不是从外面掇拾拼凑的,而是全体处于紧密的关系,从一个熔炉,采取一个调子,通过它本身产生出来的,其中各部分是统一的,正如主题本身是统一的"②。当这样的作品产生以后,艺术家才能证明自己是富于独创性的,他把个别(材料)与普遍(形式)、主体(人)与客体(自然)、感性(形式)和理性(内容)统一在了一起,从而让自己的创造物成为审美对象。

最后,谈艺术的审美性特征,还必须讲讲它与"丑美"的关系。

既然艺术所展示的是人的本质力量,所表现的是关于人生的整体形象,那么,在它的形象发展与塑造过程中,必然会遇到一个真实的内容,那就是艺术家对丑的表现。应该说,这正是我们可以用来说明艺术具有审美性特征的关键证据。

艺术家具有化腐朽为神奇的功夫。一些丑物,经过艺术家的处理,就可以化丑为美,让人产生喜爱的感情。一些看上去无用之物,也会在他们的选择与匠心安排下变成富于审美价值的艺术品。

艺术家为什么会有这样的本事呢?归根结底,是因为他们有爱美之心和善于审美的眼光。他们会在艺术表现语言的帮助下让支离破碎的现实变成完整且生动的画卷,让现实中嘈杂的声音变成悦耳动听的音乐,还会让变动不居、难以把握的生活变成一部小说、一出戏剧、一首诗、一段舞蹈……这里面,有他们的发现和感悟,更有他们的想象和创造。他们以情化物,在物我交融的体验当中认识和表现自我,这时,一根折断的芦苇,会让他们感伤生命的脆弱;一朵凋零的红花,会让他们感慨美丽的易碎。

---

① ［德］黑格尔:《美学》第 1 卷,商务印书馆 1979 年版,第 373 页。
② ［德］黑格尔:《美学》第 1 卷,商务印书馆 1979 年版,第 375～376 页。

"感时花溅泪,恨别鸟惊心。""落红不是无情物,化作春泥更护花。"艺术家就这样,在面对和感受不完美的现实中发现了美,在具体的艺术创作活动中升华了自己的感情,为世界贡献出一件件美的佳作。它们让我们赏心悦目,使我们的内心充满了愉悦和期望,似乎一下子把握住了生活,感觉到了自己的存在,也意识到了一种极其宝贵的身份,那就是自己是生活中的主人。

《诗》曰:"善戏谑兮,不为虐兮。"①在一般人眼里,艺术家往往被看成是一群爱玩弄形式的戏谑者。而事实上,由于艺术家在貌似虚幻的形式中融入了个人的思想感情,让艺术表现形式有了自己的内容和生命,再加上他们会利用恰当的语言表现形式来自我表达,所以,他们并不是玩弄形式者,而是生活的创造者,是美的追求者。在他们的世界中,化功利为审美,化利害为形象,把过程当作目的,嬉笑怒骂皆成文章,是非曲直尽含其中。生活中的真、善、美,他们可以通过艺术去表现和讴歌;生活中的另一面,那些为人所不齿和厌恶的假、丑、恶,他们也可以通过艺术去表现,赋予它们审美的形式和价值,让人们在观赏这样的艺术形象当中,对它们的丑恶本质有一个更加深刻的感悟,对现实中的这类事物,产生更加排斥的感情。

所以,艺术家对丑的表现,并不出于他们对丑的热爱,恰恰相反,他们表现丑,是因为热爱美。也只有当他们的心灵在现实环境中发育到足够成熟的程度,人生经历了沧桑事变的考验,精神经历了大起大落的磨炼,思想脱离了片面,感情走出了狭隘,他们才会直面惨淡的人生,去表现丑的对象和那些不完美的现实,让人们在审美情境当中,重新审视它们,重新评价它们,在对生活与现实有了新的感悟之后,还能够怀着期待和愿望投入实际的生活当中。在美学中,丑与美是对立的概念,而在艺术创作活动中,成熟的艺术家却让它们实现了统一;化丑为美,不仅丰富了艺术创作的内容,而且更为重要的是,让审美之光照耀到了生活中的各个角落,使艺术表现活动体现出了更加深刻的内涵,而艺术的审美性特征也因此变得更加明确。

---

① 《诗·卫风·淇奥》。

　　谈艺术的本质问题,目的是想让大家统一认识,树立艺术的大原则,明确艺术发展的方向。而谈艺术的特征问题,则是想让大家看清楚作为审美对象的艺术的特殊形象,避免在现实当中张冠李戴、胡说八道。另外,对于艺术创作活动来讲,认识清楚艺术的本质特征,有助于保证创作质量,比如说,了解了艺术的形象性特征,艺术家们就会着力去创造具有生动感的形式;了解了艺术的主体性特征,艺术家们就会在创作中主动融入崇高的精神品质;了解了艺术的审美性特征,艺术家们就会在创作中努力去发掘心灵的力量,把生动和崇高、个别和普遍、感性和理性、内容和形式在艺术创作活动中有机地统一起来,使艺术表现形式体现出风格的价值。

　　艺术要生动,艺术要崇高①,艺术要有风格,这就是我们探讨艺术特征问题后可以领悟到的现实意义。

------

　　①　此概念义取自德国古典美学的概念系统,以康德的概念认识为基准。崇高的感情与人的主体心灵被对象形式激发有关。崇高并不在于对象,而在于心灵。比起美的形式,它更是主观的。

第三讲

艺术发生论

世上没有无源之水,也没有无本之木,万事万物都应该有一个源头,既然大家都相信并承认在人的文化生活中有艺术这么一回事,那么,它也不应例外,也应该有一个属于自己的源头。那么,艺术的源头是什么呢?

提出这样的问题是不难的,但是要想找到一个统一的答案,却非常困难。这一点,不仅和人们在探讨艺术的本质问题时所遇到的困境是一样的,而且与它密切相关,因为人们对艺术本质的不同认识也决定了人们在关于艺术起源问题上的意见分歧。所以,在这里,我也只能给大家介绍、说明与分析几种在现实中接受面比较广泛的观点,即游戏说、巫术说和劳动说,供大家学习与思考。

第一节 艺术起源于游戏

德国艺术史学家 E. 格罗塞在《艺术的起源》中说道:"艺

术起源的地方,就在文化起源的地方。"①而早在 20 世纪 40 年代,西方著名文化研究学者、历史学家约翰·赫伊津哈在他的专著《游戏的人:文化中游戏成分研究》中说:"文明是在游戏之中成长的,是在游戏之中展开的,文明就是游戏。"②他还说,人类"初始阶段的文明是游戏的文明。文明不像婴儿出自于母体,它在文明之中产生,它就是游戏,且决不会离开游戏"③。在这里,文明这个概念基本上是与文化同义的,在赫伊津哈看来,"游戏是一种重要的文化现象,但早在文化之前,游戏就已经存在了"④。它并非人类的天赋,在很多动物的行为中也有游戏的特征,但是,文化却是人类独有的财富,只有人才真正懂得游戏的意义,并按照游戏的要求开展自己的生活。

假如我们认同上述两位学者的看法,并将他们的观点做一番逻辑上的联系,自然也就不会怀疑艺术起源于游戏这样一个命题。不过,真正针对艺术的发生问题,提出"艺术起源于游戏"这个命题的学者,既不是格罗塞,也不是赫伊津哈,而是 18 世纪德国思想家席勒和 19 世纪英国哲学家斯宾塞。

一、席勒的游戏说

席勒的艺术发生论见于其美学书信集《美育书简》。

在这部书中,席勒认为:人类文化的发展受到了来自人类精神世界的两种冲动的影响。这两股力量,一个叫感性冲动,另一个叫理性冲动,而游戏冲动则是这两种冲动结合在一起的产物。在游戏冲动的带动下,人们不仅发现了一个富于美感的世界,而且人性在这种观照形式本身的审美活动中,也实现了感性与理性的统一,结束了人类的精神因为科学发展和社会分工活动的加剧而产生的分裂状态,恢复了它的整体性,从而在人

---

①　[德]格罗塞:《艺术的起源》,商务印书馆 1984 年版,第 26 页。

②　[荷]约翰·赫伊津哈:《游戏的人:文化中游戏成分的研究》,花城出版社 2007 年版,第 17 页。

③　[荷]约翰·赫伊津哈:《游戏的人:文化中游戏成分的研究》,花城出版社 2007 年版,第 198 页。

④　[荷]约翰·赫伊津哈:《游戏的人:文化中游戏成分的研究》,花城出版社 2007 年版,第 22 页。

类从原始自然状态向高尚的道德状态发展的文化历程中,扮演了具有积极作用的中介角色。简而言之,人的内心世界若是没有游戏冲动,就不可能产生人的审美和艺术创作行为。离开了审美或艺术文化,我们人类就不可能在现实中摆脱原始和野蛮的生存状态,也不可能在历史发展活动中实现最高的道德理想,即实现人和自然的统一,赢得自由和解放。

很显然,席勒所说的艺术起源于游戏,并不是真正在探讨一个关于艺术发生的历史问题,也不是在探讨一个人类文化的特征问题,而是在探讨一个社会政治哲学问题,即人如何将感性与理性从现实中的对立的状态转化为理想的统一的状态,并在这个过程中实现人类的最高道德愿望——赢得自由的问题。游戏概念也好,艺术概念也罢,都是他为说明他的个人信念而在现实中找到的观念对应物而已。通过它们,他的理论才有了现实的意义。

在他看来,人类审美的游戏源于自然的游戏。而自然的游戏几乎是自然界中的所有事物在精力旺盛、有所盈余时的共同表现。他说:"当狮子不受饥饿所迫,无须和其他野兽搏斗时,它的剩余精力就为本身开辟了一个对象,它使雄壮吼声响彻荒野,他的旺盛的精力就在这无目的使用中得到了享受","甚至在没有灵魂的自然界中也可以看到这种力量的浪费和使命的松弛,就其物质意义来说也可以叫做游戏。树木生长出无数没有长成就凋落了的幼芽,它们为了吸收营养伸展出比维持其个体和种属所需要的更多的树根和枝叶。它们在快乐的运动中浪费掉树木还给大地的大量没有使用和享受过的东西。"①当盈余的生命力在刺激动植物活动时,它们就是在游戏,并获得了摆脱了外在需求的自由与享受。人原本是属于自然的一部分,在长期自然化的生活中,当然体验过游戏的滋味,享受过自由自在的快乐,这就是后来人们在想象力的作用下,开展独立的针对形式自身的审美游戏活动,以及针对形象塑造的艺术创作活动的基础条件。对此,席勒说:"从这种游戏出发,想象力在它的追求自由形式的尝试中,终于飞跃到了审美的游戏。"②艺术起源于游戏的观念,也就因此在他的理论阐述中诞生了。

---

① [德]席勒:《美育书简》,中国文联出版公司1984年版,第140页。
② [德]席勒:《美育书简》,中国文联出版公司1984年版,第142页。

其实,席勒的游戏说理论大多是源于推理和想象,并不能体现出理论应有的说服力。真正通过现实的观察和总结,把艺术和实际生活中人的游戏行为扯到一起,并且明确指出艺术就是起源于游戏的人,是被誉为"社会达尔文之父"的英国哲学家斯宾塞。

二、斯宾塞的游戏说

站在生物学的立场上,斯宾塞进一步阐释了席勒的理论,他指出,游戏是人们在有了过剩精力以后的举动。和席勒一样,他认为这种游戏行为在动物身上也有所体现。如同小孩子在吃饱喝足后的玩耍,小狮子、小老虎也会在饱食之后相互嬉戏,海豚甚至会在海面上玩连续跳跃的把戏。因此,游戏的历史要早于人类文化的历史,它渗透到人类生活的一切领域,为其提供营养,使之富于文明的色彩。作为人类文化产品,艺术就是这一历史发展背景下的产物。

在斯宾塞看来,看上去毫无目的的游戏行为是有价值的,它为人类的低级机能提供了消遣的方式,而同样是与现实功利活动无关的艺术活动则是为人类的高级机能提供了消遣的方式,从而让工作之余的剩余的精力也得到充分的宣泄。这就是艺术和游戏的唯一不同之处。从服务于生存的生命功能中分离出来,让生命在自由的空气中畅快地呼吸,是审美文化产生的必要条件,而美感的产生、审美的愉悦,也总是建立在有机体脱离其生物本能的基础上。

开展艺术与游戏活动共有的条件,以及游戏对文明发展的重要意义,不仅催生了"席勒-斯宾塞游戏说",而且也因为道理浅显而深入人心,成为艺术发生论中的代表性思想。

三、游戏说的合理性与问题

"席勒-斯宾塞游戏说"是人们从心理-生理学角度出发最早探讨艺术起源问题的学说。这一探讨不仅启发了我们的思想,让我们认识到了艺术和游戏在艺术起源问题上的相关性,而且也让大家进一步地认识到游戏和艺术在特征上的相似性。而这,正是大家愿意接受这个理论主张的关键点。

是的,艺术和游戏实在是太像了。

第一,它们都不在乎功利性的目的。第二,它们都讲究情感的真实体验。第三,它们都喜欢那种似是而非的活动状态。

小孩子玩老鹰抓小鸡或警察抓小偷的游戏,大部分孩子都喜欢扮演被抓的角色,假如是在成人世界中,除非是在舞台上演戏,不然,就没有几个人愿意处在被逮被抓获的位置上。

玩的时候,人们心里想的只是刺激,而不大会和现实功利发生什么联系。在这一点上,艺术行为好像也是这么一回事。画家画花,不是因为它是玫瑰,是康乃馨或是紫罗兰,更不是因为它们有什么实际功用,而是因为它们在形式上所体现出来的富于个性或表现力的美。雕刻家雕一尊女性裸体雕像,也并非为了满足私人的占有欲,而是出于他们对人体美的欣赏。为了说明这一点,西方学者还专门发明了一个与裸体(nake)不同的概念——裸像(nude),目的就是引导人们用非功利的审美眼光来看待人体和欣赏人体艺术。

常言道:唱戏的人是疯子,看戏的人是傻子。演员在舞台上演的是故事里的事,而不是历史上的真事。按理说,在舞台上演戏,艺术家是不必太当真的。可是,真正的艺术家却懂得,假如在演戏时不投入自己的真情实感,以假当真,假戏真做,那就找不到在这个虚拟世界中生活的感觉,没有了通过想象体验某种情感的自由,这戏就演得没意思,这演员当得也就不快乐了。在游戏当中,孩子们的表现也是相当投入。你会看到一个拿根笤帚当马骑的小男孩,蹦跶了几十分钟,满头大汗了,还乐此不疲的景象。你还会从一个尚需爸妈照顾的小女孩哄布娃娃睡觉时的表现里,看到她的痴迷,她的满足。不论是成人做艺术,还是小孩过家家,他们都在这种假戏真做的体验和模仿当中,获得了精神上的满足。

艺术家通过模仿来实现自己的理想,而游戏者通过模仿来增长生活的技能与经验。虽然模仿的意义不同,但是有一点却非常一致,那就是艺术家和游戏者在开展模仿活动时,都是带着愉悦的心情,而不是一种被迫的心态。

奥地利心理学家弗洛伊德认为,艺术行为就是艺术家在做白日梦,其表现特征就是似是而非的幻想。艺术家通过这样的行为,在这样的状态中自我表现,其意义就是释放自己心中被压抑的潜意识,从而让自己的心理达到平衡的状态。我们不知道游戏中的孩子是否在做弗洛伊德所说的白日梦,但是我们却可以发现他们在游戏时活在真实想象中的那种感觉。在儿童画里,儿童会把太阳叫太阳公公,会把爸爸妈妈画得很高大,把自己画得很矮小,会把天画得特别蓝,会把树画得特别绿。总之,他们在玩,同时也在想象中释放自己的感情,在似真似幻的游戏中发展自己的思维。

另外,游戏与艺术规则的制定都具有不稳定性,只要玩伴们愿意,规则就可以马上改变;只要观念更新,艺术世界立刻就会变成另外一副面孔。

艺术和游戏,它们之间存在这么多相似性,难怪席勒与斯宾塞会确信游戏就是艺术的起源。很多人也乐于接受他们这个说法,甚至还做了发挥,认为艺术就是游戏。这种说法,自然也招来了不少人的反对。

在他们看来,游戏与艺术并不是一回事。

第一,游戏要么是剩余精力的释放,要么是在模仿中学习成人的经验,要么是在有意识地自欺,而不是在玩味一种形式或创作一种可以传达人类情感的艺术作品。

第二,游戏的生命是短暂的,玩游戏的人其心态是娱乐性和消费性的。人们在玩久了一种游戏之后,很快就会厌倦,想去玩另外一种更加刺激的游戏。而一种艺术活动的生命却因为它承载了表达人类情感的任务而长久,它往往会让艺术家为之付出一生的努力。

第三,玩游戏可以不当真,可做艺术却不能不认真。如果玩游戏的人当真了,把游戏中的输赢当成了现实中的得失利害,进而吹胡子瞪眼,甚至动手打架,这样的人,就不会有人愿意再和他继续玩下去。而做艺术,从表面上看,是凭感觉做事,似乎没有标准可循,艺术家仿佛可以为所欲为,秉性而行。可是,只要是一个真正热爱并从事艺术的人,他就会告诉你,做艺术并不像一般人所想象的那样随便。事实上,一个画家在画画的时候,如果一根线条画得不理想,一块色彩用得不和谐,都会令他苦恼万分。艺术家都是在艺术上追求完美的人,在感觉的支配下,他们开始了创作活动,在感觉的要求下,他们总是认为自己理想的作品永远是下一部。

第四,游戏会调动起人们试图参与的激情,只有当一个人参与到游戏当中,他才会觉得自己是在做游戏。而在艺术世界里,人们不必都要参与到艺术创作活动中,亲自作画、跳舞、写作,才算是参与了艺术行为,找到了艺术的感觉,而是可以通过开展艺术欣赏活动,通过与艺术家在心灵上的交流、在感情上的共鸣来让自己投入艺术情境当中,获得精神上的满足。游戏只会给游戏者本人带来快乐,而艺术却能让观赏者也得到满足。

德国哲学家康德拉·朗格认为:游戏是儿童时代的艺术,而艺术则是形式成熟的游戏。鉴于游戏与艺术的这种关系,我们可以通过对照,猜测艺术起源于游戏,却不能因此简单地就把艺术当成游戏。这是我们在接受艺术起源于游戏的观念时,必须注意的一点。

"席勒-斯宾塞游戏说"从心理-生理学角度提出的艺术起源于游戏的主张,夸大了剩余精力对于人类审美和艺术创作活动的意义,忽视了社会现实的文化发展内容对艺术发生的重要作用,在针对现实问题、发挥理论指导作用时,它既体现了片面的合理性,同时也暴露出了谬误的一面。

假如艺术起源于游戏,那么,我们如何解释现实社会中这样一个现象:绝大多数孩子都爱玩,但是,真正愿意坐下来画画、弹琴的孩子却不多。另外,如果我们用这个理论来解释原始人的艺术创作活动,就会推导出,那时的人类简直是过着令人羡慕不已的田园牧歌式的生活。他们唱歌、跳舞、画画,都是因为拥有了闲暇的生活和脱离了功利的心态,这显然难以与人类学家发现的原始社会中人们真实的生活景象相吻合。

既然这个理论在面对现实和历史材料时出现了问题,那么,按照科学研究的要求,就需要根据人类文化发展的事实,重新去寻找关于艺术起源问题的正确答案。在这个过程中,人们站在新的立场和角度上,又提出了新的见解,艺术起源于巫术,就是其中之一。

第二节　艺术起源于巫术

站在人的生理—心理本能的立场上来探讨人类艺术的起源问题,游戏说就成了一种非常合理的选择。但是,离开了社会的个人,在人类历史发展中是不存在的概念。通过游戏说,我们发现了导致艺术发生的人的生理和心理需求,但单凭这一因素来解释艺术的起源问题,我们听起来像是在讲一个童话故事,它把人类艺术文化的起源问题描述得过于天真和理想化。

巫术说的出现,让人们从人类学和社会学的角度重新审视艺术的起源问题,通过这一角度,人们看到的不是一个天方夜谭般的世界,而是把它和人类特殊的思维方式、文化习俗紧密结合在一起,把人类的艺术行为放到人类历史文化发展的特殊的现实背景中来考察。正因为如此,巫术说一经产生,就在思想学术界产生了极大的影响力,人们不再看好艺术起源于模仿、艺术起源于表现、艺术起源于游戏等旧学说,而把巫术说看成是解释艺术发生和起源问题的最有价值的理论。直至今日,它在与其他艺术发生理论的较量中,依然占据很大的优势。

一、历史事实

艺术起源于巫术的说法,并不是来自理论家的头脑,而是来自历史考古的发现。

1879年夏,业余化石收集者马塞里诺·德·桑图拉带着9岁的小女儿玛利亚再次来到西班牙北部一个离桑坦德约30千米外的地方,希望能够继续他三年前在此地开始的化石收集工作,发现有价值的东西。突然,他听到玛利亚的叫声,循着声音,他来到一个低矮的洞口前,玛利亚正从洞口爬出来,带着惊恐的表情,她告诉爸爸刚才在洞里的发现。原来,她因为无聊而爬入洞中玩耍时,在蜡烛的照亮下,看到了岩壁上画的公牛,受到了公牛眼睛的惊吓,她感觉那头公牛的眼睛正凶狠地瞪着她。闻名世界的人类史前文化的遗迹——阿尔塔米拉洞穴壁画就这样被发现了。后来,这处遗迹的原始性于1902年经过法国考古学权威步日耶的认定,其文化价值逐渐得到考古学界的认定,人类艺术起源问题的研究从此有了一个扎实的新材料。

无独有偶,人类史前艺术文化的另一处重要遗迹,也是由孩子发现的。1940年的一天,几个住在法国南部蒙蒂尼亚附近的男孩子为了寻找他们跑丢了的小狗,钻进了一个狭窄的山洞。结果,他们发现,山洞内居然有一个长达180米的"大厅",在"大厅"的洞壁、洞顶上画满了红色、黑色、黄色和白色的鹿、牛、野马。时隔60年后,又一处欧洲旧石器时代晚期的洞窟壁画——拉斯科洞窟壁画从它的隐藏地与世人见面了。

随后,在法西两国交界处比利牛斯山的南北两侧,在意大利、奥地利、东欧以及顿河流域陆续发现的原始洞窟壁画遗迹和雕塑作品,让人们充分地认识到:这绝不是哪一个人,哪一个部落,在某一个地方和某一个时间里完成的偶然之举,而是具有普遍价值,可以反映原始人的生活状况和文化现实的珍贵材料。随着这些材料在世界范围内的不断发现,人们也就越来越大胆、自信地利用它们来开展人类学、艺术史方面的研究。

为什么原始人类要在那么隐蔽、狭窄和阴暗的洞穴里画壁画呢?这是几乎所有接触过上述材料的人都会提出的问题。

有人根据人的游戏本能提出了"为艺术而艺术"的观点。这种观点认为:原始人是一群活得逍遥自在,对自己十分有限的生存条件非常容易满足,而且非常喜欢游戏的人。1768 年,当受命赴南半球探险的英国航海家詹姆斯·库克船长从望远镜里看到美洲南部海岸上有一群文身的斐及安人时,他说:"他们情愿裸体,却渴望美观。"[1]这种观点代表了当时受过教育的欧洲人的普遍审美观,也代表了现在不少人看待原始部落艺术的思想观念。很显然,这种看法过于现代,脱离了原始人从事所谓"艺术创作"的实际语境。

考古学的资料证明,分布在比利牛斯山南北两侧的洞窟壁画的创作者是克罗马农人。当时,欧洲的气候受冰川时代的影响,平均气温很低,冬天就更加寒冷。为了躲避寒冷的天气,现在生活在寒带的动物,如驯鹿,都纷纷南迁,到了今天难见其踪迹的法国南部和西班牙北部地区。正因为如此,我们才能够在洞窟壁画中见到它们的身影。想想看,在那个天寒地冻的岁月里,人们不忙着穿衣取暖,打猎果腹,而是忙着装饰自己的身体,跑到伸手不见五指的洞窟里去画画,享受精神生活的快乐,这符合当时人们的生活逻辑吗?

假如原始人不是像今天很多以己度人的人所想象的那样,在洞窟里画画,是为了追求伟大而又崇高的艺术理想,是在游戏中享受快乐自由的人生,那么,他们又是在干什么呢?

从大量人类学和考古学的材料中,我们可以知道,原始人的这些貌似现代人艺术创作的举动,其实是与一种带有功利色彩的文化行为——巫术——有着极其密切的关系。对此,长期从事原始文化研究的英国人类学家弗雷泽直截了当地说:"巫术始终是一种技艺。"[2]芬兰艺术史学家希

---

[1] [德]格罗塞:《艺术的起源》,商务印书馆 1984 年版,第 42 页。
[2] [英]弗雷泽:《金枝》(上),新世界出版社 2006 年版,第 16 页。

尔恩在《艺术的起源》中也详细说明了原始舞蹈与巫术的关系。他说："当北美印第安人,或卡菲尔人,或黑人在表演舞蹈时,这种舞蹈全部都是对狩猎活动的模仿……这些模仿有着一种实践的目的,因为世界上的所有猎人都希望能把猎物引入自己的射程之内,按照交感巫术的原理,这是可以通过模仿来办到的。因此,一场野牛舞,在原始人看来就可以强迫野牛进入猎人的射击距离之内来。"①

可以这样讲,从巫术论的眼光看待和解释原始人的艺术创造活动,是目前最流行的理论。艺术社会学研究领域的权威阿诺德·豪泽就索性把原始艺术当成是巫术。他说："在实践的阶段上,生命所有的一切都是明显地围绕着谋生的赤裸裸的手段。几乎没有任何东西能使我们言之成理地去假设艺术除了获取食物的手段之外还有另外的目的。所有的征兆都指向一个事实:艺术是人们开展巫术技巧的一种工具,因此它有一种彻头彻尾的实用的作用。其目的仅在于直接的经济对象。"②

二、巫术理论及其应用

原始社会离我们今天的社会,在时间上是相当久远的,加上又没有文字记载,尽管目前已经发现了不少历史遗迹和器物,但是它对于我们的认识而言,依然是神秘而又无序的。然而,出于求知欲和历史责任感,我们必须透过有限的材料来推知那个时代文化的特征和内在结构。巫术,就是研究者从大量人类学研究资料和考古学的材料身上发现的,在原始人类的日常生活中扮演重要角色的文化现象,它的存在与发展,不仅影响到了原始社会生活中的各项内容,而且也对人类文明的进程起到了积极的推动作用。在著名的英国人类学家弗雷泽看来,人类思想方式发展的过程就是一个从巫术到宗教再到科学的历史进程。

最早利用民族学的材料开展原始宗教研究的学者是英国人类学家爱德华·泰勒。他在 1871 年出版的《原始文化》一书中,不仅提出了至今仍

---

① 　Y. Him,*The origins of art*,London：Macmillian and co. Limited & New York：The Macmillian company,1900,p. 11.

② 　Arnold Hauser：*The social history of art*, London：Routledge & Kegan Paul plc,1951,pp. 15～17.

具有影响力的关于文化的定义,还创立了"万物有灵观",提出了宗教起源于万物有灵观的学说。在他的研究基础上,弗雷泽提出了宗教起源于巫术的主张,并对巫术文化作出了非常具体而又详尽的解释。

在弗雷泽看来,巫术是原始文化发展早期阶段的信仰和行为主宰。在那个时代,人们认为自然界是不受人的意志干扰或影响的,是按照自己不变的秩序演进的。这一点和现代科学家的观念是一致的。所不同的是,那时候人们对自然法则的基础性原则的认识却是荒谬的。

在弗雷泽的研究中,他把这些原则归纳为两类:一类叫做"相似律",另一类叫做"接触律"或"感染律"。这两类原则都基于同一种信仰、同一种思维,即相信灵魂不灭,万物有灵,认为世间万物同类相生或果必同因。

具体说来,按照"相似律"的原则,原始人及巫师只要通过模仿的手段就可以实现自己想要做的事情。比如,当你想要报复某人时,就可以按照那仇人的模样制作一个小木偶,然后将一根针刺入其头部或心部,或把箭头射进去。这样做,你的目的就会得到实现。而按照"接触律"的原则,如果你想通过某个物体对某个人施加影响,只要那个物体被他接触过就可以,而不论这个物体目前是否正属于他身体的一部分。比如,在多达12卷、约1500页的人类学名著《金枝》中,弗雷泽举出了这样一个事例:"马来人有类似的法术:你想让某一个人死掉,首先你就得去收集他身上每一个部分的代表物,如指甲屑,头发,眉毛,唾液等等。然后,从蜜蜂的空巢中取来蜂蜡,将它们粘在一起做成此人的蜡像,连续七个晚上将此蜡像放在灯焰上慢慢烤化。烤时,还要反复说:'我烧的不是蜡啊。烧的是某某人的脾脏、心、肝!'在第七个晚上,烧完这些蜡像之后,你要谋害的人就将死去。"[1]当人们按照"相似律"行事时,弗雷泽将这种方式称为"模拟巫术"或"顺势巫术";当人们依据"接触律"开展活动时,弗雷泽则把它归入"接触巫术"的范畴。事实上,原始人类在施行巫术行为时,大都综合了两种巫术形式,而弗雷泽也把这两种巫术形式统一地称为"交感巫术",因为这两种巫术形式施行者都认为:"物体可以通过某种神秘的感应超时间、超距离地相互作用,把一个物体的推动力传输给另一物体。"[2]

---

① [英]弗雷泽:《金枝》(上),新世界出版社2006年版,第17页。
② [英]弗雷泽:《金枝》(上),新世界出版社2006年版,第5页。

"巫术乃是荒古人类底天然禀赋"①,是原始人类试图通过人的力量改变自己命运的积极尝试,但是,由于在思维上犯了错误,把相似等同于相同,把接触等同于连结,因此,"它是一种伪科学,也是一种没有成效的技艺"②。然而,作为原始文化生活中的一个重要内容,它对原始人类的生活以及推动人类宗教和社会形态发展上的意义却是非常重大的。弗雷泽在《金枝》中所详尽分析论证的就是这一点。

通过巫术的眼光,我们再来看看由考古学提供的那些关于旧石器时代晚期的洞窟壁画,就不会再乐于去编造笨拙的童话,认为"原始人获得的必需品是自然界无偿的赐物",③他们绘制壁画的举动是出于游戏本能的激发,满足的是人们在生活中消遣、娱乐,甚至是审美方面的需求。尽管由巫术眼光看到的未必真是原始人创作洞窟壁画以及其他艺术形式的动机和目的,但是,大量人类学的研究材料和考古学的发现,都说明了巫术在这些活动中的主导意义以及巫术理论在解释艺术起源问题上的合理性。

比如,如果原始人不是为了施行巫术,那么为什么要躲在阴森恐怖的山洞里去搞所谓的创作?如果原始人不是为了施行狩猎巫术,为什么在他们的创作内容中没有出现更加丰富的内容,比如凶悍的食肉动物和可爱的鸟类,而是大都表现那些作为狩猎对象的食草动物,如牛、羊、马、鹿呢?如果原始人不是出于巫术的目的,那么又如何解释他们要画出那么多动物中箭、流血倒地的场面以及动物身上可能是被石头或矛多次击中而产生的斑点呢?

把原始艺术完全等同于巫术,把它说成是原始人类在开展巫术活动时所运用的一种工具手段,除了实用性功能外,没有其他方面的意义,这样的看法未免也有些走极端。而把巫术活动看成是艺术的起源,巫术文化的发展催生和培育了艺术文化的发生与发展,这样的认识却比较容易让大家接受。这里面,除了符合发生学的原理——一切事物都起源于非

---

① ［英］马林诺夫斯基:《巫术 科学 宗教与神话》,中国民间文艺出版社 1986 年版,第 58 页。

② ［英］弗雷泽:《金枝》(上),新世界出版社 2006 年版,第 15 页。

③ 《列宁全集》第 5 卷,人民出版社 1959 年版,第 89 页。

该事物,还有大家可以根据事实材料来推测、想象外,另一个原因就是巫术行为和艺术行为之间存在着非常内在的联系性。

三、巫术与艺术的内在联系

从理论上讲,人类出于实用目的的巫术行为一定是出现在以非功利为特征的艺术行为之前。但是,它是否一定就是艺术的起源,这恐怕不能只是通过原始人的洞窟壁画创作和原始舞蹈等原始文化表现形式来说明。

对于艺术起源问题的认识,正如瑞士心理学家让·皮亚杰所指出的那样:"从研究起源引出来的主要教训是:从来就没有什么绝对的开端。"①我们对于艺术起源问题的认识,也只能基于一种关于事物发展可能性的探讨,就像格罗塞在研究艺术的起源问题时所说的:"我们无须向自己或别人隐讳,我们上面所说的关于工艺装潢起源的话,都只是建立在假设上面的。但是这些假设都有很高的可能性。"②对于艺术起源于巫术的说法,我们已经从人类学和考古学的资料中看到这种说法成立的可能性,为了让这种可能性变得更大一些,或者说让这一假定变得更加可信一些,我们还得多说些话,谈谈巫术与艺术之间的内在联系。

首先,巫术尽管和科学在认识世界的出发点上有相近之处,它们都是想借助人为的方式来解决现实中遇到的困境或难题,但是,它们毕竟是属于两种不同的文化模式。按照人类学功能学派的代表人物英国人马林诺夫斯基的看法,在原始人类的文化生活中,两种文化模式应该是并存的,原始人既信巫术也信科学。"科学生于经验,巫术成于传统。科学受理论底指导与观察底修正;巫术则要不被两者揭穿,而且保有神秘的氛围,才会存在。"③比如他们在造独木舟的时候,就知道从经验中总结出一些材料学和动力学的原理,并以此来指导接下来的生产活动。而巫术则是用

---

① [瑞士]皮亚杰:《发生认识论原理》,商务印书馆1981年版,第17页。

② [德]格罗塞:《艺术的起源》,商务印书馆1984年版,第110页。

③ [英]马林诺夫斯基:《巫术 科学 宗教与神话》,中国民间文艺出版社1986年版,第5页。

来"控制好运与坏运的"。① 当原始人无法利用有限的经验来应对重大的灾难时,他们就会应用巫术,希望能借此改变厄运,避免问题的发生。由此可见,作为一种技术手段,虽然人们是想利用它来解决现实问题的,但是实际上它只是服务于人们天真而又错误的想法和愿望,这种行为,从形式上看,和我们今天所说的艺术是非常接近的。

其次,巫术虽然和原始宗教有着不解之缘,离开了现实行动的宗教,就只能是神学,没有了巫术观念的发展就不会有经过批判反思之后产生的宗教观念,但是巫术和宗教两种文化之间的区别在特征上还是非常明显的。比如,虽然宗教活动和巫术活动的开展都离不开人的信念和行为,但前者偏重于信念,后者偏重于行为。也就是说,宗教主要是因为信念而存在,而巫术则是因为行为而存在。离开了祭祀和仪式,巫术就不能叫巫术,而离开了这些内容,只凭遵守教义,就可以证明你在履行宗教的义务。从这些情况上看,人类的宗教行为是偏于精神性的,而巫术行为则是偏于实践性的。当然,巫术并不具有真正的实践性的意义,就它的实际表现而言,它充其量只能算是一种伪实践性活动。这一点与艺术实践活动的类实践性也有着非常相近的一面(详见本书第九讲)。

艺术虽然是一种精神性的文化表现形式,但是,它却无法脱离技艺形态而独立地发展。离开了技艺谈艺术,既不符合普通人的文化常识,也不符合艺术发展的历史。另外,艺术表现尽管追求个性与自由,但是,它毕竟还是要借助特定的材料与形式媒介,受某种图式的影响,这些都与巫术在现实中的发展模式非常相似。巫术之所以会在当今社会,特别是在传统社会里,仍然有一定的影响力,并不是因为它真的有效,而是因为它的命运取决于传统和习俗。而艺术文化的发展,尽管如今特别强调创造的价值,但是,大多数艺术的发展仍然有赖于它们对传统的继承,这也是一个不需要多讲的事实。

最后,巫术不仅是一种技艺,还是一套操作规则。在施行巫术的活动中,巫师必须全神贯注于操作规则中,避免闪失。这种非常投入的精神状态也与艺术家在创作中的状态相仿,使得技术操作带有了表演性。

---

① [英]马林诺夫斯基:《巫术 科学 宗教与神话》,中国民间文艺出版社 1986 年版,第 5 页。

巫术行为的操作性、伪实践性和表演性,都让我们看到它与人类艺术文化之间的内在联系。虽然在特定社会文化发展背景下,巫术行为并不具有特定的审美价值,正如格罗塞在说明装潢的起源时所讲的:"原始装潢对于社会生活的影响,是在审美的意义以外的,它在记号和标识上发展,比在艺术形式上要复杂和深邃得多。装潢在发达的初期只有一种次要的艺术性质。"①巫术对艺术文化的影响,也应该是在审美意义之外的。但是,这种关系不正好符合发生学的要求吗?而两种看上去不搭界的事物之所以会在发生学意义上发生关系,一是看它们在现实中的联系,二是看它们在内在品质上的一致性。两种关系我们都找到了,所以说,艺术起源于巫术,这样的说法应该是值得信赖的。至于艺术是怎么从巫术中脱身出来的,按照格罗塞的看法,应该是历史环境的改变。因为巫术脱离其发展的语境,人们又依据传统继承了这个形式。这样一个只有外壳没有内容的巫术,就比较多地被人当成艺术的内容来利用和发挥了。

虽然说经过我们的分析说明,艺术起源于巫术的说法,听起来站得住脚,能够让人接受,但是,最后我们也不能不简单地说说它的问题。这个说法的最大问题,依我看,不是出在分析层面上,而是出在思想立场层面上。也就是说,是出在你是站在唯物主义的立场上看问题,还是站在唯心主义的立场上看问题。

假如你是站在前一种立场上看问题,那么,结果就不是艺术起源于巫术,而是巫术起源于艺术了。因为,如果同意这样一种说法,即文化起源的地方就是艺术起源的地方,劳动工具的产生是人类和自然界告别的标志,也是开启人类文化之门的钥匙,那么,你就肯定会接受这样一个结论:艺术就是伴随着人类工具生产活动的开展而逐步成长、壮大起来的。由于人类在劳动中不仅培养了自己作为人类的生理条件,还培养了自己作为劳动者的心理条件,使得人类在利用、制造工具方面不断取得进步,获得丰富的经验,才能让巫术行为的开展得到材料和技术上的支持。这样一来,说艺术起源于巫术也就站不住脚了。为了树立另一种艺术起源论,唯物主义者提出了自己的主张,他们认为:艺术起源于劳动。

---

① [德]格罗塞:《艺术的起源》,商务印书馆 1984 年版,第 119 页。

第三节　艺术起源于劳动

从黑格尔的艺术视角看巫术,巫术应该算是似是而非的"前艺术"。从生产实践的角度看巫术,巫术只能算是其中的一种实践方式,具体而言,应该叫做"伪实践"。在它的作用下,人类原始的生产实践活动中的艺术性因素得到了放大,并最终走上了独立发展的道路。从这个意义上讲,巫术既是一种特殊的原始生产实践方式,同时也是促进艺术从生产实践中分离出来的催化剂。和实际的原始生产实践活动相比,比如制作石器、陶器等,巫术活动显然带着更加浓郁的艺术气息。结合巫术活动发展过程中显示出来的"仅仅是激发某种情感"①的实际目的,说原始巫术就是艺术,也算是情有可原。这样,艺术起源于劳动就有了两种说法。

一、作为巫术的艺术起源于劳动

假如我们同意豪泽把原始巫术和艺术画等号的思想,而且又不赞同马林诺夫斯基的观点,说:"巫术永远没有'起源',永远不是发明的,编造的。一切巫术简单地说都是'存在',古已有之的存在","巫术乃是荒古人类底天然禀赋",②那么,就必须为巫术活动寻找到一个源头,找到了这个源头,也就等于为艺术找到了起源。这个源头就是劳动。

按照唯物史观,巫术也好,艺术也好,或者作为巫术的艺术也好,统统都是从原始的生产劳动中产生出来的。在坚持辩证唯物主义思想立场的马克思主义哲学中,人不是神造的,而是在漫长的生物进化活动中,通过长期的劳动而产生的。正如恩格斯所说:"首先是劳动,然后是语言和劳动一起,成为两个最主要的推动力,在它们的影响下,猿的脑髓就逐渐地

---

①　[英]罗宾·乔治·科林伍德:《艺术原理》,中国社会科学出版社 1985 年版,第 67 页。

②　[英]马林诺夫斯基:《巫术 科学 宗教与神话》,中国民间文艺出版社 1986 年版,第 57~58 页。

变成了人的脑髓。"①由于劳动,人才有了身体和心智方面的成长,并逐步从自然界中分离出来,形成了与动物不同的生存方式。具体而言,就是有意识、有目的和有感情的生存方式。在开展这种生活方式的过程中,人一方面通过改造自然赢得了生存的空间,另一方面也通过自己的劳动成果发现了自我,并且开始在自我欣赏的过程中,更加积极地投入可以实现和确证自我的生产实践活动中。

于是,在这种生产实践活动中就隐含了两个内容:一个是技术,一个是观念。也就是说,当一个原始人在打制一件石器的时候,他的头脑中关于石器产品的形态就会随着生产实践活动的延展,变得越来越清晰。久而久之,人们会在自我认识能力不断得到提高的基础上,越来越清楚地意识到,观念的创造和占有与现实的创造和占有,既相互关联又有所不同。一方面,人们会发现,前者是后者的前提;另一方面,人们也会觉得前者和后者会在社会现实的发展过程中分化为两件不同的事,即精神性的活动和物质性的活动。在原始劳动者看来,观念的创造和占有者的行为是非常神秘的,这些人在直觉或思维的作用下,可以预知未来将发生的事情。在英国人类学家弗雷泽看来,这些在原始人群中让人们感觉神秘的聪明人就是最有可能当上巫师并施展法术的人。

当原始人在生产实践活动中发现了富于神秘感的观念的价值,在特殊的历史发展环境下,受前逻辑思维的支配,通过真实的想象,非科学化地操作了观念的功能,于是,人类的巫术行为就诞生了。它的诞生,让物质性的生产和精神性的生产有了区分,同时,也让本来就蕴含在劳动之中的艺术性因素,找到一个可以充分发育、成长和展示自我的舞台。

劳动创造了人本身,人在劳动中发现了自我,并在让劳动富于主观能动性的同时,也让劳动在人的自我欣赏中含有了艺术性因素。这种因素经由巫术文化的运作得到极大的发展,成为后来走向成熟的重要基础。在原始文化的发展环境中,巫术与真正的生产实践活动的界限其实是非常模糊的,站在原始人的立场上,说它是一种实际的生产实践活动,一点都不过分。从这个意义上讲,说艺术起源于巫术和艺术起源于劳动,大体上就是同一个意思。只不过从发生学的要求上来看,把巫术和劳动区别

---

① 《马克思恩格斯选集》第3卷,人民出版社1972年版,第512页。

开来,说巫术的根源是劳动,然后再说和巫术关系更加密切的艺术之源也是劳动,这样似乎更加科学、严谨一些。

二、作为艺术的艺术起源于劳动

作为艺术的艺术指的就是得到我们现代大多数人普遍认同的艺术形式。说这样的艺术起源于劳动才是艺术发生学理论中最多被人讲到的思想。如果说上面讲的内容偏于理论化,那么接下来讲的内容就会偏于具体和实际化了。

从 19 世纪末民族学研究和艺术史学的研究开始兴起后,就有不少理论家在研究艺术起源问题时,把焦点对准了艺术与劳动的关系。在这个方面,成绩卓著的有这么几位学者,他们是沃拉斯切克、毕歇尔、希尔恩以及普列汉诺夫。

在沃拉斯切克的研究中,他发现,在原始舞蹈和音乐中,节奏的表现是原始艺术表演者关注的主题。关于这一点,在格罗塞的论著中也得到了说明。

沃拉斯切克的研究是从他发现的问题开始的:为什么在我们今天的人看来那么重要的艺术表现因素,如旋律、音调等,没有在原始音乐、舞蹈的表现中得到重视,而节奏却得到了原始艺术表演者们的青睐呢?在发现了这些问题后,沃拉斯切克把目光投向生活,投向具体的生产实践活动,他发现,把握节奏是劳动者们在劳动活动中掌握劳动技能的一种方式。在现代豫剧《朝阳沟》中,就有这样一幕情景说明了这个问题。

知识青年金环到朝阳沟插队,接受贫下中农的再教育,而农民兄弟们给她上的第一课,就是如何正确地掌握锄地的技巧。他们告诉她:在用锄头锄地的时候,要前腿弓,后腿蹬,将这些动作连贯起来,始终如一,就有干活的样子了。这里面,就有一个在劳动中要熟练掌握动作节奏的问题了。在沃拉斯切克看来,正是原始人在劳动活动中有掌握动作节奏的问题,才让他们的舞蹈、音乐表现那么突出节奏的意义。毕歇尔也援引了很多资料来说明这一点,他说:"拜尔顿说,在他所知道的非洲黑人那里,音乐的听觉发展得很差,但是他们对于节奏却敏感得令人吃惊:'划桨人配合着桨的运动歌唱,挑夫一面走一面唱,主妇一面舂米一面唱'。卡沙里对于他做了很好研究的巴苏陀部落的卡斐尔人也是这样说的。'这个部落的妇女手上戴着一动就响的金属环子。她们往往聚集在一起用手磨自己的麦子,随着手臂的有规律的运动唱起歌来,这些歌声是同她们的环子的有节奏的响声十分谐和的'。"①根据他收集到的诸多材料,毕歇尔最后总结道:"在其发展的最初阶段上,劳动、音乐和诗歌是极其紧密地联系着的,然而这三位一体的基本的组成部分是劳动,其余的组成部分只具有从属的意义。"②这让我们想起了川江纤夫们在拉纤时伴随着步伐所唱出的号子。是劳动向劳动者们提出了关于节奏的问题,在劳动中,特别是在需要齐心协力才能出效果的集体性的劳动活动中,假如劳动者们各行其是,不在节奏的协调下步调一致,整个劳动不仅在场面上会显得十分混乱,更严重的是,他们根本就无法完成预定的工作。拉纤如此,几个人一起划桨如此,甚至连美食制作活动也是如此。福州有一个传统美食——面线,制作面线时讲究"拉三下退两下"的节奏,这样拉出的面线才能又细又长又筋道。由于有这样一种劳动经验,福州人甚至把跳舞都戏称为"拉面线"。这样看来,劳动,特别是集体性的劳动,需要在节奏的协调下才能有好的效果,而伴随着劳动唱起有节奏的歌,打起有节奏的拍子,甚至跳起富于节奏感的舞蹈,都是原始人类强化劳动中所需要的节奏感的一种手段。它们是那样密切地结合在一起,以至于我们一下子都难以说清楚,到底是艺术让劳动者产生了节奏感,继而作用于生产实践活动中,还是劳动者对节奏的需求引发了他们借助艺术的力量来完成自己的工作任务。关于这一点,俄国美学家普列汉诺夫做出了非常肯定的回答:是艺术起源于劳动,而不是劳动起源于艺术。通过收集大量人种学、人类学、民俗学文献材料,以及对原始音乐、舞蹈和绘画的分析,他在 1900 年完成了系统论证艺术的起源及发展问题的专著——《没有地址的信》。在书中,他坚定地维护了自己的观点:"劳动先于艺术,总之,人最初是从功利观点来观察事物和现象,只是后来才站到审美的观点上来看待它们。"③

---

① [俄]普列汉诺夫:《普列汉诺夫哲学著作选集》第 5 卷,三联书店 1984 年版,第 338～339 页。

② [俄]普列汉诺夫:《普列汉诺夫哲学著作选集》第 5 卷,三联书店 1984 年版,第 340 页。

③ [俄]普列汉诺夫:《没有地址的信》,三联书店 1973 年版,第 34 页。

三、艺术起源于劳动说的问题

从艺术发生学的观点来看,人类的生产实践活动应该就是艺术产生的最根本的原因。但是,指出这一点并不意味着艺术起源问题终于得到了解决。

作为以工具生产制作为标志的人类劳动行为,作为人类文化活动的起源,其内容并非只有如今我们所说的那么单纯,只包含体现实用性目的的生产实践活动,而是一个十分混沌的世界,那里面所有的文化内容都是混合在一起的,生产、巫术、宗教、科学、艺术等事物都不像今天我们所认识到的这样,各显其功,泾渭分明,而是在功利目的的驱使下,界限不明地化合为一个整体,使生产和生活、工具和巫术、制作和艺术成为一个东西。可以说,在这样的人类行为产品中包含了未来人类文化发展的所有因子和方向,它们之间的关系不应该是因果关系,而应该是互为因果的关系。

在这种情况下,说艺术起源于劳动,就显得过于笼统,而直接说艺术起源于生产实践活动,又显得过于武断。本身就包含着综合性因素的艺术活动,它的发生很可能是多元的,而不是一元的。对于艺术的发生而言,工具性的生产活动可能是一个机缘,语言、神话的发展可能是一个机缘,人的性吸引和游戏冲动可能是一个机缘,而巫术和原始宗教活动也可能是一个机缘,到底哪一个机缘更加符合事实,就只能是仁者见仁,智者见智,靠大家自己去判断和接受了。

第四讲

艺术发展论之一
——艺术发展问题的历史框架

对于艺术的发展史,哲学家有自己的观点和看法,在他们的笔下,艺术史反映的是他们的世界观,其内容象征了人类社会文化发展的规律。但是,这样的论述毕竟过于宏大,它们与其说是在说艺术,不如说是在说思想;它们与其说是在谈艺术史,不如说是在借题发挥,讲人类文化发展的宏伟蓝图。而艺术在现实中是一个具体的事物和认识对象,从微观的角度上讲,艺术史的研究应该针对艺术本身,而不是把它和理念或者人结合在一起。宏大的叙事固然令人心潮澎湃,但科学性的研究才能帮助我们真正地认识和把握对象,从而按照事物自身的规律来发展这项事业。

关于艺术史发展规律的研究,历史上有几位非常著名的人物,他们是乔治·瓦萨里、约翰·亚奥西姆·温克尔曼、阿洛伊斯·里格尔和海因里希·沃尔夫林。下面,我们将着重介绍一下瓦萨里和沃尔夫林的学术思想,这并不是因为温克尔曼和里格尔的思想主张不重要,而是因为瓦萨里与沃尔夫林的艺术史发展观存在着较大的分歧,代表了目前很多艺术史学者的思维方式和对艺术的认识。另外,温克尔曼的很多思想已经融入黑格尔的美学之中,里格尔的观念也在一定程度上为沃尔夫林所继承。

第一节　瓦萨里的艺术史发展观

瓦萨里是意大利文艺复兴后期的艺术家,同时也是第一位"现代"艺术史家。1550 年,他的著作《著名画家、雕刻家和建筑家传》出版。在这部著作里,瓦萨里自乔托起为 33 位意大利艺术家写下了传记,他们是 14-16 世纪意大利艺坛的杰出代表。瓦萨里接受红衣主教法尔内塞的建议,不辞辛劳地从各种线索中收集资料,费时一年多完成了这部书的大部分篇章。"你将以此促进艺术的发展"①,这是当年红衣主教对他的期许。从事实上看,瓦萨里的努力并没有辜负这位红衣主教的热望。我们可以从文学的角度来阅读这部书,看到意大利文艺复兴时期艺术家们的生活与贡献;我们也可以从艺术史专业的角度来理解这部书,它告诉我们,意大利文艺复兴时期的艺术是如何发展的,在这个伟大的历史发展阶段中,艺术家们的表现又是如何得到正确评价的,而这正是他被后人称作第一位"现代"艺术史家的原因。

在瓦萨里眼中,艺术在现实生活中的表现并不是一个零散随意的现象,而是有其内在秩序的。

就意大利文艺复兴时期的艺术表现而言,14 世纪的艺术形态属于"复活期"的表现。在这个艺术发展时期里,艺术创作领域开始涌现出一个回归古希腊、古罗马艺术风格,即所谓的复活古代艺术的潮流,它代表了意大利艺术的发展回归到了正轨。这个阶段里,契马布埃和乔托是艺术家队伍中的代表。他们的创作体现出古代艺术中的理想美和自然主义的表现形态,与之前的中世纪艺术形成了鲜明的对照。按照瓦萨里的历史发展逻辑,他认为,这种新兴的艺术表现形式处于奔向完美艺术的初级阶段,就整体发展来看,是摇篮阶段的艺术。随着时间的发展,这种艺术越来越成熟,它穿过童年的时光,进入一个新的历史发展阶段,这个阶段

---

① ［意］乔治·瓦萨里:《著名画家、雕塑家、建筑家传》,中国人民大学出版社 2005 年版,第 1 页。

的艺术大致是从 15 世纪开始的,一直延续到莱奥纳多·达·芬奇的时代。在这个艺术发展阶段中,艺术发展更加体现出古代艺术的特质,即讲究规则、秩序、均衡、设计和风格,让艺术表现形式与宇宙的构成紧密地联系在一起,体现出神人合一的完美性。被瓦萨里列入艺术发展第二阶段的艺术家们虽然在艺术创作上已经走出了摇篮,在追求真正的艺术的道路上已经比前辈们进步了不少,但还没有获得一种充分的自由。"他们的画面缺少美,他们的想象缺少变化,他们的色彩缺少魅力,他们的建筑缺少多样性,并且,他们的风景缺少距离感和变化。"①这种情况到他自己所处的时代,才得到了彻底的改变。具体而言,是莱奥纳多·达·芬奇的艺术宣告了一个新的艺术发展阶段的来临,这个时期的艺术已经进入了壮年或繁荣阶段。在这个阶段中,艺术家把富于神圣色彩的优雅感觉表达到了极致的程度。在当时的人们看来,优雅的表现显示了上帝的爱、仁慈和关怀。而意大利文艺复兴盛期艺术家们的表现,就是体现这样的精神,从而拥有了高贵的品质,艺术家也因此成为世界的征服者,人们可以通过他们的创作增强自己对真、善、美的意识和理解,从而提升自己的人格修养和生活品质。

通过瓦萨里讲述意大利文艺复兴时期艺术发展的方式,我们看到,他将这一历史时期的艺术发展等同于一个生命的发生、发展的过程,也就是说,它经历了一个发生、发展、完善与衰落的过程。正如他在传记前言中讲的:"如同人的身体,艺术也有一个诞生、成长、衰老和死亡的过程。我希望以此途径使他们更好地认识到艺术复兴(rinascità of art)以来的进步以及它在我们时代所达到的完美。"②这样一个艺术发展模式也可以简化为草创—繁荣—衰落,在瓦萨里的艺术价值体系中,中世纪艺术是以古希腊艺术为代表的古代艺术衰落期,甚至死亡期的表现,而意大利文艺复兴时期的艺术,从整体上讲,是艺术精神从死亡中复活的表现。就内部发展而言,它又体现出了草创—发展—繁荣—衰落的历史发展规律。面对艺术走向衰落的历史必然性,艺术家们必须认真面对,通过创新去恢复艺术精神,让艺术之光继续照耀艺术发展的历史征程。

---

① [美]温尼·海德·米奈:《艺术史的历史》,上海人民出版社 2007 年版,第88页。
② [意]乔治·瓦萨里:《中世纪的反叛》,长江文艺出版社 2003 年版,第37页。

瓦萨里的艺术史理论,不仅历史上有不少信奉者,比如温克尔曼和丹纳都在自己的艺术史理论中表达了几乎一致的观点,而且现在的信奉者也大有人在。像我们在看待中国传统艺术发展史的时候,很多人仍然会持这样的观点,认为:秦汉时期的艺术发展处于孕育期,魏晋南北朝时期的艺术发展处于草创期,隋唐时期的艺术发展处于发展期,五代、宋元时期的艺术发展处于成熟期,明清时期的艺术发展则处于衰落期。很显然,当我们没有拥有任何历史眼光的时候,瓦萨里提出的理论确实令人感到振奋。可是当我们在运用这一理论武器来解决现实问题的时候,就会发现这个理论的缺陷,其中最大的问题就是:我们凭什么来说明艺术的发展此时正处于繁荣期,彼时正处于衰落期?对经典的不同看法,必然会导致人们对历史发展阶段性的不同认识。你站在古希腊艺术的立场上看艺术的发展问题,就会认为意大利文艺复兴标志着艺术的春天又来临了。而站在中世纪宗教艺术的立场上看艺术的发展问题,就会产生与上述看法相反的论断。另外,艺术的发展问题是否真的像自然界的生命那样,有一个生生不息、周而复始的过程,这也十分值得讨论。至少,在沃尔夫林的认识中,就提出了不同的看法。

第二节　沃尔夫林的艺术史发展观

瑞士艺术史学家沃尔夫林是19、20世纪之交最有影响力的艺术史学家之一。他擅长用比较法来讲艺术史,同时也非常希望人们能够用系统的,甚至是科学的方法来"观看"艺术的历史。在一封写给父母的信中,他这样说道:"如今仍然只是一种经验的历史能否被提升成为一种科学呢?我们是否可以像在自然科学中那样,从大量的事实中提炼出人类精神发展的伟大法则呢?"[1]很显然,沃尔夫林和他那个时代的德国思想家一样,都希望在自己的文化研究领域找到一个可以建立文化科学的原则。

在沃尔夫林撰写的几部著作中,对艺术史的研究影响最大的一部著

---

[1]　[美]温尼·海德·米奈:《艺术史的历史》,上海人民出版社2007年版,第137页。

作,就是 1915 年出版的德文版专著《艺术史原理:晚期艺术中的风格发展问题》。在这部书中,沃尔夫林坚持了这样一种信念:每一个时代或一种风格都有一个属于自己的精神,他用 Zeitgeist(时代精神)来代表这个精神。巴洛克艺术之所以是这个样子,就是因为它是巴洛克的,巴洛克有着它自己的意志,其发展不受诸多外部因素的影响。由于沃尔夫林特别看重 Zeitgeist,他索性在初版的《艺术史原理》中提出了"无名的"艺术史的概念,把艺术家的个性化的表现排除在艺术史之外,认为这些都是与艺术史的发展无关的东西。他说:"从触觉性和视觉性的解读向纯粹视觉性、图绘性的解读的转变过程蕴藏着自然的逻辑性,是不可逆转的。"①这样的思想就与前辈里格尔的艺术史发展模式如出一辙。

在里格尔看来,艺术的发展并非受艺术家个人意愿的支配,而是受到比之更大的意志力——Kunstwollen(艺术意志)的影响。在它的影响下,艺术的发展出现了这样一条轨迹,即从触觉性到视觉性的转变。这种转变是艺术在历史中自我完成的,不受其他外在因素的影响。正因为如此,艺术的发展不是一个从简单到复杂、从幼稚到成熟的过程,而是一个不断进步的模式。每一件艺术品在这个模式中都是发展链条中的一环,达·芬奇创作的《蒙娜丽莎》既不是一件成功的作品,也不是一件失败的作品,而是艺术自身完成活动中的一种表现。用这样一种眼光看待艺术史,艺术史也就不再是一种过于简单化的生命演变模式,即从发生到发展再到衰落的自然演变过程,而是一个普遍进化的观念,艺术史就是一部体现从触觉性向视觉性不断进化的历史,其特征最充分地显示了进步的意义。

在继承了里格尔艺术史思想观念的基础上,沃尔夫林在观察的基础上提出了五对主宰艺术史变化发展的概念。它们是线绘的与图绘的、平面的与纵深的、开放的与封闭的、多样的和统一的以及明确的和模糊的。在这五对概念中,第一对概念最重要,其他四对都是从它身上派生出来的。在这里,沃尔夫林所讲的线绘的和图绘的,实际上就是里格尔的触觉性与视觉性的翻版。在沃尔夫林看来,艺术的发展就是上述这五对关系在历史上不断互相作用和转换的结果。欧洲 16 世纪的艺术与 17 世纪的

---

① 〔美〕温尼·海德·米奈:《艺术史的历史》,上海人民出版社 2007 年版,第152 页。

艺术之间之所以有所不同,往大了讲,是因为不同的时代精神所致;往小了讲,就是因为17世纪的巴洛克艺术受到图绘意志的左右,而在16世纪,艺术的发展受到线绘艺术的主宰。至于巴洛克时代自己的意志为何会产生,什么时候才会产生,沃尔夫林并没有解释。

沃尔夫林的理论阐述目的在于使艺术史更加科学化。尽管他的观点还存在着这样那样的问题,比如过于武断地将丰富的艺术现象压缩在几对抽象的概念中,过于执着地排除了文化与社会方面的因素对艺术发展的影响力等等,但是,他毕竟将一种新的观看方法引入了艺术史的研究,并使之成为一门学科,成为今天大学里的一门人文课程。

事实上,对于艺术史发展的内在规律性,我们所能做的都是站在特定立场上的一种发现,而不可能做到一种十全十美的高度概括或强加一种逻辑。19世纪德国人文思想发展潮流催生了里格尔和沃尔夫林的艺术史理论,他们的学术贡献不仅奠定了德国的美术史研究在当时世界上的领先地位,同时也为人们观看艺术提供了一种客观的、无文化偏见的、偏于科学性的眼光。众所周知,由于我们所看到的只不过是我们想看到的东西,而我们想看到的也只是那些我们能看到的东西。在艺术领域,在帮助我们看到能看到的东西方面,沃尔夫林的理论显然是贡献卓著的。

第三节　自律与他律的矛盾

受其内在规律的影响,艺术的发展必然会在历史上走出一条属于自己的道路。但是,艺术毕竟不是一种在真空中发展的文化。在现实文化发展环境中,它的发展也必然要受到经济、政治和文化等外在现实因素的影响。在上文中,我们说到,里格尔、沃尔夫林这类艺术史学家站在单纯的学术立场上,根本不把这些外在于艺术史的内容放在眼里,沃尔夫林甚至把艺术家都排除在了他的艺术发展史之外,认为真正的艺术史就是一部"无名的"艺术史。可是,假如我们跳出学术这个狭隘的圈圈,站在一个全面的角度,以现实的眼光来看待艺术的发展问题,情况就会随之发生改变。

英国著名艺术史学家贡布里希认为:"现实中根本没有艺术这种东

西,只有艺术家而已。"①在这句话里,他说的艺术是大写的抽象的艺术。对于这句话,人们可以有不同的解释,但有一个根本性的内容肯定是一致的,那就是肯定了艺术发展的现实性。艺术家也是人,假如脱离了现实的历史文化发展环境,他们就要去喝西北风。而所谓的现实文化发展环境大体上就是由经济、政治和文化三个关键性因素构成的。离开了它们来谈艺术,艺术就成了思维中的东西。如果艺术家们的创作活动没有和这些内容发生关系,他们的生活失去现实的基础,那么他们的艺术将缺乏具体的现实性内容。这样的艺术表现并没有反映出艺术在历史中的真实面目。

诚然,艺术有其自身的规律,艺术家也有其鲜明的个性,但是,这些都不能作为充分的理由把艺术从现实文化的发展环境中隔离开,把艺术家的生活和实际生活环境分离开。离开了社会谈个人,个人是不存在的;离开了社会历史发展的规律谈艺术发展的规律,艺术发展的规律就是一个神话;而离开了具体的时代文化发展背景谈艺术家的创造活动,这种活动就是无源之水、无本之木。所以,站在人的立场上看艺术的发展问题,站在艺术家的实际生活角度看个体艺术的发展问题,就必须认识和处理好艺术与经济、艺术与政治以及艺术与文化的关系,让艺术文化在社会现实的土壤中健康而稳定地发展壮大。

一、艺术与经济

经济基础决定上层建筑,"一切重要历史事件的终极原因和伟大动力是社会的经济发展、生产方式和交换方式的改变……"②,这是马克思主义哲学的基本原理之一。从这一原理出发看待艺术与经济生活的关系,就会得出这样的结论:尽管艺术有其自由发展的路线,但是就像孙悟空当年跳不出如来佛的手掌心那样,其发展必然是受到经济及其发展的主宰。

首先,经济决定了艺术的起源。正如马克思所说的:"任何神话都是用想象和借助想象以征服自然力,支配自然力,把自然力加以形象化;因

---

① [英]贡布里希:《艺术发展史》,天津人民美术出版社 1998 年版,第 4 页。
② 《马克思恩格斯选集》第 3 卷,人民出版社 1995 年版,第 389 页。

而,随着这些自然力之实际上被支配,神话也就消失了。"①神话是人类艺术发展史的最初阶段最为富于代表性的表现形式之一,神话的产生如此,其艺术表现形式的产生也应该是如此。在《艺术的起源》一书中,作者格罗塞也非常重视生产方式对文化的意义。他认为,艺术最初是由原始民族创造的,而"所谓的原始民族,就是具有原始生活方式的部落"②。他们的生活受到了原始生产方式的决定性影响,这种生产方式主要有两种:一种是狩猎,另一种是采集植物。他说:"这种生产方式对宗教、家族以及其他文化生活部门所操持的决定的影响,同样也能影响到艺术。"③离开了经济生活,人类文化就失去了源头,而属于文化的艺术也就自然没有了发生的前提。

其次,经济决定了艺术的发展面貌。大凡经济繁荣的时代,文艺事业也随之繁荣。唐朝是中国历史上最为兴盛的朝代之一,其文化艺术的发展也令后人赞叹不已,文化艺术的卓越表现标志着中国封建文化的发展进入了高峰阶段。美国是目前世界上经济最发达的国家,其文化事业的繁荣景象也同样为世人所瞩目。纽约不仅是一个繁华的国际商业大都市,而且也是一个世界文化的中心地,那里不仅聚集了大量来自世界各地的艺术家,而且也是艺术世界流行风暴的策源地。经济的繁荣为社会注入了大量的资本,从而在一定程度上刺激了艺术品市场的发展,带动了艺术家投入创作的积极性。另外,历史上生产方式的演变也决定了艺术风格的走向。历史学家郭沫若就认为,河南新郑出土的属于春秋时期的莲鹤方壶是中国封建时代来临的象征。而达·芬奇创作的《蒙娜丽莎》和米开朗基罗创作的《大卫》,如果离开了文艺复兴时期生产方式和商业环境的改变,无论是在主题的选择上,还是在表现的方式上,都不可能达到现有的水平。

最后,经济决定了艺术的创作理念。社会经济的发展除了在本质上受生产力的影响外,还受到生产关系的影响。有些人因为占有了大量的生产资料而成为社会上的统治者,有些人则成为被统治者。当统治者成

---

① 《马克思恩格斯选集》第2卷,人民出版社1995年版,第113页。

② [德]格罗塞:《艺术的起源》,商务印书馆1984年版,第31页。

③ [德]格罗塞:《艺术的起源》,商务印书馆1984年版,第31页。

为一个利益集团——统治阶级后,他们便会利用文化来强化自己的统治。在《德意志意识形态》一书中,马克思、恩格斯指出:"统治阶级的思想在每一个时代都是占统治地位的思想。这就是说,一个阶级是社会上占统治地位的物质力量,同时也是支配着精神生产的资料,因此,那些没有精神生产资料的人的思想,一般地都是受统治阶级支配的。"①这番话,间接地说明了经济对艺术创作理念表达的影响力。艺术家作为社会成员,不可能不受到统治阶级所宣扬的思想观念的影响,为了赢得更多的现实利益,很多艺术家甚至还会主动去迎合统治阶级的思想,为他们做宣传。当然,绝大多数艺术家像绝大多数被统治阶级一样,其特定的思想观念是在不知不觉地灌输中形成的,他们的创作也就必然地显示出鲜明的时代烙印。没有路易十四的统治思想,就不可能有法国的古典主义艺术;没有法国大革命,就不会有法国新古典主义的发展。而没有摄影术的产生,没有摄影师职业带给画家们的经济压力,就不会有印象主义观念的流行。

总之,从根本上讲,经济决定艺术的发展是必然的。但是,这种决定是不是直接的,这又是一个值得讨论的问题。很多时候,社会经济发展状况并不是很好,但文化艺术的发展状况却让人叹为观止。美学家宗白华先生在研究中就发现:"汉末魏晋六朝是中国政治上最混乱、社会上最苦痛的时代,然而却是精神史上极自由、极解放、最富于智慧、最浓于热情的一个时代。"②恩格斯也发现:在18世纪的德国,"政治和社会方面是可耻的,但是在德国文学方面却是伟大的"③。我们该如何看待这个现象呢?对此,马克思提出了艺术和经济发展不平衡性的理论。

马克思说:"关于艺术,大家知道,它的一定的繁荣时期决不是同社会的一般发展成比例的,因而也决不是同仿佛是社会组织的骨骼的物质基础的一般发展成比例的。例如,古希腊人或莎士比亚同现代人相比,就某些艺术形式,例如史诗来说,甚至谁都承认:当艺术生产一旦作为艺术生产出现,它们就不再能以那种在世界史上划时代的、古典的形式创造出来;因此,在艺术本身的领域内,某些有重大意义的艺术形式只有在艺术

发展的不发达阶段上才是有可能的。如果说在艺术领域内部的不同艺术种类的关系中有这种情形,那么,在整个艺术领域同社会一般发展的关系上有这种情形,就不足为奇了。"①

就今天的经济发展状况而言,我们现在的生产力发展水平肯定要比原始社会高。但是,原始文化中的艺术表现力却不一定比今天逊色。现代艺术大师毕加索在看到旧石器时代晚期的洞窟壁画后,曾说:"看来,我们要重新接受艺术教育。"此话不一定属实,但是,很多现代艺术家非常欣赏儿童画和原始美术却是一个事实。在这个方面,超现实主义画家米罗可以算是一个典范。希腊神话在马克思眼中具有"永恒的魅力",至今仍然广受人们的喜爱,可是就经济发展水平而言,古希腊的现实社会发展状况无论如何也比不过今天的绝大多数社会现实生活。在中国,很多少数民族聚居的地区,论经济发达程度,它们一般都比不过东南沿海经济发达地区,可是论艺术文化,那里的民间艺术以及全民族的艺术素养却绝对不会逊色于那些经济发达地区,甚至还有高出的表现。

艺术价值的评价有其自身的系统,作为心中有追求和理想的艺术家,他们在现实中的表现也不尽然受社会经济以及现实环境的影响。事实上,当思想成熟的艺术家在现实中不断追求自我完善,努力去创作优秀作品的时候,他们的表现往往还会间接地推动社会经济的发展。像歌德、席勒这样伟大的德国艺术家虽然诞生于一个"一切都烂透了"②的德国社会,但是他们的思想和创作在让艺术界欢欣鼓舞的同时,山雨欲来风满楼,也让当时的人们看到了德国社会变革的希望。

艺术与经济发展的不平衡现象,并不能推翻经济基础决定上层建筑的基本事实,但却说明了在经济社会中,艺术并不是经济的婢女。经济生活决定艺术生活,是从根本意义上来讲的。社会经济的繁荣对于艺术发展的影响,也是就文化发展的基本条件而言的。作为一个艺术家,他的生活必然会受到社会经济因素的影响,离开了经济生活,他无法可持续地发展下去。但是,假如他一味迎合社会文化消费群体的需求,不顾及艺术本身的良心,只是为经济而生活,成为金钱的奴隶,那么,他也不可能创作出

---

① 《马克思恩格斯选集》第 2 卷,人民出版社 1995 年版,第 112～113 页。

② 这话是恩格斯在《德国状况》中讲的。

真正优秀的、富于个性特征的艺术作品,成为一个真正优秀的艺术家。从这个意义上讲,接受艺术发展与经济发展的不平衡理论,会让一个艺术家摆脱庸俗的社会经济决定论,坚持按照自己的艺术理想行动,使自己不仅成为一个社会时代文化发展活动中的一员,还要争取成为一股可以促进社会经济发展的能动力量,带动整个社会经济文化快速发展。

二、艺术与政治

每一个人都不可避免地要生活在现实社会中,而现实社会的稳定与发展,离开政治力量的保障,是无法实现的。一个人可以不关心政治,但是,政治却总是在以各种各样的方式影响着我们的生活。虽然艺术具有超越历史的永恒价值,艺术家可以按照艺术的规律相对独立地开展艺术创作活动,但是,我们因此就说艺术家的生活可以独立于现实社会之外,和政治生活不发生任何关系,这就未免走上了极端,变成了天方夜谭。

首先,从理论上讲,"政治、法律、哲学、宗教、文学、艺术等的发展是以经济发展为基础的。但是,它们又都相互影响并与经济基础产生影响。并不是经济状况才是原因,才是积极的,而其余一切都是消极的结果。这是在归根结底不断为自己开辟道路的经济必然性的基础上的相互作用"①。恩格斯的这番话,一方面肯定了经济基础决定包括艺术在内的上层建筑的基本事实,另一方面也指出了上层建筑各部分内容间的相互影响以及它们对经济基础的反作用力。假如我们赞同这一理论,就会很自然地发现:艺术是不可能不跟政治发生关系的。由于政治是经济的集中表现,是整个上层建筑的核心,艺术与它的关系不但分不开,而且联系还相当紧密。

其次,就艺术文化的现实发展情况而言,为艺术而艺术的理想,也只是一个不切实际的幻想。一方面,"任何一个政权,只要注意到艺术,自然就总是偏重于采取功利主义的艺术观"②。另一方面,艺术家在社会现实重压之下,也必然要自觉或不自觉地抒发自己的政治情怀。19世纪法国

---

① 《马克思恩格斯选集》第4卷,人民出版社1995年版,第506页。
② [俄]普列汉诺夫:《普列汉诺夫哲学著作选集》第5卷,三联书店1984年版,第803页。

巴比松画派的代表人物米勒是一个不大关心政治并主动远离政治的人，但是即便如此，还是有人评论在其作品《拾穗者》中，三个拾穗者背后的地平线上隐现着造反派的长矛和1793年的断头台。正像法国著名启蒙主义思想家狄德罗所说的那样："什么时代产生诗人？那是在经历了大灾难和大忧患以后，当困乏的人民开始喘息的时候。那是想象力被惊心动魄的景象所激动，就会描绘出那些未曾亲身经历的人所不了解的事物。……这时，情感在胸中积聚酝酿，凡是具有喉舌的人都感到有说话的迫切需要，必须畅抒胸怀而后快。"①残酷的社会现实在带给人苦难的时候，也让人们对生活有了更加真切的认识，有了希望表达积蓄在心中的情感的强烈愿望，当这样的作品问世以后，你能说它与现实政治毫无关系吗？

不过，政治影响艺术，艺术也影响政治。在我们强调社会现实文化艺术自身对艺术发展的决定作用的同时，也不能忽视艺术文化自身的发展对现实文化发展的能动作用。过去，机械唯物论者或庸俗社会学的文艺论者在看待艺术与政治的关系时，偏重于反映论，即重视社会经济、政治文化对艺术文化的主宰力，强调艺术文化对一时一地的社会政治风云的镜子式的反映以及它在宣传某种意识形态方面的意义。具体而言，它们体现在如下六个方面：

第一，在艺术和物质基础之间，在艺术和全部生产关系之间有一种明确的联系。随着生产关系的变革，艺术本身转化为上层建筑的一部分，虽然像其他意识形态一样，它也可能落后于或兴发于社会变革。

第二，在艺术与社会阶级之间有一种明确的联系。唯一真实的和进步的艺术就是代表上升阶段的艺术，它表现这个阶级的意识。

第三，政治性和艺术性，革命的内容和艺术质量达到一致。

第四，作者有义务表达上升阶段的利益和需要（在资本主义社会，它就是无产阶级）。

第五，没落阶级或其代表人物仅仅只能产生"颓废"的艺术。

第六，现实主义（在多种意义上）被认为是最切合社会关系的艺术形

---

① 伍蠡甫、胡经之主编：《西方文艺理论名著选编》上卷，北京大学出版社1988年版，第254～255页。

式,因此是"正确的"艺术形式。①

对于这些论调,以马尔库塞和阿道尔诺为代表的西方后马克思主义法兰克福学派对上述观点予以了猛烈的反驳,对政治与艺术的关系做出了新的解释。

与正统的马克思主义美学观念不同,他们在肯定了经济基础决定上层建筑的思想原理的同时,也强调了人的主体性,即上层建筑对经济基础的反作用力。就艺术而言,他们认为,如果不能充分地研究艺术在一定条件下的反作用力,就没有完整地理解马克思主义的文艺思想。文艺,不仅属于一个特殊阶级,而且属于作为"类的存在物"②的人的意识。它不仅与现在的社会直接相关,而且与整个人类社会有关。为了让艺术在现实生活中充分地发挥出自身的作用,让它与政治建立一种真正的关系,马尔库塞和阿道尔诺提出了极其相似的主张。马尔库塞说:"作为现实形式的艺术这一概念的本意不是要美化所给予的现实,而是要建造一个完全不同的与所给予的现实相对抗的现实。"③阿道尔诺则直截了当地指出了艺术在现实社会中所应该扮演的角色,他说:"艺术对于社会是社会的'反题',是不能直接从社会中推演出来的。"为了说明自己的观点,他进一步解释道:"艺术成为社会的东西宁可说是由于它的同社会对立的立场,它只能作为自律的艺术才与社会发生关系。当它作为自己的东西使自身在自身内结晶,而不是逢迎现存社会的规范和使自己有'社会有益'的品格,它通过自己的单纯批判着社会。"④

批判性是马克思主义哲学从黑格尔那里继承来的特征。法兰克福学派认为,假如艺术文化在现实中的发展没有体现对现实的批判色彩,那么,它实际上就没有和现实发生关系,它自身的存在也没有任何真实的意义。在这种情况下,谈论艺术和政治的关系,只能是产生背离马克思主义哲学的错误结论。充分体现批判色彩的艺术,必须让自己站在社会现实

---

① [美]马尔库塞:《现代美学析疑》,文化艺术出版社 1987 年版,第 4 页。
② 马克思在其著作《1844 年经济学哲学手稿》中,专门讨论过"类的存在物"这个概念。
③ [美]马尔库塞:《现代美学析疑》,文化艺术出版社 1987 年版,第 4 页。
④ 胡经之、张首映:《西方 20 世纪文论史》,中国社会科学出版社 1988 年版,第 350 页。

的对立面,按照自己独立的性质,即自律性去发展自己。艺术家在这个方面表现得越积极,他们的所作所为就越是体现出政治性,正如本雅明所言:"一个文学作品的倾向只有以文学标准衡量也是正确的时候,它在政治上才能是正确的。"①而革命的艺术只有变成艺术的革命才有现实的意义。

由法兰克福学派中的理论家阐释的艺术和政治的关系,实际上是宣扬了人的主体性对艺术创作的决定作用。为了让艺术文化能够在现实中发挥能动的作用,把人类在社会历史发展中受到压抑的主体性解放出来,让他们从异化的社会走向理想的自由王国,艺术家们就必须坚持不让艺术沦为政治的附庸,坚持走自己的路,用审美的现代性反对社会的现代性。

你不找政治,政治会来找你。艺术在现实中的发展,不可能不受政治的影响,但是,这种影响也不纯然是被动的,只要艺术家能够正确地认识自己的责任,以合乎自己身份的方式投身于社会现实或政治生活当中,就可以对现实中的政治文化产生积极的影响。在这个问题上,法兰克福学派的美学主张给了我们很大的启迪。

三、艺术与文化

艺术有自己的灵魂,其发展有自身的规律。但是,就具体的现实表现而言,不论是为艺术而艺术的理想主义者,还是为人生而艺术的现实主义者,他们的所作所为都离不开现实文化因素的影响,除了上述的经济与政治因素外,还有一个与它的发展关系更加密切的因素,那就是民族文化传统。

我们大家都知道,艺术是一种国际化的语言,但是,当艺术家们在充分展示这种语言魅力的时候,大都是以民族化的面孔亮相的。古希腊人做雕塑是跟古埃及人学的,但是在掌握了基本的技术以后,就开始走向了民族化的道路,创作了至今仍堪称典范的、体现出古希腊民族精神的雕塑佳作《断臂的维纳斯》。我们中国人也做雕塑,但是,在做法和审美情趣上

---

① 胡经之、张首映:《西方 20 世纪文论史》,中国社会科学出版社 1988 年版,第357 页。

却和古埃及人、古希腊人不同。汉武帝时期霍去病陵墓雕刻不仅是汉代雕刻艺术的典范,而且是认识中国传统雕塑观念的样板。中国的佛教雕塑艺术来源于印度和阿富汗等地,但是经过了一段时间的流传,汉化程度越来越高,到了唐代,原先高鼻深目、宽额方脸的外来样式完全为唐人所欣赏的丰腴饱满、体态婀娜的形象所替代。就绘画艺术而言,油画是体现西方传统文化的艺术表现形式,水墨画则是中国传统审美文化的代表。谈艺术,我们可以站在理论立场上抽象地谈,因为它代表了人类的审美理想。可是谈到艺术家和他们的创作活动,就必须结合实际,把他们放到真实的历史文化背景中来看。

毕加索如果不是出生在西班牙,没有受到加泰罗尼亚文化的影响,估计也难以获得后来的成就。凡·高如果没有基督教牧师家庭的文化熏陶,也难以产生追求理想的狂热激情。生活是艺术的源泉,而每一个人的生活体验又是非常具体的,一方水土养一方人,正是这具体的生活环境才让生活在这个环境中的人们具有特殊的性格和爱好,对此,艺术家当然也是不能例外的。关于艺术与文化生活的关系,还是俄国艺术批评家别林斯基说得好:"既然艺术,就其内容而言,是民族的历史生活的表现,那么这种生活对于艺术自必有巨大的影响,它之于艺术有如燃油之于灯中的火,或者,更进一步,有如土壤之于它培养的植物。"[1]

艺术的发展离不开具体的文化土壤的培养,就像鱼儿离不开水那样。关于这一点,19世纪法国最杰出的艺术哲学家丹纳在《艺术哲学》中也做出了更加详尽的说明。他认为:人类物质文明和精神文明的性质面貌都取决于种族、环境和时代三大因素。而貌似孤立的艺术的发展变化,也是这三大因素共同影响下的结果。他说:"我们隔了几个世纪只听到艺术家的声音;但在传到我们耳边来的响亮的声音之下,还能辨别出群众的复杂而无穷无尽的歌声,在艺术家四周齐声合唱。只因为有了这片和声,艺术家才成其为伟大。"[2]伟大的艺术家并不是孤立的,他们只是一个家族中的杰出代表,用自己的歌喉唱出了人们共同的心声。通过他们的表达,人们不仅被那种个性化的表现方式所吸引,同时在欣赏活动中,感悟到了形

---

[1] [俄]别林斯基:《别林斯基论文学》,新文艺出版社1958年版,第81页。

[2] [法]丹纳:《艺术哲学》,安徽文艺出版社1991年版,第33页。

式中所蕴含的时代和民族文化的精神。

艺术家是凭感觉来生活的人,长期的生活体验会让他们对生养自己的这方水土产生特殊而又深厚的感情,对这方水土中的文化怀有深深的眷恋。当他们带着这份感情投入创作中时,其个人化的创作就不可避免地带有民族性的韵味。在过去相对封闭的历史环境之中,这样的创作因为体现了某一文化区域内某一民族的文化心理结构,满足了人们的审美情感需求,所以往往就会得到大家的普遍欢迎和欣赏,而艺术家也就因此而名闻天下,成为当时当地艺术家队伍中的代表人物。从这一点来看,人类艺术的发展在很大程度上取决于艺术家对民族性的表达。他们对民族性问题表达得越充分、越深刻,其艺术表现也就越具有艺术性,越能够得到社会的肯定。基于这种认识,在很长一段时间里面,很多艺术家为了提高自己的艺术创作水平,在社会上赢得声誉,把大量的精力花费在如何在创作活动中展现民族性这个课题上。于是,对于表现民族性的这个概念也有了不同的认识。

对于诸多肤浅的表达,俄国作家果戈理直言不讳地提出自己的见解,他说:“真正的民族性不在于描写农妇穿的无袖长衣,而在于具有民族的精神。诗人甚至在描写异邦的世界时也可能有民族性。只要他是以自己民族气质的眼睛,以全民族的眼睛来观察它,只要他的感觉和他所说的话使他的同胞觉得,仿佛正是他们自己这么感受和这么说似的。”①同时代的俄国著名艺术批评家别林斯基引用了这段话,并对艺术家在创作中表现民族性问题做出了更加具体的说明:“每一民族的民族性的秘密不在于那个民族的服装和烹调,而在于它了解事物的方式。”②简而言之,艺术上希望表达的民族性就是一个民族最为内在的精神品质。一旦艺术家通过自己的努力很好地在艺术作品中用自己的语言表达出了这个内容,那么,就意味着他在创作上取得了成功。很显然,要做到这一点,不仅需要艺术家具有高超的艺术表达能力,而且更为重要的是,他们还必须对现实生

---

① [俄]别林斯基:《别林斯基选集》第 3 卷,时代出版社 1952 年版,第 180～181 页。

② [俄]别林斯基:《别林斯基选集》第 3 卷,时代出版社 1952 年版,第 180～181 页。

活,对生活在现实生活中的人,有着极其深刻的洞察和感悟。要把二者完美地结合在一起,很多艺术家耗费一生的精力都难以做到。

艺术家把民族性当成艺术表现的主题,把揭示民族性的精神内涵当成艺术探索的重大课题,这是无可厚非的。但是,站在理论的高度来看待艺术发展的目标问题,上述做法就显得比较狭隘。"越是民族的,就越是世界的。"这个口号喊得很响亮,很多艺术家也非常赞赏。他们认为,自己在创作上只要搞出民族特色,那么艺术就达到了世界最优秀的水平。事实上,情况并非如此。如果你的创作能够体现民族性、富于民族性特征,那只能说你已经拥有了进军世界艺术舞台,和世界上其他民族中的优秀艺术家同台竞技的资格,而是不是最优秀的,是不是能够体现出"世界的文学"①的价值,反映出人类的审美文化大理想,那还得通过比较来充分地加以认识。毕竟,在特定文化的发展程度上,不同地区、不同民族的表现是不平衡的。正如丹纳在《艺术哲学》中所言:就 18 世纪欧洲艺术而言,"那时法国仿佛当着欧洲的教师"②。而古希腊在人体雕塑艺术上的表现,也堪称同时代世界艺术中的楷模。艺术的发展不仅受到了民族性文化因素的影响,还受到了世界性文化因素的影响。当各种富于民族性的艺术表现在世界舞台上亮相后,它们之间不仅存在着表现风格上的差异,而且也存在着审美水平上的差异。

民族艺术通过交流碰撞走向世界艺术舞台,并在世界艺术的引领下展现自己的民族性,这才是艺术发展的规律。马克思、恩格斯通过对世界经济发展形势的概括说明这个必然性。他们认为:"资产阶级,由于开拓了世界市场,使一切国家的生产和消费都成为世界性的了。……过去那种地方的和民族的自给自足和闭关自守状态,被各民族的各方面的互相往来和各方面的相互依赖代替了。物质的生产是如此,精神的生产也是如此。各民族的精神产品成了公共的财产。民族的片面性和局限性日益成为不可能,于是由许多种民族的和地方的文学形成了一种世界的文学。"③通过艺术史,特别是近现代艺术史的资料,我们也能看到这一历史

---

① 此概念出自马克思、恩格斯写的《共产党宣言》。
② [法]丹纳:《艺术哲学》,安徽文艺出版社 1991 年版,第 107 页。
③ 《马克思恩格斯选集》第 1 卷,人民出版社 1995 年版,第 276 页。

发展的必然性。印象派的发展无疑是受到了东方艺术,特别是日本浮世绘艺术的影响,这些勇于创新的法国画家们从日本人的传统艺术身上看到一种体现世界性意义的艺术表现形式。中国在清末开展洋务运动之后,也逐渐地开始关注、学习西方文化。"戊戌变法"中的积极分子康有为就在游历欧洲,欣赏了欧洲古典绘画艺术之后,大声疾呼:"如仍守旧不变,则中国画学应遂灭绝。"①他通过中西美术的比较,看到艺术需要不断创新的世界性意义。当今的世界艺术舞台,更加体现出开放性的特征,在"人人都是艺术家"的口号指引下,人们更加积极主动地参与到"世界的文学"的建设活动中,希望在这样的活动中,打破自身经验的狭隘性,在兼收并蓄中丰富自己的艺术表现语言,在交流对话中提高自己的思想认识,从而更加有质量地投入艺术创作活动中。在这个基础上再去研究民族性问题,把自己的感受体会融入实际的创作之中,它们才能作为树立艺术整体形象的重要因子,成为推动艺术发展的助力器。不然,单方面强调民族性对艺术创作发展的重要性,一方面会让艺术成为宣传民族文化的说明书,失去自己的独立性;另一方面,也会让艺术的发展陷入自闭的状态,从而无法融入世界,参与到关于"世界的文学"的讨论和建设当中。

"真正不朽的艺术作品当然是一切时代和一切民族所共赏的。"②这也正是"世界的文学"所追求的理想。要实现这样的理想,一方面要树立起正确的美学思想,另一方面要表现出人性的根本。而在现实中承担起这一责任的,就是各个时代、各个地方不断涌现出来的民族艺术。并非一切民族的都是世界的,但是,离开了民族艺术的蓬勃发展,世界艺术的春天也就不会来临。所谓的世界的艺术就是在开放的交流平台上将美学的追求和人性根本的表现完美地结合在一起的民族艺术。艺术,只有作为民族的,才可能成为世界的;而世界的艺术,也只有作为民族的表现,才不至于是空洞的。

艺术发展到底是应该走自律的路线,还是应该走他律的路线,这实际上是一个哲学问题,涉及人的世界观,所以不大容易说清楚。但是,我们知道,艺术在现实中的发展,肯定要受自律因素和他律因素共同作用和影

---

① 此言论出自康有为著《万木草堂藏画目》。
② [德]黑格尔:《美学》第 1 卷,商务印书馆 1979 年版,第 336～337 页。

响。一方面它与经济、政治和文化等现实发展因素保持着密切的关系,另一方面它又试图按照自身的发展逻辑活在现实中,并且影响社会现实中各项因素内容的发展,从而形成自己富于美感的动态形象以及体现能动性的审美价值。

艺术史有自己的生命特征,有自己的内在动力,它在自律和他律的共同作用下发展完善,展示自己的形象和功能,这就是本章我们针对艺术的历史性发展问题说明的三个具体内容。

第五讲

艺术发展论之二
——艺术发展问题的哲学框架

在关于艺术起源问题的讨论中，我们已经探讨了诸多可能性，分析了各种艺术起源说的合理性和尚且存在的问题。在这一章里，我们将谈谈艺术的发展模式问题。这一章内容与上一章内容的关系是，关于艺术发生问题的认识，决定了我们对艺术发展问题的认识。不同的思想源头（逻辑前提）必然会导致不同的认识发展轨迹（思维发展形式）。我们接受哪一种艺术发生论，不单是因为它的雄辩，更多的是因为我们认同了提倡者的基本思想立场，即契合了我们内心深处要么是唯物的，要么是唯心的世界观。所以，我们相信哪一种艺术起源论，也就意味着我们必然会在自己的心中形成一套关于艺术发展的框架模式。

是人改变了自然，还是自然改变了人？我们在这个问题上的纠结，其实就是我们该接受唯心论思想还是接受唯物论思想的纠结，也是我们该选择、接受哪条艺术发展路线的焦虑。在尚且无法彻底摆脱这种纠结和焦虑时，先弄清楚到底有哪些艺术发展模式或道路，多少能减轻自己的精神和心理负担。在诸多关于人类艺术发展模式的讨论中，最有代表性的，就是建立在客观唯心论思想基础上的黑格尔哲学体系中的艺术发展模式和建立在辩证唯物论思想基础上的马克思主义哲学体系中的艺术发展模式。

第一节　黑格尔哲学体系中的艺术发展模式

黑格尔是 19 世纪德国伟大的哲学家,也是德国古典主义哲学的集大成者。他的哲学思想受康德哲学思想的影响很大,而他的成功之处在于以辩证思维的逻辑看待事物的内在联系和发展变化,认为事中有理,理中有事,只有把必然和偶然、特殊与普遍、感性与理性、内容和形式等对立面统一在一起,我们才能发现事物的真实性,即理念。这样,他就克服了康德哲学思想的片面性,不仅把对立统一看成是在思想上完成的,纯粹是形而上的统一,而且还认为这种统一也在现实中一直进行着,即思维和存在的统一。

比如,在康德看来,美只是一个理论上的存在物,无法在现实中找到恰当的对应物。具体而言,在现实世界中我们只能拥有含有"杂质"的依存美,而不能拥有纯粹美。关于这一点,黑格尔就有不同的看法。他认为:在现实世界里,人们可以通过将带有某种片面性的纯粹美和含有"杂质"的依存美统一起来,从而获得真正体现真实意义的美。我们用来实现这种理想的手段,就是可以显现理念的艺术。

"美是理念的感性显现。"①这句话是黑格尔对"美"下的定义,也是他对美在现实中借艺术的发展而诞生的说明。他说:"只有真正具体的理念才能产生真正的形象,这两方面的符合就是理想。""理念既然是这样具体的统一体,这个统一体就只是通过理念的各特殊方面的伸展与和解,才能进入艺术的意识;就是由于这种发展,艺术美才有一整套特殊的阶段和类型。"②在他看来,艺术就是美的外在表现形式,艺术美的形成是内容(理念)决定形式(形象)的结果,在这个过程中,只有本身真实的内容与适于这一内容的真实形式相统一,成为一个含有意蕴的形象,艺术美才算是诞生了。

---

① 〔德〕黑格尔:《美学》第 1 卷,商务印书馆 1979 年版,第 142 页。
② 〔德〕黑格尔:《美学》第 1 卷,商务印书馆 1979 年版,第 94 页。

在人类艺术审美文化发展史上,这种统一当然不是一个一蹴而就的成果,而是一个分阶段、分类型完成的任务。简而言之,就是在内容和形式的对立统一之中,理念谋求自身形象化的过程。为了说明这个过程,黑格尔在辩证思维指导下,把人类艺术的发展分为三个类型:象征型、古典型和浪漫型。它们分别代表了人类艺术发展三个不同的时代和三种不同的审美观念。它们之间的相互作用,既体现出正、反、合的辩证思维逻辑,同时也说明了人类发现和创造美的历史进程。

一、象征型艺术

在黑格尔的美学体系中,象征型艺术是人类最早出现的艺术类型。这种艺术有一个关键性的特征,就是形式大于内容。也就是说,艺术表现形式对于理念的显现是模糊不清的。人们试图去借某种感性形式来表达自己的心灵感受,却始终无法准确地去表达它,最终也只能以象征的方式来说明自己的审美创造力。

在这样的艺术表现中,一方面自然材料没有因为艺术的创造活动而产生多少改变,体现人的心灵性成分的理念没有发挥出主宰作用,反而被束缚在了外在于理念本身的自然材料上。另一方面,这些缺乏内容显现的艺术表现形式又被人为地粘附上了一些实体性的理念,它们就变成了这个对象形式的意义,而原本应该是来显现理念或心灵感受的形式却成了表现这个实体性意义的符号手段。比如说满足巫术崇拜功能的神像的塑造,还有体现生命不朽意义的陵墓建筑等。由于真正的理念并不能和外在形式形成密切的关系,形式只是象征了它的存在,所以,这种艺术表现形式只能是一种幼稚而原始的艺术表现形态,它们或者过大,或者过小,要么散漫无章,要么怪诞离奇。表现形式无章可循,基本上不受理念的控制,显得十分粗野、放肆、缺乏审美的价值。在黑格尔眼里,体现泛神主义性格的东方原始艺术是这类艺术的代表。在各种艺术门类中,建筑可以说是这种艺术的模型。因为在我们称之为建筑的东西上,难以体现自在自为的品格,它的形式似乎是为实用目的服务的,但似乎又含有自身的意义。我们在判断它是一个房子的时候,又不得不同时觉得它是一个艺术品,在肯定它的工具性意义的时候,又必须承认它能体现出一定的审美价值。这样一种模棱两可的形式表现,是象征形式的典型特征,也体现了人类早期艺术创作活动的普遍水平。象征型艺术是人类艺术发展的开始,黑格尔称之为"前艺术",意思是人类艺术发展准备阶段中的艺术。在这个阶段的艺术——象征型艺术中,"理念还在摸索它的正确的艺术表达方式"①,还无法从具体现象中找到确定的形式来表现自己,因此,它在造型上通常也只能体现出崇高②的特性。

二、古典型艺术

人类艺术的发展在经历了很长一段时间的摸索之后,逐渐地从模棱两可、似是而非的发展初期的状态中走出来,进入一个新的历史发展阶段,即古典型艺术的发展阶段。

按照黑格尔的话说,这个阶段的来临是因为人们"把理念自由地妥当地体现于在本质上就特别适合这个理念的形象"③上,从此,现实中才出现了展示美的理想的艺术,人们也才真正有一个值得观照的审美对象。对于这个审美历史阶段中的艺术,黑格尔给它们归纳了一个统一的名字——古典型艺术。这种艺术形态的降临,才将人类的审美理想从一种主观的、抽象的存在状态化为了在现实中实现了的事实。

古典型艺术的产生标志着人类找到了内容和形式,即把"具有实体性内容的个性表现为感性观照的对象之中"④,代表了人类艺术步入了一个成熟发展的阶段。在这个阶段中,象征型艺术身上的问题在人们的艺术创作活动中得到了克服,心灵性的东西得到了最本真、最质朴的表现,古希腊人体雕刻艺术是这个阶段中的典范。黑格尔认为,它就是古典型艺术的榜样,是可以代表艺术的样板。"希腊民族性格的特点在于他们对直接呈现的而又受到精神渗透的人身的个性具有高度发达的敏感,对于自由的美的形式也是如此,这就使得他们必然要把直接呈现的人,即人所特有的受到精神渗透的躯体,作为一种独立的对象来雕塑,并且把人的形象

---

① [德]黑格尔:《美学》第2卷,商务印书馆1979年版,第4页。
② 在这里,崇高和美不是康德所讲的对立关系,而是艺术在审美文化发展初级阶段的形式表现特征。
③ [德]黑格尔:《美学》第1卷,商务印书馆1979年版,第97页。
④ [德]黑格尔:《美学》第2卷,商务印书馆1979年版,第6页。

看做高于一切其他形象的最自由的最美的形象来欣赏。……由于他们要求美,就对涉及欲念的纯然感性事物漠不关心。所以他们有意地把许多雕像都雕成裸体。"①

作为一种素材,人体在古典型艺术中得到了非常广泛的利用。它之所以受到古希腊人的重视,并不只是因为它那健美的外形,而且还有作为心灵载体的完美形体。形象唯有裸体,其淳朴自然的形式才适合作为心灵外化的载体。古希腊人发现了这一点,并在人体艺术的创作活动中把它变成了美的完美表现形式,它单纯而高贵,肃穆而伟大,形成了古希腊艺术史上的古典主义艺术风格。

然而,当人类的审美文化发展到古希腊人体雕刻艺术这个阶段后,人们在发现、创作和欣赏美的外化形式的同时,又进一步地希望让自己的心灵飞出感性形式的限制,让精神否定和超越自然界的意义,由"心灵的感性直接存在"发展为"自由的具体的心灵生活",②从而更加独立自由地展示自己。这时,人类艺术发展又有了新的表现,进入了一个新的历史发展阶段,即浪漫型艺术发展阶段。

三、浪漫型艺术

当人们通过人体雕塑这种艺术表现形式发现了美的存在和心灵的价值后,就不会再满足于为心灵或美的理念寻找一个现实的对象,而是想继续努力,让人的心灵或理念的表现活动不仅体现出自在的意义,而且还要体现出自为的意义,这就需要艺术创造与表现活动尽可能地摆脱一些现实或物质性力量的束缚和干扰,让心灵更加自由自在地发展,让精神的主体性得到更加充分的外在显现,于是,现实中就有了一种新的艺术表现类型——浪漫型艺术。在黑格尔看来,欧洲中世纪晚期的基督教艺术就是这种艺术类型的代表。

经过数个世纪的探索,信奉基督教的欧洲人终于在 12 世纪找到并建造了符合自己心中理想的教堂建筑形式,它就是哥特式教堂建筑艺术。它最初诞生在 12 世纪的法国,随后便在欧洲广泛流行。第一座这种形式

---

① [德]黑格尔:《美学》第 3 卷,商务印书馆 1979 年版,第 158 页。

② [德]黑格尔:《美学》第 1 卷,商务印书馆 1979 年版,第 100～101 页。

的教堂是由法国圣丹尼斯王家修道院的修道士休杰负责建造的。这位修道士非常看重特殊的形式对心灵摆脱现实束缚的作用。他说："阴郁的心灵通过物质接近真理，而且，在看见光亮时，阴郁的心灵就从昔日的沉沦中得以复活。"①因此，哥特式建筑中的彩色玻璃的设计与制作是与信仰相吻合的，当人们走入教堂，看到透过这彩色玻璃的光线，人的心灵就会在这一幻境的感染下，自然而然地与神的心灵世界相契合，人性与神性在这种高度心灵化的情境中得到了高度的统一。哥特式建筑本身也具有这样的特点，高耸入云的尖塔，不再体现人体适度比例的造型，在象征上帝意志的同时，也让人们通过这样夸张的形式感受到了心灵突破现实世界，实现自由独立发展的欲求。

就艺术门类而言，能够戴得上浪漫型艺术这顶帽子的艺术媒介形式只有绘画、诗和音乐，其中音乐是最名副其实的。绘画、诗和音乐，也被人们称为心象艺术。与建筑、雕塑和舞蹈艺术相比，它们都体现出一种脱离现实物质材料的束缚、追求心灵或精神主体自由表达的特征。绘画通过追求平面性来实现这种突破，诗歌通过文字意象来完成这种追求，而音乐则通过有组织的乐音让心灵找到自己理想的栖居之所。在它们身上，理念的感性显现活动，是借助纯感性的材料来开展的。色彩、线条、比例、构图、词语、韵律、节奏、旋律等形式因素都不是在现实世界里直接找来的，而是经过一番组织、协调，使之完全适应于精神主体的意志，随心所欲地展现自己的风采。

在古典型艺术中，内容和形式恰到好处地统一到一起，我们从中发现并欣赏到了美的现实面目，由此激发起了内心进一步追求和创造美的冲动，而浪漫型艺术就是这种冲动的必然结果。它显示了"精神的实际存在"，并"享受到它的无限和自由"②。在心灵自由自在地放声歌唱的过程中，它与外部世界发生的关系，只是出于表现的需要，而不是一种行为上的必须。在绘画艺术中，画家们依然要模仿一些现实或自然中的事物，在诗歌里依然会出现叙事的情节，在音乐曲调中，也难免会融入一些模拟自

---

① ［英］苏珊·伍德福特等：《剑桥艺术史》（一），中国青年出版社1994年版，第248页。

② ［德］黑格尔：《美学》第2卷，商务印书馆1979年版，第274页。

然的声音,但是这些因素的融入,只是为了符合理念之感性显现的整体要求,也就是说,它们是作为艺术表现的手段来被人利用的,而不是艺术表现的目的。即在浪漫型艺术中,内容牢牢地控制着形式,决定着形式的命运。

从象征型艺术经由古典型艺术发展为浪漫型艺术,一方面反映了艺术中审美理念与形象塑造的三种关系:形式决定内容,内容和形式的统一,内容决定形式,另一方面也说明了人类审美文化的精神发展历程。正如黑格尔所言:"这三种类型对于理想,即真正的美的概念,始而追求,继而达到,终于超越。"①有了这样一种精神发展史,按照黑格尔关于"现实"概念的理解,也就必然会有人类社会历史的演变,人类艺术的发展也必然隶属于这种演变。

黑格尔的美学思想突出了人的主体性和能动性,把美的追求从一种纯粹的认识化为现实的行动,通过强调内容和形式、理念和形象的统一,把美学纳入了科学的轨道上,把艺术价值提升到了空前的高度。他曾经说过:"人本是动物,但是纵然在他的动物性机能方面,人也不像动物那样停留在自在的状态,学会认识它们……由于他自知是一个动物,他就不再是动物,而是可以自知的心灵了。"②正是在这种先验于人的心灵力量的推动下,人类的艺术不断在现实中发展,从而走出了一条属于自己的自由之路。

黑格尔站在客观唯心论思想立场上,通过辩证逻辑(理性)构建了一条人类艺术的发展之路,它不仅有形式,而且还有内容;不仅有类型,而且还有发展;不仅有典范,而且还有超越。经过他的旁征博引,悉心编织,这一学说赢得了不少人的信赖,也产生了很大的现实影响力。在西方艺术史上,曾经人数众多、力量强大的古典学院派,就是黑格尔美学思想的忠实拥趸。

然而,黑格尔的美学思想虽然为人类的审美认识与艺术发展设计了一条似乎合理的路线,突出了人的内在精神(主体性)的发展对艺术发展的重要推动作用,让现实中偏于功能性的艺术表现行为变得非常独立自

---

① ［德］黑格尔:《美学》第 1 卷,商务印书馆 1979 年版,第 103 页。
② ［德］黑格尔:《美学》第 1 卷,商务印书馆 1979 年版,第 100 页。

主,富于主体精神色彩,但是,他的这个思想体系毕竟是建立在先入为主的逻辑构架上的,其材料的选择也显得比较武断,不大符合艺术文化在社会现实中发展的真实情况。比如说,他对中国传统艺术的轻视,就暴露出了这种理论眼光的局限性。也正是带着这些质疑,马克思主义者站在辩证唯物主义的思想立场上,对艺术的发展问题提出了自己的观点,总结出了另一种艺术发展的框架模式。

第二节　马克思主义的艺术发展模式

站在唯物主义的思想立场上,运用辩证的思维,马克思继承和批判了黑格尔的哲学思想,与恩格斯一道创立了自己的哲学体系。

他们宣布:"德国哲学从天上降到地上;和它完全相反,这里我们是从地上升到天上。""我们的出发点是从事实际活动的人"[1],也就是说,"是人类社会或社会化了的人类"[2]。他们批判了黑格尔哲学中的唯心主义世界观,却接受了黑格尔哲学中的辩证法,把世界看作是一个过程,只是思想立场、出发点与之不同而已:"整个所谓世界史不外是人通过人的劳动而诞生的过程,是自然界对人来说的生成过程。"[3]马克思、恩格斯也把他们的论述称为科学,是一门"按历史顺序和现在的结果来研究人的生活条件、社会关系、法律形式和国家形式以及它们的哲学、宗教、艺术等等这些观念的上层建筑的历史科学"[4]。根据这样一个认识基础,马克思提出了自己的艺术理论,即艺术是人的本质力量的对象化。在这里,不仅"人的感官是世界史的产物"[5],而且人也在"他所创造的世界中直观自身"[6],从而确证和肯定自己。

---

[1] 《马克思恩格斯选集》第 1 卷,人民出版社 1972 年版,第 30 页。
[2] 《马克思恩格斯选集》第 1 卷,人民出版社 1972 年版,第 19 页。
[3] 《马克思恩格斯全集》第 42 卷,人民出版社 1979 年版,第 131 页。
[4] 《马克思恩格斯选集》第 3 卷,人民出版社 1972 年版,第 128 页。
[5] 《马克思恩格斯论艺术》第 1 卷,中国社会科学出版社 1982 年版,第 155 页。
[6] 《马克思恩格斯全集》第 42 卷,人民出版社 1979 年版,第 97 页。

　　根据马克思主义哲学中关于艺术问题的论述,一幅不同于黑格尔描述的人类艺术的发展图景就在我们眼前展开了,其具体的结构就是从工具形态发展到工艺形态,然后再从工艺形态发展到艺术形态。这个过程不是黑格尔美学中所讲的主体精神贯注于现实,而是人类艺术在生产实践活动中从功利状态(实用)向非功利状态(非实用)的历史演变。其中,工具形态是人类艺术发展的物质基础与母体,工艺是人类审美意识由功利向非功利转化的中介,而艺术则是工艺摆脱了自身的局限性,脱离了实用性意义,成为人的本质力量的对象化的产物。

一、工具形态的艺术

　　马克思认为:"有意识的生命活动把人同动物的生命活动直接区别开来"①,这种同动物的生命活动直接区别开来的有意识的生命活动,就是劳动。它不仅改变了人自身——从猿变成了人,而且也改变了人与自然之间的关系——从混沌的同一关系变成了主体与客体的关系。按照马克思的观点,只有后者才是人与自然的真正意义上的关系。因为"凡是有某种关系存在的地方,这种关系都是为我而存在"②。"劳动是从制造工具开始的"③,而工具的产生就是人类文化发展的起点。

　　关于这一点,列宁在阅读黑格尔的《哲学史讲演录》时有过这样的评述:"人为了自己的需要,通过实践和外部自然界发生关系;他借助自然界来满足自己的需要,征服自然界,同时起着中间人的作用。问题在于:自然界对象是强有力的,他们进行种种的反抗。为了征服它们,人在他们中间加进另外一些自然界的对象,这样,人就使自然界反对自然界本身,并为了达到这个目的而发明工具。人类的这些发明是属于精神的,所以应当把这种工具看得高于自然界的对象……"④工具的出现,打破了人与自然之间混沌的关系状态,通过工具这个中介物,人和自然之间有了距离,自然开始逐渐地成为人的对象,而人也从这种对象身上逐渐意识到自我

---

① 《马克思恩格斯全集》第 42 卷,人民出版社 1979 年版,第 96 页。
② 《马克思恩格斯选集》第 1 卷,人民出版社 1972 年版,第 35 页。
③ 《马克思恩格斯选集》第 3 卷,人民出版社 1972 年版,第 513 页。
④ [俄]列宁:《哲学笔记》,人民出版社 1959 年版,第 348～349 页。

的存在。于是,劳动也就越来越体现出人的自觉性和目的性,而工具产品的制造也就越来越多地体现出人类借此开展自我确证活动的意义。它不仅通过目的性来证明人的存在,而且还通过感性形式来证明人的存在。按照马克思所说的,在劳动中,"人不仅通过思维,而且以全部感觉在对象世界中肯定自己。"①

关于这一点,我们需要借助考古人类学的相关资料来加以说明。

据考古人类学的研究,生活在距今 500 万年至 150 万年前的南方古猿可能已经知道利用天然的工具为自己的生活服务。比如,利用石块敲骨吸髓,或者手舞棍棒喝退猛兽。当然,这个时期,这些直立人的手还不能直接称为手,只是前肢而已。不过,随着利用天然工具的不断深入,他们的身体系统开始从适于攀爬的系统向适于直立的系统发展,而手的功能也更多地表现出来,不仅能够利用更多的天然工具,而且还逐渐掌握了制造工具的一些技巧。这当然是一个非常漫长的演化过程。就程序而论,应该是这样的:先是利用天然工具,如木棍等。后来为了顺手,就必须做一番加工处理,估计先是牙咬手掰,尔后又用到了石片等天然工具。就是在这样一个过程中,他们渐渐摸索出了一套用工具制造工具的方式方法,于是,真正意义上的工具产生了。具体是在什么时候,没有人能说得非常清楚,据研究人员的推测,估计应该是距今 350 万年至 115 万年之间。

真正的工具制作活动,开启了人类文化发展的大门。这是一种专属于人的劳动,其特征是:"劳动过程结束时得到的结果,在这个过程开始时就已经在劳动者的表象中存在着,即已经观念地存在着。他不仅使自然物发生形式变化,同时他还在自然物中实现自己的目的,这个目的是他所知道的,是作为规律决定着他的活动和方法的。"②在开展这样一种劳动的过程中,人不仅利用了自然,而且还改造了自然;不仅制作出了适于生产、生活需求的工具产品,而且也制作出了符合自己心愿、能够让自己欣赏的器物;不仅发展了自己的身体机能,而且也创造了人的生活,让自己活得更像一个人。正如恩格斯所言:"手不仅是劳动的器官,它还是劳动

---

① 《马克思恩格斯全集》第 42 卷,人民出版社 1979 年版,第 125 页。
② 《马克思恩格斯全集》第 23 卷,人民出版社 1972 年版,第 202 页。

的产物。只是由于劳动,由于日新月异的动作相适应,由于这样所引起的肌肉、韧带以及更长时间内引起的骨骼的特别发展遗传下来,而且由于这些遗传下来的灵巧性以愈来愈新的方式运用于新的愈来愈复杂的动作,人的手才达到这样高度的完善,在这个基础上它才能仿佛凭着魔力似地产生了拉斐尔的绘画、托尔瓦德森的雕刻以及帕格尼尼的音乐。"①人为了实现自己的目的,在制作工具的时候,破坏了材料的自然形态,却在自然界里打上了自己的烙印。在用实用性的尺度来改造自然材料的同时,也逐渐在工具形式的创造中培养了自己的形式感,开始以美的尺度来制作工具,从而为工艺形态的产生奠定了物质和感官材料上的基础。

我们还可以通过考古学的资料来看一看这样一个过程。

最早被考古学家发现的打制石器,大都体现出粗糙、无规则的形态,很像是没有加工过的天然材料,它们是原始人按照自己头脑中简单、粗劣的观念尺度发现、选择和制作的对应物。这类石器被考古学家称为曙石器,代表了人类文化发展的曙光。经过几十万年的发展,人类文化进入了砾石文化阶段。在这个阶段中,人们通过有意识的敲击,制作出了规整而形状固定的石器。这标志着人类开始真正地作为一种与自然对立的因素与自然界发生关系,而人类的文化活动也越来越充分地显示出其确证人的存在的功能。

大约是在距今 30 万年至 20 万年前,我国山西丁村人使用过的工具——石球、石斧以及欧洲同时期出土的阿舍利手斧都体现出了规则化的特征。而这时,工具已经出现了约 200 万年之久。这说明,人和人类文化的发展确实是经历了从自然到人、从感觉到意识、从动物性的快感到人的美感这样一个过程。其中,劳动是完成从自然到人这一伟大历史进程的中介,而规则化的定型产品则是人类实现从自我感觉和对象感觉向自我意识与对象意识转变的中介。人类在漫长的劳动实践活动中,在经历并完成了上述转化之后,文化才拥有了自己的根本特征,即形式。有了这个平台,今天我们所看到的人类文化发展的各项事业,才有了一个坚实的发展基础。艺术文化自然也不能例外。

---

① 《马克思恩格斯论艺术》第 1 卷,中国社会科学出版社 1982 年版,第 157 页。

二、工艺形态的艺术

工具的产生，标志着人类的诞生；工具的发展，则意味着人性的发现与完善。

在人类制作和生产实用性工具产品的过程中，操作技术的熟练使得动作具有了规范性。正如原始艺术研究者美国人类学家博厄斯所描述的那样，在一种用凿子凿成的石器制作过程中，如果制作者的技术水平高，"他的切削就会很均匀，均匀的进度使得各个切口距离相等。切口按照规则的方向运动，这样制出的石器其形态规则，表面花纹是长的，呈贝壳型。这是因为砍下的石屑大小相等，而切口的排列又颇为规则化。"①在这种规则化操作中，人们会很自然地融入自己对形式感的需求，一开始这样的需求是出于本能，比如对光滑表面的要求，对悦目弧线的要求，还有对对称形式的要求等。而后来，这样的要求在劳动发展过程中逐渐升华为富于社会意义的审美需求。

当人们开始制造工具的时候，出发点肯定是为了满足实际生活的要求，这也是工具概念本身的意义所在。可是，在工具性的生产实践过程中，一方面人会因为某种实用的目的去发展一种技能与程序；另一方面，人也会在感觉的支配下，试图在实用性的形式中融入一些自己喜爱的非实用性形式。我们无法知道原始人类本能地喜欢什么形状的东西，但是通过研究和人类的眼球结构相同的鸟类的眼睛偏好，我们可以推知，原始人类应该也喜欢那些鲜艳夺目的色彩和光滑流畅的形式。可是，在工具生产活动中，残酷的现实生存环境和实用性的工具生产目的显然是抑制了人的这种本能，使它们没有办法充分地在工具生产活动中体现出来。不过，从打制石器后来的发展状况来看，人对某种形式的偏爱还是得到了体现。只不过，它们不是以一种自然的蛮力强行介入工具生产活动中，使之失去工具的价值，而是设法在对立中求统一，把自己的生理、心理偏爱和实际的造型合理地结合在一起，从而形成工具形态的规则化和工具生产的程序化。通常，工具生产的"技术在达到一定程度之后，装饰艺术就

---

① ［美］博厄斯：《原始艺术》，上海译文出版社1989年版，第12～14页。

会随之发展"①,这种明显带有审美意图的举措,实际上是在自然与人工以及可以引起人的快感的形式与合乎实用目的的形式的长期对抗中发展出来的文化成果。按照发生学的原理,我们无法找到实用性形式和审美性形式在历史上的某个具体的接合点,也就是说,在单纯的实用性形式发展到一定阶段后,就会有装饰性的行为来与之接合。历史发展的逻辑告诉我们,在从一种事物发展到另外一种事物之间必然存在着一个中介,就工具文化向工艺文化发展这个内容而言,其中帮助实现两种文化顺利交接、完成历史转折的中介,就是在人的舒适和快感要求的参与下,以及它们在与实用性技术手段的矛盾协调中产生的规范化的工具产品。

如果说成熟的工具形式的产生,是由单纯体现某种实用功能的形式与人的生理和心理快感相互作用来推动的,是自然与人工之间对立统一的结晶,那么典型的工艺形式的产生,则是通过实用和审美两种对立因素的相互作用来推动的,是被装饰物与装饰之间对立统一的结晶。"文为质之饰也"②,纹饰也好,装饰也好,它们本身并不具有独立的审美价值,离开了与被装饰物之间的关系,装饰的意义也就不存在了。另外,被装饰物一般都是装饰物的主宰,它们之间是相得益彰的关系。假如装饰物喧宾夺主,让被装饰物成为它的附属物,那么工艺文化的性质就将发生转变,出现向艺术文化发展的趋向。

总之,离开了工具文化的发展,没有规则化和定型化工具产品的出现,工艺文化的形态是不可能出现的。工艺文化形态的出现,标志着人类劳动生产技术水平和审美意识水平的双重提高。在这个过程中,与实际目的紧密结合的简单朴素功能化的工具形式已经不再受到人们的青睐,取而代之的是更加富于社会文化内涵、体现出人的内在本质的工艺形式,它的产生,不仅美化了工具化的世界,而且也让人觉得自己活得更像一个有别于自然的人。

三、艺术形态的艺术

工艺文化形态的理想表现特征是实用和审美的完美结合,而实际表

---

① [美]博厄斯:《原始艺术》,上海译文出版社 1989 年版,第 12 页。

② 《韩非子·解老》。

现则是实用和审美一主一从、相得益彰的关系。工艺品的设计与生产一旦脱离这种关系,审美内容沦为满足舒适与快感的需求,它就成了工具产品。而审美因素和文化象征意义一旦压过实用性功能,它就变成了陈设或艺术性工艺品,成为工艺文化向艺术文化过渡的中介物。

结合人类社会历史发展的背景,从普通的日用工艺品向陈设性艺术品的发展离不开社会文化环境变化的要求。具体而言,巫术与祭祀文化的兴盛、社会分工的变化以及私有制的产生,都对工艺的发展提出了具体的要求。在巫术祭祀活动中,人们既然要通过娱神来达到现实的目的,就必须将精美的器物作为礼器应用到这些仪式上。在我国的河姆渡文化遗址中就出土了大量的玉器,它们反映了约 7000 年前生活在此地的先民们的文化生活。据专家考证,这些制作精美的玉器,大都是用于祭祀的礼器,其中用于礼地的玉琮和用于礼天的玉璧,特别引人注目。

到了新石器时代晚期,先是发生了农业和畜牧业的分工,继而又发生了农业和手工业的分工,这种分工导致了社会经济发展形势的变化,推动了人类历史发展的进程。就艺术事业而言,大量专业人士的投入,使得手工产品不仅在制作工艺水平上得到很大的提高,而且在品种上也变得丰富起来。加之阶级社会的产生、贫富差距的拉大,这些社会因素都刺激了手工艺制作从工具、日常用品向礼器和奢侈品摆件方面发展。贵族阶层的需求给手工艺人发挥才干提供了机会,他们的身份、地位和教养也向手工艺人提出了更新、更高的要求,而当手工艺人中的能工巧匠成功地应对这些挑战,圆满地完成了任务后,他们的作品就成为市面上流行的样板,从而带动了艺术文化潮流的发展。

当然,传统的手工艺人在发展他们的艺术时,由于过多地受到了市场和社会文化潮流的影响,他们的积极性和主动性都是欠缺的。这些都是工艺文化在自身发展过程中所暴露出来的问题:重传统轻发展,重手艺轻观念,重形式轻内容,重模仿轻创造。当个人的思想和审美感情在这样的艺术创作活动中不断得到激发和加强,工艺创作中的艺术性成分就会得到不断的突出,并最终在现实环境中脱离装饰的意义,成为独立的作品,这就是艺术文化从工艺文化那里脱颖而出的过程。

这一结果不仅是艺术家心中的美感在起作用,更是整个社会文化发展中人们特殊的审美需求在起作用。英国著名美术史学家贡布里希曾经说过:"现实中根本没有艺术这种东西,只有艺术家而已"①,"我们今天在博物馆和美术馆中墙上挂的绘画和雕像当初大多不是有意作为艺术来展出的。它们是为特定的场合和特定的目的而创作的"②。他的意思是:艺术的发展不是一个由抽象到具体的过程,不是人们头脑之中先有了一个艺术概念,然后再谋求现实材料与之相符合,而是先有一个个活在具体的社会生活环境中的艺术家,由他们在适应社会生活发展要求的过程中创造出了各式各样的艺术,并且由此提升了自己的审美意识水平。应该说,他讲的这番话大体上是符合马克思主义的艺术发展观的。

艺术文化的形态,其形式不带有任何功利性,是英国美学家克莱夫·贝尔认为的那种有意味的形式,其价值就是它的形式本身。假如真有这样的形式,那么,在马克思主义的艺术发展论中,它就一定是从工艺文化形态中演化出来的,是人们在艺术实践活动中对工艺文化形态展开反思与批判后的结果。如果说,技术水平的提高,是将工具生产纳入工艺轨道的基础条件,那么,将工艺制作纳入艺术轨道的先决条件,就不再是技术水平问题,而是审美观念的更新与发展。这种思想上的自觉,显然要比技术水平的提高更加依赖于社会发展的整体力量,离开了社会生产力发展水平的不断提高,离开了教育的启迪和引导,人们就很难建立起一个适于开展审美创造活动的文化心理结构,也很难去发现并欣赏纯粹的艺术之美。应该说,这个活动到目前为止,仍然处于展开与进行当中,而人们要想从历史悠久、影响广泛的工艺文化中走出来,用艺术的观念替代工艺的观念来开展艺术的审美和创造活动,充分展现人的本质力量,从而全面、自由地确证自己,还有非常漫长的路要走。

马克思主义艺术发展观强调了人的立场,突出了实践对人的自我认识与发展的主导作用,认为人的主体性不是在于精神,而是在于实践。在实践中,我们不仅发展了自己的生理条件,而且也发展了自己的心理条件;不仅提高了理性思维水平,而且也增强了感官感觉能力;不仅通过理性方式确证了自己,而且也通过感性方式确证了自己,从而更加自觉、自由地发挥人的能动性,不断地把自己的本质力量对象化,让人在不断提高

---

① [英]贡布里希:《艺术发展史》,天津人民美术出版社1998年版,第4页。
② [英]贡布里希:《艺术发展史》,天津人民美术出版社1998年版,第12页。

自我认识的基础上,更加自由、全面地实现和完善自我。而这也正是推动现实世界中艺术发展的内在动力。

第三节　总结与评价

黑格尔的艺术发展观为我们描述一个人类在主体意识或理念能动力量的支配下,艺术自在自为的变化、发展的过程。他通过辩证逻辑的思维方式制定了人类艺术从象征型经过古典型发展到浪漫型的运行模式,显示了人类对于表现内在心灵世界(神性)和追求自由生活的强烈愿望和乐观心情。假如我们接受了这套艺术发展系统,就会特别重视艺术观念本质的意义,突出艺术创作要努力契合艺术观念本质,艺术的表现形式要争取和它的内容——意蕴和思想主题——相统一的价值。在这样的艺术创作活动中,遵守原则和讲究规范成为重心,内容是否决定了形式,形式是否表现了内容,成为保证艺术创作品质的关键。对于黑格尔而言,艺术表现形式与其表现内容之间的异化关系是自然的,艺术家的使命就是要在否定当中超越这种自然,使内容和形式高度统一。但是,无论艺术发展到什么样的高度,都不可能明确表现理念,说明人的精神主体性。要完成这个任务,只有依赖于哲学。所以,艺术在异化的现实文化发展环境中,其地位是低于哲学的,在确证人的本质的意义上,它是不够全面、准确的。

马克思虽然没有像黑格尔那样写出一部美学专著,但是,他也在其他论著如《巴黎手稿》中谈到了美,认为美是人的本质力量对象化。根据他的哲学思想和美学观念,我们就设计了一个由工具形态经工艺形态向艺术形态发展演变的人类艺术发展模式,来说明他的艺术发展观。这一艺术发展模式最终是要说明:"原则不是研究的出发点,而是它的最终结果。"[1]"我们的出发点是从事实际活动的人"[2],"是人类社会或社会化了人类"[3],是劳动创造了人,而不是人创造了劳动,劳动成了推动人类文化

---

[1] 《马克思恩格斯选集》第 3 卷,人民出版社 1972 年版,第 74 页。
[2] 《马克思恩格斯选集》第 1 卷,人民出版社 1972 年版,第 30 页。
[3] 《马克思恩格斯选集》第 1 卷,人民出版社 1972 年版,第 19 页。

事业发展的根本动力。在劳动中,人不仅脱离了自然界,由猿演变成了人,而且在因为劳动而发展出来的社会文化空间中,通过开展富于创造性的活动,不断地发掘出人的本质,不断地利用文化行为进行自我完善。

艺术也同样是劳动的产物,它的发展离开生产实践活动的进步和由此带来的社会生产关系的变化,就失去真正的动因。所以,接受了马克思主义的实践论美学,认同了我们上面所讲的艺术发展模式,就必然会在具体的艺术创作活动中重新思考生活和艺术、内容和形式、技术与观念、自律与他律、创作与欣赏以及生产与消费等关键性的问题,从物质决定意识,意识反作用于物质;从生产力决定生产关系,生产关系的发展反作用于生产力的发展;从经济基础决定上层建筑,上层建筑反作用于经济基础;从社会存在决定社会意识,社会意识反作用于社会存在的理论中寻求问题的解答。这样一来,由马克思主义哲学所确立的人类艺术发展模式就体现出一个自下而上的特征。它以人的出现为起点,以人的生活为背景,以人在实践中的发展为动力,以人的自我确证为手段,以人全面、自由地占有自己,从必然王国迈向自由王国为目标。这样一个系统显然不是为了让人们看到自己身上的神性,而是为了让人们不断地在实践活动中发现自己身上的人性。

就艺术而言,黑格尔认为:人类借艺术的发展让心灵或理念得到显现或自由的同时,也是人类的精神跨越艺术奔向宗教和哲学之日。而在马克思主义的思想体系中,人类艺术的发展并不是为了完成一个哲学性的任务,在内容和形式的统一中显现具体的理念,而是为了"一种全面的方式,也就是说,作为一个完整的人,占有自己全面的本质"①。与黑格尔的主体论美学相比,马克思主义的实践论美学并没有把人类艺术发展的意义放在有益于真理(绝对精神)的认识上,而是放在人的自我生成、自我发展、自我欣赏和自我完善上。从这个意义上讲,马克思主义的艺术发展观更加具有开放性,更加鼓励开拓和创新精神。

无论是黑格尔,还是马克思,他们在开展理论研究的时候,都强调了科学性,主张走逻辑和历史相统一的路线。只是因为世界观的不同,所以

---

① 《马克思恩格斯全集》第42卷,人民出版社1979年版,第123页。

走法也不一样。这一点前面我们已经说过了。现在想指出的是,他们谈艺术的观念和发展问题,归根结底是为了阐明自己的世界观,指出推动人类艺术文化发展的动力源和基本框架。客观唯心论者黑格尔认为这个动力源是绝对精神存在——理念,而理念的感性显现过程及表现,就是人类艺术发展的具体内容。而辩证唯物论者马克思则认为这个动力源是实践,即人的本质力量的对象化,人的感觉在这种对象化过程中的人化,才是人类艺术发展的真正内容。

上述两种美学观若是在现实中发挥了作用,那么,黑格尔主义美学思想的落实活动往往会导致艺术走向自律的轨道,而马克思主义美学思想的落实活动则易于导致艺术走向他律的轨道。前者重视艺术本质的意义,而后者则重视艺术功能的意义;前者看重心灵直觉表现的价值,后者则看重情感现实传达的价值;前者会让艺术家走上追求唯美和表现的创作路线,后者则会让艺术家走上现实和再现的创作路线。所以,我们在欣赏艺术作品时,不仅会显示自己的审美趣味,而且还会在不自觉中显示自己的世界观。

第六讲

艺术功能论

艺术有什么用？这是接触过艺术文化的普通人都非常关心的问题。

是啊，艺术既不能拿来吃，也不能拿来喝，艺术能有什么用呢？如果从现实利益角度看艺术，艺术确实没有什么用，甚至还可能有害。

中国道家哲学的开山祖老子就这样说："五色，使人目盲。……五音，使人之耳聋。"①在他看来，一个人喜欢这些东西，倒还不如去吃。老子是一个极端朴实之人，他贬低艺术的价值，是为了突出"为腹不为目"的生活原则，这符合他崇尚自然的哲学信条。然而，历史并没有按照老子的规划来发展，艺术非但没有从人们的视野中消失，反而更加兴旺发达，和我们的社会生活紧密地结合在了一起。看来，没有什么实际用途的艺术，在讲究有意识、讲究目的的人类看来，是另有一番目的，只是老子没有看到或者不欣赏而已。

在人类社会历史的发展过程中，艺术作为一种精神性的文化产品，它以自己的追求和审美价值赢得了社会的尊重与

---

① 《老子》(传世本)第十二章。

肯定。而且在其自身的发展完善过程中,艺术也通过自己的"无用之用"影响了人类社会文化的发展与繁荣。据苏联美学家列·斯托洛维奇的总结①,艺术的社会功能体现为八大方面的十四个具体内容,它们分别是:启迪、交际、社会组织、使人社会化、教育、启蒙、认识、预测、评价、劝导、净化、补偿、享乐、娱乐。由此我们更加确切地认识到了,艺术是通过什么渠道渗入和影响我们的社会生活的,同时也清楚了我们的现实生活为何越来越倚重艺术文化的发展。

不过,尽管对于艺术功能问题的研究还在不断地深入,艺术的价值也在研究当中不断地被发掘出来,但是作为常识,我们只要了解认识其三大功能就可以了,即审美认识功能、审美教育功能和审美娱乐功能。

第一节　审美认识功能

富于梦幻色彩的艺术居然可以发挥出审美认识功能,能够帮助我们在艺术欣赏活动中提高自己的思想意识水平,升华自己的精神境界,这件事乍听起来会有点令人费解。

在后印象派画家凡·高的名作《向日葵》中,我们认识到了什么?在奥地利作曲家莫扎特的《第五小提琴协奏曲》中,我们又听出了什么道理?还有,当我们吟诵完唐代诗人李白的诗句"花间一壶酒,独酌无相亲。举杯邀明月,对影成三人",又会想到什么思想内涵?

假如你说你看到了向日葵,那凡·高画的向日葵和真的向日葵比起来,不能说是一模一样的。至于说音乐、诗歌向我们说明了什么具体的思想和认识内容,那就更说不清了。但是,作为一种文化表现形式,艺术肯定有它要表达的内容,也就是说,在它的表现形式当中存在着需要我们去理解和感悟的东西。

有一位听众在听完音乐家贝多芬的演奏会后,向他询问其中一首曲子的意思,贝多芬很客气地为他重新演奏了一遍。等他弹完这首曲子,这

---

① 他的这些总结见于其著作《审美价值的本质》,凌继尧译,中国社会科学出版社1984年版。

位听众还是向他提出了同样的问题。这时,贝多芬就合上钢琴盖,平静地回答道:"先生,您想知道的东西,刚才我已经全都告诉您了。"作为一项事业,艺术家倾其一生的努力与追求,肯定不会只局限在某种技艺的磨炼上,也肯定不会停留在简单化的模仿或图解意义的发挥上,而是在努力实现自己对美的追求,在这个过程中,肯定会有一些内容与我们的思想认识发生关系,并影响它们的成长与发展。由于艺术表现形式具有形象化的特征,是美的化身,所以我们在了解和认识这些蕴含在作品形式中的精神和思想性内容的时候,就不能像平常读说明书那样,直接获取确切的信息,而是需要依靠自己的感受力和领悟力来加以理会,在有所感悟后,间接地作用于我们的思想与认识,升华我们的精神境界。

　　不论是按照黑格尔的美学观点——美是理念的感性显现,还是按照叔本华的美学思想——美是人的意志的表象世界,抑或是贝尔的形式主义美学主张——艺术是有意味的形式,不论艺术表现的是理念,还是生命意志,抑或是神秘的意味,这些看法或主张都让我们懂得这样一个道理:不仅在百花齐放的艺术世界中是有原则可循的,而且在具体的艺术表现活动中,其形式也是内容的,艺术家的创作活动并不是盲目的,而是有目标和有理想的。通过艺术,我们不仅可以发现形象内容,而且更为重要的是,我们还可以感受到其中的意蕴,感悟到其中反映事物本质的内容。

　　后印象派画家凡·高是一个渴望并热爱生活的艺术家。当有人批评他不懂得用调出来的颜色画画时,他激动地为自己辩护:我不是不懂得调颜色,而是眼前的景色太美了,它让我来不及去调颜色。其实,真正打动凡·高的,不是自然的表象,而是隐含在这表象中的真实。他在给弟弟提奥的信中这样说道:"如果生活中没有某些无限的、某些深刻的、某些真实的东西,我就不会留恋生活。"[①]凡是读过凡·高书信集的人都会知道,凡·高是一个爱读书、有思想的画家,在他的作品中,不可能只留下他的感情,而没有他的思想态度和观念。

　　东晋诗人陶渊明写过这样的诗句:"山色日夕佳,飞鸟将与还。此中有真意,欲辨已忘言。"他在这些诗句中所表达的不仅仅是眼前景,而且还

---

　　① ［荷］文森特·凡高:《亲爱的提奥:凡高自传》,南海出版公司 2001 年版,第 76～77 页。

有言外意。在他的忘言之乐中,最打动他的不是那傍晚的景物,而是由景色本身所揭示的大自然的本真。对于这个本真,他虽靠直觉意会到了,却无法言传,只能借助诗的语言,通过营造一种诗情画意来表现。而我们也在一种共鸣与感动当中,分享了他的感情,体会到了他想在诗中表现的"真",于欣赏与回味之中,发现了自我,成为陶渊明的知音。这便是艺术在现实中发挥了认识功能之后,对观赏者的一种最为直接的影响。

关于艺术的认识功能,人们很早便有所认识,并在社会生活中积极地加以利用。

与"知天不知人"的老子相比,我国春秋时期的另外一位哲学家,儒家思想的创始人孔子对艺术的态度就截然不同,他认为:"诗,可以兴,可以观,可以群,可以怨;迩之事父,远之事君;多识于鸟兽草木之名。"①如果在社会上大力发展以诗为榜样的文化事业,就能端正人心,培养出温柔敦厚、谦恭礼让的人品,使社会生活变得和谐安宁。

在孔子所总结出的艺术功能中,有两条与认识功能有关:一个就是"可以观",另一个就是"多识于鸟兽草木之名"。所谓可以观,就是指人们可以通过艺术观察风俗之变。像他编的《诗经》中专门辟有"风"这个条目,里面全是他收集来的当时各地的民间诗歌。通过读这些诗,肯定有益于人们认识、了解各地的民风民俗,以及社会、历史方面的一些情况。而所谓"多识于鸟兽草木之名",这个就更好理解了,既然艺术来源于生活,诗人在诗词中肯定不会少了对风物景致的描写,通过欣赏艺术,人们可以从中学习到一些自然与社会生活方面的知识与见闻。

在古希腊社会,重视理性的古希腊人更加看重艺术的认识价值。毕达哥拉斯学派是古希腊哲学发展中最重要的学派之一,在他们的学术观点中,有一个最具影响力:"整个天体就是一种和谐和一种数。"②在他们看来,美的艺术必须要体现出数的和谐关系。"一切立体图形中最美的是

---

① 《论语·阳货》。

② 北京大学哲学系美学教研室编:《西方美学家论美和美感》,商务印书馆 1980 年版,第 13 页。

球形,一切平面图形中最美的是圆形。"①毕达哥拉斯学派的观点不仅深深地影响了柏拉图的思想,而且也在很大程度上支配了古希腊雕塑家和建筑师的创作行为。

今天,当我们站在古希腊神庙建筑前,面对独特的造型,内心依然会被它深深地打动。这里面有来自风格方面的影响,也有来自风格形式内部因素的感染。因为在古希腊建筑师看来,一座建筑不仅应该具有实际的用途,而且在设计上还应该体现宇宙的法则。正如美国艺术史学家温尼·海德·米奈所言:在建筑设计上所体现的"均衡意味着秩序、极端的精确与关系:这些都映射着自然和宇宙的和谐,其本身就固有着美。"②想要真正地发现古希腊的雕塑、建筑艺术之美,就应当从这个角度去观赏。也就是说,当我们在欣赏古希腊人的艺术杰作时,也就是在认识自然和宇宙。

在帮助人们认识和理解事物上,艺术以其形象、直观和感人的特性往往能够发挥出非常好的作用。

比如,为概括出年轻人的充满活力与干劲的特点,毛泽东当年用了这样的比喻,他把年轻人比成早晨八九点钟的太阳。他的这个比喻马上就引起了青年人的反响,起到了很好的教育和鼓动作用。但是,比喻毕竟不是事实,年轻人像早上八九点钟的太阳,但毕竟不是那个太阳。如果有些人平时缺乏观察,对于这样的表达,就难以理会其中的意义。如果人们对于早上八九点钟的太阳有着不同的经验,他们在理解上也会出现偏差。所以,对于由形象化的形式所表达出来的真实性内容,如果我们想知道它是什么,就只能凭个人经验去意会,而不可凭理智去较真。如果真从认识的角度来求准确的答案,那么,艺术就不是最好的表达方式。

在揭示自然奥秘的作用上,艺术不如自然科学。在帮助人们认识社会、把握历史上,艺术不如社会学、历史学。不过,在传播科学知识、开展文化交流、丰富人文思想方面,艺术倒是能够发挥积极而又独特的作用。目前,在电视媒体上,很多科普节目都是通过艺术的手法拍摄的。人们通

---

① 北京大学哲学系美学教研室编:《西方美学家论美和美感》,商务印书馆 1980 年版,第 15 页。

② [美]温尼·海德·米奈:《艺术史的历史》,上海人民出版社 2007 年版,第54 页。

过收看这样的节目,既满足了艺术审美的需求,更重要的是,也在轻松愉快的心情中认识了世界,懂得了一些科学常识。因此,社会对艺术的审美认识功能的利用和发挥,要在实事求是的认识基础上,讲究合理的方式和有效的方法。否则,一味地突出艺术的这个功能,就会让艺术失去自己的本色,把这种审美文化降格为类似看图识字这样的文化普及工具。

艺术的审美认识功能原本是人们在从事艺术活动时自然展现的。艺术家除了是一个掌握了特殊技能的人,还是一个活在现实生活中的人。他们不但拥有一门手艺,而且也有着自己的灵魂和人格,它们会随着创作活动的开展融入具体的艺术表现形式当中。换言之,在一件真正的艺术作品中,一定会含有创作者个人的趣味、情感、立场与态度。只不过这些东西都只能是如盐化水般地和具体的艺术表现形式水乳交融般地结合在一起,我们只有通过直觉和感悟才能意识到它们的存在,从而得到思想上的启迪。

比方说,鲁迅先生在塑造阿 Q 这个文学人物形象时,他并没有指出这个人物身上的优点与缺点,也没有告诉我们,他花费那么多的时间来塑造这个人物形象是为了揭示国民性,这些意义都是我们通过实际阅读,仔细品味而领会和感悟到的。一旦我们在艺术欣赏活动中体会到这些,除了认识到作品的深刻性外,还会形成自己对艺术品位的要求,认为:凡是优秀的艺术作品,就应该具有一定的思想深度,把整个人生都包容在审美形式之中,让艺术表现出震撼人心的力量。

西方的古典主义艺术创作是非常看重这一点的,在古典主义美学家看来,只有美和真的结合,才能产生伟大的作品。歌德在评价莎士比亚的戏剧时说:"莎士比亚的戏剧是一个美丽西洋镜,世界历史拴在一个看不见的时间线上从我们眼前滚滚而过。他的布局,按照通常的看法,不是什么布局,但他所有的剧本都围绕着一个秘密点运转(这个点还没有一个哲学家看到和确定过)。"①这个"秘密点"就是我们需要透过艺术表现形式来真正加以认识的对象,即美的规律。

艺术家通过自己的天分把握住了这个内容,并通过艺术形式来表现

---

① [德]歌德:《论文学艺术》,上海人民出版社 2005 年版,第 4 页。

它,从而体现出艺术形式本身的价值。离开了这个"秘密点",整个艺术表现形式就会瘫痪,我们通过艺术所得到的"知识",就不会是艺术这个媒介形式真正想告诉我们的东西。对此,哲学家尼采说:"也许我所不理解的未必是不可理解的? 也许还有一个逻辑学家禁止入内的智慧王国? 也许艺术竟是知识必要的相关物和补充?"[①]当然,这并不是说艺术不能被人用来传播知识,宣传思想,只是说艺术在发挥这种功能的时候,一定不能脱离自身的轨道。只有这样,美和真的结合对于艺术的发展来讲,才是有意义的。

第二节　审美教育功能

说起艺术的审美教育功能,联想到艺术具有教育人的作用,人们好像更容易理会和接受。

在我国,儒家思想的倡导者孔子最看重艺术的这个功能。他认为:做人要"志于道,据于德,依于仁,游于艺"[②]。道德(礼)和艺术(乐)只有相辅相成地结合在一起,人类才能生活在一个理想的社会环境中。艺术的发展,只有达到了尽美又尽善的程度,才算是得到了完善。所以,当孔子看到,原本应该在周王庭前上演的八佾舞,却在诸侯那里演出后,气愤不已的他对学生季子说:"是可忍也,孰不可忍也!"他在编《诗经》的时候,对于选录的对象,有一个基本的要求,那就是"思无邪",即不虚迂。原因很简单,因为只有这样的诗,人们读起来、学起来,才能有益于培养良好的品德,拥有一颗率性自然的赤子之心。另外,他还倡导"乐而不淫,哀而不伤"的艺术表现风格,希望人们能够通过这样的风格影响,成为一个文质彬彬的君子。由于孔子的思想在后来整个中国封建时代的文化教育和制度建设中占有极其重要的地位,因此,他的艺术观念也就很自然地影响了中国人的审美观,也决定了中国人对艺术功能的看法。具体而言,就是艺术家们在创作活动中必须积极地贯彻文以载道的思想方针,而我们在欣

---

① [德]尼采:《悲剧的诞生》,三联书店1986年版,第61~62页。

② 《论语·述而》。

赏艺术的时候,必须关注作品的立意或主题,力求得到教益。

在古希腊,亚里士多德也是一位非常重视艺术的教育功能的哲学家。他非常喜欢古希腊的戏剧艺术,并把悲剧当成自己开展艺术研究的对象。他认为:恐惧和怜悯是衡量悲剧情节表现优劣的主要因素。假如一出"将人生有价值的东西毁灭给人看"[①]的悲剧,无法引起你的恐惧与怜悯之心,那它就是一部失败之作。

为什么亚里士多德这么看重这一点呢?这就与他对悲剧艺术的功能认识有关。

亚里士多德的老师柏拉图认为:悲剧培养了人们心中不良的情绪,败坏了我们人类天性中最优秀的部分。他说:"舞台演出时诗人是在满足和迎合我们心灵的那个(在我们自己遭到不幸时被强行压抑的)本性渴望痛哭流涕以求发泄的部分。……在那种场合养肥了的怜悯之情,到了我们自己受苦时就不容易被制服了。"[②]而亚里士多德则挑战了柏拉图的看法,他认为:"悲剧激发怜悯与恐惧以促使此类情绪的疏泄。"[③]它使得人们平时在生活中积郁在心中的哀怜与恐惧得到正当的发泄,从而达到消除内心痛苦、恢复内心平静的作用。

悲剧并非像柏拉图所言,是一个害人的东西,反而是一个有益于人的东西。人们在观赏悲剧时,一方面宣泄掉了心中的不良情绪,另一方面也重新思考了人生,明白了一些做人的道理。亚里士多德提出的净化说,听起来很像是在强调艺术的心理治疗功能。其实,按照古希腊人的生活观念,能够在复杂多变的日常生活中保持平静心态和冷静态度的人,才是有价值的人。因而强调悲剧的净化功能,其实就是在宣扬一种道德,让人们的精神状态在悲剧的感染下回归到正常的心理秩序当中,做一个正常的人,也就是理智的人。在《政治学》中,亚里士多德对艺术教育功能的强调更是直截了当,他说:"音乐的价值就在于在闲暇之时培养人们的理智。音乐之所以被列入教育科目之中,很明显其原因就在于此,是作为自由人

---

① 鲁迅:《鲁迅全集》(上),广西民族出版社 1996 年版,第 97 页。

② [古希腊]柏拉图:《理想国》,商务印书馆 1986 年版,第 405～406 页。

③ [古希腊]亚里士多德:《诗学》,商务印书馆 1996 年版,第 20 页。

加强德行修养的一部分。"①

古罗马诗人兼理论家贺拉斯也非常看重艺术的教育功能,他提出的文艺发展理论就是寓教于乐说。他在《诗艺》中说:"诗人的愿望应该是给人益处和乐趣,他写的东西应该给人以快感,同时对生活有帮助。……寓教于乐,既劝谕读者,又使他喜爱,才能符合众望。"②由此可知,古希腊人与古罗马人在看待艺术的教育功能上,有着惊人的一致性和相当的重视程度。

普通人在看待艺术的功能作用问题时,通常也会非常重视它在思想品德教育方面的意义。正如黑格尔所言:"实际上,艺术是各民族的最早的教师。"③在人们真正认识到艺术这项活动的本来面目和真正目的之前,它的意义大都是被人们定格在工具或手段的范畴上,要么服务于人们的认知活动,要么服务于人们的思想道德教育活动。在西方历史发展过程中,这样的利用在中世纪达到了顶峰。在欧洲的中世纪,图像被人们看作"是为不识字的人准备的《圣经》"④。在正统的基督徒眼中,艺术并没有自己的独立的文化价值,只有服务于宗教文化宣传的功能。一旦艺术的发展超越了这样一个界限,它就变得一文不值了。

在我国,早在夏商周时代,青铜器就被视为礼器,在社会文化建设中发挥作用。"昔夏之方有德也,远方图物,贡金九枚,铸鼎象物,百物而为之备,使民知神奸。"⑤这段录于《左传》中的文字非常明确地告诉了我们"鼎"这件礼器的文化功能,它不是为了实用,而是为了象征,为了震慑,让人民知道善恶。正如上文所言,把审美活动和道德教育紧密结合在一起是中国审美文化发展中的传统,从思想上来讲,孔子把这一内容表达得十分清晰;从历史上看,这样的表现至少在夏商周青铜文化发展阶段就已经成了主导。

---

① [古希腊]亚里士多德:《政治学》第8卷,中国社会科学出版社2009年版,第335页。
② [古罗马]贺拉斯:《诗艺》,人民文学出版社1962年版,第155页。
③ [德]黑格尔:《美学》第1卷,商务印书馆1979年版,第63页。
④ [美]温尼·海德·米奈:《艺术史的历史》,上海人民出版社2007年版,第61页。
⑤ 《左传·宣公三年》。

"美是德性—善的象征。"①艺术具有通过教育提升人类道德品质的功能,这一点是事实确凿的。从原则上讲,艺术也不应该以追求不道德或提倡不道德为目的,但是,这并不意味着艺术就只能作为宣传道德的工具,"把追求不道德看作艺术表现的明确目的是一回事,不把追求道德看作艺术表现的明确目的却是另一回事"②。艺术毕竟有自己的目的,有选择自己表现对象的自由。我们可以从艺术作品中领会出道德的意义,但是艺术对这些内容的表达,最多也只是象征性的。这就意味着我们在艺术欣赏活动中所领会到的意义,也不可能是一个确切而又具体的内容。你可以从一个火炬身上看到象征生命的意义,也可以从它身上看到象征光明的意义。假如艺术与道德意义之间的联系失去了象征性,而是一种传声筒般的关系,那么,艺术的审美教育功能的发挥就走入了邪道。对此,康德说得非常肯定:"口才和善于言辞(合起来就是修辞学)属于美的艺术;但演说家的艺术作为利用人类的弱点达到自己意图的艺术(不论这些意图可能被认为多么好、乃至如它们所愿望的那样实现地好),却是根本不值得敬重的。"③

艺术家可以在艺术创作活动中有意识地融入自己的道德感情,但是却不能让艺术表现活动变成一种说教,更不能让它变成一种政治煽动的手段。在他们尝试将美和善在创作活动中统一起来时,把握正确的方式、树立正确的态度是非常必要的,那就是设法做到寓教于乐和重视潜移默化的思想传播效果。

由罗兰·艾默里奇执导的美国灾难片《2012》塑造了一位临危不惧、与市民共存亡的总统形象。在海啸即将吞没整个城市的时候,他不仅决定让科学家登上可以逃生的"诺亚方舟",而且还与受难的市民一道,面对残酷的现实,接受命运的安排。相信绝大多数看过此片的人,都不会忘记这位可敬的政治人物,并为他的思想和人格魅力所感动。在这部影片中,导演虽然是在着重刻画灾难场景,然而他在制造各种惊险画面和视听效果的同时,也有意识地刻画出各种各样的人物性格,借助故事情节的发展

---

① 〔德〕康德:《判断力批判》,人民出版社 2002 年版,第 200 页。
② 〔德〕黑格尔:《美学》第 1 卷,商务印书馆 1979 年版,第 64 页。
③ 〔德〕康德:《判断力批判》,人民出版社 2002 年版,第 173 页。

表现人性,宣扬一种社会价值观念。看完这样的影片,我们不会有那种被洗脑或催眠的感觉,而是在观赏影片的过程中,在电影场景的感染下,不知不觉地接受了一种思想教育,陶冶和净化了自己的情操。

诺贝尔文学奖获得者海明威也是一位非常擅长寓教于乐的艺术家。在《老人与海》这部作品中,他塑造了一位不断挑战自我、梦想捕到一条大鱼的老人的形象。在险恶的环境中,他拼尽全力终于捕获了一条大鱼,然而,就在异常疲惫地驾船返航之际,一群鲨鱼来袭,结果硬是把刚才拼死抓到的那条大鱼吃得只剩下了一副鱼骨。在这部作品中,海明威没有喊什么惊天动地的口号,也没有去宣扬什么人类的精神,花费大量笔墨去赞美老人身上的品格,他就是用短小精悍的文字很平实地讲述了一个貌似平常的故事,然而,就是在这么一个不起眼的故事里却展现了人类的精神,让人在读完这部区区五万多字的作品后,感动良久,沉思不已,由此获得的强大的精神感召,相信会让一个人受益终生。一部好的艺术作品应该具有思想性,体现一定的教育意义,但是,如何做好这样的工作,对于艺术家来讲,却是一个不小的挑战,也是对他们艺术才华的一次重大考验。

既然是用艺术的方式来教育人,那就不能像平常搞思想政治工作和道德教育活动那样,讲究强制和督导。文化和艺术作用于人,靠的是教化、感染,讲的是体验、共鸣,如果说,我们对一首曲子无动于衷,对一幅画熟视无睹,对一出戏不感兴趣,那么,也就不可能真正接受它们所宣扬的思想价值观。另外,如果一件艺术作品让人在欣赏当中马上就看出它在宣扬或者劝导什么,那么可以肯定,这一定不会是一件特别好的作品。

通过艺术对人展开的教育活动,其效果的获得一定不能靠规劝,更不能靠强制,而是靠潜移默化,如春风化雨般地影响和教育人。读完岳飞的《满江红》,令人荡气回肠,热血沸腾,民族感情油然而生;文天祥的《正气歌》,读得人悲情满怀,感慨之余,不由得心中升起一股浩然之气;"望门投宿思张俭,忍死须臾待杜根。我自横刀向天笑,去留肝胆两昆仑",谭嗣同的这首《狱中题壁》,大义凛然,豪气冲天,读这样的诗,受其感染,纵然平时是一个懦夫,当下也会被激发起大丈夫般的雄心。诗言志,艺术家只是在借物抒情,真实地表现自我,并非有意想针对什么人,开展什么教育。鲁迅说:艺术家"就如黄莺一样,因为他自己要歌唱,所以他歌唱,不是要唱给人们听得有趣,有益"①。我们接受了艺术家的教育,只是因为他们的作品感动了我们,并让我们在感动当中激活了自己的良知,升华了自己的感情。

中国传统文化建设是以道德为核心的,在长期宣扬道德文化的活动中,我们非常重视艺术的作用,把礼和乐结合在一起讲,形成了我们国家的文化发展特色。从这个意义上讲,对于艺术的审美教育功能,我们中国人不仅是最重视的,而且在发挥这种功能的过程中,我们也取得了非常多的经验,其中有不少是促进人类艺术文化发展的宝贵财富,值得世人好好学习和借鉴。

第三节　审美娱乐功能

"如果美的艺术不是或远或近地被结合到那些唯一带有一种独立的愉悦的道德理念上来,那么后一种情况就是这些美的艺术的最终命运了。它们于是就只是用来消遣,当人们越是利用这种消遣,以便使自己越来越无用和对自己越来越不满而驱赶内心对自己的不满,他就越是需要这种消遣。"②美学家康德的这番话,不仅告诉我们艺术的审美娱乐功能是如何产生的,而且也让我们知道,这一功能是如何在现实中又进一步得到发展的。

康德在《判断力批判》中指出了决定人类审美活动的四个契机,其中一个就是"无利害而生愉快"。也就是说,我们可以通过观照审美形式本身而获得一种精神上的愉悦,这也是艺术最为根本的价值与功能所在。

即便是一个不会弹琴的人,只要他能在钢琴上弹出 Do Re Mi Fa Sol La Si Do,他也会感觉到声音悦耳,甚至心情愉快。除了音韵方面的要求外,唐诗讲平仄对仗,宋词讲长短句的组合,读起它们来,不仅感觉琅琅上口,而且还可以唱诵,人们不一定非得懂得诗词的意思,光是朗诵,就能让人感觉到十分适意和快乐。艺术文化在社会生活中之所以能够被人当成

---

① 鲁迅:《鲁迅全集》(上),广西民族出版社 1996 年版,第 77 页。
② [德]康德:《判断力批判》,人民出版社 2002 年版,第 171～172 页。

一回事来看待,并受到大力的推动,促使其发展,其中一个非常重要的原因就是它能让人感到开心和快乐。

常言道:饭养人,歌养心。人们在闲暇之余,唱唱歌,跳跳舞,身体得到休息,精神得到放松,感情得到交流,心灵得到滋养,这样的生活又有谁不喜欢呢? 所以,尽管随着社会历史文化的发展,人们基于社会及现实发展的需要,越来越重视艺术的认识和教育功能,但是,对于大部分人,特别是那些文化程度和审美欣赏水平相对不高的普通大众而言,他们却更加看重艺术的审美娱乐功能,他们感觉艺术就是一个玩意儿,并喜欢从这一功能角度来接受和评判艺术的价值。想想看,大家平时都在出大力,流大汗,忙工作,讨生活,好不容易闲下来了,吃吃饭,喝喝酒,听听曲,看看戏,放松、消遣一下,这难道不是人之常情吗? 如果在这个时候,你要求他们去听严肃的古典交响乐,去看高雅的芭蕾舞,去读内涵丰富、思想深刻的名著《红楼梦》,难道你不觉得这样很矫情吗?

当然,站在迎合社会大众趣味的立场上,单方面地发展艺术的审美娱乐功能,会导致艺术文化的发展走向庸俗化和商业化,这是我们在发展艺术的审美娱乐功能时必须注意的问题。一方面我们知道艺术文化的发展不能脱离社会现实和大众文化消费的需求,另一方面我们也知道,假如艺术文化和现实生活合为一体,变成大众娱乐消费产品,那么,它也就会降低甚至失去自己的文化品质。

在这个问题的解决上,我们应该看到两点:

第一,艺术的审美娱乐功能的发挥与艺术自身的目的关系最为密切。假如我们在艺术欣赏或消费活动中,连快感都没有,那么还谈何更高层次的愉悦感? 至少审美愉悦感当中应该含有一定的快感成分才对。所以,在现实中把艺术的审美娱乐功能当成是发展艺术文化的主干力量是没有错的。

第二,我们要认识到“大俗大雅”的意义。艺术不能脱离生活,艺术所反映的也只能是世俗社会中人们的真实感情。它在发挥自己的审美娱乐功能时,走向庸俗,表现出迎合世俗趣味的嘴脸是不好的,但是,这并不是说艺术家可以不关注世俗感情,可以不用心去表达大家在社会生活中所体验的情感。离开了这个立场和方式去求雅,那也只能得到一个曲高和寡、孤芳自赏的结局,而无法充分发挥出艺术在传达和交流情感方面的积极作用。假如不能体现这样的作用,艺术文化在现实社会中的意义就要大打折扣,这肯定不利于它的发展和完善。所以,艺术家在表现审美感情的时候,要深入生活,去接地气,要在生活的体验和感受当中去发掘人们的思想情感,去表达他们的精神需求和愿望,有了这样的俗,才能真正达到艺术上的雅,从而很好地推动艺术文化在现实中的健康发展。

形式主义美学家们也非常看重审美娱乐功能的发挥,他们认为这是艺术文化在现实中唯一值得去发展的功能。音乐美学家汉斯立克认为:音乐的内容只是乐音的运动形式,它"不依附、不需要外来内容的美,它存在于乐音以及乐音的组合中"[①]。在我国,早在魏晋时期,名士嵇康提出"声无哀乐论",而现代美学家克莱夫·贝尔则干脆给艺术下了一个定义,认为:艺术就是"有意味的形式"[②]。他们的这些说法有一个共同的目的,就是要把美的表现活动本身与真和善的内容剥离开,让艺术的表现在一个无观念性内容的纯形式中展开。然而,从现实效果来看,这样的艺术表现固然是纯粹了,却也因为过于抽象而拉大了艺术与现实的距离,离间了艺术与生活的关系,让艺术表现活动在现实语境当中显得有些孤立和自闭,把原本应该表现人类精神性内容的艺术审美形式定格在了自律性的形式游戏的范畴当中。

所以,我们在发挥艺术的审美娱乐功能的时候,一定要注意两点:第一,它不可以一味迎合大众的审美趣味,走向庸俗化和商业化;第二,它还必须警惕艺术精英主义的倾向,让艺术在形式主义观念设定中,以自律为名,走向死胡同。真正的艺术家需要在发挥艺术审美娱乐功能的过程中,设法把二者结合在一起,一方面讲娱乐精神,另一方面讲审美品质,把大俗大雅的艺术社会学品质和讲究形式意味的现代形式主义美学追求有机地统一在一起,才能保证审美娱乐功能的正常发挥,才能让艺术文化在这一功能正常发挥的基础上,不断地在社会现实中发展完善。

无论是艺术的审美认识功能,还是艺术的审美教育功能与审美娱乐功能,它们的发挥都必须是在审美观念和形式表现的制约下展开。离开了这一前提的限制,谈上述功能的作用,不但没有意义,而且还会有害,它

---

① [奥地利]汉斯立克:《论音乐的美》,人民音乐出版社1982年版,第49页。

② [英]克莱夫·贝尔:《艺术》,中国文联出版公司1984年版,第33页。

们会将艺术文化的发展引向邪路,使它失去本体价值,成为思想的图解、教化的工具和专门刺激人们感官反应的娱乐化产品。另外,还有一点需要申明一下,我们所讲的艺术的各项功能的发挥,并非像上面所表述的那样是独立的,事实上,它们在现实中发挥作用的时候,都是相互联系、不可分割的。只是现实环境的要求不同,艺术家的创作意图不同,才让它们有了一定的独特表现,某一项功能才得到了特殊的发挥。唯其如此,艺术的形象才是完整的,艺术的价值才是独特的,艺术的魅力才是无限的。

第七讲

艺术教育论

人类借艺术来开展教育活动的历史是相当悠久的。但是人们真正开始严肃地谈论艺术教育这个概念,把它升华到美育的高度,并认真地付之于实践,引之以改善人的精神状况,提高人的生活品质,推动社会文明的进步与发展,距今也只有 200 多年。

最早探讨这个话题的人,是德国美学家席勒。他于 1793 年 5 月至 1794 年 7 月间,以书简的形式阐释了他的学术主张,明确地提出了美育的概念,认为探讨"这个题目不仅关系到这个时代的鉴赏力,而且更关系到这个时代的需要。我们为了在经验中解决政治问题,就必须通过审美教育的途径,因为正是通过美,人们才可以达到自由"[1]。

后来,他将这些书信编辑出版,成了我们今天读到的《美育书简》。随着这本书的出版,他的美育思想也就逐渐地传播到了全欧洲乃至全世界,对现代人的生活方式产生了巨大的影响。

---

[1]　[德]席勒:《美育书简》,中国文联出版公司 1984 年版,第 39 页。

第一节　美育与人的关系

席勒是与诗人歌德、哲学家康德、费希特同时代的德国美学家。他的美学思想深受康德美学的影响，但又没有囿于康德的观点。

在 1793 年 2 月 28 日写给克尔纳的一封信中，他这样说道："康德的哲学宗教学说，是用哲学论证来充实宗教的辩护士，这是对愚蠢的腐朽建筑加以修补而已。"[①]在他看来，康德的哲学肢解了原本是一个整体的人的心理功能，将之划分为知性、判断力和理性三种认识能力，并把它们当成是人们开展现实行动的绝对命令，这种做法是没有什么现实意义的。席勒希望能够在社会现实中探究真、善、美统一的可能性，为美的概念建立起一个现实运作的环境。这就是他撰写《美育书简》的基本动机。

有了这种想法后，他发现：在社会现实生活中，人的行为实际上是受到了两种冲动的影响：一种是感性冲动，另一种是理性冲动。当它们作用于我们的生活时，就会让我们的生活陷入两种状况之中：一种是感情支配了原则，在这种生活状况中，我们就变成了原始人；另一种是原则驱逐了感情，这时，我们就变成了野蛮人。"原始人忽视艺术，并把自然作为至高无上的情侣；野蛮人嘲弄和蔑视自然，然而他比原始人更为丢脸，他进而成了自己的奴隶的奴隶。"[②]总之，人无论是过上哪一种生活，都无法找到自己人格的完整性，无法成为一个自由的人。

通过回顾历史，席勒在古希腊人的社会生活中发现了完美的人格、健全的人性，由此，他也找到了可以拯救现代人精神困境的药方。他说："希腊人的本性把艺术的一切魅力和智慧的全部尊严结合在一起，不像我们的本性成了文化的牺牲品。……在那时，在精神力量的那种美的觉醒中，感性和精神还没有严格地区别而成相互敌对又界限分明的不同领域。诗还没有去追求诙谐，思辨还没有堕落为诡辩。它们必要时可以互换其职，因为两者都只是以其自身的方式推崇真理。尽管理性高扬，它总是亲切

---

① ［德］席勒：《美育书简》，中国文联出版公司 1984 年版，第 8 页。
② ［德］席勒：《美育书简》，中国文联出版公司 1984 年版，第 45 页。

地使物质的东西紧跟在它的后面,尽管理性划分得如此精细,但决不会残缺不全。理性虽然把人性分解开来,并把它分别在众神的身上加以扩大,但并没有因此把人性撕成碎片,而是以不同方式把它组合起来,使每一个神的身上都表现出完整的人性。"①

把感性冲动和理性冲动结合统一在一起,让人们生活在游戏冲动中,过上真正自由的日子,这就是席勒希望通过开展美育而实现的人类理想的生活状态。在这样的生活中,人的感性要求和理性要求是统一的,受动性和能动性是统一的,人与自然也是统一的,这种生活不仅是我们的审美对象,也是我们的主体状态,从这个意义上讲,美的特征和自由在现象上是同一的,美就是自由的形式。对于我们人类社会发展而言,其终极目标就是得到自由和解放,那么,追求美,开展以艺术教育为核心的美育,让游戏冲动支配我们的生活,在席勒那里,也就成了人类实现自己心中远大理想的现实途径与手段。

与古希腊人的生活状态相比,席勒认为自己所处的这个时代的社会生活状况是相当不完美的。"国家与教会,法律与习俗都分裂开来,享受与劳动脱节、手段与目的脱节、努力与报酬脱节。永远束缚在整体中的一个孤零零的断片上,人也就把自己变成一个断片了。耳朵里所听到的永远是由他推动的机器轮盘的那种单调乏味的嘈杂声,人就无法发展他生存的和谐,他不是把人性印刻到他的自然(本性)中去,而是把自己仅仅变成他的职业和科学知识的一种标志。"②席勒朦胧地意识到了资本主义生产关系所带来的劳动异化,但他最终还是没有从经济基础上去寻找人性分裂的原因,而是从精神领域去查找根源。他说:"正是教养本身给现代人性造成了这种创伤。只要一方面积累起来的经验和更明晰的思维使科学更明确的划分成为必然,另一方面国家的越来越复杂的机构使等级和职业更严格的区别成为必然,那么人的本性的内在本性也就撕裂了,致命的冲突使人性的和谐力量分裂开来。……死的字母代替了活生生的知性,熟练的技艺比天才和感觉更能起到可靠的指导作用。"③在这种情况

---

① [德]席勒:《美育书简》,中国文联出版公司 1984 年版,第 49 页。
② [德]席勒:《美育书简》,中国文联出版公司 1984 年版,第 51 页。
③ [德]席勒:《美育书简》,中国文联出版公司 1984 年版,第 51 页。

下,即便社会上出现了自由与政治结合的可能性,比如法国大革命时期的法国社会,那也不可能让人们得到理想的自由生活。因为"有利的时机却遇到了一代感觉迟钝的人"①。面对这样的遗憾,席勒认为要想把握住历史的机遇,避免在时机来临时,要么表现出野蛮的面孔,要么表现出萎靡不振的状态,就必须先从改造自己、完善自身的素质开始,而美育正是完成这一任务的有效手段。

第二节　美育与艺术的关系

人一旦由猿变成了人,就不可能再变回去;我们一旦走上了文化的道路,过上了文化生活,就永远不能脱离文化而生活。

社会分工在推动社会发展的同时,也给人的生活带来一定的负面影响,其中最大的危害就是人性的分裂。对此,席勒认为这是人类文化发展所必然付出的代价。他说:"对人性存在的这种肢解中,个体虽然得不到什么好处,然而非此方式人类就不能取得进步。……要发展人的多种素质,除了使它们相互对立之外,别无他法。"②文化教养的发展破坏了原始的人性的完整性,为了培养人的个别能力,一方面让想象力恣意纵横,去瓦解世界的秩序;另一方面又让理性达到所能抵达的极限,通过发现必然性的规律来对抗这种想象力。当一个人的内心处于这样一种矛盾对抗状态时,必定是感到痛苦的,但是,对于人类来说,个体生活中的这种痛苦体验,却证明了人类文化事业正在发展之中。痛并快乐着,这在席勒的思想观念体系中,是一种非常正常的现代人的生活。当然,对于这样的生活,我们并不一定要采取默认的态度,而是可以在面对这种现实时,想方设法地去减少人因为社会文明的发展而带给自己的精神痛苦,用更高的教养来恢复由教养破坏了的、符合自然要求的人的完整性,使人感觉更加幸福。这更高的教养,在席勒眼里,就是美育,大力开展艺术教育就是美育的具体内容。

---

① ［德］席勒:《美育书简》,中国文联出版公司 1984 年版,第 46 页。
② ［德］席勒:《美育书简》,中国文联出版公司 1984 年版,第 53 页。

艺术是自由的女儿。在整个社会受到文化发展所带来的不良影响的时候，艺术却可以保持相对的独立性。艺术家虽然是时代的儿子，但是他们却不是时代的门徒或是弄臣。艺术有其自身的规律，不论时代发展如何，它都会按照自己的原则来表现时代的主题，从而为社会树立一种理想。当人性失去它的自然完整的状态时，艺术就会以自己自由而又高贵的形象来医治、拯救它，通过感染使之恢复原形，从而让时代文化以一种健康和谐的姿态发展。比如，希腊古典风格的艺术虽然随着社会历史的发展，失去了它的原始舞台，但是，它的风格形式却在历史中作为艺术的典范流传下来，在结合了不同时代文化中的素材后继续发展下去，当这样一种重视将可能性和必然性、感性和理性结合在一起的艺术表现形式遍布在我们的生活环境中，它那种可以打动人心的力量，就会把美的因子潜移默化地输入每一个人的心田中，从而达到陶冶情操，让"外观战胜现实，艺术战胜自然"①的目的。

英国浪漫派诗人雪莱在《为诗辩护》中说："诗人，是世间未被公认的立法者。"②艺术不仅供人消遣、娱乐，而且也是提高人类生活品质的文化产品。雪莱相信一句拉丁箴言："美是真理的光辉。"他说："真的，诗是神圣的东西。它既是知识的圆心又是它的周边；它包含一切科学，一切科学也必须溯源到它。它同时是一切其他的思想体系的根和花朵。"③诗的这种品质若是能借美育之名来影响整个社会，那么经过长时间的发展，相信肯定会改善人性在现实中遭遇分裂的状况，让人的精神在一个健康和谐的状态中发挥能动的作用，这样就会加快我们奔向自由的步伐。正因为如此，席勒把美看成是人类的第二造物主，如果说作为第一造物主的自然赋予我们以人性的能力，那么第二造物主就是在人性分裂的时代中让人性复归本真成为可能。至于说这种可能是否真的能够实现，这就要看人们渴望自由的意志是否强烈。

假如我们真的坚持去发挥第二造物主的作用，在现实社会中建立起一个审美王国，让以诗为代表的艺术成为现实文化中的立法者，那么，我

---

① ［德］席勒：《美育书简》，中国文联出版公司1984年版，第65页。

② 刘若端：《十九世纪英国诗人论诗》，人民文学出版社1984年版，第169页。

③ 刘若端：《十九世纪英国诗人论诗》，人民文学出版社1984年版，第153页。

们在生活中就不再会遇到强力的威逼,也不会遇到法律的束缚,而是以形象来相互感染,通过自由去给予人们自由。当每一个人通过艺术性的审美教育成为一个完整的人以后,整个社会文化的状况也就自然地得到了改善。

第三节　美育与艺术教育的关系

席勒是西方第一个真正把人的自我实现和自我解放联系在一起的人。因此,他的思想在一定程度上超越了那个时代,成为西方现代艺术教育理论的先驱性人物。对于他的思想,黑格尔理解得最透彻,他说:"美感教育的目的就是要把欲念、感觉、冲动和情绪修养成本身就是理性的,因此理性、自由和心灵性也就解除了它们的抽象性,和它的对立面,即本身经过理性化的自然,统一起来,获得了血和肉。这就是说,美就是理性和感性的统一,而这种统一就是真正的真实。"[①]一旦在人的现实生活中让这种真实得到了实现,那么,我们也就赢得了真正的自由和解放。而作为美感教育的重要媒介和方式,艺术教育在推动这项事业成长与发展的过程中,其作用是非同小可的,也是不可替代的。

第一,艺术教育能够促进人的大脑发育,让大脑的潜能在左右脑共同协调发展中得到充分的开发。

从结构上讲,大脑有爬虫复合体、边缘系统、大脑皮层三个层面和左右两个半球。在正常情况下,我们的思维活动,就是它们相互协调、整体发挥、共同作用的结果。离开了这种"全脑"的活动,我们的社会实践活动就无法正常地开展,也自然不会取得好的实践效果。而人类的教育活动对于大脑的作用,就体现在全脑教育上。艺术教育在这个方面的作用,有其独到的、不可替代的功能。

首先,人们通过研究发现,艺术教育在刺激大脑皮层的兴奋度上的作用显著。

---

① ［德］黑格尔:《美学》第 1 卷,商务印书馆 1979 年版,第 78 页。

正如大家所知,大脑皮层占全部大脑的 85%,是人脑中最重要的部分。作为人类进化的产物,它的发育水平是和文化以积累的方式发展同步的。考古人类学的资料证实,人的大脑皮层越丰厚,他们的创造能力就越强,文化发展水平也就越高,文化生活的内容也就越丰富。所以,为了让每一个社会成员在现实生活中更加富于创造力,过上高品质的文化生活,通过教育的方式,刺激大脑皮层的兴奋度,使之更加积极主动地参与到人的社会生活中来,就成了教育发展的一大课题和任务。

科学研究资料表明,人的整个大脑皮层有 140 亿个神经元,它们依靠突触发生机能相互联系和传递信息。这个自动化程度极高的信息处理系统具有可变性。在某种条件下,它可以朝好的方面发展,人越变越聪明;也可以朝坏的方面发展,人越变越愚笨。新鲜、生动、多样、变化的优质信息源会激活大脑突触的传递功能,让人越来越聪明。而简单、僵化、呆板、重复的劣质信息源则不仅会造成大脑信息传递方式的简单化、模式化和反应迟钝化,而且还会在长期影响中形成难以改变的心理定式,让人在接受这种教育活动中越变越愚蠢。所以,采用何种信息源开展教育活动,对于大脑皮层乃至整个脑功能的发挥意义都是重大的。

经过观察和选择,人们发现,艺术形式就是一种优质的信息源。它富含人的想象力和创造力,展示了人的个性,表现出了生活的多样性与丰富性,令人感到新奇和快乐,假如人们以它为主要媒介开展艺术教育,根据具体的科学研究成果①,就能有效地达到刺激大脑皮层神经元,使之带动整个大脑功能发展,提高人的创造力和智力水平的目的。另外,对婴幼儿进行艺术教育,还有着更加特殊的意义。他们的大脑正处于发育阶段,需要信息源的刺激以促进其成长,用艺术教育的手段来实现这个目的,实践证明,效果是非常显著的。它含有知识性的内容,但又有形象化的外表,这种既能开启智力又不导致疲劳的形式,很容易为婴幼儿的大脑所接受,让他们比没有接受这种教育的人更加聪慧。"大体上可以这么说,对于婴幼儿,艺术教育有利于其大脑的健康发育;对于青少年,艺术教育有利于其大脑的健康成熟;对于中老年人,艺术教育则可以起到保健和减缓衰老

---

① 刘峰:《人与教育》,湖南教育出版社 1988 年版,第 21 页。

的作用。"①

其次，人们通过研究还发现，艺术教育有利于大脑潜能的全面开发。

人的左右脑是两个高度专门化的结构。左脑主要负责人的语言、逻辑，右脑主要负责人的空间把握和想象力。很显然，右脑所体现出的功能与艺术发展所要求的能力关系密切。这也就意味着，通过开展艺术教育，就可以在很大程度上刺激和开发右脑的功能，使之更好地与左脑的功能发挥结合在一起，从而让人脑的潜力充分、全面地得到展现。虽然艺术教育的开展主要对人的右脑起作用，但是，由于人脑是一个整体，艺术教育对右脑的影响必然也会影响到左脑，这就会让一个长期接受艺术教育的人，在感情和理智、直觉与理解、部分与整体、想象与逻辑等原本会发生对立甚至是冲突的方面实现和谐与统一，从而让大脑自然、健康、积极地发挥出自己的整体性作用，把人的潜能在现实中充分地释放出来，使我们在面对和解决各种现实问题时变得更加强大。

事实证明，单方面开展以左脑功能开发为目的的智力教育，结果不仅无法让我们看到一个智力健全的人，而且也无法让我们看到一个人格健全的人。离开了右脑功能的发挥，我们的思维水平与状态也只能是"一只较大的白鼠和一架缓慢的计算机"，②而世界在人的眼中也就只能呈现出一个钟表状的模样，我们的思维假如停留在这样一种低级的和机械化的水平与状态中，那就无法发挥其发现和认识世界，学习和掌握知识，并帮助我们开创美好未来的作用。我们所需要面对的这个世界，不仅是必然的，而且也是偶然的；不仅是理性的，而且也是感性的；不仅是逻辑的，而且也是直觉的。要想真正和这样的世界发生关系，并认识、把握住它，就必须充分地发挥整个大脑的功能，让左右脑的功能配合起来，协调一致地发挥作用，这样不仅能让人的大脑功能得到彻底的开发，大脑潜能得到充分的释放，而且人的精神品质也会在这样的条件作用下，由分裂走向完整，由机械走向自然，由游戏走向自由。为了完成这么一项伟大而又艰巨的任务，针对人类文化发展的现实情况，利用艺术教育去促进右脑功能的发展，就显得十分必要。

---

① 魏传义主编：《艺术教育学》，重庆出版社1990年版，第53页。
② ［俄］尼科里斯、普里高津：《转变年代的科学》，《大自然探索》1986年第3期。

现代科学文化的发展极大地开发了人的左脑功能,让我们感受到了理性文化的发展给予人类社会文明进步的强大推动力。与此同时,我们在精神上也因此陷入了另一种困境中。名著《物种起源》的作者达尔文在其晚年,不仅感受到了这种困境,而且还为之烦恼不已。他说:"在过去二三十年内,我的思想在一个方面发生了变化。我自小直到 30 岁,或在超过 30 岁时,曾对很多种类的诗歌产生很浓厚的兴趣,其中,例如有弥尔顿、格雷、拜伦、华兹华斯、柯尔律治和雪莱的诗篇;甚至在中学少年时代,我对莎士比亚的作品尤其是他的历史剧,已有了热烈的爱好。我还讲过,早先我对绘画有相当的爱好,而且对音乐也非常热爱。可到现在,很多年来,我竟不能有兴趣去阅读一行诗句:最近,我尝试着去阅读莎士比亚的作品,却发现它枯燥乏味,使我难以容忍,以致厌恶万分。我也几乎丧失了对绘画和音乐的兴味。……我的头脑,好像已变成了某种机器,专为把大量收集到的事实加工研磨,制成一般的法则;但我还不能理解,为什么这必然会引起我头脑中激发高尚审美兴趣的那些区域衰退呢?我认为,如果一个人具有比我更高级组织的或更良好构造的头脑,那么,他就不会遭受这种损失了;如果今后我还会活下去的话,那就一定要制定一条守则:在每个星期内,至少要阅读几首诗和倾听几段音乐;也许采取了这种用脑的方法,会因此把我现在已衰退的那些脑区恢复到通常的灵敏度。"①

美育观念的倡导者、我国著名现代教育学家蔡元培先生对这个问题也有相同的认识。他说:"常常看见专治科学,不兼涉美术的人,难免有萧索无聊的状态。无聊不过,于生存上强迫职务以外,俗的是借低劣的娱乐做消遣;高的是渐渐的成了厌世的神经病。因为专治科学,太偏于概念,太偏于分析,太偏于机械的作用了。""抱了这种机械的人生观与世界观,不仅对于自己竟无生趣,对于社会毫无爱情;就是对于所治的科学,也不过'依样画葫芦',决没有创造的精神。"②由此可见,一味接受科学的教育,忽视艺术教育的作用,突出知识的灌输,排斥美育的价值,不仅对大脑功能的发挥有着不利的影响,而且对人的心理发展和社会生活也有着负

---

① [英]达尔文:《达尔文回忆录》,上海远东出版社 2007 年版,第 103～104 页。

② 蔡元培:《蔡元培美学文选》,北京大学出版社 1983 年版,第 137 页。

面的作用。如此发展下去,不及时亡羊补牢,大力开展以艺术教育为主导的美育活动,就必然会在人与社会的发展上产生严重的恶果。

第二,开展艺术教育活动能够使人类的社会生活环境得到美化,由此促进人的社会性以及社会文化发展的全面性,为社会文化的全面、自由发展奠定良好的人文基础。

我们既是环境的依赖者,也是环境的创造者。在实践发展活动中,我们不仅建立和发展了人与自然、人与人之间的关系,而且还建立和发展了文化与文化之间的关系。在这样一种历史进程当中,我们一开始过的是顺应自然的生活,然后就是改造自然的生活,而现在,我们越来越清楚地认识到了回归自然,在保护自然环境、维护生态平衡中求发展的必要性。而艺术教育在这样一个历史进程中的作用也变得越来越大。

首先,艺术教育可以通过培养人的整体感知能力和情感体验能力发现和表现自然。

英国前首相丘吉尔在学习了绘画之后,才发现家门口的水塘是那么美丽,远处山丘的侧面有着那么丰富的色彩,而这一切都是他 40 多年来用普通人的眼光未曾关注到的。按照美学家黑格尔的观点,自在却不能自为的自然美本身是不完善的,人们会感觉到宁静的夜色很美,鲜花盛开的草地很迷人,是因为这些自然景象唤醒了人们的心情。后来,这种思想被人发挥成移情说,认为自然之所以美,是人们将自己的审美感情投射到自然对象上的结果。由于人的"五官感觉的形成是以往整个世界史的产物"[1],我们对自然美的感受与表现也一定是体现为一种历史的进程,而并非在人类诞生之初就已经发生和做到。在这个方面,中国的山水画艺术与西方的风景画艺术的发展都是非常有力的证据。我国的山水画艺术到了魏晋南北朝时期(220—589 年)才发育成熟,而西方的风景画直到 17 世纪才在荷兰出现。鉴于这样的认识,我们要想和自然建立和发展关系,首要任务就要从培养人的形式感受力和情感体验力入手,而这正是艺术教育的拿手好戏。

通过山水画的创作、传播和教育,我们把自然-山水的概念引入现实

---

[1] 《马克思恩格斯论艺术》第 1 卷,中国社会科学出版社 1982 年版,第 155 页。

生活当中,创造了独具中国文化特色的古典园林艺术。西方风景画艺术的发展也在现实中产生了很大的效应,它在 18 世纪被纳入洛可可艺术文化潮流当中,在英国的公园设计中,它是一个非常重要的参照物。这些由艺术教育所策动的现实文化发展内容的演变,标志着人与自然的关系发展进入了一个新的阶段。它让我们从人与自然对立的紧张情境中走了出来,开始走向和谐,走向统一。

其次,艺术教育可以积极地发挥艺术的情感交流功能,在现实文化发展中起到沟通人心、增强群体意识和认同感、提高人的社会性的作用。

在我国,早在春秋时期,思想家孔子就指出:诗除了能兴、能观、能怨,还有让大家聚合在一起,即群的作用。对此,瑞士心理学家荣格也在他的著作《心理学与文学》中说:"只有在艺术中,人们才理解到一种能允许所有的人都去交流他们情感的韵律,从而使人结合成一个整体。"孔子和荣格的论述在德国艺术史学家格罗塞的研究中得到了进一步的证实,在《艺术的起源》一书中,格罗塞说:"原始舞蹈的社会意义全在乎统一社会的感应力",它"领导和训练一群人,使他们在一种动机、一种感情之下为一种目的而活动"。舞蹈的这种社会功能,让原始人类把舞蹈视为生活中的重头戏,无论是在劳动、祭司中,还是在生活中,他们都喜欢让舞蹈融入其中,"在跳舞的白热中,许多参加者都混合而成一个,好像是被一种感情所激动而动作的单一体。在跳舞期间他们是在完全统一的社会态度之下"。① 舞蹈既是原始人类的生活,也是他们接受教育的方式。通过这种潜移默化的教育,人们在心底就会种下群体意识的种子,并且也会不断地增强相互间的认同感。当然,艺术教育并不是建立群体意识和培养认同感的主要手段,但是,在它的作用下,人们能够建立起更加自然和谐的社会关系,也的确是一个不争的事实。

艺术是心之桥,艺术的表达是国际性的语言。每当人们唱起歌、跳起舞的时候,都会在很大程度上消除彼此间的隔阂与交流中的障碍,让大家在艺术氛围的感染与带动下,成为一个在感情上十分融洽的整体。由于艺术具有这种超越文化壁垒、突破语言障碍、沟通人心的强大作用,人们

---

① [德]格罗塞:《艺术的起源》,商务印书馆 1984 年版,第 170 页。

甚至想到用它来充当和外星人交流的工具。来自中国的古琴曲《高山流水》和西方古典交响乐大师贝多芬的作品《田园交响曲》，就曾在美国发射到太空的一个飞行器上执行重大任务，人们希望在遥远的太空当中，能够有外星人听到并欣赏它们，然后和我们取得联系，成为朋友。

可见，对于艺术的情感交流功能，我们不仅非常认同，而且还积极地在艺术教育和科学实践领域加以应用，希望它能够在人类社会和科学探索中发挥更大的作用。

最后，艺术教育还可以把古往今来各种艺术表现形式系统地加以整理、研究和传播，让各民族的艺术文化在艺术教育活动中得到认识、理解和欣赏，从而增强各民族之间的互信，强化人类的整体意识，在一定程度上推动人类社会文化的整体发展。

人类的生活内容是丰富多彩的，人类的生活方式也是多种多样的。除了人与人之间要开展情感交流活动外，古今中外的各种文化形式以及各个民族间的文化发展也要通过碰撞和对话来消除误解与隔阂，增进同情和理解，树立全人类的思想意识，让人类社会文化发展水平得到全面且整体的提高。在这个问题上，开展艺术教育活动所产生的推动力是不容忽视的。

正如英国人类学家马林诺夫斯基所说的："没有别的部分会像艺术这样使我们觉得我们的文化所带着的贵族气了，而同时它却又使我们觉得，在这里，我们自己和最低级的野蛮人真是相近。巴黎的、下栖的或绿怀村的超立体主义的当代画家，一方面嘲笑其隔壁画室的邻居，而另一方面却随便学描西非洲人的面具，或新几内亚的偶像。我们经过了好几个月的功夫，还不能了解原始社区的语言，不能适应社区的礼仪，但我们一开始便能够对于他们的雕刻和绘画发生美感，对于他们的舞蹈发生兴趣，且为他们的音乐所感动。艺术似乎是文化通衢中最闭塞，而同时又是最具有国际性和种族共通性的一种。"[①]艺术的这种"超文化"品格，打破了文化圈的局限性，让不同区域、不同民族、不同文化背景和文化层次的人都可在维持各自文化传统与特征的基础上产生不同程度的认同感，建立起相

---

① 　[英]马林诺夫斯基：《文化论》，华夏出版社 2002 年版，第 92 页。

互欣赏、理解、沟通和对话的关系平台。让人类的文化发展环境在保持开放性和多样性的基础上,逐渐形成相互取长补短、全面发展的态势。

如今,随着广播、电视、图片、杂志等传播媒介的壮大与发展,大力开展艺术教育,培养各式各样的艺术人才,让他们融入新的文化发展环境当中,利用各种新媒体,积极地发挥艺术在协调人际关系、建设和谐社会、增进民族和解、提高人类意识、改善人类生活环境品质方面的重要价值,成为时代文化大发展中的一大亮点,体现出当代社会文化发展对艺术教育事业的重视。

在日本,教育界已经将艺术科学同自然科学、社会科学并列,称为三大科学。在美国,到20世纪80年代末,开设电影、电视专业的大学已有近千所,其在读学生已经达数万人。至于开设艺术院、系的综合性大学,更是逾千所之多。这与20世纪60年代美国大学开展艺术教育的情况形成了不小的反差。[①] 另外,大量新的艺术教育科目,如艺术心理学、艺术社会学、艺术文化学、艺术管理学、艺术教育学、艺术符号学、艺术理疗学等,也在现实文化发展的浪潮中应运而生,它们与传统的艺术教育科目——艺术史、艺术哲学一道,更加富于科学性和针对性地开展艺术教育活动,在让受教育者得到更加全面而又细致的艺术教育的同时,也使他们更加自觉、有效地利用艺术化的语言和专业化的手段来开展人与人、文化与文化之间的交流、互动活动,让人与人之间的关系变得更加和谐美好,让全人类的文化发展变得更加协调一致,让我们的现实发展环境变得更加健康自然。

第三,艺术教育能够健全、发展和完善人格[②],提高人的素质,使人们拥有远大的社会理想,从而推动社会文明不断地发展。

艺术教育的终极目的就是为社会培养出全面和自由发展的人。根据

---

① 彭吉象:《电影:荧幕世界的魅力》,北京大学出版社1991年版,第5页。

② 这里讲的不是道德人格意义,而是独立人格意义,即西方人讲的"personality"。《艺术教育学》中有一个定义比较全面:"每个个体内部素质和外部表征的统一体,即由生理遗传和后天经验所共同决定并在其社会化过程中形成的,具有动力的一致性、持久性、连续性、稳定性和行为的倾向性的身心组织。毫无疑问,它主要是教育的产物,也是全面教育的产物。"参见魏传义:《艺术教育学》,重庆出版社1990年版,第66~67页。

马克思的解释,这样的人有一个基本的特征,那就是能够"以一种全面的方式,也就是说,作为一个完整的人,占有自己的全面的本质"①。他们"懂得按照任何一个种的尺度来进行生产,并且懂得怎样处处都把内在的尺度运用到对象上去"②。

在现实中能够真正成为这样一个自由的人,能够拥有这么全面的能力来改造世界,应该说,这还是一个梦想。但是,这个梦想也并非真的无法在现实文化中实现。我们可以借艺术文化发展的环境,让它在想象的世界中得到最大限度的实现。在这个世界中,人的感性和理性、想象和思维、生理和心理、必然和自由、内容和形式都是高度统一的,它在给人以美感体验的同时,也让人品尝到了自由的滋味,从而让我们相信未来不是梦。

当然,这种靠想象来实现的东西,生命必定是十分短暂的。可是,对于人的生活来讲,这种虚拟的实现和美好的体验,毕竟让人看到了希望,培养了人们走向未来、争取自由的决心与信心。正因为如此,艺术教育才被纳入了社会理想教育和人格教育的系统中,让它在更高层次的文化发展领域(人类精神和价值追求)中发挥积极的作用。

"生产不仅作为主体生产对象,而且也为对象生产主体。"③艺术生产也不例外。艺术家创作出了富含精神内涵的艺术作品,里面不仅体现出美的价值,而且还具有真和善的价值,它们在为社会所消费的过程中,也必然会影响艺术消费者们的精神或心灵,久而久之,整个社会就会在这种体现人的本质力量的对象化产品的熏陶、感染下,产生"同人的本质和自然界的本质的全部丰富性相适应的人的感觉"④。人的文化品质也在这样的环境中得到了提高。一个人的内心在艺术文化的熏陶和教育下,不仅会产生人的感觉,会欣赏音乐和美术,能够通过美感来确证自己,而且会发现自己的人性,继而求真、求善,进一步去确证自己,在真、善、美的引领下,丰富自己的内心,完善自己的人格,从而在实践活动中迸发出激情、

---

① 《马克思恩格斯全集》第 42 卷,人民出版社 1979 年版,第 123 页。
② 《马克思恩格斯论艺术》第 1 卷,中国社会科学出版社 1982 年版,第 172 页。
③ 《马克思恩格斯论艺术》第 1 卷,中国社会科学出版社 1982 年版,第 159 页。
④ 《马克思恩格斯论艺术》第 1 卷,中国社会科学出版社 1982 年版,第 156 页。

毅力、勇气和才能。应该说，这就是艺术教育之于社会实践活动的最为具体的贡献。

艺术模仿生活，生活模仿艺术。现代人的生活已经和艺术紧密地结合在了一起，生活环境和生活内容都已经高度艺术化。假如我们没有接受过艺术教育，就无法适应现代社会文化发展环境，同时也无法作为一个有教养的人和同时代的人开展正常的思想和情感交流活动。对于生活在当代社会的科学家来讲，通过艺术教育拥有完整、健全的审美心理结构，富于想象力，懂得鉴赏艺术，对于有效地开展科学研究工作也是非常有意义的。离开了想象力，科学的发展就难以找到根本的动力。离开了创造性的思维，科学研究也就难以突破旧的框框，另辟蹊径，有所发现。1998年哈佛大学校长尼尔·陆登庭在北京大学演讲时，曾说到21世纪全世界高等教育所面临的主要挑战和重要任务，他首先提到了人文艺术学习的重要性。他说，哈佛大学重视人文艺术教育的原因是它既有助于科学家欣赏艺术，又有助于艺术家认识科学，还能帮助人们发现不同学科之间的联系。由此可见，一个想要适应现代社会，并且在这个舞台上取得成就的人，不接受艺术教育，不仅会缺乏做人的素质，而且也无法拥有人才的竞争力。

正如苏联当代美学家尤·鲍列夫所说的："艺术的影响可以触及人的精神的任何一个角落，艺术造成了完整的个性。"①传统的美育思想着重于艺术教育之于人格的整体、全面化教育，重视它在教育活动中对人的潜移默化的长远影响，让接受艺术教育者能够拥有美好、完善且健全的心灵，在现实生活中成为美丽、善良且真诚的人。而今天，我们提倡艺术教育，除了继承传统的美育思想外，我们还需要发挥艺术教育在创作、传播以及推动社会现实文化发展上的积极作用，使之不仅成为培养和提高人格素质的重要手段，而且成为推动艺术文化发展的关键力量、改变人们思想观念的主要工具及促进社会文化不断变革的主力军。

艺术教育作为美育的重要手段和形式，在最根本的层面上是和教育联系在一起的。和人类的教育活动一样，它是社会性的，满足的是人和人

---

① ［苏］尤·鲍列夫：《美学》，上海译文出版社1988年版，第165页。

类社会的需求。然而,艺术教育又不是普通意义上讲的教育,它又有其特殊性,必须在研究和认识上加以区分,不然就不能在现实中发挥独特的作用。当然,艺术教育的功能也与艺术的功能有所区别,不能眉毛胡子一把抓,把二者等而化之。艺术的功能,重点在于通过想象去创造一个源于现实又高于现实的美的理想世界,而艺术教育的功能,就其直接性而言,则是为了培养人的爱美之心,提高人的艺术修养和创造才能,并借此来完善人格,推动社会历史文明的发展。二者之间有交叉,但作用点又有所不同。艺术的功能更加广泛,艺术教育的功能则相对具体。它除了教育、培养人的审美心理结构,让一部分人成为专业艺术家外,还在影响人的心灵的基础上,非常具有针对性地发挥如下功能:促进大脑的发育,开发大脑的潜能;美化环境,促进人与人之间的交流,改善人际关系,推动人类社会文化的全面性发展;完善人格,提高人的素质,树立社会理想,改善人与自然的关系,让人类文明的发展有了最为根本的保障。

席勒的美育思想如今已经深入人心,他的哲学理念虽然没有在政治上产生影响,却推动了艺术教育事业的发展,让更多的人懂艺术、爱艺术,从而提高了人的素质,增加了人的生活情趣,丰富了社会生活的内容,促进了社会文明的发展。

第八讲

艺术文化系统论

在人类文化发展的大环境中,艺术文化的发展固然有其自身的理想和目标,有其自身的发展规律,但是,就实际表现而言,它又不是孤立的、纯粹的。实际上,艺术文化的发展与其他文化形式相互作用、兼收并蓄的产物。假如它与科学、宗教、道德、哲学等主要人类文化表现形式不发生任何关系,那么,所谓艺术文化就只能是一个形而上的概念,其表现也必定是非常抽象而缺乏现实意义的。很显然,这样一种严重缺乏现实根基的文化要想得到持久的发展,并取得理想的结果,也是不大可能的。

为了帮助人们充分认识到这一点,扫除大家平时在思想观念上的一些误解和偏见,本章着重探讨艺术和科学、艺术和宗教、艺术和道德以及艺术和哲学的关系,让大家在提高认识、掌握相关知识的基础上,进一步思考人类艺术文化的发展品质和人类文化发展的整体性问题,从而让我们的社会生活在一个更好的文化发展环境中,在潜力上得到发掘,在品质上得到提高。假如说艺术功能论说的是艺术作用于现实社会的渠道,那么,现在讲艺术文化系统论,就是想告诉大家,艺术文化的发展离不开社会文化环境的支持,它必须和科学、道德、哲学、宗教等文化内容发生关系，才能让自己的形象更加丰满、功能更加强大。

第一节 关于文化这个概念的说明

大家平时讲话，都非常乐于说文化这个概念，可是，文化是什么呢？现在既然是要讲艺术文化系统，那就必须先把这个问题弄清楚。

A.劳伦斯·罗威尔说："我被托付一项困难的工作，就是谈文化。但是，在这个世界上，没有别的东西比文化更难捉摸。我们不能分析它，因为它的成分无穷无尽；我们不能叙述它，因为它没有固定形状。我们想用字来范围它的意义，这正像把空气抓在手里似的：当我们去寻找文化时，它除了不在我们的手里以外，它无所不在。"[①]的确，文化确实不是一个可以轻易说清楚的概念，尽管我们平时张口闭口都会用到它。美国代表性的人类学家克鲁伯和克罗孔在他们的著作《文化，关于概念和定义的检讨》中，罗列了从 1871 年到 1951 年间人们总结概括出来的关于文化的定义，共有 164 种。应该说，在这 80 年间，实际出现的定义还远不止这些。虽然人们关于文化这个概念不可能达成一致性，但是，我们还是可以从最宽泛的意义上达成一种共识：所谓文化，就是人的活法，代表了人的生活方式。离开了人谈文化，就是无稽之谈。关于这一点，无论是西方人，还是中国人，乃至于世界上其他文化圈的人们，应该都不会产生太大的异议。

英文中，文化——culture 源自拉丁文的动词 colere，意思是耕作土地，所以，园艺学在英语中就是 horticulture，后来这个词被引申为培养一个人的兴趣、精神和智能。中文里，文化这个词在出发点上与英文有所不同，它主要是指一个人的道德修养。在《易·系辞下》中言："物相杂，故曰文。"《礼记·乐记》称："五色成文而不乱。"《说文解字》也说："文，错画也，象交叉。"可见，在我国的语言文字系统中，文的本意就是各色交错的纹

---

① A. L. Kroeber and Clyde Kluckhohn, *Culture, a Critical Review of Concepts and Definitions*, Cambridge, 1952, n. 5, p. 4.

理。在此基础上，"文"又有若干引申义，归纳一下，主要有如下三种：其一，如《尚书·序》所言："古者伏牺氏之王天下也，始画八卦，造书契，以代结绳之政，由是文籍生焉。"在这里，"文"是包括语言文字在内的各种象征符号，进而又具体化为文物典籍、礼乐制度。如在《论语·子罕》中，孔子说的"文王既没，文不在兹乎"，就是一个实例。其二，如《尚书·舜典》中所解释的："经纬天地曰文。"这里，"文"是装饰、人为之意，与"质"或"实"相对。在《论语·雍也》中，孔子所使用的文，就是这个意思。他说："质胜文则野，文胜质则史，文质彬彬，然后君子。"其三，在前两层意义之上，更导出美、善、德行之义，这就是《礼记·乐记》所说的"礼减而进，以进为文"，《尚书·大禹谟》所谓的"文命敷于四海，祗承于帝"。对于这些话里讲的"文"，郑玄的注释是："文犹美也，善也。"

"化"在中文里的本义为改易、生成、造化，后来引申为教行迁善之义。"文"与"化"并联使用，见于战国时期儒生编撰的文献《易·贲卦·象传》："观乎天文，以察时变；观乎人文，以化成天下。"在这段话里，天文主要指的是自然时序，而人文主要指的是人伦纲常。"人文"与"化成天下"紧密联系在一起，说明这时在人们的心里，以文教化的思想已经十分明确。"文"与"化"合成一个整词，是在西汉时期。在这一时期的文献资料中，我们看到，"文化"要么与天造地设的自然对应，要么与无教养的"质朴"、"野蛮"对举，它已经完全变成了"以文教化"的同义词，表示对人的性情的陶冶以及品德的教养。

中西方文化发展的出发点不同，关注点也不尽相同，但在文化的基本功能，即让人脱离自然的属性，成为一个有理性、有教养、具有社会性的人上却是一致的。

英国人类学家爱德华·泰勒在1871年从人类学的角度给文化下的定义，至今仍然广为流传。他将文化定义为"包括知识、信仰、艺术、法律、道德、风俗以及作为一个社会成员所获得的能力与习惯的复杂整体"。在他看来，文化是一个复杂的丛结体。谈文化，就必须谈各个文化因素间的联系。不站在文化生态的立场上看待文化及文化发展问题，不认识到一定时代的各文化要素间相互关联所呈现的形态，以及由此形成的一种具有特征性的文化结构，就不是以人类学的眼光来看待和解读现实中的各种文化现象。

　　以人类学的眼光来看待文化,是我们今天认识文化问题的主要方式。在这种眼光的指导下,不仅在同一文化系统内部,各个文化因素之间的关系是密切相关、积极互动的,而且在不同的文化系统中,它们的地位也是平等的,它们在各自的文化发展上也是相辅相成的。按照这样一种思想观点,艺术文化的发展,不仅不能脱离经济基础的影响,更是无法脱离上层建筑中各个文化因素间的相互作用。而这一切,在人们没有清楚地加以认识之前,是难以产生积极效果的。人类文化发展处于低级阶段时,其特征不是包容和兼收并蓄,而是排斥和封闭。这种现象在艺术文化发展过程中也同样得到了体现。对于其他文化形态,艺术家通常都不愿意多加关心,更不想花时间去学习、理解。同样,从事非艺术行业的其他文化领域中的人士,通常也不大会愿意去关心和理解艺术,这样就难免会造成彼此间的隔阂,甚至是对抗。这无论是对艺术文化的发展还是对其他文化的发展来讲,都无疑制造了障碍,从而在整体上影响了人类文明发展水平的提高。所以,通过加强各个文化表现形式间的相互认识、理解和欣赏,打破人为制造的各种文化壁垒,促进各种文化形式间的交流和对话,让它们在这种活动中相互作用、相互融合,共同发展和提高,这样才能让文化事业真正地走向繁荣,同时也对人的现实生活产生积极的能动作用。下面,我们将重点谈谈艺术与科学、艺术与道德、艺术与宗教以及艺术与哲学的关系。

第二节　艺术与科学

　　华裔诺贝尔物理学奖获得者李政道博士曾经说过:"科学与艺术是一枚硬币的两面。"这句话不仅非常形象地说明了科学与艺术既有区别又密不可分的关系,而且也告诉我们,一个缺乏科学素养的艺术家和一个缺乏艺术素养的科学家,他们的人格都是不完整的,都不可能在各自的文化领域取得特别杰出的成就。

一、艺术文化和科学文化间的差异性

　　在一般人看来,科学和艺术是两种差异极其显著的文化。

从目的上讲,科学求事实,艺术求美感;从思维方式上讲,科学家从事科学研究运用的是抽象思维能力,而艺术家搞艺术创作运用的是形象思维能力;从实践手段上讲,科学凭借实验来验证成果,而艺术则凭想象来表现内容;科学的语言是由抽象符号构成的,艺术的表现语言是由情感符号构成的。科学的语言揭示的是自然或社会的客观规律,而艺术的语言则表达的是人的内在思想感情。前者显得冷静客观,而后者则显得浪漫主观。

为了发现事物的存在和发展规律,科学家常年专注于单一的对象和唯一的目标,以极其冷静客观的态度来开展研究。比如,为牛顿后来的发现开辟道路的天文学家开普勒,就花了十多年时间,发现了他的第三定律。在捷克作家布诺德眼中,开普勒身上"似乎缺乏某种感情,有如极地严寒中的气息"。艺术家虽然也会长时间地在画室里创作,有时也会感到十分孤独,但是他们的心却是热的。为了求得美的表现,艺术家必须坚持不断地体验生活,而不是像科学家那样靠思维演算和实验证明来度过一生。生活是艺术创作的源泉,失去与生活的联系,艺术创作就必然会陷入虚假和僵化的境地。

荷兰画家凡·高的艺术后来会赢得世人的广泛赞誉,最为根本的一点,就是他对生活的热爱和对这份爱的非常真诚的表达。在 1880 年 10 月写于布鲁塞尔的一封信中,凡·高这样写道:"一般来说,谁要是去发现美丽的地点与人物,琢磨别人不愿一顾的地方、角落与洞窟,谁就会被加上许多他自己从来没有想到过的、莫须有的罪名。一个农民看到我画一根老树干,看我在那里坐上一个小时,他以为我疯了,当然要嗤笑我。对穿着破烂肮脏服装的工人转过鼻子的年轻太太,当然不能懂得,为什么有人要访问波里纳日,并且下到煤矿的矿坑里去;她一定也会得出这样的结论,认为我是一个疯子。"[①]假如没有一颗超出常人的热爱生活之心,凡·高就不会去关注他人不感兴趣的老树干和富人们嗤之以鼻的煤矿工人。19 世纪法国雕塑家罗丹说得好:"所谓大师,就是这样的人:他们用自己

---

① [荷]文森特·凡高:《亲爱的提奥:凡高自传》,南海出版公司 2001 年版,第 51~52 页。

的眼睛去看别人见过的东西,在别人司空见惯的东西上能够发现出美来。"①可是,若失去渴望生活的激情,失去对现实社会的爱,艺术家即便是拥有一双能够发现美的眼睛,他的这种能够在现实中的普通事物身上发现美的能力也是不能持久的。

虽然用艺术的语言也可以表达人对世界或某件事物的认识,比如,有些人会形容女人是花,说年轻人是早晨八九点钟的太阳。这样的解释当然形象生动,便于理解,但是,局限性也很大。设想一下,假如一个生活在北极圈里的爱斯基摩人,听到那个形容年轻人的比喻,他们一定不是那么容易理会其中的含义。特别是当他们在极夜的天气条件下听到这样的表述,就更是难以理会。所以,要想认识事物的本质,并且表达出一个普遍性的意义,就必须用科学的思维和语言。比如说,要想真正让"青年"这个概念不遭人误会,最好的办法就是利用生理学上的标准说话。

李政道博士在请画家们用画来表现"相对论"时,国画大师李可染就以他的想象力画出了二牛角力的场景。这种主观的表达固然有趣,代表了艺术家对自然规律的"认识",可是如果谈到实际的应用,则肯定无法与爱因斯坦总结出来的科学公式相提并论。艺术家通常是以右脑思维为中心,注重直观性和整体性的表达;科学家则通常是以左脑思维为中心,在表达上突出指事性和透意性。科学家看到飞流直下的瀑布后,用他们所习惯的思维方式,就会得出一个由抽象符号结构而成的公式,比如牛顿就从苹果落地的现象中,发掘出其中的自然规律,并用 $F = Gm_1m_2/r^2$ 来表示。而诗人李白则是从同类现象中吟出了"飞流直下三千尺,疑是银河落九天"的诗句。科学家与艺术家在思维和表达上的差异,由此可见一斑。

总之,仅凭直观印象看艺术和科学,大体都会认为它们是风马牛不相及的。但是,李政道博士为什么又偏偏说它们是相辅相成的一个整体呢?这就需要我们来继续探讨一下它们的共通性。

二、艺术文化和科学文化间的共通性

首先,真正的艺术家和科学家其实是同一种类型的人。他们的性格表现十分天真,而且做起事情来都不会把功利目的放到第一位。

---

① ［法］罗丹:《罗丹艺术论》,人民美术出版社 1978 年版,第 5 页。

　　艺术家的天真表现主要体现在丰富的想象力和极其大胆的发挥上。他们会把花想象成哭的样子,"感时花溅泪",也会把自然的风云变幻想象成玩伴间的相互嬉戏,"云破月来花弄影";会觉得青山妩媚多姿,也会感觉自己能够乘风飞去。而科学家的天真表现则主要体现在他们的好奇心和求知欲上。他们会对很多大家司空见惯、熟视无睹的现象感兴趣,也会对很多大家认定的事实投以怀疑的目光;他们会为了求事实而打破砂锅问到底,也会为坚持真理而不惜奉献出自己的生命。华裔诺贝尔物理学奖获得者丁肇中博士在一次电视采访中讲道:"如果一个科学家为了获得诺贝尔奖而做研究,那是非常危险的。"同样,一个只是为了名利地位而创作的艺术家,也肯定不会在艺术上取得多高的成就。

　　其次,艺术家和科学家都是做事态度非常认真的人,在工作上,他们都可以说是完美主义者。

　　艺术家认真,认的是主观上的真实,是真情实感;而科学家认真,认的是客观上的真实,是事物的本质和发展规律。离开了真情实感,艺术表现形式就成了一具令人厌恶的僵尸;而不讲实事求是,科学就变成了一种公然的行骗。后印象派画家凡·高懂得这个道理,他坚持画能让自己感动的景物,而不介意风吹日晒,也不介意在他人眼中成为一个疯子。布鲁诺也是,他宁肯被烧死,也不愿背叛自己的良知,屈服于伪善家们的威逼利诱。牛顿说:"我不杜撰假说。"华裔诺贝尔奖获得者、著名物理学家杨振宁博士认为国画家范曾在创作上的表现与科学家的工作要求一致,面对电视台记者的采访,他说:"你看范曾先生画人物时用的线条,多么的准确、合理,这和科学家在总结公式时的要求是一样的。"艺术家为了表达好自己心中理想的形象,总是希望在创作中做到不滥用笔墨,不偷工减料。而科学家在总结公式时,也同样以简要概括为务,简单是真的标志[①],可以说,这句拉丁箴言指导了科学家们的工作,为了准确地表达自己对真理的正确认识,他们必须力求表达形式上的精确。正是从这一点上,科学家会欣赏优秀的艺术创作,而伟大的艺术家也会从严谨细致的科学工作那里,看到科学家们在工作态度上与自己的一致性,于是对他们的工作也充

---

　　① 　这是一句拉丁箴言:Simplex sigillum veri。

满了敬意。

最后,艺术家和科学家一样,都很看重形式的美感,只是他们对形式美感的认识和理解不大相同而已。

科学家海森默在《精确科学中美的意义》一文中给美下了定义,他说:"美是各部分之间和部分与整体之间固有的和谐。"科学家 S. 钱德拉塞卡认同这个观点,他说:"我认为这个定义揭示了通常我们所说的'美'的本质。它同样适用于《李尔王》、《庄严的弥撒曲》和《原理》。"①古希腊哲学家毕达哥拉斯在人类历史上第一次将真和美联系在一起,以他的思想为核心的毕达哥拉斯学派有一个影响深远的美学主张,就是:"美是和谐与比例。"②在这个定义中,他们突出了作为万物本原的数和美的形式之间的关系。很明显,上述两位科学家对美的认识受到了毕达哥拉斯学派思想的影响,他们用自己从事科学研究的经验进一步证明了真与美、科学与艺术之间的联系。

现在,越来越多的事实表明,科学家在从事严谨的科学研究活动时,审美活动也在发挥着积极的作用。在自然根本的层面上,真和美是统一的。

科学家魏尔说:"我的工作总是尽力把真和美统一起来,但当我必须在两者中挑选一个时,我通常选择美。"③"美是真理的光辉",这句拉丁箴言也得到了科学家实际经验的证实。物理学家海森堡在一篇自述中讲到这样一个经历:1925 年 5 月底的一天晚上,他在证明能量守恒原理时,实现了历史性的突破。他说:"我感到,透过原子现象的外表,我看到了异常美丽的内部结构。当想到大自然如此慷慨地将珍贵的数学结构展现在我眼前时,我几乎陶醉了。"④爱因斯坦的广义相对论被物理学界誉为展现

① ［美］钱德拉塞卡:《莎士比亚、牛顿和贝多芬——不同的创造模式》,湖南科学技术出版社 1995 年版,第 60 页。

② 北京大学哲学系美学教研室编:《西方美学家论美和美感》,商务印书馆 1980 年版,第 13 页。

③ 转引自［美］钱德拉塞卡:《莎士比亚、牛顿和贝多芬——不同的创造模式》,湖南科学技术出版社 1995 年版,第 75 页。

④ 转引自［美］钱德拉塞卡:《莎士比亚、牛顿和贝多芬——不同的创造模式》,湖南科学技术出版社 1995 年版,第 74 页。

推理思维威力的最佳典范,也被很多物理学家认为是物理理论中最美的理论。爱因斯坦本人在一篇关于"场"的论文的结尾处也这样写道:"任何充分理解这个理论的人,都无法逃避它的魔力。"①为牛顿和贝多芬写过传记的作家苏利文认为:"一个科学理论成就的大小,事实上就在于它的美学价值。因为,给原本混乱的东西带来多少和谐,是衡量一个科学理论的手段之一。"②英国形式主义艺术理论家罗杰·弗莱也大体赞同这个观点,他说:"没有快乐就没有艺术……同样,在思索中对必然性的认识也伴随有快乐的情绪,而且,这种快乐欲望的追求,也的确是推动科学理论前进的动力。"③

1817 年,47 岁的贝多芬在经过一段较长时间的沉寂之后,对自己的好朋友波特说出一句非常真诚的话:"现在,我终于知道该如何创作了。"艺术家经过反思和领悟发现了艺术创作的规律,不仅让他们的艺术创作有了进一步发展的坚实基础,而且也因此发现了艺术和科学原来并不矛盾。

三、总结

艺术和科学,看上去似乎是两件形同水火的事情,可是,认真、仔细地看看,就会发现它们原来还有着这么密切的联系。

诗人济慈用诗的语言描述了这种联系。"美就是真,真就是美——这就是你所知道的,和你应该知道的。"④认识到真和美的这层关系,艺术家一方面会重视观念的价值,努力在追求真诚表现的同时,也在创作中进一步探索真实的意义,让美的表现不至于陷入肤浅;另一方面,他们也会主动借助科学技术的新发明,开拓艺术创造的新领域,比如说当代艺术家对

---

① 转引自[美]钱德拉塞卡:《莎士比亚、牛顿和贝多芬——不同的创造模式》,湖南科学技术出版社 1995 年版,第 73~74 页。

② 转引自[美]钱德拉塞卡:《莎士比亚、牛顿和贝多芬——不同的创造模式》,湖南科学技术出版社 1995 年版,第 69 页。

③ 转引自[美]钱德拉塞卡:《莎士比亚、牛顿和贝多芬——不同的创造模式》,湖南科学技术出版社 1995 年版,第 70 页。

④ 转引自[美]钱德拉塞卡:《莎士比亚、牛顿和贝多芬——不同的创造模式》,湖南科学技术出版社 1995 年版,第 75 页。

声光电技术的利用,以及对数字媒体技术的利用。而科学家们在接受这种观念的教育后,就会解放自己的思维,让想象力成为推动科学事业发展的内在根源。"科学已经扩大了人们统辖外在世界王国的范围,但是由于缺少诗的才能,这些科学的研究反而按比例地限制了内在世界的领域;而且人们既然已经使用自然力做奴隶,但是人自身反而依然是个奴隶。"①诗人雪莱在《为诗辩护》一文中,看到科学在发展过程中的问题,而解决这种作茧自缚现象的方法,就是让科学家们认识到:"诗是神圣的东西。它既是知识的又是它的周边;它包含一切科学,一切科学也必须溯源到它。"②

艺术文化与科学文化具有互补性。科学文化为艺术文化的发展提供了理论知识上的指导,让艺术批评有了立身之本。艺术文化为科学文化的发展提供了研究课题,拓展了发现和探索的空间。离开了科学性观念的引导,艺术文化就没有自己的发展方向。没有艺术表达的介入,科学理论成果就难以得到更加广泛的传播。另外,美与真的内在联系,也让这两种文化必定在历史发展中唇齿相依、患难与共。一旦相互脱离,就一定会影响到各自发展的品质。

第三节　艺术与道德

如果说,讲道德会让人拥有做人的品格,活出人的样子,那么,爱艺术就会让人拥有生活的品质,活得更像一个人。

一个在现实中爱讲道德的人,他会遵守法律,恪守良心,止于至善。而一个在生活中热衷于艺术的人,通常的表现就是:有组织无纪律,大错不犯小错不断,他们追求的是个性,表现的是自我,热爱的是创造。这样看来,艺术和道德不仅是两个不同的文化概念,而且,玩艺术的艺术家和讲规矩的道德家,他们在生活中好像也难以相互欣赏,和睦相处。

事实上,在艺术文化和道德文化之间也有很多交集,如果发现和认识

---

① 刘若端:《十九世纪英国诗人论诗》,人民文学出版社1984年版,第152页。
② 刘若端:《十九世纪英国诗人论诗》,人民文学出版社1984年版,第153页。

到这些内容,艺术家和道德家之间的隔阂就会消除不少,而且随着相互理解程度的提高,二者还会在各自的现实发展活动中相互利用、共同促进,收到好的实践效果。

在前面的章节中,我们已经对艺术这个概念作了很多论述,现在,既然是要讲艺术和道德的关系,我们就有必要说明一下道德这个概念,以便于接下来我们在使用它的时候,避免不必要的误解。

一、关于道德概念

我们中国人所讲的道德这个概念,非常具有中国传统文化的特色。

道和德,其实是两个概念。道,是自然或宇宙之本体,代表着自然或宇宙的精神。而德者,得也,是人对道的感悟和应用。若是把道德合在一起讲,就是天人合一概念的缩写版,它是中国人的世界观,主宰了中国传统文化发展的基本走向,决定了中国传统文化发展的基本特征。而我们在这里所讲的道德,并不是这样一个意义上的概念,而是一个伦理学意义上的概念,指的是在社会成员中促进理性的自我指导或决定的一种社会规范体系。

作为社会整体的契约,道德的主要价值体现在针对人的行为规范上。凡是属于道德范畴中的事物现象,必须符合两个基本条件:第一,它必须是涉及他人,关涉到社会的。第二,它必须是一种外在的、实际可见的,关涉到他人和社会,会对他人和社会产生实际影响的行为方式。就目前伦理学的发展而言,人们的道德观念正在发生转变,从过去关注人,重视德行、人格、价值和理想,转变为关注行为,讲究行为、准则、规范和义务。总之,我们今天所讲的道德,越来越与法律和法规联系在一起。就普通人的道德意识而言,若要问他们道德是什么,估计十有八九都会把讲道德和守规矩画上等号。我们下面所涉及的道德概念,就是建立在这样一个基本的概念认识基础上的。

二、艺术文化和道德文化间的差异性

首先,艺术文化与道德文化的终极追求不同。

道德文化发展的终极目的是善,讲的是利害。而艺术文化发展的终极目的是美,谈的是审美。

　　求善之人,需要坚强的意志和百折不挠的精神。甚至在功利心的支配下,还会为实现目的而不择手段。而求美之人,虽然也讲究目的实现,但是他们的行为表现却体现出无目的的合目的性特征,也就是说,艺术的目的和手段是同一的。假如一个讲道德的人想去一个地方旅行,他们通常都会在车上一坐到底,几乎不可能在他们身上发生临时改变主意、中途下车的事情。而一个艺术家,在旅行途中,却往往会因为心血来潮,一时冲动,改变行程,要么中途下车游玩一天,要么干脆更改方向,去了另外一个地方。和讲究目的性的道德家相比,艺术家们大都是性情中人,为人处世都比较随性,不大讲规矩章法。

　　在我国魏晋时期有一个非常著名的故事,叫《雪夜访戴》。在这个故事里面,主人公王子遒就是这样一个人物。相传,在一个冬日的黄昏,王子遒突然想起了挚友戴逵。于是,他就令仆人备船,想去探望。眼看着天色将暗,外面下起了小雪,仆人就劝说他择日再往。可是王子遒执意要去,仆人拗不过他,就只好陪他前往。经过一夜的煎熬,眼看着就要驶到戴家门口,可以泊船上岸了,王子遒却说要打道回府。仆人不解,追问为何这般折腾,王子遒说:"乘兴而来,尽兴而归,如此了了。"王子遒的这种表现,用当时的时尚眼光看,叫做名士风流,而用今天的审美眼光看,那就是艺术家的生活作风了。这对于讲道德、重规矩、求目的的人来讲,肯定是难以接受和理解的事情。

　　其次,有道德的人富于同情心,而爱艺术的人则偏重于移情心。

　　同情和移情,只差一字,但意思却相隔万里。同情心也可以称为恻隐之心。孔子儒家思想的继承者孟子用"老吾老以及人之老,幼吾幼以及人之幼"来解释恻隐之心,认为只有当一个人知道换位思考,能够将心比心、爱屋及乌时,他的恻隐之心才算是得到了发挥,这时,他的心理才算是处于同情的状态。而移情心理的发生机制却与之不同,诗人行走在路上,突然见秋林正红,于是诵出"停车坐爱枫林晚,霜叶红于二月花"。此时此刻,他的心理就处在物我交融的移情状态之中。"我看青山多妩媚,料青山见我应如是",辛弃疾的诗句道出了移情的实际内容,而杜甫的"感时花溅泪,恨别鸟惊心"则是移情现象发生的真实写照。根据美学家的解释,所谓移情,就是把人的感情投射到对象身上,使之反作用于人的心理,从而产生美感。可见,移情活动的开展,不需要移情者具有一颗居高临下的怜悯心,而只需要他们有一颗多愁善感的敏感心。"'风乍起,吹皱一池春水',干卿何事?"①是啊,假如不是因为多情,风吹水动,只不过是一个自然现象,可在感觉敏锐、想象丰富的诗人眼里,这水面却是铺满了皱纹,写满了愁意。同情不同于移情,同情需要将心比心,换位思考,是善良的表现。而移情则是情境合一,物我交融,它是人们开展审美活动的必要条件。

最后,道德家重规矩,而艺术家讲个性。

中国人常说,无规矩不成方圆,它时刻提醒我们,为人处世,不能放任自流,骄傲任性,应该接受教化,依道而行。讲规矩,在我们这个重视道德文化的国度里,是每一个准备步入社会的人必须牢记于心的话。一个不懂事,不讲规矩,不按常理出牌,不遵守社会道德规范的人,不仅难以融入现实社会,而且还可能被社会上的大多数人当成是另类或害群之马加以鄙视或排斥。人类迈向光明未来之路,不能离开社会组织的作用,个人只有积极地融入社会,并在社会生活中发挥自己的主观能动性,才能够让自我得到比较充分的实现。从这个意义上讲,遵守法律,维护道德,是一个社会公民的基本义务和责任。

然而,艺术家在公民当中却是比较特殊的群体。因为长期从事创造性的艺术活动的缘故,他们对道德训令的感情和对各种规范、规矩的认同尺度与其他社会公民,特别是那些思想传统、爱讲道德的社会公民是不大一致的。毫无疑问,作为一名尊重和服从法律的社会成员,艺术家也是一个讲道德的人,但是,他们讲道德的方式往往是批判性的。通过开展富于个性的艺术创作活动,他们反叛的不是道德本身,而是僵化、保守,不思进取,不求变革,不合人性的道德教条和陈规陋习。在艺术家的创作中,他们也要遵守一定的规矩法则,但是,他们只是把这些规矩法则当成是必要的技术表现手段和个人艺术发展的基础,一旦时机成熟,这些都将被超越和打破。艺术表现的最高境界是清代画僧石涛讲的"无法乃为至法"。艺术创作的最终目的,不是技术上的精益求精、效果上的巧夺天工,而是打

①　马令《南唐书·党与传下》有一段涉及此词的记载:延巳有"风乍起,吹皱一池春水"之句,皆为警策。元宗尝戏延巳曰:"吹皱一池春水,干卿何事?"元宗即南唐中主李璟。

破各种阻碍个性发挥和心灵自由表达的枷锁,让人们心中真实的情感得到最为充分的表现。在这个方面,尽管道德家们也主张自由和解放,但是,在他们的实际行动中,还是站在社会的立场上,把限制和规范放在首位,认为:自由是以限制为前提的,社会上一旦没有法制、规范和纪律,人们的自由其实就是"和尚打伞——无法无天"。

道德家站在社会立场上说话,艺术家站在个人立场上发言,他们都讲自由,都言规矩,但是立场不同,讲话发言的实际内容就有所不同,在生活路线和方式的选择上也表现出极大的差异。这样,这两种人碰到一起,就难免会发生碰撞,甚至冲突。讲道德的人一定会觉得艺术家太自由散漫,而艺术家则会认为道德家太道貌岸然,身上缺乏真实的味道。事实上,这种隔阂和对立是因为偏见和误会造成的,只要彼此有了更多的认识和了解,看到两种文化形式间的共通性,情况很快就会得到改善。

三、艺术文化与道德文化间的共通性

第一,不论是艺术文化还是道德文化都尊重人类的感情。

美学家苏珊·朗格讲:"艺术,是人类情感的符号形式的创造。"①艺术的意义在于它以独特的形式表现人类的感情。而道德文化所尊重和提倡的是人类的普世价值,维护的是得到大多数人肯定和拥护的感情内容。讲道德的人,有一个非常显著的特征,那就是爱,即能够设身处地地站在旁人或他人的立场上,把他们的苦乐当成是自己的苦乐。为了人类或社会的理想,克制自己的感情和欲求,而接受和贯彻有利于社会发展的思想、行为或人格上的美。所以,很难想象一个追求道德理想的人,是一个缺乏想象力和情感的人。按照英国诗人雪莱的说法:"想象是实现道德上的善的伟大工具。"②离开了想象和情感的作用,人类就失去了不断增强德性的机能。

离开了真实情感,艺术表现形式就成了一个脱离现实、矫揉造作、华而不实的玩意儿。19世纪法国学院派的艺术之所以会受到浪漫主义艺术创作的冲击,被崇尚现实主义创作路线的画家们鄙视,就是因为这种艺

---

① 　[美]苏珊·朗格:《情感与形式》,中国社会科学出版社1986年版,第51页。
② 　刘若端:《十九世纪英国诗人论诗》,人民文学出版社1984年版,第129页。

术脱离了现实生活,打着"为艺术而艺术"的旗子,躲进了与世隔绝的象牙塔中。由于这类追求所谓纯粹的创作失去了艺术创作的源泉,艺术家在创作中只是迷恋于表现符合审美形式规则要求的东西,陶醉在一个人为规定的美的梦境中,从而让美的创作活动陷入了一种毫无生气的僵化模式之中,艺术家的个性也无法在这种创作活动中充分地展示出来。在这种情况下,人们所欣赏的艺术,只是一种关于美的定义形式,而不是生命的象征和真正体现审美价值的艺术表现形式。

同样,如果道德文化不重视人类普世的价值观,不突出以人为本的理念,把人之常情当成立法的基础,那么,道德文化便失去了立身之本,其命运也就必然是走向崩溃。

在中世纪的欧洲,以基督教为核心的宗教文化笼罩大地,禁欲之风遍吹欧洲。在这样一个时代里,人们迫于环境的压力,不得不在社会生活中表现出自己高尚的一面。特别是在教堂里,大家都会在仪式氛围的带动下,向上帝忏悔,表示出自己愿意洗心革面的决心和向往天国的心情。可是,人毕竟是人,人性的本质是无法通过文化,特别是宗教道德文化来根除的。在薄伽丘的《十日谈》中,很多故事都讲述了当时那个社会中人性受到压抑,以及人们在文化高压之下阳奉阴违的举动。比如说,盗贼在盗窃去世主教身上的珠宝之前,还会假模假式地在自己的胸前画十字,以显示自己的信仰,这无疑是对当时不切实际的道德文化的一大讽刺。

法律是道德的底线,如果在法律制定过程中不考虑人之常情,不以现实中人性发展的实际情况为依据,把法律道德化,将道德宗教化,那么,结果就会适得其反,非但不会促进人格的完善和社会文明的发展,反而会导致伪善现象的发生,致使社会文明的发展不进反退,给人们的现实生活带来痛苦和灾难。

第二,艺术文化与道德文化的发展都强调实践性的价值。

美国实验主义哲学家约翰·杜威说:"我们多数人想要成为艺术家,所欠缺的不是启动的感情,也不是单纯用于操作的技能,而是依据某种确定的媒介来表达一种模糊的思想和情感的能力。"[1]既然艺术创作涉及能

---

[1]　John Dewey, *Art as Experience*, New York：Minton Balch, 1934, p. 74.

力上的问题,那它当然就是一种实践范畴中的行为。虽然艺术家的创作行为具有特殊性,不是那种严格意义上的生产实践活动,但是,即使这种行为再特殊,也毕竟涉及表现方式和方法、表现手段和目的等问题,因此,它至少应该算是一种类实践的行为。这也就是说,通常情况下,一个光说不做、光想不干的"艺术家"就只能说明他是一个具有艺术心灵或艺术素养的人,他可以去当艺术鉴赏家,但不能算是一个符合现实要求的艺术家。离开了实际的形式创作活动,所谓的艺术,就是一个抽象的美学概念,或者是一种被人欣赏、收藏和买卖的对象。另外,艺术最为原始的,也是流传广泛的概念意义,就是手艺。在梵语中,艺术就是"做到"的意思。尽管时代风云幻化多端,艺术世界的内容状况也发生了很大的改变,但是,大部分艺术家还是愿意把自己当成手艺人,把技艺展示看成是艺术创作活动中的重头戏。这些都说明了一点,即无论当代艺术如何强调观念的作用,离开了"做"这件事,艺术也就真正走向终结了。

如果说艺术活动算是实践性的,那么,道德活动就应该算是人类实践性活动的代表。德国著名哲学家康德在其一生中完成了震惊世界的"三大批判"的哲学论著。其中一本是研究道德文化本质的,名字就叫《实践理性批判》。

在西方文化中,人们对道德文化的认识更加科学化,对其内容和功能的表述也更加具体、准确。他们把伦理和道德区分开来,认为伦理讲的是关于善的理论,而道德讲的则是关于善的现象和行动。从这种认识上看,道德文化的发展也是偏于现实性和实践性的。一个光说不做、阳奉阴违、只讲精神、不务实事的人,并不是一个真正具有道德情操、堪称道德楷模的人。从道德立场上看,他只是一个伪善者,是一个受人嘲笑的对象。所以,离开了实践,就难以言道德。在现实生活中,我们很难想象一个不以身作则的领导会得到大家的尊重和真心拥戴;也很难想象一个不身先士卒的干部会有什么光明的政治前途。道德文化发展离不开实践,而实践的发展也对道德文化的完善起到了决定性的作用。离开了实践的道德文化是伪善,离开了法律的道德文化是教条或精神枷锁。

第三,艺术和道德都有助于人格的发展与完善。

在社会上,一个讲道德的人就是人格品质高尚的人,而一个爱艺术的人就是最有希望拥有完善人格的人。

　　一个人从降生到死亡,大凡要经历这样一个过程:从天真烂漫到接受教养,学习技能,掌握知识,然后适应环境,融入社会,成为一个被驯化,可以运用某种形式来自我表达的人,再往后,就要在自我实现与完善的基础上,不断突破各种限制,获得自由,成为一个可以随心所欲而不逾矩的人。在这样的一个圆满的人生历程中,接受教养,其中特别是接受普世的人类社会思想价值观念教育,就是一个非常重要的环节。在这个方面,道德文化的作用是富于针对性的,也是非常有效的。它可以通过开展思想教育,通过树立榜样,或者通过训导和强制,帮助一个人从小就树立高尚的道德理想,懂得做人的基本规矩,了解一些法律常识,为他将来的人格发展打下基础。道德文化发展的理想目标就是使社会上的每一个人都能拥有良知,不需要通过法律强制就能够自觉遵守社会公德,成为一个有品德、思想情操高尚的人,从而让社会稳定、和谐、健康、自然地发展。

　　然而,个人在现实环境中的发展,若想取得成效,难免会发生矫枉过正的现象。在社会上开展思想道德教育,加强和完善法制,对于个人和社会健康发展是必要的,但是,若是教育手法单一,教育内容单调,人治甚于法治,个人在社会现实环境中的发展也同样会出现问题,人格会扭曲,性格会异化,若不及时加以调整,社会成员就会成为社会文化的牺牲品。

　　虽然人格完善并不是艺术文化发展所直接针对的目标,但是艺术文化领域中的一项内容——艺术教育,却有这方面的功能。通过开展艺术教育活动,可以在很大程度上改善由传统的理性主义教育和现代工业文明的发展所造成的人的精神分裂状态,使人的感性和理性思维活动重新化为一个整体,从而让人的精神得到自由,能够产生游戏的冲动,在现实生活的表现中更多地体现出健全人格的品质。

　　俄国作家契诃夫曾经写过一篇小说《装在套子里的人》,小说刻画了一个在社会环境中性格严重异化的典型人物——希腊语教员别里科夫。这个人"只要出门,哪怕天气很好,也总要穿上套鞋,带着雨伞,而且一定穿上暖和的棉大衣。他的伞装在套子里,怀表装在灰色的鹿皮套子里,有时他掏出小折刀削铅笔,那把刀也装在一个小套子里。就是他的脸似乎也装在套子里,因为他总是把脸藏在竖起的衣领里。他戴墨镜,穿绒衣,耳朵里塞着棉花,每当他坐上出租马车,一定吩咐车夫支起车篷。总而言之,这个人永远有一种难以克制的愿望——把自己包在壳里,给自己做一个所谓的套子，使他可以与世隔绝，不受外界的影响"。① 他只相信刊登各种禁令的官方文告和报纸文章，而对于文告里所肯定和允许的事情，却总有些怀疑。这样一个人由于受到了不良社会道德文化的影响，人格发生了极度的扭曲，为人处世变得极其谨小慎微、保守僵化，甚至还有些胆怯自闭。实际上他的性格表现，在我们身上也或多或少地存在着。所以，为了避免自己的人格出现别里科夫式的严重问题，除了要及时认识和反思，查找导致这一问题产生的社会及文化根源外，在寻找治愈的办法上，就可以考虑借助艺术文化的力量。按照德国美学家席勒的美育思想，在现实中像别里科夫这类人，只要通过接受以艺术教育为核心的美育，其精神与人格发展状况就会得到很大的改善和提高。

如果说道德文化让我们拥有了人格，懂得了如何在社会上做人，那么艺术文化则会让我们拥有更加健全的人格，成为可以全面、自由占有自己的人。

四、总结

艺术与道德，既是两种不同的文化，又有相互间的交叉点。强调各自的不同，有益于艺术家和道德家站在各自文化的立场上，认真地按照各自的本质规定办事。而看到两种文化形式间的交叉点，则有利于相互借鉴，学习吸收，实现共同发展的目的。

康德讲过：美是善的象征。诗人泰戈尔说过：美是爱的产儿。艺术在现实中的发展不可避免地要融入现实的因素，其中就包括艺术家本人的人生观和价值观。艺术无国界，但是艺术家却有国籍和自己的民族感情，他们爱国，也爱本民族的文化，有自己的人格特征，也有自己的文化品位。在这种情况下，一方面，他们会比较自觉地追求艺术本体的价值，按照艺术的规律办事；另一方面，他们也会将自己对文化的感情和人格修养有机地融入创作形式当中，让艺术表现更加富于人文的色彩和文化的厚度，从而达到雅俗共赏的审美效果。

美学家康德虽然在理论上提出了纯粹美的概念，但是，他也承认，在

---

① ［俄］契诃夫：《契诃夫短篇小说精选》，航空工业出版社 2012 年版，第 146～147 页。

现实中,美的表现却只有依存美的形态。即便是在讲究本体性审美价值的西方现代艺术创作中,艺术家们也同样提出了党派性这个概念。他们认为这是现代艺术文化发展的一个特征。① 这一点,非常雄辩地说明了无论在什么历史发展条件下,艺术文化的发展都无法摆脱道德文化内容和因素的介入与影响,而道德文化的开展也同样离不开艺术或审美文化的支持。好的思想教育活动不是靠强制或命令,而是要通过感染和熏陶,让人口服心服,这样的效果才是最好的。所以,假如在开展思想品德教育活动中,采用艺术化的方式,寓教于乐,那么,教育宣传效果就会相当理想。

虽然艺术和道德在现实发展过程中可以相辅相成、相互促进,但是我们在推动两种文化发生合作共赢关系的过程中,还是要把握好分寸,不能忘记各自的根本立场和要求,不仅要避免让艺术文化沦为道德文化的附庸,使艺术文化的发展庸俗化;而且要避免让道德文化在艺术文化的影响下走向形式主义,沦为华而不实的空谈。

艺术和道德,是两个不同的文化领域,也是在现实文化发展活动中经常发生关系,并相互作用的两种文化形式。离开了道德文化,艺术文化的发展不仅会缺乏现实性,而且在艺术表现形式中也会因此少了一些内涵。而离开了艺术文化,道德文化的发展就容易走向机械、呆板,甚至是粗暴,从而难以取得好的现实效果。

第四节　艺术与宗教

艺术与宗教是两个不同的概念。但是在人类历史发展过程中,二者的关系却是非常密切的。

在中世纪的欧洲,教会为了传播基督教文化,就借助了艺术的力量,马赛克镶嵌画、圣像画、哥特式建筑等,都是这一时期宗教与艺术联姻的

---

① 具体材料见中国美术学院出版社出版、沈语冰著的《20世纪艺术批评》中导论部分相关论述。内含19世纪法国艺术批评家波德莱尔为现代主义艺术批评规定的基本原则,其中一条就是党派性原则。

产物。在中国，随着佛教文化的传播，佛教艺术的表现形式也逐渐兴旺起来，不仅佛教雕刻艺术由西域发展到了中原地区，而且宗教壁画创作也伴随着寺庙的增多而繁荣起来。唐代大画家吴道子，就是通过画宗教壁画而名扬天下的。据史书记载，当时东西二京大多数寺观壁画都是由吴道子创作的。宗教和艺术在历史上能够实现合作，除了现实需要的推动外，还取决于两种文化形式的内在联系。

今天，我们站在一个新的历史起点上重新审视艺术和宗教的关系，就是想继往开来，在新的时代文化发展环境中让两种文化在一个更高的层次上发生新的关系，从而在提升各自文化品质的同时，推动社会文明的进一步发展。

一、关于宗教概念

从词源学来看，汉语中的宗教原本并不是一个连缀词。

据《说文解字》中讲："宗者，尊祖庙也，以宀从示。""示者，天垂象见吉凶所以示人也，从二。三垂，日月星也，观乎天文以察时变示神事也。"从这一解释中，我们知道，汉语中"宗"的最为原始的意思，表示的是人们对神及人类祖先神灵的尊敬和敬拜。而"教"的意思则是指教育、育化，上施下效，侧重在对神道的信仰。直至公元10世纪，在我国的古代文献中才出现"宗教"一词。它最早出现在佛经中，如《续传灯录》中就有："吾住山久，无补宗教，敢以院事累君。"这里的宗教指尊崇佛祖及其弟子的教诲，意义狭小而又具体，和今日学术上讲的宗教概念相差甚大。

今天我们使用的宗教概念，是西方宗教学中的概念，即"Religion"。

西方宗教学中讲的宗教概念（如英语的Religion）源自古罗马时代的拉丁语Religio。至于说这个拉丁语的意思，我们可以通过两个相关概念来加以认识。古罗马哲学家、演说家西塞罗在其著作《论神之本性》中使用过Relegere（意为反复诵读、默想）或Religere（意为重视、小心考虑），体现了他对敬畏之心的解读。在他看来，在对神的敬拜问题上既需要集中注意力，又需要严肃认真。另外一位古罗马神学家奥古斯丁在《论真宗教》及《论灵魂的数量》中都使用过Religere这个词，他用这个词是为了说明人、神与灵魂间的重新结合，以人神联盟说明人与神之间的密切关系。奥古斯丁又在《订正》及《上帝之城》中使用Re-eligere来表示人在信仰上的重新抉择及决断,人需要靠重新考虑和选择与神修好。由此推断,Religio(本意是"连接")一词在宗教学上的意义应为人对神圣的信仰、义务和崇拜,以及神人之间的结合修好。这个意思虽然与近代西方的宗教概念有一定的相似之处,却不能画等号。

近代西方宗教学中的宗教,其意义可谓众说纷纭。但究其本质,宗教就是一种人的精神寄托和心灵上的绝对崇拜。

就其文化现实性而言,它是一种理论化和系统化的伦理道德体系,是由教义、教仪和教团三个层面组合而成的信仰和仪式的结合体。宗教文化有其自身的价值逻辑性、现实性和客观性。因此,不能简单地说信仰宗教是一种迷信行为,也不能简单地把宗教文化看成是被某一政治集团利用以维护自己统治的工具。作为一种古老的文化,宗教在其发展过程中,必然会带有一定的迷信和自我麻醉的色彩,但是,随着它的成熟,它已经从迷信的层次经由纯粹信仰的层次升华到了文化信仰的层次。这就意味着,宗教文化已经作为一种精神渗入了各种不同的文化形式中。

二、艺术文化与宗教文化间的差异性

既然艺术与宗教是两个不同的概念,自然就有其差异性。

首先,两种文化所追求的理想目标不同。艺术文化追求美的境界,宗教文化追求圣的境界。

艺术是美的外化形式,美是艺术表现的内容实质。艺术家通过艺术实践活动创造美,艺术爱好者通过艺术欣赏活动感受美。不论是哪一种方式,他们都需要投入感情。艺术家在创作活动中表达的是自己的真情实感,而艺术欣赏者在欣赏活动中发现并玩味的,也是审美对象身上所包含的与自己内心的思想感情相一致的内容。作为艺术创造和审美欣赏的内容,真情实感来源于何处呢? 别无他处,就是来源于生活。

大文豪托尔斯泰说:"在自己心里唤起曾经一度体验过的情感,在唤起这种感情之后,用动作、线条、色彩、声音以及言辞所表达的形象来传达这种感情,使别人也能体验到这同样的感情,——这就是艺术活动。"[①]艺

---

① 〔俄〕托尔斯泰:《艺术论》,人民文学出版社 1958 年版,第 47 页。

术家把个人生活体验通过审美形式结构表达出来,从而创造出了美的作品,而艺术欣赏者通过共鸣现象的发生把自己的心同艺术家的心紧密地联结到了一起,实现了情感上的交流与传达。

圣,是宗教徒们所追求的思想境界,这个境界是以超越世俗,甚至是以禁欲为代价而获得的。虽然人们在追求美的活动中也体现出超现实的特征,给人一种梦幻的感觉,但是,它毕竟是人们基于生活体验而真实想象的结果。相比之下,宗教徒在追求圣的境界时,却极力想让自己摆脱与现实以及欲望之间的联系,让自己的生活尽可能与神圣的信仰保持一致,纵然是生活在人世间,但在感情上却视人生如逆旅,希望自己通过修行能够脱离世俗的烦恼,远离现实的苦难,盼望着自己的灵魂早日得救,获得来世的幸福。这样的活法与以追求美为目的的艺术人生相比,显然是过于神圣和崇高了。爱艺术的人一定是个爱生活的人,而信仰神的宗教徒,在现实生活中则是一个希望自己能够超凡入圣的人。

其次,艺术家的感受是可以而且也是必须传达的,而宗教徒们的真实感受却是不可思议且无法用包括艺术在内的任何形式来传达的。

虽然对于艺术表现的真实内容,我们只可用心来感受而无法用语言来表达,即只可意会而不可言传,但是,离开了艺术这种特殊的表达形式,我们不仅不能表达真实的情感内容,而且也无法真正地体会和欣赏到这些内容。"泪眼问花花不语,乱红飞过秋千去"是一种意境,"沙上并禽池上眠,云破月来花弄影"又是一种意境;"细雨鱼儿出,微风燕子斜"是一种境界,"落日照大旗,风鸣马萧萧"又是一种境界。它们并没有直白地告诉我们什么,但是,有心人却能够从中读出一种感受,一种情感内容。正因为如此,人们也把艺术称为语言,只是此语言非彼语言而已。

一旦一个人的内心积蓄了感情,那就必须一吐为快,不然,他就会感觉到精神压抑和痛苦。正如明代思想家李贽所言:"世之真能文者,比其初皆非有意于为文也。其胸中有如许无状可怪之事,其喉间有如许欲吐而不敢吐之物,其口头又时时有许多欲语而莫可以告语之处,蓄极积久,势不能遏。一旦见景生情,触目兴叹,夺他人之酒杯,浇自己之垒块,诉心中之不平,感数奇于千载。既已喷玉唾珠,昭回云汉,为章于天矣,遂亦自负,发狂大叫,流涕恸哭,不能自止。宁使见者闻者切齿咬牙,欲杀欲割,而终不忍藏于名山,投之水火。"①艺术家的性格决定了他们的行为特征。他们一旦有情动于心中,就忍不住想要去表达,并希望能打动他人,引起共鸣,找到知音,获得确证感。

而宗教徒们在修行过程中的真实感受却是无法通过任何形式的语言来表达的,即便是表达了,也只能当成是一种引导手段,而不能看成是一种表达意思的工具。

当年佛祖在灵鹫山上说法,他在讲坛上拈花,迦叶在听众席上微笑,彼此达成默契,由是,迦叶深得佛祖赏识。这就是宗教传播教义时的经典方式,它讲究的是心传而不是口授。在佛教禅宗的修行活动中,更是将这种宗教表达方式发挥到了极致。在禅宗文化里,教徒们推崇的教法是不立文字,直指内心。在修行活动中讲究的是明心见性,不着于相。关于这点,唐代高僧六祖慧能在一首偈子中说得很明白:"菩提本无树,明镜亦非台。心中无一物,何处惹尘埃。"他反对的就是北宗神秀所主张的那套修行方式,即拘于宗教仪规,靠念经拜佛、打坐参禅来修炼佛法。他认为:按照这套做法想要成佛,即如同有些人想要磨砖成镜,那是不可能的事情。

宗教徒的感受只能从心领神会的领悟中来,他们对神的认识与表达,只能是无限趋近于神,而不可能完全代表神。就以佛教修行为例,任何关于佛的表述,都如同指月的食指,其作用只是指明方向,而不是代表月亮。我们可以通过宗教的经书来了解教义,通晓神旨,但是要达到精神与神同在的效果,只能靠在静默中的感悟。一旦有人把感悟到的内容讲出来,那必然是虚妄不实,至少是含有杂质的。在禅宗看来,世俗中的宗教文化形式只是帮人渡河的船、便于人们过河的桥,只要人过了河,这船和桥就没有任何价值了,这与现实中艺术文化的作用显然是不同的。艺术不仅可以发挥"心之桥"的功能,帮助人们交流情感,而且还可以表现情感,显示其审美的价值。

最后,艺术文化的表现形式是个性化的,而宗教文化的表现形式是仪式化的。

不论我们怎么说艺术,艺术创作行为都属于个人的事。《诗经》里有

---

① (明)李贽:《焚书》卷三,《杂述·杂说》。

句话"嘤其鸣矣,求其友声",就非常贴切地表达了艺术家的生活方式。

他们通过个人创造把自己的生活体验传达出来,希望能够在社会上引起广泛的共鸣。假如能够实现这个目标,那么,就证明他们的表现是成功的。从这个意义上讲,艺术文化在社会舞台上的出场一定是富于个性色彩的。另外,艺术是人在拥有了自我意识之后的产物。所谓的自我意识,就是对自我的意识。人是怎么意识到自我的呢? 按照马克思的理论,是"使自己的生命活动本身变成自己意志和意识的对象"①。在自然界中,只有人才具有这样的心理能力。在它的作用下,人不仅可以开展自我认识活动,而且还可以开展自我完善和欣赏活动。对于艺术创作者和艺术欣赏者而言,拥有自我意识就显得尤其重要。假如艺术家不具备把自我变成对象的能力,不是把艺术创作的可能性建立在把自我当作对象来把握的心理机制上,那么,他们就不可能开展将自己的生活体验对象化的自我表现活动,创作出像样的艺术品。假如欣赏者缺乏应有的自我意识,无法在心理上让对象变成自我,那么,艺术欣赏活动也就无法正常地展开。这样帕瓦罗蒂在舞台上尽情高歌的《我的太阳》,就成了他个人的自说自话,高尔基的《童年》,就成了他个人的梦呓。其实,作为一首艺术歌曲或一部文学作品,它们虽然在标题上冠以"我的××",但作品所表达的情感和体验却是属于大家的。只有那些平时在生活中注意培养自我意识的人,那些在生活中懂得自我欣赏的人,才能从中感受到这些内容,把他人的作品视为自己的作品,把他人在作品中所表达的思想感情当成是自己的思想感情,并与艺术家和作品产生共鸣。由此可见,艺术文化表现的是自我,欣赏的也是自我,这种以自我表现和自我欣赏为核心的文化形式,其形态若不沿着个性化的轨道发展,显然是不合乎道理的。

与艺术形式相比,宗教形式体现出仪式化的特征。《诗·周颂·我将》中有言:"仪式刑文王之典,日靖四方。"在我国,"仪、式、刑,皆法也。"②虽然仪式有时也代表仪态,但人们普遍还是把它定义在法规、法度的层面上。在人类学研究视野和意义范畴内,仪式首先被限定在人类的"社会行为"这一基本范畴之内,但人类学家们对仪式的界说则是见仁见

---

① 《马克思恩格斯全集》第42卷,人民出版社1979年版,第96页。
② (宋)朱熹:《朱熹集传》,恕堂,清重刻本。

智。有人认为仪式是一种祈福禳灾的行为,有人认为仪式是人类基本的社会行为,还有人提出仪式是纯净的行为,是一场游戏,没有意义或目的。但不管怎么讲,谈仪式这个概念,就必然要涉及规矩和社会行为这两个基本方面。

宗教文化是讲规矩的,以佛教文化为例,它包含有佛教、佛法和佛学三项内容,每一项内容都与教义、规则和知识相关。宗教文化也是讲社会性的,比如在圣诞节的时候,我们去教堂参加活动,教堂里笼罩着浓郁的仪式化氛围,在这种特别讲究仪规制度的环境中,个人似乎被一种社会性的文化力量所吸引,自己的思想感情不知不觉地融化在了集体的思想感情之中,人心在信仰的指引下,化合为一,内心也随之产生出超越于世俗的神圣感。宗教文化也是排他的,欧洲中世纪时代十字军东征,就是为了解放受异教统治的基督徒,在东罗马统治区域清除异教文化的影响。这些表现都与艺术文化形成了某种程度的对立:艺术活动也要讲规则,但是它更讲究创新。艺术家也希望自己的作品能够得到社会的肯定,但是他们必须以自我表现为基础。艺术家通常都比较自恋、轻狂,认为自己的作品是天下最好的。但是,他们并不会因此而忘乎所以,一味自大,目中无人,而是会本着自己对艺术的热爱,一旦看到有个性的作品,也会为之感动,惺惺相惜,投之以欣赏的目光。另外,艺术文化所营造的氛围引发的是人们在情感上的共鸣,而宗教文化所营造的氛围引发的则是心灵的共振。

总之,艺术文化在发展自身特点时,出发点是个人,目的是交流和传达情感。而宗教文化在自身发展过程中,出发点是社会,目的是思想信念的高度统一。这样,为什么艺术文化的发展要富于个性色彩,宗教文化的发展要富于仪式色彩,也就一目了然了。

三、艺术文化与宗教文化间的共通性

艺术文化和宗教文化的差异性并不能抹杀它们之间的共通性。

第一,艺术与宗教在各自的活动中都有追求完美的倾向。

假如你访问一位艺术家,问他最满意的作品是哪一件,他往往都会诚实地回答:"是下一件。"因为长期的艺术实践活动告诉他,艺术生活只有起点而没有终点。

很多时候,艺术家在创作完成之后,会异常兴奋,认为自己完成了一次伟大的创造。可是,没过几天,当他们再次面对曾经自认的杰作时,高涨的情绪往往会迅速回落。在他们眼里,所谓的杰作已经变成了一个普通之物,甚至是个垃圾。于是,在经历了一阵沮丧之后,大部分艺术家又会面对现实,投入新的创作活动中,去追求自己心中那个理想——一个完美的形式。1965 年上映的美国影片 The Agony and the Ecstasy,讲的是文艺复兴时期意大利著名雕刻家米开朗基罗的故事。这部影片的中文译名是“痛苦与狂喜”,应该说,这个片名译得很好,它非常准确地概括了艺术家在开展艺术创作活动时的心理状态。艺术家在寻找自我表现形式时,精神是痛苦的,而在他经过一番苦斗,终于在创作中完成了自我表现,让情感得到充分展现时,那一刻,他又是异常兴奋的。接下来,这样的情绪还会伴随着创作而持续,这是艺术家生活的一部分,是他们的宿命。一旦这样的状态停止了,他们的艺术生命实际上也就终止了。

与艺术家相比,虔诚的宗教徒们对完美的追求就更加执着。假如说,艺术家们只是在创作活动中追求感觉的完美,那么宗教徒们则是在整个生活舞台上追求人生的完美。

达摩面壁修行,神光断臂求法,是为了求解脱,达人生之妙境。弘一法师毅然斩断情缘,投身佛门,就是想在宗教世界里实现更大的理想,追求最为极致的美。读完他年少轻狂时作为一个艺术家写的诗,再读他在临终前作为一个出家人写的遗偈,就会感觉到作为一个有信仰的宗教徒对完美境界的追求迥异于凡俗。

> 醉时歌哭醒时迷,甚矣吾哀慨风兮,帝子祠前芳草绿,天津桥上杜鹃啼。空梁落月窥华发,无主行人唱大堤。梦里家山渺何处,沉沉风雨暮天西。

> ——《醉时》

> 君子之交,其淡如水。执象而求,咫尺千里。
> 问余何适,廓尔亡言。华枝春满,天心月圆。

> ——弘一法师写给刘质平及夏丏尊的遗偈

《醉时》这首诗代表了弘一法师作为一个世俗之人在精神上追求完美时所达到的境界。他在诗中充分地表现了愁景、愁绪,这是一个诗人艺术家需要完成的任务。而在遗偈中,弘一法师作为一个虔诚的佛教徒,表达了自己心中另外一种完美的景象。相比于出家前写的诗作,遗偈中表现出对空灵、平淡、自然、寂静世界的向往,一种超越世俗、奔向无我之境的渴望。追求这样的一种完美,如此崇高的境界,当然要付出超出常人的心力,忍受超出常人所能承受的磨难。

第二,艺术家和宗教徒在追求各自理想的过程中都重视体验。

"问渠那得清如许,为有源头活水来。"艺术家从事创作活动,不能离开生活的体验,没有了生活这个源头,艺术创作活动的开展就会变成无源之水、无本之木。即使是勉强创作出作品,那也必然是缺乏生趣的空壳子,难以博得世人的赞赏。19世纪末20世纪初奥地利著名诗人里尔克是一位非常重视生活体验的艺术家。在他身患白血病即将去世的时候,他拒绝服用麻醉剂。他说要体验死亡的感觉。他的最后一首诗是这样的:"来吧你,你最后一个,我所认识的,肉体组织的无药可救的痛苦。"①当代台湾女作家三毛酷爱游历,在游历中,她不仅感受了世界,体验了生活,发现了自我,而且还写出了非常优秀的游记和散文。三毛说,她就是想体验各种生活,对于这种冲动,她无法遏制。体验是艺术家的生活方式,他们在体验中燃烧自己,然后释放出光和热来感染大家,让周围的人分享自己在生活体验中迸发出来的激情。

宗教徒在修行活动中也同样强调体验。在佛教典籍《传灯录》中有一个有名的故事,叫"香严击竹"。香严智闲禅师在出家前就学识渊博,聪明过人。后来,他逐渐厌倦了声名,出家为僧,在百丈怀海禅师座下参学。由于慧根深厚,学问的根基好,学佛后,学问更加深广,说起各种佛教典籍,都能娴熟地应答,深得周围人的敬佩。百丈怀海禅师圆寂后,他想继续修学,更上一层楼,于是,就去参拜沩山灵祐禅师。灵祐禅师问他:"知你学问渊博,可是否能够告诉我你父母前生的面目?"香严答不出。回到寮房,他甚感惭愧。修了这么多年佛,读了这么多年书,可是,连这样一个基本的问题都参不透。于是,他烧掉了自己所有的书,自愿在寺庙里做一个不起眼的粥饭僧,做寺庙里最普通的杂事。十八年过去了,他还是没有找到答案,寺庙里的人也都不知道这个干杂事的人以前曾是一个著名的

---

① [奥]里尔克:《里尔克诗选》,人民文学出版社1996年版,第597页。

学问家。香严决定拜别沩山灵祐禅师,去深山里看守慧忠国师的墓园。一天,他在锄草时,随手捻起一粒石子,石中竹竿,铿然作响。他顿然开悟,当即跪下,向沩山灵祐禅师所在的方向礼拜,感谢师父当年不点破玄机的教导。宗教修行求的是大智慧,而不是普普通通的知识。

对于知识,我们可以通过读书、听讲来获得,但是,要想得到大智慧,就必须通过自己的体验和感悟。这样,我们的心中才能拥有一个太阳,照亮我们人生的旅程。假如一个宗教徒只是修"口头禅",而不修"生活禅",那么非但不能成为一个拥有智慧、奔向光明的人,反而还可能会堕入黑暗,成为一个作茧自缚、聪明反被聪明误的人。

第三,艺术和宗教都有净化人心的功能。

艺术的净化功能,是为了实现人格的独立和自由。而宗教的净化作用则是为了祛除社会上的邪恶,维护社会正义,促进社会道德的完善。它们的意义虽然不同,但各自希望在社会上发挥的作用却是一样的。

早在古希腊社会,古希腊哲学的集大成者亚里士多德就认为悲剧具有净化功能。在那个时候,他所说的净化,主要是指通过释放某些情绪而达到心理上的平衡。后者这个观点在西方文化发展史的各个阶段都有所发展,到了18世纪德国美学家席勒那里,悲剧的净化功能已经变成了艺术的功能,其内容也从调节和平衡人的心理状态演变成升华人的精神,让感性和理性实现统一。

宗教文化的世俗价值主要体现在教人行善积德上。按照 Religion 的字义,就是回到原点,再聚合。它的意思是人类社会的发展已经走入迷途,需要通过宗教来带领大家重新认识自己,回到自己的文化本源,重新开始新的生活。这样的生活才是道德的,也是必得善果的。在这个方面,基督教宣扬的原罪意识,佛教宣扬的因果报应,都在人们的现实生活中起到了净化心灵、弃恶扬善,让大家努力凭良知去生活的作用。

正是因为艺术和宗教在这方面的交集,艺术和宗教在历史上始终保持着密切的合作关系。欧洲中世纪的祭坛画、教堂建筑,中国的石窟艺术、寺观壁画以及寺庙建筑,都是这种关系的重要见证。宗教利用艺术,除了出于传经布道的便利,还出于艺术形式本身与宗教文化精神的联系。艺术家在艺术创作活动中对美的表现,在宗教徒眼里,就相当于他们对神的歌颂。这样的看法最终也导致了通过感性形式导引人们精神升华的哥特式建筑艺术的产生。而艺术家愿意和宗教发生关系,除了可以获得现实利益外,还有一个非常重要的原因,就是他们认为人们的宗教感情——对神的敬畏,与他们对美的追求和热爱非常相似。米开朗基罗晚年免费设计佛罗伦萨大教堂,其动机应该就是出于这一点。

四、总结

艺术和宗教都是人类与外部世界发生关系的重要方式,因此,它们都必然拥有自己的形式,也非常看重这种形式。艺术家看重形式,是因为那是自我的写照,是情感沟通的桥梁,也是精神获得自由的媒介;宗教看重自己的形式,是因为人类生活需要信仰的力量,人的精神需要安慰,人类社会需要一个超越世俗的精神主宰。

艺术形式具有形象性的特征,它是主观与客观、个别与普遍、内容与形式高度统一的产物。宗教形式具有仪式性的特征,面对这种人神共享的形式,人们往往会产生出一种超自然、超人间的神圣感,使人的内心激发出一种不断向上的欲望。艺术的形式是感性的、生动的,宗教的形式是严肃的、庄重的;一个显现着美,一个体现着圣。因此,两种文化形式身上都带有神秘的气息:看艺术,如同在观赏水中月、镜中花;而接触宗教文化形式,则如同仰望天空,面对虚幻,探究宇宙的真宰。

不讲形式的艺术,不仅不靠谱,而且在表现上也是粗俗的。不讲形式的宗教,在现实中就无法得到有效的传播和发展。艺术家若无宗教精神,艺术创造活动就会缺乏内在的精神动力。宗教徒若无审美意识,宗教文化就会失去与世俗社会对接的媒介,同时也会失去一个可以传播宗教文化的有效载体。

第五节　艺术与哲学

"哲",这个词在我国早已有之。我们所讲的"哲"或"哲人",专指那些善于思辨、学问精深者,如"孔门十哲"和"古圣先哲"等,相当于西方人讲的"哲学家"或"思想家"之类的概念。不过,认真来讲,西方文化中哲学这个词的原意和我们的认识还是有所不同的。英文中的"哲学",即

Philosophy,源自希腊文,它是由希腊文中的两个词 Philia 和 Sophia 合成而来的,意思是爱智慧。下面我们说的哲学,就是西方文化中所讲的哲学概念。

一、关于西方的哲学概念

哲学原本只是一种生活方式。古希腊人发现,现实生活中有三种不同爱好的人:一种人爱性,喜欢过以情欲为核心的生活;一种人爱神,喜欢过以奉献或博爱为核心的生活;还有一种人爱智慧,对世界充满了好奇心和惊奇感,喜欢探寻其中的奥秘,他们就是最早的哲学家,是一群爱好智慧但并不以拥有智慧而自居的人。伟大的古希腊哲学家苏格拉底曾经说过一句名言:"我所知道的就是我一无所知。"这句话就非常能够体现古希腊人心中哲学家的形象。

知识并不等同于智慧。知识一方面是多样的,另一方面也是相对的。它既反映出人的经验的丰富性,又反映出人的认识的局限性。而智慧则代表了另外一种境界,相对于知识对世界的把握,它对世界的认识是整体性的,也是根本性的。为了生存,我们不得不凭借经验和片面的认识来应付现实中的各种危机。而为了生活,我们则需要开启智慧的大门,去把握事物的整体,认识其中的规律。让人们的生活由各行其道变成分工合作,由听命于自然变成服从于规律,由任性冲动变成理性自制,从而活出人应有的形象和价值来。毕竟,人的生命是完整的,世界也是完整的,学习并掌握知识,体现了我们人类适应环境、维持生存的意志,而爱好和拥有智慧,则体现了我们发展自我、追求自由的意志。所以,爱智慧,发展哲学文化,不仅满足了社会上一部分人的心理需求,而且也符合人类社会发展的长远利益。若离开这种文化,我们的精神将难以自立,我们的生活也将处在黑暗之中。

基于这样的理解,目前,哲学已经从一种一部分人喜欢的生活方式发展成为一门学问,一种以探求绝对为目的的特殊的思想形式。它不仅统合所有的知识,是人类能够用语言来表达的最普遍、最广泛的知识,而且作为所有科学之母,它又为一切知识奠基。

二、艺术文化和哲学文化间的差异性

首先,艺术爱美厌丑,而哲学求真反伪。

艺术这个词,最初是指技能或技艺,另外,像仪式这类形式,在很长一段时间里也被人看成是技艺。像中国古代社会中讲的"六艺"——礼、乐、射、御、书、数,这里面的礼,就是一种社会礼仪。在西方社会中这种情况也很普遍。在意大利文艺复兴时期,在佛罗伦萨的节日游行中,雕塑家与铁匠就同属于一个行会队伍中。直到18世纪,欧洲人才用非功利性的审美眼光清理了艺术世界,从中梳理出了关于美的艺术的具体内容,从此,艺术家就成了追求和实现美的人,而艺术也就成了美的表现形式。

优美、崇高、滑稽和幽默是美的主要表现形式,而病梅、怪石、残月、枯藤、老树,甚至废墟等,在艺术家眼中则成了美的对象。无论如何,世上只会有艺术美,而不会有艺术丑。过去,人们倾向于把美等同于漂亮或优美,现在,人们认识到了艺术不等于漂亮或优美,甚至还有人认为,艺术不等于美,认为艺术应该有自己的定义,但这并不意味着艺术就等于丑。艺术表现形式和艺术家关注对象的增加是审美文化发展的标志,但绝对不是艺术由美转化为丑的证明。

艺术家若是没有出色地完成美的创作,我们就把他们的失败之作称为丑。一个大家认为是丑的对象,经过艺术家的出色表现,就成了一件美的作品。因为艺术家并不关心自己表现的是什么,而是关心自己是如何表现的。一件作品是不是美的,不是取决于它的题材,而是取决于它是否充分地表现出了题材的特征。总之,艺术是一种关于美的表达。表现或描写丑,不是在歌颂丑,而是让所谓的丑成为人们审美观照的对象。这个对象可能是艺术家对美的新发现,也可能是艺术家对丑的形象化揭示。通过这种夸张的表现,大家一方面看清楚了丑的真面目,另一方面也从中得到了审美的愉悦。关于这种愉悦,我们在观看悲剧、喜剧和怪诞剧中都可以得到十分富足的体验。

科学求知识,哲学求智慧。懂科学的人不一定有智慧,而有智慧的人却多少懂得一些科学知识。哲学是科学之母,任何科学研究到达最高的层次之后,都是属于哲学的。所以,在西方学术界,博士学位都可统称为Ph. D.(Doctor of Philosophy),它代表了一个致力于学术研究的人士在知识水平上所达到的境界。

作为一门学问,哲学是社会意识形态之一,是关于世界观的学说。它是理论化、系统化的世界观,是自然知识、社会知识、思维知识的概括和总结,是世界观和方法论的统一,是社会意识的具体存在和表现形式,是以追求世界的本原、本质、共性或绝对、终极的形而上者为形式,以确立哲学世界观和方法论为内容的社会科学。从这个意义上讲,哲学也就变成了一种知识,是人们追求绝对真理的特殊的思维方式。在 18 世纪德国著名浪漫派诗人诺瓦利斯看来,"哲学原就是怀着一种乡愁的冲动到处去寻找家园"①。他把哲学当成是每一个人精神的起点与归宿,哲学激励着我们起航远行,同时又召唤着我们回归故乡。当一个人有了这样的哲学意识,他的生活就与精神牢牢地联结在了一起,他的所作所为,就是心灵的写照,是精神的象征。他表现得越激昂,精神性的内容就显现得越飞扬。不管是作为智慧的哲学,还是作为知识的哲学以及诗意的哲学,它们都是以揭示本真、说明确定价值为根本的,这一点与只是追求形象性的表达、通过感性形式来显现理念的艺术行为相比,存在着很大的差别。

其次,从现代美学的角度看,艺术和哲学的不同在于:艺术家通过艺术提出问题,而哲学家通过哲学来思考和说明问题。

艺术的使命是创造,艺术也是个人与世界发生关联并加以表达的特殊方式。艺术家在创作活动中会有自己的意图,不少艺术家还会坚持在创作中实现这种意图。可事实上,艺术创作的最终结果往往在内容上要大于艺术家最初的构想(如果有的话)。这一方面是因为艺术家的创作行为只是在想象和感觉的作用下完成的,他们在有了创作的冲动之后,就会在实际创作活动中将所有可能的因素纳入自己的构想之中,在丰富创作内容的同时,也大大地拓展了当初构想的内容,从而使艺术创作活动不同于普通意义上的生产实践活动。正如作曲家皮埃尔·波尔兹所说的:"把作品固定在作曲家创作时所想象到的范围内:这无疑是对作品的麻痹和约束。在我看来,作品重要的是要保护那些尚未被我们所知的潜在意义,这种意义在一件杰出的作品中总是隐蔽的。我相信,作者们尽管眼光敏

---

① Novalis: *Auswahl aus den Schriften*, edited by Richard Samuel, Hans-Joachim Mäht, Gerhard Schulz, Stuttgart, Verlag W. Kohlhammer.

锐,聪慧过人,也很难想象出他自己的作品所引起的结果——不管是直接的或是最近的结果,还是间接和很久以后的结果。"①另一方面,艺术家自己对创作内容的解释是一回事,而艺术作品本身的意义又是另一回事。正如美学家康德告诉我们的,美本身就是一个有目的性的东西。艺术家在开展艺术创造行为时,会通过各种形式因素的整合,创造出一个知觉整体,它的意义往往要大于部分之总和。所以,艺术家的创作意图可以当成我们解读作品内容的依据,而我们也可以通过分析作品内容来印证艺术家的创作目的。但是,这种相互印证的关系并不是必须的,通常情况下,诗人的意图并不是一首诗的真正意义。正如表现主义理论家克罗齐和科林伍德所讲的,艺术家在创作之前并没有一个确切的意图,他们只是朦胧地感觉自己有话要讲,而接下来的表现就是在试图揭示自己所感觉到的内容。诗人艾略特也曾指出:"诗人并不是他自己诗的最好批评者和分析者。"②你问诗人是否有意作首诗,他们通常都会做出明确的回答。如果你继续追问:"你作这首诗的意图是什么?"他们往往会说不清楚。他们凭直觉发现了一个世界,却不能凭表现来解释这个世界。这与哲学家们的工作方式和试图完成的任务是不一样的。

虽然哲学家们也会针对一个问题产生不同的认识,但是,他们绝对不会愿意让自己的认识活动仅仅停留在迸发出思想火花这样一个层次。常言道:真理越辩越明。哲学家们在辩论与阐释中希望完成的,就是如美学家苏珊·朗格所讲的,"在于澄清和形成概念,在于对我们用以谈论任何题目的术语,给出明确、完整的含义"③,从而使我们的思想变得更加明晰,让我们明明白白地活着。所以,哲学家也会非常关注艺术家的创作,并把它当成是情感的符号来研究。对于艺术家在创作中所提出的各种问题,哲学家也会积极地予以辨析和解答,从而形成新的思想观点。比如,对于杜尚那件名为《泉》的作品,就引发了很多艺术哲学家对"艺术是什么"的重新思考,从而产生了很多富于影响力的新思想、新观念。而这样的思考,对于专心于创作的艺术家来讲,就不是他们有兴趣和应该去完成

---

① 〔美〕H. G. 布洛克:《美学新解》,辽宁人民出版社 1987 年版,第 370 页。

② 〔美〕H. G. 布洛克:《美学新解》,辽宁人民出版社 1987 年版,第 369 页。

③ 〔美〕苏珊·朗格:《情感与形式》,中国社会科学出版社 1986 年版,第 2 页。

的任务。事实上，富于想象力和创造力的艺术家，他们的思维方式也决定了他们无法完成这样的任务。

最后，艺术表达重感觉，哲学表达重逻辑。

同样是表达，有些人偏于理智，一板一眼，正儿八经；有些人则偏于感受，东拉西扯，生动有趣。前者是哲学家的表达方式，意义在于归纳、概括与说明；后者是艺术家的表达方式，意义在于传情、达意和表现。哲学家跟着思想逻辑走，表达的是可以用正规语言表达的知识性内容。正如海德格尔所言，哲学只讲可以言说的东西。艺术家跟着想象逻辑走，他们用心灵歌唱，表达的是自己用直觉感受到的东西。哲学家通过逻辑来构建知识体系，艺术家通过想象来构建心灵世界。好的理论表述，观点明确、思路清晰、论述合理。好的艺术表现，则个性鲜明、想象丰富、生动传神。

三、艺术文化和哲学文化间的共通性

艺术不是科学，按理说，它与哲学应该不会发生什么关系，但是，一方面，艺术具有思想性的内涵，另一方面，当代艺术受观念的影响日益加深的事实，都说明了艺术与哲学不仅有关系，而且这种关系还有加强的趋势。尽管艺术和哲学在形式上的差异很大，但是在真正的哲学论述和实际艺术创作中，二者之间的界限并不像上面分析的那样清晰。如果按诺瓦利斯的观点来看哲学，说哲学是"怀着一种乡愁的冲动到处去寻找家园"，那么，谈哲学与艺术的界限，就变成了一个笑话。不仅很多哲学家写的东西很有趣，而且就哲学发展的趋势而言，哲学也越来越看重现象的价值，希望通过现象学的研究来突破传统存在主义哲学所无法突破的语言禁区，从而捕获更真的知识。

海德格尔在解释德国古典诗人荷尔德林的诗句"人诗意地栖居"时，说："诗是真正让我们安居的东西。"[①]只有在诗的"建筑"中，人的安居才会化为现实。在他看来，人们通过知识和技术开展的各种建造活动，并不能代表安居的全部本质。假如人们全心全意地追求这样的建造活动与结果，就不是在奠定人安居的基础，而是在否定人安居的本质。"只有诗人，

---

① ［德］海德格尔：《人，诗意地安居》，上海远东出版社 2004 年版，第 89 页。

才有本真的安居"①,"只有当诗发生和到场,安居才发生"②。作为哲学家,海德格尔希望用理性的方式来诠释"此在"的意义,却用了非理性的情感语言,从这种"迫不得已"之中,我们可以看到当代哲学和艺术的内在联系。哲学的发展让艺术性的认知功能得到了哲学家们的重视,而艺术批评的深化,也让艺术逐渐突出了哲学的意义。那么,艺术和哲学具体有哪些相通的地方呢?

第一,艺术和哲学都重视自由心灵的作用和价值。

艺术和哲学都属于精神范畴的文化形态,它们的根本指向都是追求真实的表达。

毕加索曾经说过,艺术不仅需要真诚,而且还需要真实。大家都知道,只有感动自己才能感动他人。艺术家如果没有将自己在生活中体验到的真情实感融入创作之中,那么创作出来的作品要么是卖弄技巧的形式,要么就是一种苍白的表达。这是一种缺乏审美价值的艺术表现。然而,艺术表现活动并不只是抒发艺术家个人情感的工具,就表现这个概念的美学意义而言,它是与直觉、知识同一的概念。美学家克罗齐说:"直觉的知识就是表现的知识。直觉是离理智的作用而独立自主的。……直觉是表现,而且只是表现。"③在克罗齐看来,人们获取知识的途径不外乎两种:不是直觉的,就是逻辑的。靠直觉,我们发现了关于知识的意象;靠逻辑,我们发现了关于知识的概念。"艺术是诸印象的表现,不是表现的表现。"④根据朱光潜先生的解释,事物刺激感官,所引起的反应叫感受,而感受所得就是印象。感受与印象在刺激与反应模式中还是属于被动的、自然的和物质的,只有在心灵的观照下,脑海中的印象才有了形式,成为一种形象化的东西。这个心灵活动即直觉,印象由直觉而得形式,即得表现。根据这样一个理论,艺术家在创作活动中并不只是要传达自己的感情,而是要表现自己的直觉,即通过直觉感受到意象所表现的真实。甚至,这样的表现都不需要利用某种媒介来传达出去,脑子里只要有了意

---

① [德]海德格尔:《人,诗意地安居》,上海远东出版社2004年版,第96页。

② [德]海德格尔:《人,诗意地安居》,上海远东出版社2004年版,第95页。

③ [意]克罗齐:《美学原理》,上海人民出版社2007年版,第20页。

④ [意]克罗齐:《美学原理》,上海人民出版社2007年版,第22页。

象,表现活动也就完成了。如果你认同这个美学理论,那么,一方面你就会很容易理解毕加索所讲的那番话的意思,另一方面你也会懂得艺术文化的发展为什么会那么离不开心灵的作用。

其实,西方现代美学思想对心灵直觉作用的强调是有其历史渊源的。早在古希腊,哲学家柏拉图为了阐述其哲学思想,解决思想与行动之间的矛盾,就提出迷狂说,从而化解了本来不具有揭示理念的艺术却能够含有理念的矛盾。按照柏拉图的思想观念,艺术是不能体现真实性内容的。可是他又发现,诗人的话如果能够得到正确的解释,往往能够具有深刻的真理。为了解决这样一个矛盾,他说,那是因为诗人处在迷狂状态中,在神的感召之下说出了真理。诗人不过是神的传声筒,他在传达神旨之后,自己也无法理解刚才所讲的那些话。当然,并不是所有诗人都能够充当这种传声筒的,只有少数可以进入迷狂状态、摆脱一切情欲和尘世污染的人,才能静观美的世界,并通过诗的语言来表达这一真实的发现。

在柏拉图的这番论述里,他已经隐约地发现了开展审美活动所需要的心理条件,即无关功利的状态。并且他直接将艺术创造和心灵活动联系到一起,虽然没有提出直觉这一概念,却强调了灵感的意义。而这种强调最终是为了解释为什么艺术会与真理发生关系。从这个意义上讲,克罗齐的直觉说也应受惠于他的启迪。

心灵的存在与作用总是给人一种神秘感,而艺术所表现的所谓真实,在艺术表现形式中也是只可意会不可言传的,把这样的表现归功于心灵的作用,大家都不会有太多的异议。可是,对于哲学,人们通常都把它视为揭示真理的科学,如果哲学研究也强调心灵这种神秘的力量,而不是理性的分析概括力,那么肯定有很多人会觉得这一定是误入歧途了。事实上,哲学研究是离不开心灵的作用的,只是在哲学研究活动中,人们不是像艺术家那样依赖于心灵的作用,而是看重心灵的开放状态。

从事哲学研究工作的人首先必须是一个爱智慧的人,但是爱智慧的人并不等于是拥有智慧的人。他们不是以见多识广而自居,也不是以能言善辩而自得,在众人面前摆出一副可以教导别人的姿态,而是保持心灵的开放,带着追求真知的心态生活。古希腊哲学家苏格拉底经常在街上与年轻人辩论,但是,他从来不以长者或智者自居,而是以求真的态度不断地提出新问题,让一个似乎是清楚明白的事情变得错综复杂,让一个似乎是很容易回答的问题变得难以解释。经过他的提问,很多参与辩论的年轻人都发现自己似乎变笨了,而这正是他们接受教育,在求知的道路上成长的起点。古希腊有一句话说:"哲学起源于惊讶。"①现实在变化,社会在发展,哲学家就是必须在生活中不断面对、接受和思考"惊讶"的人。假如一个人对这种变化视而不见,对各种矛盾不感到惊讶,不去思考这些给自己的精神带来震动的新面孔或新问题,这样的人,肯定当不了哲学家,也肯定不是一个乐于去求知的爱智慧的人。

"哲学不是给予,它是唤醒……"②离开了自由、开放的心灵和对世界充分的好奇心,哲学家就不能完成这样的使命,而哲学就因此不会有进一步的发展。

第二,艺术和哲学都重视整体性的意义。

不论艺术是什么,有一点是大家都承认的:艺术是一种人类文化形式。既然是形式,它就不是一个自然的东西。通常,在人的眼里,作为文化的对立面,自然的东西都是缺乏秩序、杂乱无章且难以用整体性这个概念来概括的。

艺术,特别是像绘画、雕塑这类造型艺术,总是容易让人产生一种错觉,认为它们是模仿的产物。关于这一点,连伟大的古希腊哲学家柏拉图都这样看。好在他有一个热爱真理的学生亚里士多德,他提出了和老师不一样的看法。这个看法就是,艺术并不是简单地模仿自然或现实中的事物,而是模仿它们可能是或应该是的样子。这样一来,过去被认为是缺乏主体性和精神性的简单模仿,现在至少融入了人的想象或理想。艺术家的模仿,其实是一种再现行为,即赋质料以形式,又赋形式以理想。对于这样一种形式,它必然是秩序化的,也是整体性的。

古希腊古典时期艺术的表现印证了亚里士多德的美学思想。在当时的雕塑家眼里,人体雕塑并不是简单的自然对象的模拟物,而是符合公众情感的形象,体现审美形式原则的理想化的形式。它既是想象的产物,也是观念的表现。正如公元1世纪古罗马作家普林尼在评价希腊古典时代

① 傅佩荣:《哲学与人生》,东方出版社2005年版,第9页。
② [德]雅思贝尔斯:《哲学导论》(*Einführung in die Philosophie*),1971年德文第19版,第41页。

的雕塑家波留克列特斯的雕塑作品《持矛者》(spear-bearer)时所说的："这个手持长矛的外形具有男子气概的男孩,被艺术家们奉为'法规',艺术家们从这件作品中得出了艺术的基本准则。"①就形式而言,这个准则通过比例的安排、平衡的动态以及匀称的形体表现出来,很显然,这是雕塑家在准备完成一件作品前就计划好的内容。完成这个意图,不仅体现出艺术家的才华,而且也通过他们的感觉创造出富于整体性的形式。这个形式在信奉和谐之美的古希腊人眼中,无异于神的到场。因为能体现数的和谐关系的形式,就是神所创作的宇宙的模型。

艺术家在赋质料以形式,将自然或现实中的事物赋予整体形式意义的同时,也在让这个形式具有审美上的品质,即他们又赋形式以美的意象。他们在追求自己的文化表现时,不是机械地按照一定的形式法则把自己感觉到的内容组装在一起,而是充分地调动自己的想象力,根据自己心中的意象来创作,从而产生出全面而又生动地反映出人的心灵品质的艺术作品。18世纪中叶法国著名艺术批评家狄德罗用两段话把这个问题说得很清楚。他说:"当时有一种精神使诗人的谈话里每个音节都活动起来和富有生命。这精神是什么呢?我有时感觉到它在哪儿,但我所知道的只是它使得事物一下子说出来和表现出来,在同一时间悟性领会它们,心灵被它们触动,想象看见它们,而那段话不仅是一连串果断的词语有力和典雅地把思想陈述出来,而且是一系列重重叠叠的象形文字将它描绘出来。就这种意义上讲,我可以说一切诗都是象征性的。"②他还说:"我们的心灵是一幅活动的图画,我们照着它不断描绘;我们花很多时间将它画得分毫不差,但它是整个的,各个部分同时存在的。"③

前一段话,狄德罗讲的是艺术形式的象征性,指出艺术表现活动是在某种内在精神的支配下完成的;后一段话,狄德罗具体指出了人的心灵世界对艺术创作活动的主导性。它告诉我们,艺术家不是自然或现实事物的抄袭者,而是心灵世界的歌唱家。

---

① [美]温尼·海德·米奈:《艺术史的历史》,上海人民出版社2007年版,第45页。
② [法]狄德罗:《狄德罗画评选》,人民美术出版社1987年版,第17页。
③ [法]狄德罗:《狄德罗画评选》,人民美术出版社1987年版,第17页。

亚里士多德认为："悲剧是对一个完整化一，且具一定长度的行动的模仿。"①普鲁特斯在有人批评他的意识流小说缺乏结构时说："我将为你证明，这些作品唯一的优点在于它们的全体，包括每个细微的组成部分都十分结实，而批评家偏偏责备我缺乏总体构思。"②米兰·昆德拉认为："没有情节的统一性，人们就很难想象它是一部小说。"③

不论是理论家，还是艺术家，他们在各个时代中都深刻地指出了艺术创作追求整体性价值的意义。他们在告诉我们艺术是一种人类文化形式的同时，也告诉我们艺术还是一种有着非常特殊的组织结构的人类文化形式。

作为所有科学之母，哲学为我们提供的最大的财富是智慧。智慧有两个特色：一是完整，二是根本。所以，有智慧、懂哲学的人，都知道要从整体的角度看问题，要穷究事物的根本。

我们说，做一件事情，要有头有尾。做事如此，做人也是如此。人生无论是一盘棋，还是一条河，它都是一个整体。要想把握住自己的一生，让自己在智慧之光的照耀下完成自己的使命，就必须设法观照到这个整体。在这个认识基础上，再开展自己的人生之旅，就会处变不惊、临危不乱，既不会因为遇到挫折就垂头丧气，也不会因为登临山峰而趾高气扬。作为一个有智慧、懂哲学的人，通常要比一般人站得高、看得远，志向要比一般人远大，心态要比一般人平稳，行动要比一般人踏实。

中国文化之所以能够在世界上独树一帜，并为世界文化的发展做出杰出的贡献，追根溯源，还是要归功于中国人的智慧——天人合一的哲学思想。在天、地、人这么宏大的视野中，中国人通过自己的直观感悟，发明了一个象征着宇宙整体和根本的太极符号。通过这个符号，我们不仅看到了宇宙的整体面目，而且还认识到了其运动的内在规律，即阴阳互动，相克相生。有了这么一个思想，我们中国人的生活就因此而安稳起来。我们不会再因为身处黑夜而感到恐惧，因为我们知道一旦黎明伊始，光明又会洒满人间。我们也不会再为一时一地的得失而过度忧虑，因为我们

---

① [古希腊]亚里士多德：《诗学》，商务印书馆1996年版，第20页。
② [法]普鲁斯特：《追忆似水年华》，译林出版社2012年版，第11页。
③ [捷]米兰·昆德拉：《小说的艺术》，译文出版社2004年版，第103页。

知道物极必反、否极泰来的规律。假如哲学不是在讲这样一种关于世界的整体性的事情,而是陷入那些鸡零狗碎的描述中,那么它不仅不配用智慧这个概念来包装自己,而且人类的思想也无法从哲学中获得启迪,并拥有可以照耀自己人生前程的指路明灯。

与科学不同,哲学阐释的是最具有普遍性的道理。大道至简,它讲的都是人世间最为根本性的问题。比如说,我是谁?我从哪里来?我要往哪里去?这些基本的问题,都是我们发展社会文化、走向光明未来的根基。在这方面,你的根扎在哪里,根的深度就决定了你未来发展的走向和空间。比如,生死问题是现实人生中最为重大的问题,你有怎样的生死观,你的人生就会有怎样的轨迹和内容。从哲学的角度看,宗教就是一门帮助人们了解生死的学问。通过学习宗教思想和文化,一个人在如何度过自己短暂的一生,在取舍问题上,就会有一套不同于凡俗的想法和活法。死亡,也是哲学家们关注的热门话题。特别是西方的哲学家,对这个课题的研究尤为重视。在他们看来,假如没有认识清楚死亡是什么,没有形成自己的死亡观,那么,所谓的生活是没有什么实际意义的。比如,你若是接受海德格尔的死亡观——"死亡是此在最本己的、无所关联的可能性"①,那么,你就会在生活中采取向死而生的态度,积极追求生命本体的意义,凭着自己的良心,自己选择自己,自己筹划自己,而不是屈从于现实,盲从于社会文化的指令。反之,你若是接受亚里士多德的死亡观——神圣理性不死,人生就会走在另外一条轨迹上,产生另外一种生活价值。

追求智慧、发现真理、梳理价值,是哲学研究的三大使命。为了实现这个目标,哲学家就必须有整体观,要有发现、描述和解析整体,洞察其本质的能力。

第三,艺术和哲学都重视独立人格的价值。

艺术表现活动归根结底是一件个人的事。它体现出个人的生活体验、个人的表达方式和方法,也含有个人的思想观念、趣味与性格。因此,清初画僧石涛在他的《画语录》中讲:"我之为我,自有我在。古之须眉,不能生在我之面目。古之肺肠,不能安入我之腹肠。我自发我之肺腑,揭我

---

① 段德志:《西方死亡哲学》,北京大学出版社 2006 年版,第 245 页。

之须眉。"他认为,艺术创作就应该是表现自己的真情实感,要显示出自己的才情,而不能走泥古不化、不讲个性的道路。另外,艺术创作活动的开展也离不开想象力的推动。作家高尔基讲:"科学工作者研究公羊时,用不着想象自己也是一头公羊,但是文学家则不然,他虽然慷慨,却必须想象自己是一个吝啬鬼,他虽然毫无私心,却必须觉得自己是一个贪婪的守财奴,他虽然意志薄弱,但却必须令人信服地描写出一个意志坚强的人。"①想象是内心体验的生成机制,也是审美表象的生成机制。离开想象,我们无法深化感觉、创造表象,更无法创造体验,从而创作出活灵活现、生动感人的艺术形象。想象对于艺术创作而言是必须的,否则,福楼拜就无法描写包法利夫人自杀时的心情和感受,歌德也无法刻画出恶魔门菲斯特的性格。但是,从想象的生成到后来的表达,对于每一个艺术家而言,即便是针对同一主题,其具体内容也不可能是一样的。从这个意义上讲,每一件艺术作品和世间的每一个人一样,都应该是独一无二的。真正的艺术家都希望通过创立自己的艺术风格来弘扬自己的个性,并彰显自己的独立人格。

与重视感性显现活动的传统艺术相比,当代艺术更加突出了观念的作用。艺术家根据自己对艺术的理解积极大胆地开展艺术实践活动,让艺术行为融入整个人类社会文化发展的洪流之中,让自己从一个浪漫的波西米亚人转变成了一个积极参与现实文化发展讨论的人。在这种情势下,艺术潮流、流派、团体就如雨后春笋般地涌现出来。它们的出现,一方面激发了艺术世界的活力,让艺术世界恢复到本来就应该有的百花齐放、争奇斗艳的繁荣状态;另一方面也让艺术发展的方向性问题显得越发突出。为了显示自己的党派性,证明自己的艺术探索之路是正确的,他们比传统艺术家更加重视创作立场和态度问题,并把这一点看作是自己拥有独立人格的标志。

人类文化事业的发展离不开良好的现实环境,这个环境,具体说来,就是百花齐放、百家争鸣。哲学思想的发展历来都离不开各家各派间的争鸣和辩论,离不开各种思想原则和路线间的分歧和斗争。在这个过程

---

① [俄]高尔基:《论文学》,人民文学出版社 1978 年版,第 317 页。

中,假如哲学家没有自己的思想立场和观点,也就没有参与到其中的本钱和资格。假如他没有独立思考,在认真求证的基础上建立起自己的思想体系,那么也就不会有人去和他开展思想学术上的斗争。由此可见,对于哲学家和哲学研究而言,坚持人格的独立和思想的自由,是多么重要的事情。

所谓人格,是西方文化中的概念,英文是 personality,德文是 personalität。其含义,首先是指个人或私人,其次是指个人身上所体现的特征、外在容貌和风度,是个性的外在特点。就词源学意义上讲,这个词源自拉丁文 persona,本义是"面具",引申义为用面具所扮演的角色。总之,这个词并没有沾染上任何道德方面的意义,即讲人格并不是讲人的品格或人品。讲人格,是西方文化发展的一个重要基础。

在西方人看来,每一个人都有自己的人格,即都拥有自己的灵魂或内心世界。尊重他人的人格,也就是尊重自己,这是讲道德的基本表现。反之,侮辱人格,就是践踏人的尊严的表现。人的心灵是一个非常复杂的有机整体,在它的作用下,不仅人的思想信念是不同的,而且人的情感趣味也是不同的,它导致了人类生活的丰富性和人类文化的多样性。如果社会文化的发展出现不尊重人格的现象,就是在违逆人性发展的事实,它不仅不利于个人性格的发展,而且最终会导致社会文化的发展陷入伪善、僵化和崩溃的局面。中国封建社会文化的悲剧命运就充分地说明了这一点。在尊重人格、发展以人格为基础的文化方面,艺术与哲学文化起到了相当大的作用。特别是以发现真理为使命的哲学文化对这个方面的推动就更加显著。

17 世纪法国理性主义哲学家笛卡儿说:"我思故我在。"认为除了怀疑本身不能怀疑之外,一切都需要怀疑。他的思想启发了欧洲人在人格独立方面的意识,同时也在文化上掀起了理性主义的浪潮,让欧洲文化的发展逐渐地从非理性的宗教专制主义的泥潭中走了出来。后来,英国经验主义哲学家培根又喊出了"知识就是力量"的口号,他的倡导无疑为人格独立、为理性主义文化的发展提供了方法论上的指导。我国现代著名哲学家冯友兰先生认为哲学就是对思想的反思,而哲学家的任务就是思想思想。很显然,要想完成这个看似简单的工作,哲学家要是没有独立的人格,没有批判的武器,就根本不可能取得应有的批判的成果。人格独立对于哲学家而言,是开展思想活动、开启智慧大门的基石。一个不站在自己的立场上思考问题,不从一个角度探求真理,人云亦云,只接受答案,不寻求原因的人,做一个普通的现代人都会成问题,更不要说成为一个富于智慧、能够启迪人思想的哲学家了。

四、总结

说艺术与哲学的不同,使我们看到了两种不同文化形式在本质、功能和形态上的差异,从而让艺术家更加清楚地按照自己的规律、意义和形象要求来开展自己的工作。说艺术与哲学的相通之处,是为了让艺术家们认识到它们之间的内在联系,从而在艺术创作活动和自身的修养活动中,积极融入和吸收哲学的内容和养分,在提高个人思想品质的同时,也增加了作品的深度和人文品质。

从认识的立场看世界,世界是由不同角度的观察所组成的,它是真的。从实践的立场看世界,世界是人的欲望和价值作用下的产物,它是善的。从审美的角度看世界,世界是主观与客观、感性和理性、个别和普遍统一的产物,它是美的。从宗教的角度看世界,世界是神的创造物,它是神圣的。

真是以哲学的方式来呈现的,善是以伦理道德的方式来呈现的,美是以艺术的方式来呈现的,而神圣则是靠信仰和修行的方式来呈现的。换言之,我们以分科而立的方式来认识和把握真,以少数服从多数的方式来确立善,以百花齐放的方式来展示美,以信教修行的方式来显示自己的虔诚。因此,在科学家眼中,世界是一个客观的对象,事物间体现出的是一种几何结构关系。在道德家眼中,世界是一个体现价值差别的对象,事物间体现出的是一种功利或政治关系。在艺术家眼中,世界是一个想象的对象,事物间体现出的是一种梦幻或张力关系。而在宗教徒眼里,世界是一个可以见证神迹的对象,在这个世界里,事物间体现出的是世俗和神圣、邪恶和正义、毁灭和升华这种非此即彼的关系。

我们以不同的身份、兴趣和爱好活在不同的世界中,世界观与活法的不同,让我们彼此相见,却难以走到一起,甚至还常常发生摩擦与争斗。然而,我们毕竟都是人,我们都共同生活在地球上,共享着人类历史文化发展的成果,跟随着时代文化发展的潮流,积极进取,努力承担着推动人类文化发展的使命。所以,尽管大家平时都过着各自认同的生活,干着自己喜爱的事业,从事自己擅长的专业,彼此各倡其道,各行其是,但是在这种情况下,又不可避免地要相互渗透和影响。在这个过程中,各种文化形式相互认识、理解、欣赏和吸收,共同发展和提高,并最终改善人类的文化生活环境,推动社会文明的进步与完善。

就艺术文化而言,它与宗教文化的联系,让它富于信仰的色彩;它与哲学文化的联系,让它富于智慧的光芒;它与科学文化的联系,让它富于美学性;而它与道德的联系,则让它富于社会价值。这些联系使得艺术文化完善了自己的形象,深化了自己的内涵,增强了自己的力量,扩大了自己的影响。当然,在这个过程中,艺术家的人格修养也得到了提高,而艺术文化也将自己融入了社会文化的发展洪流当中,为人类文化的历史发展做出了积极而又重要的贡献。

第九讲

艺术创作论

艺术创作是艺术文化领域中的重头戏。假如没有艺术创作,不仅不会有艺术品,而且也不会有现实意义中的艺术家。正如美国经验主义哲学家约翰·杜威所讲:"我们大多数人想成为艺术家,所欠缺的不是启动的情感,也不是单纯用于操作的技能,而是依据某种确定的媒介来表达一种模糊的思想和情感的能力。"①这样说来,艺术创作不仅是艺术家的专利,而且还是一种特殊的生产实践活动。

第一节　作为类实践的艺术创作活动

毫无疑问,艺术创作是一种社会性的生产实践活动。但是,和实际的生产劳动行为相比,它又有极大的特殊性,具体体现在如下几个方面。

首先,艺术创作不直接作用于现实。

以原始人的艺术行为为例,根据我们现代人的认识,原始

---

① John Dewey, *Art as Experience*, New York: Minton Balch, 1934, p. 74.

人的舞蹈、音乐、绘画、雕塑,甚至包括建筑行为,都与巫术和祭司文化有着非常密切的联系。这一点,与我们现代人开展艺术生活的意图有着很大的不同。但是不管是现代人从事艺术,还是原始人从事艺术,二者对于现实生活的影响,都不可能像工具生产活动那样直接作用于我们的现实生活,而是体现出间接性。

由于受到原始思维的影响,原始人通过艺术开展巫术活动,这是当时普遍流行并影响深远的文化。当这种文化刚刚诞生的时候,我们相信,受潜思维模式支配的原始人会相信具有艺术特征的巫术活动可以帮助他们完成现实的任务,就像弓箭可以帮助他们射杀猎物一样。他们穿上羊皮,假扮羊群舞蹈,认为这样就可以在接下来的狩猎活动中捕获他们所装扮的猎物。他们在深洞里画野牛、驯鹿,最初应当都有这样的意图。可是,原始人再怎么愚昧,他们也是人类,他们也会在数次狩猎失败以后,总结经验教训,发现巫术活动原来不能扮演实用工具的角色。然而,这个时候,富于艺术色彩的巫术活动已经发展成为原始人的文化传统,已经和他们的生活紧密地联在一起,成了他们生活中的一部分。在这种情况下,他们会调整自己对巫术和原始宗教行为的看法,重新安排它们的功能,让它们通过作用于人的精神,然后再作用于人的生产和生活。等他们认识到这一点,并有意识地发展这种形式的巫术和祭司文化时,原始文化的发展就跃入了一个新阶段,而人类艺术的发展也就有了一个从黑格尔所讲的前艺术的状态演化为艺术状态的契机,现代审美文化的发展也因此有了真正的现实基础。

其次,艺术创作是一种美的创造活动。作为一种求美的行为,它既是非功利性的,也是自在自为的。画家画以水果为素材的静物画,并不是为了引起观众吃的欲望,而是希望观众通过欣赏由它们所组成的有意味的画面形式,产生超越生理本能的审美体验。而作为普通意义上的生产实践活动,它所追求实现的就是一个非常具体的现实目标。作为一种以求善为目的的人类社会行为,它不仅要满足社会现实中生产生活的需求,而且还要为劳动者带来经济上的利益。

最后,艺术创作与普通的生产实践活动在实现目的的过程上也有很大的差异。在普通的生产实践活动中,手段和目的是分离的。而在艺术创作活动中,手段和目的往往是合一的。艺术家在创作活动中,一开始也会有一个意图,可是,随着创作活动的展开,在发散性形象思维的支配下,想象力的介入,让艺术家在画面中所完成的内容往往都会多于最初的设想。它不仅仅让画面内容体现出丰富性,而且还让形式内涵拥有深刻性。

可以这样讲,艺术创作就是一个寻找和发现自我的过程,也是一种为观众提供新的生活经验的方式。艺术家的创作通常都会以诗人为榜样,一个真正的诗人,他在表达意象、追求形式美感时,所采取的手法,就是如作家弗吉尼亚·伍尔夫在评价《呼啸山庄》的作者艾米丽·勃朗特时所说的:"艾米丽·勃朗特所做的,似乎是先把我们所熟悉的男男女女都撕扯碎片,然后又把那些无法辨认的碎片又重新组合起来,同时赋予他们不同寻常的生命力。"①通过这种手法,艺术创作就体现出了它的特色——创造性。相比之下,普通的生产劳动行为,在过程上就不具有这样的随意性和创造性。他们为了取得最佳的实践效果,绝对不能像艺术家那样跟着感觉走,随心所欲地搞创作,而是必须按照操作规程,按图索骥、有板有眼地完成劳动任务。假如一个艺术家最终完成的作品,在效果上出乎自己的设想,这或许是一件好事,但是,对于一个受过专业培训的工人来讲,工作没达到预期要求,施工不符合图纸规定,这绝对是一个不能容忍的过失。

从原则上讲,艺术创作应属于人类改造世界的实践活动,但是,具体到现实中来看,它又不是标准的人类实践行为。所以,如果我们非要用实践的观念来看待艺术,我们就只能说,它是一种类实践行为。

那么,作为类实践的艺术创作活动,它的具体内涵是什么?这种活动是由哪些环节组成的?完成像样的艺术创作活动需要哪些条件?人类开展艺术创作活动的意义何在?这些问题,我们都将在下面讨论。

---

① [英]弗吉尼亚·伍尔夫:《伍尔夫读书随笔》,文汇出版社2006年版,第131页。

第二节　关于艺术创作的不同看法

一、西方文化体系中的艺术创作观

一个画家到乡村写生,画一处老房子。周围有村民围观,有一个人问画家在干什么,画家说:"在画画啊。"问话者听后,心里纳闷:这房子就在眼前,为什么这个人还要把它画出来呢?

是啊,这还真是一个需要认真对待的问题!画画到底是为了什么呢?如果是为了画得像,那么,直接去看那个对象就可以了。如果不是为了这个目的,那么,画家又是在干什么呢?通常,画家会说:我在搞创作。可是,艺术创作又是什么呢?

关于这个问题,西方的艺术理论界有两种不同的认识:一种是"赋形说",它的形成是受到了古希腊哲学家亚里士多德的美学思想的影响;另一种是"灵感说",它的形成则是受到了亚里士多德的老师柏拉图的美学思想的影响。目前,这两种艺术创作观还在争论中。

1. 关于赋形说

按照赋形说的思想观念,艺术创作就是人们赋质料以形式,继而再赋形式以生命的过程。这个思想认识在西方艺术界的影响很大,对古典学院派的创作更是具有直接的指导意义。

在亚里士多德的哲学理论中,形式这个概念具有多种意义,但其中最为根本的一个解释就是:形式(eidos)就是为其所是的是。它作为目的存在于质料之中,质料在动力因的作用下完成目的的过程,也就是完成内在结构或形式要求的过程。以此逻辑,建筑是房屋的形式,语言是言语的形式,智慧是哲学的形式,美是艺术的形式,灵魂是人的形式。在亚里士多德看来,人是理性的动物,其行为特征就在于灵魂根据"逻各斯"(logos)来运作。在希腊语中,"逻各斯"含有言说、叙述、理性、定义、理性功能、适当比例等意义,这些意义都显示了人和动物的不同。后来,人们把"逻各斯"这个概念发展为"逻辑"(logic),特指人类开展科学的认识活动所需要应用的理性的形式。这也就是许多表示学科门类,如生物学、心理学、社会学、神学等术语的尾缀都有"logic"这个词的原因。

艺术是人的行为,所以,它也必然要体现出"赋质料以形式"的意义。在亚里士多德的哲学理论中,形式不是天外来客,而是人们认识事物的结果。当艺术家把自己的思想观念赋予媒介,比如建筑师把自己对于造型和结构的认识借泥、石、混凝土等质料表现出来后,他们一方面达到了建筑的目的,实现了它的功能价值;另一方面,他们也完成了一次艺术创造,因为模仿了理想中的形式而实现了美的创造。

"赋质料以形式",这种行为只是符合亚里士多德的哲学观念,让艺术行为体现出人的特征,具有文化的价值,而接下来人们又"赋形式以生命",这个行为就突出了艺术的特征,它让想象融入创作,从而使形式具有审美的品质。亚里士多德对美学的贡献在于他提出的模仿说,而模仿说对西方乃至于整个世界的艺术创作活动的影响,就是上述思想观念。

"赋形说"对艺术创作行为的具体影响是,艺术家们会把艺术创作理解为按照某种既定的观念,按规则将各种媒介材料组织起来,并最终使之成为美的化身的行为。这种行为的展开体现了规范性和可操作性,比如,当一个画家想要画一盆花时,他的脑子里马上就会浮现出一个既定的理想图式,然后就用自己已经练就的一套表现手法去开展创作,力求让结果达到自己心中早已树立起来的理想要求。可是,假如他是一个认真的人,懂得反思的价值,他就会在完成创作之后,冷静地面对自己的创作,先给自己打个分。一般情况下,他就会发现,自己其实并没有把自己想要表现的东西,即第一眼看到那盆花时的那种感觉画出来。他可以说画完了一张画,可是并没有真正地表现出美的形式。

艺术这个概念源于技术,任何形式的艺术创作活动都离不开技艺的支持,但是,一旦艺术家在创作活动中陷入预先设置好的一整套设想和操作模式之中,这样的创作活动,就形式审美的价值而言,最多也就只能打六十分。因为它们虽然符合了形式的基本要求,却没有进一步去符合审美形式的根本要求。

由亚里士多德的美学思想引发出来的艺术创作论,在今天看来,问题是不少的。这个突出形式规定性的思想主张曾经在历史上催生了意大利戏剧理论家卡斯特维特罗的戏剧理论——"三一律"(classical unities)。在西方戏剧史上的新古典主义时代,"三一律"成了指导戏剧实践活动的金科玉律,这就对戏剧艺术的发展产生了负面的影响。正所谓无规矩不成方圆,艺术家要想充分地表现自我,必须尊重形式的意义,强调控制力的作用。但是开展艺术创作也不能只讲规矩,不讲表现;只讲控制,不讲发挥。毕竟艺术创作的根本目的,不在于求真,也不在于求善,而在于求美,形式表现是为表现内容服务的。所以,针对这种创作观念,不少艺术家都保留了自己的看法。他们认为,遵循亚里士多德的思想开拓出来的创作路线,太过古板,过于学究气,不符合他们的实践创作经验,不能在艺术上达到最高的审美理想要求。于是,他们就走向了与古典主义创作路线相左的体现浪漫主义精神的创作路线。从历史渊源上看,这条路线在思想上和柏拉图的美学思想有着密切的关联。

2. 关于灵感说

柏拉图认为,艺术创作的动力不是来自艺术家头脑里生成的理式,而是来自灵感的启迪。当一个诗人处于迷狂状态时,就是灵感降临的标志。

柏拉图的这个观念不仅在中世纪神学那里得到了回响,更是在西方现代艺术家那里得到了新的注解。他们反对用一种理性的眼光来看待艺术创作行为,他们认为艺术家在开展艺术创作活动时,脑子里除了突如其来的直觉外,并没有明确的内容。文艺复兴时期的雕塑家米开朗基罗希望在艺术创作中通过自己的艺术才华,把大理石中所隐藏的形式揭示出来。20世纪初巴黎艺术家马塞尔·杜尚从卢浮宫买来一张《蒙娜丽莎》的印刷品,给她刷上了两撇小胡子,并取名为"L. H. O. O. Q.",用法语读就是"elle a chaud au cul",意思是"她的屁股热哄哄",以此来讽刺揶揄那些痴迷于蒙娜丽莎脸上那抹神秘微笑的观众。在杜尚看来,艺术可以是任何事物,只要人们愿意称之为"艺术"。艺术创作也不一定非得靠某种特殊的技艺和材料,只要能体现作者个人的观念和想法即可。很显然,这种艺术创作观念与意大利文艺复兴时期的艺术家米开朗基罗的艺术创作观念截然不同。

杰克逊·波洛克是美国抽象表现主义的代表人物。他在创作中将油彩滴洒在画布上,凭感觉开始,凭感觉结束。在他看来,自然不是艺术家再现的对象,而是支配艺术家开展创作的动力与结果。在这种力量的支配下,画画不是用手来完成一项约定俗成的工作,而是用心或直觉来表达一种更真实的感受。如果你去问从事这种类型创作的艺术家在画什么,他们肯定无法告诉你确切的内容,只能靠你自己去看作品,让艺术作品本身来告诉你。这样的情况在音乐家那里更是经常发生。当你去问一位钢琴家刚才演奏的曲子是什么意思时,他或许会再给你弹奏一遍,如果你还是追问同样一个问题,估计他只能跟你说:"朋友,你应该通过自己的聆听来寻求答案。"美国当代著名艺术家乔治亚·奥基芙在解释自己的一幅作品时说:"《加拿大的白色仓库》这幅画,只不过是对一件事物的简单陈述而已。我没有什么可说的,我用文字也同样说不出我用色彩表达不出的东西。"①对于这样的表述,很多人会不理解,他们听惯了亚里士多德的论调,认为艺术家应该不会不知道自己所表达的东西。艺术家是传达感情的人,如果艺术家不能为观众或听众提供确切的内容信息,他就不是合格的艺术家。事实上,这对在创作上信奉"灵感说"、认为艺术创作是自我表现的艺术家而言,简直就是在讲外行话。

凡是有创作经验的人都知道,光有形象思维和抽象思维,而没有灵感思维,是不可能创作出好作品的。灵感就像是一根火柴,离开了它,就算头脑中有再多的材料,也无法整合出一个富于生命力或表现力的艺术形象。法国著名华裔画家赵无极在其自传中讲,他在创作时只听命于画布的要求。这种创作类型的艺术家一旦开始了自己的艺术表现活动,就和现实中的素材断绝了往来。这时,他们的精神在感觉的作用下全部投入受灵感支配的表现活动中。假如他是一个画家,他就让点线面,让色彩、线条、肌理、媒介相互碰撞、共同作用,从而产生无法意料的效果。这样的创作活动与美的关系更加密切,因为美的世界是自在自为的,也是需要大家对其形式凝神观照的。

在亚里士多德学派的艺术家和艺术欣赏者看来,艺术作品是美的观念的物化形态,艺术创作只是将艺术家头脑中的理想图式表现出来。如果艺术作品不能完成,也不会对艺术形式本身有任何损伤,它还是存在于创作者的头脑里。而艺术欣赏者之所以会在欣赏活动中产生满足感,是因为他们在欣赏活动中观照到了作品的意蕴或理念,他们对作品的认可是因为他们发现作品准确地传达了艺术家所想传达的思想情感。这样的

---

① Sidney Janis, *Abstract and Surrealist Art in America*, New York: Reynal and Hitchcock,1944, p.42.

认识与判断在柏拉图学派的艺术家和艺术欣赏者看来,简直就是无稽之谈。艺术之美不是预先构想和排练出来的,而是在材料的安排和处理过程中逐渐呈现和被洞察发现的。在这样的创作观念指导下,在创作中,没有一张画是绝对画坏的,所谓画坏的作品只是艺术家在探究美的过程中的一段插曲,只要坚持凭感觉画下去,将错就错,就会有柳暗花明的那一刻,这时你会看到美原来就在懵懵懂懂的探索中,在似是而非的直觉表现的过程中。

在西方艺术界,直到19世纪印象派诞生的时候,亚里士多德学派的艺术创作路线才受到了真正的挑战。在创作上,灵感说才开始替代赋形说,成为艺术创作观念潮流发展中的主宰。

印象派画家在外出写生的过程中,发挥感觉的作用,让它与大自然的光色结合在一起,从眼睛对色彩的感受中发现自然之美,在即时性的表达中,重塑了美的形象。他们不可能在画画前预先构思画面,也不愿意回到画室后,再去按照所谓的美学原则进行修改,而是相信自己的感觉,并如实地加以表达。塞尚是后印象派画家,也是西方现代艺术的开山祖师,被美术家们誉为"西方现代艺术之父",在艺术创作活动中,更加自觉地走与古典学院派不同的创作路线,把印象派的艺术引向了新的高度,即让他们的创作体现出了符合视知觉原理的形式结构。他在自己的艺术创作实践活动中,把艺术看作是一个与自然平行的世界,画中出现的自然形态,并不是过去画家们关注和表现的对象,而是画面中的一个形式内容,是完成美感创造的重要因素。艺术家在处理这些形象的过程中,不是按照以往的造型原则来塑造他们的形象,而是按照视知觉的要求,把它们纳入画面整体的视觉张力形式之中,表现它们的过程同时也是发现和创造美的过程。正如美国抽象表现主义批评家罗森伯格在一篇文章中所讲的:"画布上所呈现的东西不是一幅图画,而是发生的事件……画家不再像先前那样,在来到画架前已经'胸有成竹';相反地,画家手里握着某种材料走向画架,在面前另一块材料上涂抹点什么或做点什么。随后所产生的结果便是布料上的形象。"①面对这样的结果,画家们通常都会大吃一惊,因为

---

① Harcold Rosenberg, *The American Action Painters*, in *The Tradition of the New*, New York: Horizon Press, 1959, pp. 25~26.

他们事先根本无法预料到结果会是什么样子,换言之,如果他们事先都知道自己能画出什么东西,那么,再去画这些东西,也就没有什么必要了。这就是前面我们讲的创作的真实目的。老房子就在那里,要想画这个房子,其实是没有必要的,因为只要看看就可以了。而画家偏偏要画这个对象,肯定是他从这个对象形式那里靠直觉感知到了什么内容,并想借题发挥,把它给表现出来。离开了这个动机,就真是不能理解画家为何非要去画房子。

"赋形式于质料"的艺术创作观念如今开始变成历史,而以自我表现为内容、突出材料与观念意识的艺术创作观念正在取而代之。艺术创作活动不再是先构思,再画草图,再绘小稿,然后再放大到画布上,经过几番修改,最终算是大功告成,而是像一次即兴表演,一切都出自偶遇,直到创作者在惊讶之中发现美的形式和结构开始显现出来为止。

源自亚里士多德美学思想的艺术创作观念——赋形说与源自柏拉图美学思想的艺术创作观念——灵感说,一个突出形式和再现在艺术创作活动中的灵魂作用,让艺术创作富于理性色彩;另一个则突出直觉与表现的灵魂作用,让艺术创作更多地体现出即兴的特征。从艺术创作发展的潮流趋势上看,目前后者正在成为主导。但是,不可否认的是,至今仍然还有不少艺术家坚持比较传统的艺术创作观念,以一种古典的精神和偏于理性的态度来对待自己的创作,他们的创作行为也仍然得到社会的认可,受到大家的尊重。从这一点上讲,怎样才算是真正的艺术创作,目前也只有主流和边缘之说。上面的论述,只是对这种情况做了一个说明,给关心这个问题的人们提供一个选择判断的机会罢了。

二、中国传统的艺术创作观——形神兼备说

中国的艺术文化历史悠久,内容丰富,不仅有很多艺术实践上的成果,而且在理论上也有很多建树。遗憾的是,鉴于中国传统的思维方式和文化习俗,我们的艺术理论比较倾向于经验的总结和格言式的表达,缺乏系统性的分析和说明。就中国的艺术创作理论而言,情况也是如此。不过,现在我们通过回顾中国美术史,对照西方艺术创作理论,还是可以发现我们中国人对艺术创作的基本认识的,它既与西方的艺术创作观有一定的共通性,同时也有自己的独特性,那么,中国人在艺术创作这个问题

上有什么独到的见解呢？

中国人信奉天人合一的哲学，在艺术创作上遵循的是写意的原则，把形神兼备当成是开展创作活动的具体要求。

从表面上看，这个具体要求似乎与西方传统艺术创作观念"赋形说"有着很大的类似性。特别是当我们讲"意在笔先，画尽意在"和"胸有成竹"这些概念时，很多人甚至就认为，我们的创作路线就是按照赋形说的要求来展开的。然而，如果结合具体的语境，我们就会发现，"意在笔先""胸有成竹"的说法与突出理性、强调形式规则在艺术创作活动中的指导性地位的"赋形说"，其实是两回事。也就是说，中西方的艺术家们在创作中走出的是两条不同的路线。前者可以概括为写意，而后者则可以概括为写实。就实际表现而言，与其说中国传统的艺术创作之路与赋形说指导下的艺术创作之路相近似，还不如说它更加趋同于柏拉图美学思想指导下的艺术创作之路。这里面最关键的一点，就在于我们对"意"的理解。

早在公元 4 世纪，魏晋南北朝时期的南齐人谢赫就在其美术理论著作《画品》中提出了"六法"的概念，其中"气韵生动"是画家们在创作实践活动中希望达到的最高境界。要想达到这个理想的目标，画家在创作时就要做到"意在笔先"，并通过"画尽意在"来检验创作成果的质量。关于这一点，继承了谢赫绘画美学思想的唐代美术理论家张彦远在其《历代名画记》中做出了非常具体而又精彩的说明。他说：绘画艺术创作"若气韵不周，空陈形似，笔力未遒，空善赋彩，谓非妙也"①。要想在创作活动中达到妙的境界，就必须处理好立意和用笔之间的关系，意存笔先，画尽意在，由此就会神气自得，妙趣横生。他以吴道子的创作为例，认为吴道子之所以能"不用界笔直尺而能弯弧挺刃，植柱构梁"②，就在于他在创作时可以做到"守其神，专其一，合造化之功，假吴生之笔，向所谓意存笔先，画尽意在也"③。这实际上已经不是在讲画画本身的问题，而是在讲人格修

---

① （唐）张彦远：《历代名画记》卷一，《论画六法》，人民美术出版社，1963 年版。

② （唐）张彦远：《历代名画记》卷二，《论顾陆张吴用笔》，人民美术出版社，1963 年版。

③ （唐）张彦远：《历代名画记》卷二，《论顾陆张吴用笔》，人民美术出版社，1963 年版。

养的问题了。"凡事之臻妙者,皆如是乎。岂止画也?与乎庖丁发硎、郢匠运斤,效颦者徒劳捧心,代斫者必伤其手,意旨乱矣,外物役焉,岂能左手划圆、右手划方乎?"[1]

由此可见,意在中国传统绘画艺术创作活动中,并不是特指一种思想原则,而是指一种心理状态和精神感悟。当一个画家在下笔之前,能心中有意或"胸有成竹",就说明他已经在精神上与道相通,在心理上实现了物我交融的状态。这就是庄周梦蝶的故事中所讲的:在梦中与蝴蝶嬉戏,说不清楚自己是蝴蝶,还是蝴蝶是自己,这也是清初画僧石涛在其《画语录》中所描述的"山川与予同遇而迹化"。当代人本主义心理学家马斯洛对这种现象也做出了说明,他认为,这种表现就是所谓的"高峰体验"。在这种体验当中,人的精神高度集中于一种情境中,心理上感到极其自由,情状忘我,其快乐无法用言语来表达。这种状态,在庄子的表述中,就是"得意忘形"。

意,是中国人用来悟道的媒介,也是实际感悟的内容。在创作中讲究"意在笔先",不是强调形式的重要性,而是强调专心致志、情感投入和物我交融的重要性。假如艺术创作者在开展实际创作之前,没有投入感情,没有和自己想要表达的对象内容融为一体,那么,即便是熟练地运用某种技巧完成了一幅作品,也并没有达到创作要求,没有符合中国人的审美期待。我们中国人从事的艺术创作活动,其实并不是纯粹西方美学意义上的审美创作活动,而是带有浓郁的人本主义哲学色彩的悟道和证道活动。从根本上讲,我们传统的艺术实践活动发展到成熟阶段的表现就是进技于道,艺术家在创作行为中所追求实现的,不是审美,而是写意,是天人合一。

我们中国人的艺术创作之路其实是自成一体的,而写意就是这个体系中的灵魂。在它的指导下,中国传统的艺术创作逐渐突出了传神的思想,提出了形神兼备的要求,形成了进技于道、臻于自然的理想。"务乐有术,必由平出。平出于公,公出于道,故惟得道之人,其可与言乐乎!"[2]我

---

[1] （唐）张彦远:《历代名画记》卷二,《论顾陆张吴用笔》,人民美术出版社1963年版,第24~25页。

[2] 《吕氏春秋·大乐》。

们谈音乐如此,谈绘画也是如此。以传统文人水墨画的创作为例,当它逐渐步入成熟后,我们就听到了"逸笔草草,不求形似,聊以自娱耳"①的声音,也看到了意足不求颜色好,"只留清气满乾坤"②的诉求。我们开始在创作中求气象、玩笔墨、品韵味,在欣赏中赏气韵、观风骨。不仅看画,而且也品人。"其身与竹化,无穷出清新"③,画品即人品,格调为旨归。这些都是写意精神在艺术创作活动中的具体表现。宋代文豪苏东坡对这种创作活动的开展有过具体的描述,他说:"画竹必先得成竹于胸中,执笔熟视,乃见其所欲画者,急起从之,振笔直遂,以追其所见,如兔起鹘落,少纵则逝矣。"④从表面上看,画家似乎是在再现一个事物,而实际上,他是在表现自己心中所想象出的事物。这个事物融入了主体的思想感情,特别是融入了一个中国人的思想道德情怀,展示的是一个中国人的审美理想,它既不是赋形之再现,也不是灵感之表现,而是写意,是形神兼备,是气韵生动,是天人合一的哲学、美学思想在艺术领域中的实际贯彻。

中国的传统艺术创作活动是一个相当独特的行为系统。它有着自己独特的传统,有着特殊的文化背景,还有着自己的观念、技法和审美评价体系。所以,在介绍、分析、总结和概括中国传统艺术创作观念与法则时,必须结合文化语境,具体问题具体分析,不能生搬硬套西方的艺术创作理论和价值体系。否则,要么是扭曲中国传统艺术创作的美好形象,要么是隔靴搔痒,说不到具体点子上,其结果,只能让中国传统的艺术创作背离其文化根基,无法在世界上显示出自己独特的魅力和价值。

第三节　作为艺术创作主体的艺术家

艺术家是艺术创作的主体,他们的主体性品质与修养,不仅主宰了艺术创作活动的开展,而且还决定了它的命运。正如前文所言,艺术创作是

---

① (元)倪瓒:《答张藻仲书》。
② (元)王冕:《题画诗》。
③ (宋)苏轼:《书晁补之所藏与可画竹三首》。
④ (宋)苏轼:《文与可画筼筜谷偃竹记》。

一项非常特殊的实践活动,在人与自然对立统一的过程中,人类的艺术活动不断创造着新奇美好的事物,让不完美的现实生活显得完美一些,让在现实中痛苦,甚至趋于绝望的人们重新燃起对生活的热情和对未来的希望。作为从事这种创造活动的人,艺术家是由什么特殊材料做成的呢?也就是说,他们是怎样一种人呢?

首先,艺术家感觉细腻。

感觉是我们每一个正常人都拥有的认知能力,但艺术家们在这个方面的表现尤其令人称奇。通常情况下,面对自然和现实生活,艺术家的感觉要比一般人更加敏锐、细致,而且与之相连的表象记忆能力也非常突出。

埃伦·温纳是美国波士顿学院的心理学教授,在研究天才儿童的过程中,她发现在视觉艺术上有天赋的儿童,在视觉—空间—运动方面的能力上要比其他同龄人早熟。他们的特殊能力,让他们在画画方面比同龄孩子更加擅长于运用流畅而大胆的线条,去描绘形状清晰可辨的事物以及去处理有深度和体积感的对象。在具体考察这些将来很可能成为艺术家的孩子的生活表现后,埃伦·温纳总结出了这些孩子的人格特征,其中一条就是他们拥有非凡的视觉感受和记忆能力。

彼得是她长期跟踪的一个天才儿童。他在五岁半的时候,接受了一项测试实验,这个实验有时也被用于智商的测试。它要求被试者画一个人,画得越具体,得分也就越高。结果,彼得当时的得分要高于那些 14 岁儿童的水平。在这份测试报告中,专家们是这样评价彼得的:他的画"反映出极强的透视能力、立体感和细致的描绘力。"①认真观察这幅画,它的最突出之处,就是在人物的细节刻画上,如睫毛、瞳孔、发型、衣袖等部位,表现得特别细致入微。而且,他所运用的手法并不是同龄人所惯用的,即用简单粗糙的圆形来代表头和鼻子,而是运用了椭圆型。

彼得的爷爷讲述了一件让他感到惊奇的事情。孙子一岁半的时候,曾经随父母去佛罗里达州看望他。那时,他的车后窗架上放着一些贝壳,他没有想到,这些小玩意儿竟然引起了小孙子的注意。一年过后,当小孙

---

① [美]埃伦·温纳:《天才儿童》,昆仑出版社 1998 年版,第 54 页。

子再次来到他家,钻进车厢里,闹着要看那些贝壳时,他们才想起当初确实有过这么一回事。另外,这个孩子还比其他同龄的孩子更善于发现世界,他能在一些木纹中发现一些图案,还能跟人说自己在云彩中看到天使和竖琴的形状。

这些研究材料,不仅让我们看到了一个在艺术上拥有天赋的天才儿童的人格特征,而且也为艺术家需要具备哪些基本素质提供了旁证。一个有艺术天赋的孩子,将来不一定会成为艺术家,但是,当艺术家需要有天分,这是一个不争的事实。其中,善于捕捉细节的超细腻的感觉能力是作为艺术家必备的天赋。

瑞典诗人、诺贝尔文学奖获得者托马斯·特朗斯特罗姆在他的自传性文本《记忆看见我》中描述了这样一个记忆:"我到一个同班同学家里去,很惊讶地发现他们没有厕所,只是在后院有一个像我们乡下一样的带了马桶的干燥厕所。我的同学和我在一个抛弃的老锅子撒尿以后,她妈妈把尿倒在厨房的水槽里。很独特的一个细节。"①作家很平静地描述了他的观察和记忆,这反映了他的个人生活经历,也显示了他的职业素养。"'我的一生',想到这几个字的时候,我看见前面一道光线。仔细看,那光线真像一颗有头有尾的彗星。彗星的头,其最明亮的一端,是童年和青春期;彗星的核心,其最密集的部分,是决定生命最重要特征的幼年……再往后,彗星越来越稀疏,有越来越宽的尾巴。我现在处于尾巴的后端。"②然而,作家的感觉反应并不像科学家那么冷静客观,他们在观察中融入了想象,在感受中添加了个人的体验。

艺术家以个人感觉开始自己的创作,也以个人感觉来结束自己的表现。他通过创作让大家注意到了生活中一个个可能被忽视的细节,同时也和大家一起分享了个人的感悟和表达。这里面既有很多潜藏的东西,供我们去认识,也有一些新奇的表现供我们去欣赏。比如说,上文中,"我"同学的妈妈把尿倒在水槽里这个动作细节,就不仅暗示出她的性格,

---

① [瑞典]托马斯·特朗斯特罗姆:《记忆看见我》,上海人民出版社2012年版,第160~161页。

② [瑞典]托马斯·特朗斯特罗姆:《记忆看见我》,上海人民出版社2012年版,第123页。

而且也含蓄地说明了这个家庭的阶级地位与教养水平等。

有人这样评价印象派画家莫奈：人人都有一双可以观看世界的眼睛，可是，他的眼睛是多么神奇啊！艺术家的创作离开了感觉的支持，不仅会失去最初的动力，而且会失去实际的内容和最终的判断力。一个没有感觉的人去当艺术家，就相当于一个盲人去当画家，一个聋哑人去当音乐家，结果只能是一事无成。

其次，艺术家感情丰富。

"诗言志"、"情动于中而形于言"、"艺术是情感的符号"，这些经典话语时刻都提醒着我们：艺术创作离不开情感的表达。因此，作为创作主体，艺术家们也应该是一群善于体验和表达情感，内心世界极其丰富的人。常言道：人非草木，孰能无情？是人都会有情感，而艺术家们的情感世界却有其独特的一面。

第一，艺术家的情感很真。

很多时候，人们都喜欢把艺术家看成孩子，认为他们拥有天真的眼睛或质朴的心灵。在它们的作用下，世界具有童话般的色彩，变得非常得鲜活可爱。

作为凭感觉来生活的个体，艺术家对世界的认知是五光十色的，仿佛万花筒一般。从中采撷出任何一个对象，无论大小，都是一个完整的世界，是他们个人情感的表现和内心世界的写照。所以，英国诗人威廉·布莱克说："一粒沙里有一个世界，一朵花里有一个天堂。"[1]这是一个诗的世界，也是艺术家们所讲究的"现实"。在一般人看来，这现实是异常虚幻的，而在艺术家们看来，这个现实却是异常真实的，它是个体心灵与世界对话交流的产物，是心灵独语，也是人之生命最为真实的表演。

中国人把这样的感情叫做"兴"，"气之动物，物之感人"，人活于其中，岂能不"摇荡性情，形诸舞咏"[2]？在我们看来，是人皆能兴，诗言志，能兴便咏，能咏便得以群，"嘉会寄诗以亲，离群托诗以怨"[3]，人们借诗文抒发个人情感，也借诗文交流感情，从而彼此同情、相互认同。兴，首先是个人

---

① 选自台湾散文家陈之藩译《天真的预言》。

② （南朝梁）钟嵘：《诗品序》。

③ （南朝梁）钟嵘：《诗品序》。

真情实感的表达,其次才是集体共鸣和赏识。"桃之夭夭,灼灼其华",诗人看到了春天里桃花盛开的景象,不由得为其热烈的表现所感动,于是联想到青春女子的美好。"苕之华,芸其黄矣。心之忧矣,维其伤矣"①,然而,当诗人又看到颜色渐黄的凌霄花后,心情马上又变得极其低落。美好易损,生命易逝,这些感慨,又使得我们刚才还在兴奋的感情瞬间滑入了另一个情感的维度中。

正是艺术家的真性情导致了这种戏剧性变化的发生。对于他们而言,这是无法加以遏制的。一旦他们的生活失去了这样的表现,不仅会变得不自然,而且还会变得毫无意义。而对于我们而言,则是看到一种人与自然发生关系的独特方式。通过这种方式,我们不仅欣赏到了美,而且还发现了现实中的一种独特而又真实的风景,即那种和人类的情感发生关系后所展现出来的真实而又生动的生活。

第二,艺术家的情感很深。

因为艺术家的情感很真,所以,他们看到了一个丰富多彩的世界。因为艺术家的情感很深,所以,他们的创造表现不仅感动了自己,而且也感动了世界。

"李白乘舟将欲行,忽闻岸上踏歌声。桃花潭水深千尺,不及汪伦送我情。"李白若是自己没有深情,又怎么能够感受到朋友汪伦对他的深情厚意?"感时花溅泪,恨别鸟惊心。"杜甫若是自己没有深情,又何以能够移情于花鸟,让这些本是无情之物为己代言,传达心声?"此中有真意,欲辨已忘言。"陶渊明若是自己没有深情,又怎么能够体会到无言的大自然所蕴含的意蕴?而这种情感在一般人那里却是比较罕见的,因为他们平时不大用心生活,不会像艺术家那样,在投入生活的同时,也积极地体验着其中的滋味,让自己的感情由浅变深,由薄变厚,从而更加深刻地洞察世界,更加真实地表现生活。

《红楼梦》的作者曹雪芹说:"世事洞明皆学问,人情练达即文章。"这句话讲的就是一个人如何才能拥有深情。由他塑造的艺术形象贾宝玉,就是一个有深情的人物。脂砚斋在评宝玉这个人物时,用了"情不情"这

①　《诗经·桃夭》。

三个字,而在评黛玉这个人物时,则用了"情情"二字,可见在有情人当中,心中所含之情,还是有深浅之分的。

正所谓情到深处人孤独,陈子昂情深,他在"前不见古人,后不见来者"的情境中感受到了人生的虚无;贾宝玉情深,他最后不堪人间悲苦,为求解脱,出家当了和尚。日月无古今,情怀自浅深。大象无形,大音希声。言简意赅,情深意浓。这些表现,落实到艺术创作中,都是个人长期加强精神修养的结果,也是中国传统社会中人格完善的标志。从这个意义上讲,一个不经世事、阅历浅薄,不读书、没见识、乏教养、少感悟的人,是不会有深情的。而一个内心没有深情的人,即便他的情很真,也难以在艺术上有所作为,取得很高的成就。因为艺术家不是儿童,他们不是任性的人,而是讲个性的人。他们的所作所为貌似玩耍,实际上却是成人的游戏,是在用自己的声音唱出大家的心声,传达出的是人类共同的情感。

情真者,眼睛里的世界是天真烂漫的;情深者,眼睛里的世界是充满爱意的。二者结合,构成了艺术家内心情感世界的维度。它是丰富的,也是深沉的;是个人的,也是社会的;是真的,也是善的。当这一切都被艺术家表达出来以后,它就是美的。

再次,艺术家富于想象力。

一个情感丰富的人,其想象力也必然是异常强大的。

对于想象,心理学家是这样解释的:它是一种人人都具有的心理机制,"是我们的大脑两半球在条件刺激物的影响之下,以我们从知觉所得来而且在记忆中所保存的回忆的表象的材料,通过分析与综合的加工作用,创造出来未曾知觉过的甚或是未曾存在过的事物的形象的过程"[1]。也就是说,想象是一个以记忆表象为材料,通过大脑的分析综合而创造新形象的过程。艺术家的想象也符合一般想象的规律要求,但是在质量上又要远远高于一般人的想象。

导致这一结果的主要原因,正是前面我们所提到的艺术家内心细腻的感觉和丰富的情感。科学家也具有想象力,但是,他们的想象力往往受理性思维的影响,无法展开翅膀,自由飞翔。相比之下,在感觉和情感的

---

①　杨清:《心理学概论》,吉林人民出版社 1981 年版,第 291 页。

作用下，艺术家的想象力要比一般人更加强大，在表现上也更加自由。他们可以想象精卫填海，可以想象女娲造人，可以想象维纳斯从海上诞生，还可以想象一个人经过地狱、炼狱，最终到达天堂的景象。在想象中，艺术家的情感体验达到高峰，创作欲望或冲动也达到顶端。可以这样说，没有想象，艺术家的生活就没有真正的起点，他们的身份也就无法在未来的生活中得到真正的确认。

当然，这并不是说，艺术家的想象可以是不着边际、不加控制的。对于一般人来讲，他们的想象往往漫无目的，似浮光掠影，也似过眼云烟，随着心情，一阵风过去了，也就无影无踪了。而艺术家的想象是合乎逻辑和具有一定针对性的。艺术家的情感来源于他们在生活中的真实体验，因这种感情而生的想象力，不可能没有任何依据，只是这种依据不像科学家那样具体而已。艺术家在生活中也是有个性的，他们不仅有自己的生活态度，而且还有自己的趣味爱好，在这种情况下，他们的想象力也就不可能如梦幻泡影般虚无缥缈、不着边际，而一定是含有内在的精神性内容，体现出自我表现的意义。

屠格涅夫是19世纪俄国文坛的代表性人物。在构思《父与子》这部后来名噪世界的小说时，为了让自己的想象符合生活或情感的逻辑，他居然用了两年时间替小说中的主人公巴扎洛夫写日记，站在他的身份立场上记录他的"日常生活"。在这个过程中，他曾对另一位俄国作家奥斯特洛夫斯基说："巴扎洛夫这个人折磨我到了极点；就是当我坐下来用餐时，他也往往在我面前出现。我在和人谈话时也想：要是我的巴扎洛夫在，他会讲些什么呢？因此，我有一个笔记本，记录着我所想象的巴扎洛夫。"[1]

就艺术想象的针对性而言，假如这位艺术家是一位作家，那么，他的想象所针对的通常就是特定人物的性格。鲁迅在谈到《阿Q正传》中"大团圆"的结局时说："其实'大团圆'倒不是'随意'给他的；至于初写时可曾料到，那倒确乎也是一个疑问，我仿佛记得：没有料到。"[2]鲁迅先生说的倒是艺术创作活动中艺术家在发挥艺术想象时常见的一个现象。他们往往会事先想象好一个结局，然而，写着写着，结局却与事先所想不大一样，

① 转引自高楠：《艺术心理学》，辽宁人民出版社1988年版，第214页。
② 鲁迅：《鲁迅全集》第3卷，人民文学出版社1981年版，第380页。

甚至是完全相反的。托尔斯泰最初给安娜·卡列尼娜安排的命运并不是卧轨自杀，普希金事先也没想过让他的达吉亚娜出嫁，可是，艺术家在创作时按照生活或情感逻辑的安排，就为主人公找到了一个更佳的、也更符合情理的归宿。这既体现了艺术创作活动的特殊性，即它并不是一件按图索骥来完成的工作，而是根据情理要求可以发挥创造性的创作；同时也体现了艺术想象的特殊性，即它是合乎生活或情感逻辑要求的想象，也是受到艺术家情感和趣味控制的想象。

在艺术家那里，想象即情感。因为在他们发挥想象力的那一瞬间，很难说是情感激发了想象，还是想象激活了情感。它们就这样水乳交融地化合在一起，让艺术家的情绪激动起来、心灵飞舞起来，情感仿佛有了自己的形式，而创作的闸门也似乎猛地被打开了。

最后，艺术家爱表现并富于创造力。

很难想象，一个想当艺术家的人，却说自己不爱表现。这会是一个多么大的矛盾啊！

爱表现是儿童的正常行为，这种行为在中国的家长那里，经常被当成是"人来疯"——一种调皮或不懂事的表现——来批评。从这个意义上讲，艺术家仿佛就是一群还没长大的孩子，因为他们几乎一辈子都在上演"人来疯"，喜欢通过艺术来秀自己。然而，艺术家们身上的孩子气与真正的孩子气并不能画等号，他们的"人来疯"其实是一种自觉的文化行为，目的是发现和创造美，而不是像儿童那样，只是为了满足自己心理发育本能的需求。

假如一个艺术家不爱表现，那么他的情感或想象力就无法得到充分的展现，他的所作所为也就无法体现出真正的审美价值。正如美国经验主义哲学家约翰·杜威所讲的："我们大多数人想成为艺术家，所欠缺的不是启动的情感，也不是单纯用于操作的技能，而是依据某种确定的媒介来表达一种模糊的思想和情感的能力。"[①]这种能力从哪里来？我们不否认天赋的存在，但一个有天赋的艺术家假如不爱表现，这种能力估计也就难以在现实中得到发展。毕竟，艺术并不是一种可以脱离社会现实而独

---

① John Dewey, *Art as Experience*, New York：Minton Balch, 1934, p.74.

立存在的事物,它的成熟与完善,除了要靠艺术家的天赋,还要靠后天不断学习和努力。也就是说,艺术家要在不断的自我表现活动中发现和完善自己,从而创作出优秀的艺术作品。

18世纪法国著名艺术批评家狄德罗在1761年撰写的一篇艺评中说了这样一段话:"我的朋友,如果要做一个艺术家,只需要强烈地感觉到自然和艺术的美,有一颗多情的心,天生一个最轻微的风息都会使它颤动的心灵,生来就是一个看见一件美好的东西或读到一段美好的诗文就感到陶醉、心荡神驰、无比幸福的人,我会拥抱着你,用两只胳膊搂着格留兹或鲁特勃的脖子,高声叫道:'朋友们,我也是画家啊!'"①

在狄德罗看来,成为一个艺术家需要有一些先天的品质,一种多愁善感的性格和一颗善于捕捉美的心灵。但是,一个艺术家要想证明自己的身份,那他就必须去表现,让大家看到他的存在,让人们分享他的发现和创造。

绝大多数艺术家在开始自己的表现行为时,重心都会放在炫技上。因为从传统的角度来看,艺术最初就是一个同技艺同名的概念,而艺术家的身份与地位就是在炫耀某种技艺中得到确认的。随着艺术观念的发展,当人们认识到技艺并不仅仅是实现目的的手段,作为艺术表现的语言,其本身也具有价值时,艺术家在这个焦点上的投入也就越发积极,以至于很多艺术家忘记了自己最初所要表达的内容,而成了技艺的奴仆,让自己的艺术表现最终变成了矫揉造作、哗众取宠的作秀。

我国当代著名诗人余光中这样评价艺术语言的作用和价值,他说:"文法只是文学作品、文学花园的一个看花园的恶狗,你不把它哄好,你不把它解决,你还是进不去。可是你进这个花园不是为了跟这些狗打交道,你要去看里面美好的世界。"②余先生的这番话形象生动地告诉我们:做艺术、玩表现,不能离开艺术语言和技巧,但是,若把它们当成是目的,那就是走入魔道了。无论创作何种艺术,都需要一定的基本功做保证。画家在创作时,需要拥有扎实的造型基础;诗人在作诗时,需要懂得文法结构;作曲家在创作时需要掌握基本的曲式、和声以及配器知识。否则,他

---

① ［法］狄德罗:《狄德罗画评选》,人民美术出版社1987年版,第10页。
② 傅光明主编:《平和与不安》,新世界出版社2005年版,第153页。

们的行为就会变成"野狐禅",是不负责任的孟浪之举。从这个意义上讲,一般的艺术家喜欢把艺术表现定位在程式表达或炫技上,是可以理解的。但是对于高水平的艺术家而言,他们所要表现的就不是这些内容。正如美国现代主义艺术理论家格林伯格所说:"毕加索、勃拉克、蒙德里安、米罗、康定斯基、布朗库西,甚至克利、马蒂斯和塞尚,主要从他们使用的媒介中获得灵感。他们的艺术的动人之处似乎主要在于对创造和组织空间、表面、形状、色彩等完全专注而排除一切和这些因素无关的东西。"①在格林伯格看来,艺术表现活动的目的就是将经验化为表现,在这里,艺术表现本身要比表现的内容更重要。这种现代的艺术观念把关注材料和语言表现技巧的艺术表现行为视为是一种需要加以批判的传统,在以格林伯格为代表的西方现代艺术理论家那里,艺术家的表现行为只有和直觉性内容相关联,才是真正的艺术表现。

在艺术世界里,内容和形式是高度统一的,内容即形式,形式即内容。内容是关系中的元素,形式是元素间的关系。我们认识艺术的表现形式,要靠感觉,但是要想完整地把握住它,就得靠直觉。对于这个直觉,哲学家柏格森有着深入的研究和说明,他在《形而上学引论》中说:"所谓直觉就是指那种理智的体验,它使我们身于对象的内部,以便与对象中那个独一无二、不可言传的东西相契合。"在柏格森的直觉理论中,他将人的直觉能力和理性分析能力对立起来,认为理性分析能力是在利用符号来转述某个事实,由于这种转述是靠不断地增加观点和变换各式各样的符号来使永远不完全的表象和不完满的转述完全和完满起来,因此它不能像直觉能力那样和对象化成一体、打成一片,完全地抵达对象。

柏格森的直觉理论明显地带有轻视理性思维的倾向性,但是,他的这个失之偏颇的观点若是放到艺术领域,用它来指导我们开展艺术创造和欣赏活动,就是一个真理。后印象派大师法国画家高更曾说:"很长一段时间,哲学家们思索着在我们看来是一种超自然的现象,而对于我们来说,它是可感的。感觉这个词包含着一切。"②同派法国画家、被西方画坛

---

① 朱其主编:《当代艺术理论前沿——新艺术史批评和理论》,江苏美术出版社2009年版,第7页。

② 张弘昕、杨身源编著:《西方画论辑要》,江苏美术出版社1990年版,第417页。

誉为"现代艺术之父"的塞尚就把这一点说得更清楚了："一幅画首先是，也应该是表现颜色。历史呀，心理呀，它们仍会藏在里面，因画家不是没有头脑的蠢汉。这里存在着一种色彩的逻辑，老实说，画家必须依顺着它，而不是依顺着头脑的逻辑；如果他把自己陷落在后者里面，那他就完了。"①

是的，艺术家是靠直觉来思考、来创造的。他们越是以一个不可分割的直觉的投影来感动我们，表现也就越完整。从感性认识到理性认识，通过在感性材料中提纯、抽象而做出简单理智划定的分析方法，即知性分析方法，并不能使我们发现美。我们对美的世界的把握，需要具体性和整体有机性，也只有靠直觉才能达到这样的要求。直觉可以感应到艺术家主观世界和客观世界的遇合和碰撞，可以在一个形式材料的感受中，感悟到蕴含在其中的真意。艺术表现若是离开这种直觉的作用，艺术家若是没有去表现自己靠直觉感受到的内容，那么，这样的表现就不能称为艺术表现。

诗人顾城在《诗话录》中曾经讲过自己关于直觉体验的一段经历："我发现惠特曼时笑了半天，我想他可真是会胡言乱语。……我读惠特曼的诗很早，感应却很晚。我是个密封的人。一直到八三年的一个早上，痛苦的电流才熔化了那些铅皮，我才感到了那个更为巨大的本体——惠特曼。他的声音垂直从空中落下，敲击着我，敲击着我的每时每刻。一百年是不存在的，太平洋是不存在的，只有他——那个可望不可及的我，只有他——那个临近的清晰的永恒。我被震倒了，几乎想丢开自己，丢开那个在意象玻璃上磨花的工作。我被震动着，躺着，像琴箱上的木板。整整一天，我听着雨水滴落的声音。"

顾城在读懂惠特曼的同时也发现了自己的问题，那就是平时自己在不知不觉中被一种感觉习惯所包裹。它意味着有一种思维定式将我们和艺术中的真实内容隔开，让我们看不到它们的存在，感觉不到它们的生命之光。只有设法打破这种局限，让自己的心灵，即直觉发挥作用，才能撕破这种黑暗，感受到一个新的、也更加真实的世界。意大利美学家克罗齐

———————
①　张弘昕、杨身源编著：《西方画论辑要》，江苏美术出版社 1990 年版，第 413 页。

说："心灵只有借造作、赋形、表现才能直觉。若把直觉与表现分开,就永没有办法把它们再联合起来。"①

按照这种理论,一个没有直觉能力的人就不会是一个能表现的人。假如他是一个艺术家,那么,他不仅无法在生活中发现具有审美价值的形式,而且也无法承担起艺术创造的责任。他可以通过熟练的技巧抄袭或模仿一种风格,但是这样的艺术永远也不会拥有审美的品位,而这样的人也永远不会成为一个真正爱表现的艺术家。德国著名哲学家卡西尔说:"我们可能会一千次地遇见一个普遍感觉经验的对象却从未'看见'它的形式;如果要求我们描述的不是它的物理性质和效果而是它的纯粹形象化的形态和结构,我们就仍然会不知所措。正是艺术弥补了这个缺陷。在艺术中我们是生活在纯粹形式的王国中而不是生活在对感性对象的分析解剖或是对它们的效果进行研究的王国中。"②意大利文艺复兴时期的大画家达·芬奇曾经教导人们要学会用眼睛来看世界,19世纪法国浪漫主义画家德拉克洛瓦也说:"很多人的眼睛是不中用的,他们视而不见;他们只能看到表面的东西,只要奥妙一点,他们就看不懂了。"③在这里,不论是哲学家卡西尔,还是画家达·芬奇、德拉克洛瓦,他们所说的都不仅仅是艺术生活的特殊性,而是更为具体地指出了开展艺术生活所需要的特殊能力,即艺术家的直觉表现力和艺术欣赏中的直觉鉴赏力。当爱表现的艺术家以这种能力去开展创作,他们便可以让自己的表现行为超凡脱俗,更加自由地驰骋在艺术的王国之中,享受着表现和创造的快乐。而一个喜欢艺术的人,若是以这样的能力去观赏艺术,他便能登堂入室,从一个艺术的门外汉,变成一个真正的艺术鉴赏家。艺术家们的创造力,与其说来自神秘的灵感或肆意的情感,不如说来自直觉或表现。当他们在生活体验当中靠直觉感受到了一种真实的存在,表现也就自然发生了,而他们的创造行为也只不过是关于这种表现的另外一种说法而已。正如英国美学家科林伍德所言:"创造某种东西,意指不用技巧但仍然是自觉而

① [意]克罗齐:《美学原理》,上海人民出版社2007年版,第15页。
② [德]卡西尔:《人论》,上海译文出版社1985年版,第183页。
③ [法]德拉克洛瓦:《德拉克洛瓦日记》,人民美术出版社1981年版,第657页。

有意识地制作某种东西。"①它不是无中生有,而是在直觉的作用下通过艺术来发现并表达一种真实。按照意大利美学家克罗齐的理论主张,这种真实一旦被想象到或感觉,在艺术家的脑子里有了位置,就可以说它被完全地创造出来。这样的创造物,其形式必然是原创的,其形态也必然是充满张力且富于生命活力的。从这个意义上讲,一个真正爱表现的艺术家也必然是一个富于创造力的人。

德国文豪歌德说:"艺术并不追求与大自然较量广度与深度,它将自己局限在自然现象的表面,但是,它有着自己的深度,自己的力量。"②作为这个世界的主体,艺术家也有着属于自己的人格特征。他们是一群感觉细腻的人,也是一群情感丰富的人;是一群富于想象力的人,也是一群热爱表现并积极投入创造性生活的人。假如社会上没有这些人,那么,即便是现实中有一个所谓的艺术世界,也不可能有自己的深度和力量。

第四节　艺术创作过程

艺术家对艺术创作的理解不同,他们开展创作的方式也不一致。信奉灵感说或表现说的艺术家,他们的创作方式偏重于即兴与直觉,非常看重创作激情和想象力。而那些信奉赋形说或再现说的艺术家,他们的创作方式则偏于理性和思想主题,非常重视美学理论的指导、题材的选择和方法的应用,历史上,法国古典学院派艺术家的创作就属于这种类型,而富于浪漫气质的西方现代派艺术家的创作则比较倾向于前者。其实,不论艺术家们的创作思想如何,真正的艺术家在具体的创作活动中的表现与再现并不是两个截然对立的内容,只是他们的创作观念不同,因而各自的侧重也有所不同而已。另外,就整个艺术创作过程而言,两者都离不开三个具体的环节性内容,即艺术体验、艺术构思和艺术传达。

---

① [英]罗宾·乔治·科林伍德:《艺术原理》,中国社会科学出版社 1985 年版,第 132 页。

② [德]歌德:《论文学艺术》,上海人民出版社 2005 年版,第 116 页。

一、关于艺术体验

概括地讲,艺术创作是一项源于生活又高于生活的创造活动。这句话,现在几乎都成了套话。假如我们也认同这句话,那么,对于艺术体验活动在艺术创作活动中的意义也就比较容易理解了。

艺术创作活动也可以叫做"形象创造工程"。虽然艺术家在创造艺术形象时主要是依靠想象,但是,正如上文所讲,一旦艺术家的想象离开实际生活的经验,没有针对性和逻辑性,那么,这种想象也就变成一种妄想或者是狂想。

俄国著名作家冈察洛夫曾经说过:"我只能写我体验过的东西,我思考过和感觉过的东西,我清楚地看见过和知道的东西,总而言之,我写我自己的生活和与之常在一起的东西。"[①]大作家列夫·托尔斯泰甚至把体验当成了艺术的本质,他说:"在心里唤起一度体验过的感情,在唤起这种感情之后,用动作、线条、色彩、声音以及言词所表达的形象来传达出这种感情,使别人也能体验到这同样的感情,这就是艺术活动。"[②]他的这种说法,若是作为美学思想,问题是不小的。但是,若是当成个人创作经验,说明艺术体验的作用价值,倒是非常值得重视。法国现实主义画家库尔贝也对生活体验情有独钟,他的绝大多数创作虽然也是在画室里完成的,但是,他说:"我只愿画我看到的,我从来不画安琪儿,我不去画它们。"[③]

艺术和生活之间的关系过于密切,当然会有损于艺术的审美品质。但是,如果艺术和生活失去了关系,艺术家在创作表现中没有了自己对生活的实际体验和感受,那么艺术创作也就成了无源之水,失去了内在的生命力。法国古典学院派艺术发展到后来之所以会受到现实主义画派和印象派画家们的挑战与批判,并由此逐步走向衰落,一个非常重要的原因就是这个艺术流派在发展过程中逐步脱离了自己和现实生活的联系,自我封闭,走进了所谓纯艺术的象牙塔。著名油画家吴冠中有一个影响甚广

---

① 古典文艺理论译丛编辑委员会编:《古典文艺理论译丛》第 1 辑,人民文学出版社 1961 年版,第 189 页。

② [俄]列夫·托尔斯泰:《艺术论》,人民文学出版社 1958 年版,第 48 页。

③ 杨身源、张弘昕编著:《西方画论辑要》,江苏美术出版社 1990 年版,第 380 页。

的创作理论,叫"风筝不断线论"。他认为,搞好艺术创作一定要发挥艺术想象的作用,要让艺术创作充分体现出精神性的品质,但是,艺术家在发挥自己的艺术想象力的同时,也不能脱离自己的生活感受。一旦艺术创作活动离开艺术家对生活的实际体验和感受,那么他的艺术就会像断了线的风筝一样,飞不了多久,就会掉到地上。著名作家王蒙在谈到自己的文学创作经验的时候,也特别提到了生活体验和感受的重要性,他说:"我认为写作的时候不但要求助于自己的头脑,而且还要求助于自己的心灵,而且要求助于自己的皮肤、眼睛、耳朵、鼻子、舌头和每一根末梢神经。例如你写到冬天,写到寒冷,如果只是情节发展的需要或是展示人物性格的需要使你决定去写寒冷,而不是动员你的皮肤去感受这记忆中的或假设中的冷,如果你的皮肤不起鸡皮疙瘩,如果你的毛孔不收缩,如果你的脊背上不冒凉气,你能写得好这个冷吗?"①

不仅仅是作家和画家有这样的实践经验总结,那些从事二度创作的表演艺术家们也有这样的认识。

德国小提琴演奏家索菲亚·穆特在一次记者采访时讲道,作为一名生活在现代社会中的小提琴手,为了能够演奏好古典乐曲,就必须做功课。读一些相关图书,去那个作曲家生活过的城市,感受那里的风土人情。这样,才能准确地演绎作品,充分展现作品的生命力。北京人民艺术剧院的著名老艺术家朱旭,为了让自己的形象符合舞台角色的需要,他执意不让化妆师为自己贴上假胡子,而是在登台演出前自己蓄起了胡子。他说,这样做主要是为了体验生活,随着胡子一天天地长长,也就慢慢地入了戏,自然而然地变成了舞台上的那个人物。已故著名表演艺术家金山根据自己的实践经验,将表演艺术中的体验和表演的关系总结出了五句话:"没有体验,无从体现。没有体现,何必体验。体验要真,体现要精。体现在外,体验在内。内外结合,互相依存。"②金山总结出的这五句话,实际上就是一个表演艺术家对艺术创作要源于生活又高于生活的具体注解。

---

① 王蒙:《倾听生活的气息》,《文艺研究》1982 年第 1 期。
② 荒煤、金山、黄宗江等:《电影表演艺术探索》,中国电影出版社 1984 年版,第 25 页。

"问渠那得清如许,为有源头活水来。"朱熹的这两句诗,不仅说出了生活的哲理,而且对艺术家们开展积极有效的艺术创作也很有启发和指导意义,即不论你是从事哪一种艺术门类创作的艺术家,要想在创作上获得应有的审美品质,都必须努力把自己的根牢牢地扎在现实生活的土壤中,通过自己的体验和感受从中汲取养分,并通过艺术想象作用于实际的创作活动。

二、关于艺术构思

当一个艺术家在艺术体验活动中找到了感觉,情满于山、意溢于海、想象翻腾、情思涌动时,就有了一吐为快,想要将之表达出来的冲动。在这个时候,艺术家的心理活动也是最丰富的,其中,想象发挥了最为重要的作用。

已故著名音乐作曲家杜兆植先生在 20 世纪 50 年代初的一天,曾经在同学钱绍武的引领下目睹了国画大师齐白石先生的一次创作活动。回忆当时的情景,他跟我说:"在笔墨纸砚都安排妥当之后,白石老人并不急于提笔作画,而是凝神定气,盯着宣纸看了五六分钟。随后,只见他用手指粗略地在宣纸上画了几下,然后拿起毛笔,蘸上墨水,飞快地画起来,不一会儿,宣纸上就出现了生动传神的景象,让人甚感惊奇。作品完成后,白石老人得意地对他们几个前来观画的同学说,别看我画得那么快,好像没什么准备,其实,画出来的东西早就在我的脑子里了。"

这就是艺术构思的作用。在中国画创作中,它叫"意在笔先",是国画家必须具备的创作本领。在传统的中国画创作中,只有"意在笔先",才可能在作品完成后获取"画尽意在"的审美效果。假如一个艺术家在开展创作时,脑子里没有这么一个体现主客观统一的审美意象,那么,他的创作活动,要么就是乱弹琴、瞎胡闹,要么就是缺乏主体性和创造性的匠人之举。这样的表现,若是源于前者,那就不具有文化价值;若是源于后者,那就不具有审美价值。

清代画家郑板桥在谈到自己画竹的经验时,曾经将它分为三个过程。第一步是"眼中之竹",这是说在画竹前要注意观察、体验竹子的形态以及疏枝密叶之间的关系;第二步是"胸中之竹",是画家在独特的审美体验中

"胸中勃勃，遂有画意"①；然后便"磨墨展纸，落墨倏做变相"②，即第三步——"手中之竹"。从眼中之竹到手中之竹，从一开始的艺术体验活动到最后的艺术作品的完成，中间的"胸中之竹"这一阶段是至关重要的，它决定了创作活动的质量。对于这一点，宋代大文豪苏轼表述得非常清晰，他说："画竹者必先得成竹于胸中，执笔熟视，乃见其所欲画者，急起从之，振笔直遂，以追其所见，如兔起鹘落，少纵则逝矣。"③这原本是与苏轼同时代的文人画家文同画竹的经验之谈，经苏轼《文与可画筼筜谷偃竹记》一文的转述而广为流传，并在后来被衍化为人人皆知的成语"胸有成竹"。

艺术不是一种单纯的模仿性行为，而是一种体现主体价值的创造性行为。具体而言，艺术创作体现在它不是机械地反映客观物象，而是能动地表现人们对客观物象的感受，使之成为人的情感的符号。苏轼讲的"胸有成竹"，郑板桥说的"胸中之竹"，都是对这种能动性——艺术构思活动的形象概括。它上接艺术体验活动，下连艺术传达活动，是艺术家们开展艺术创作活动的发动机，也是他们检验自己创作品质的关键标尺。

艺术构思活动是一项非常复杂的心理活动，其中情感和想象的作用是主宰。作为一种"在本质上也是对世界的思维"④，想象让人们对世界有了一个更加形象且富于整体性的认知。如前文所述，在想象之中，人的"大脑两半球在条件刺激物的影响之下，以我们从知觉所得来而且在记忆中所保存的回忆的表象的材料，通过分析与综合的加工作用，创造出来未曾知觉过的甚或是未曾存在过的事物的形象"⑤。这就是情感和想象作用于艺术构思的科学解释。正是艺术想象所具有的这种整体结构力，让艺术家有了创作灵感和构思，并在创作活动中展现了自己独特的创造力。它让乔安妮·凯瑟琳·罗琳虚构出了风靡世界的系列小说《哈利·波

①　北京大学哲学系美学教研室编：《中国美学史资料选编》(下)，中华书局1981年版，第340页。

②　北京大学哲学系美学教研室编：《中国美学史资料选编》(下)，中华书局1981年版，第340页。

③　北京大学哲学系美学教研室编：《中国美学史资料选编》(下)，中华书局1981年版，第39页。

④　《古典文艺理论译丛》第1辑，人民文学出版社1961年版，第146页。

⑤　杨清：《心理学概论》，吉林人民出版社1981年版，第291页。

特》,同样也是因为这种力量,让导演詹姆斯·卡梅隆拍出了震撼人心的电影《阿凡达》,让我们领略了一个叫潘多拉的星球上的奇异景象。美学家黑格尔说:"最杰出的艺术本领就是想象。"①人心善变,就人的情感本身来讲,其来也匆匆,去也匆匆,形态极不稳定,若是没有想象赋之以形式,那就只能是一种令人难以捕捉、理解和表现的东西。艺术家通过丰富的想象力让自己在生活体验中获得的感受、萌发的情感化为一种富于生命力的整体形象,伴随着这个形象的生成,艺术构思活动也随即启动了自己的程序,艺术家的脑子里开始出现了一个审美意象。它的出现,让艺术家有了一种表达与创作的冲动,有些人好像很确切地知道自己要表达什么,而大部分人只是朦胧地感觉到自己所要表达的东西,这个东西似乎在命令他们去写、去唱、去跳、去画、去雕,去把它表现出来,让人们发现它的存在,欣赏它的价值。于是,艺术创作活动就在再现和表现冲动的激发下开始了自己的历程。

除了情感与想象对艺术构思活动的核心影响力外,艺术家的创作经验和审美感觉在艺术构思活动中的作用也相当明显。俄国作家列夫·托尔斯泰花费了十几年的时间才完成了鸿篇巨著《战争与和平》,在这十几年的时间里,他曾经数次抛弃原来的构思,重新组织形式。德国文豪歌德从1770年起就开始构思诗剧《浮士德》,创作了近60年,直到逝世的前一年才完成了这部巨著。在这个过程中,创作活动和构思活动几乎难以截然分成两个部分。作者在创作中不断地调整和修改原来的构思,使之更加符合想象和情感表达的需要,这一方面说明艺术创作活动与艺术构思活动的相关性和整体性,另一方面也说明艺术构思活动对于有效地开展艺术创作活动是何等重要。

审美意象是艺术构思活动的产儿。研究者对于艺术构思活动的复杂性常常是一筹莫展,感觉自己难以对其开展极其透彻的分析。但是对于艺术家而言,这种复杂性却使得他们每一个人心中的审美意象都具有了独一无二的品质。只有根据这样的感觉开展的艺术创作,才是真实的,才可能是富于个性价值的。

---

① [德]黑格尔:《美学》第1卷,商务印书馆1979年版,第357页。

三、关于艺术传达

艺术传达活动是艺术创作活动中最为核心的环节。离开了这个环节,讲艺术创作就是纸上谈兵,没有现实的意义。尽管在美学家克罗齐的思想体系中,艺术家只要有了直觉,就意味着创作活动的完成。如果艺术家再用什么形式去"再现"直觉,那就必然会给直觉注水,使直觉表现的审美价值大打折扣。理论家的极端论调在学术上可以起到振聋发聩的作用,给人以不小的思想启迪,但是在现实世界中,若是把这样的思想落实下去,是根本行不通的。如果纯粹的艺术创作只是艺术家脑子里的直觉,而不是他们对直觉的表现和传达,那么,这样的艺术创作一方面会让人觉得莫名其妙,另一方面也不符合艺术文化发展的历史传统。

站在历史的角度,以世俗的眼光看待艺术创作活动,它必然是一个把审美意象物化的过程,即要有一个具体的创作结果——艺术作品。而完成这样一个任务,就必须要有艺术传达活动。艺术传达活动的开展离不开如下两项内容。

第一,艺术传达必须依赖特定的形式媒介和表现语言。

人类在历史发展过程中,逐渐形成了很多用于艺术传达活动的形式媒介,其中富于代表性的是工艺、绘画、雕塑、建筑、音乐、文学、戏剧、戏曲、舞蹈、电影、摄影等内容。它们在人类艺术文化的发展与传播活动中起到了关键的作用。随着时代文化的发展,人类的艺术表现形式也在不断地扩充,如电视、影像、多媒体等新的艺术表现媒介的出现,就是其中的典型代表。它们在扩充了艺术表现形式的同时,也为我们提供了新的传达效果和艺术审美体验。

开展艺术传达活动,首先就要求艺术家要选择和掌握特定的艺术表现形式,熟悉其材料特性,把握其形式要求。比如,选择用国画的方式来传达审美意象的人,就要知道笔墨纸砚的功效,通过练习熟悉它们的特性。国画大家都懂得,如果不掌握笔性,把毛笔变成自己的第六根手指,想要在创作活动中达到游刃有余的境界,是不可能的事情。如果不熟悉墨的材料性能,想要在创作活动中让笔墨产生韵味,让造型达到气韵生动的效果,也只能是一个妄想。另外,每一种艺术表现形式都有其特殊的规定性,音乐不同于绘画,雕塑不同于舞蹈,而且它们在传达审美意象的效果上,也都有各自的长处和短处。诗歌是时间性的艺术,它适合于表现那些富于情节性的内容。而作为空间性的艺术,雕塑就难以像诗歌那样去塑造艺术的形象。一个雕塑家要想完成一次好的创作,就必须根据自己专业的特点,发挥空间性艺术的魅力,在象征性的造型手法上做足文章,从而让这门艺术在艺术舞台上发挥独有的审美效用。假如一个艺术家在开展艺术传达活动中不了解这些,不熟悉材料的特性,不懂得形式的要求和专长,只是凭借激情肆意地发挥,这种莽撞的做法显然是不能达到艺术传达的专业化要求的,其结果只能让艺术创作活动倒退到原始的水平。

在掌握了形式媒介要求和材料的特性以后,艺术传达活动的开展就要深入具体的表现活动中了。在这个活动中,最关键的内容就是要求艺术家要熟练地掌握表现语言和技巧。

人类艺术文化的发展历史在这方面为后人留下了非常丰富的遗产,对于创作活动而言,不去继承这笔文化遗产是愚昧无知的表现。在这笔遗产中,历经历史检验沉淀下来的各种表现图式就是其中最值得继承和学习的宝贵的财富。开展艺术创作活动虽然离不开个人天赋,但是就艺术传达活动而言,一个艺术家要想取得好的传达效果,就必须在继承中求发展,在熟练掌握一套成熟图式的基础上开始自己的创作。

英国美术史家贡布里希说:"伟大的形态学家歌德欢呼霍华德的成果是人类的心灵'赋予不确定事物以形式'的又一成功。科曾斯的图式为艺术家做了同样的事情,艺术家不仅把这些图式应用于对象的探索性研究,而且把它们分解和修改得面目全非。康斯特布尔画的云的物象是再真实不过了。"①康斯特布尔是英国19世纪著名的风景画家,他画的风景画在当时令人耳目一新,似乎和传统没有什么关系,但是,他自己却说:"我一直努力在真正的艺术和手法主义之间划一条界限,但是连最大的画家们也从未跟手法完全绝缘。绘画是一门科学,应该作为对自然规律的一种探索而从事。"②贡布里希和康斯特布尔实际上都承认在艺术创作活动中传统手法或图式对艺术创新的重要价值。正如康斯特布尔所讲的:一个

---

① [英]贡布里希:《艺术与错觉》,浙江摄影出版社1987年版,第214页。
② [英]贡布里希:《艺术与错觉》,浙江摄影出版社1987年版,第213页。

"自学的艺术家实际上就等于一个十分无知的人"，①世界上没有人可以在某项事业中无师自通，即便是对依赖天赋而生活的艺术家而言也是如此。

一个科学家不会因为害怕成为传统的奴隶而拒绝使用前人的文献资料，同样，一个思想成熟的艺术家也肯定不会因为要发挥自己的个性而放弃从传统那里学习、借鉴经典表达方式的机会。在利用图式开展艺术创作活动上，中国传统艺术创作的表现堪称是个典范。著名的《芥子园画谱》就是专门教人掌握相关图式的艺术教科书。为了让人很好地掌握这些图式，有些人还专门配上了口诀。比如在教人画兰花的口诀中，就有这样的内容："先分四叶，长短为元。一叶交搭，取媚取妍。墨需二色，老嫩盘旋。瓣须墨淡，焦墨萼鲜。手如掣电，忌用延迟。"②假如一个国画家没有在学艺期间掌握这些基本画法，那么，想要在后来成为推陈出新的大家，那就是一个笑话了。

第二，艺术传达活动要求艺术家必须借助特殊的材料、形式媒介和语言来表达某种模糊的思想感情。

艺术创作活动中的传达活动，其目的和意义就是传达人的思想感情，而各种形式媒介和技术语言的应用也都是服务于这一目的的。假如说美是感性和理性统一的产物，追求和表现美的艺术又必然是以个性化的面目出现的，那么，让艺术传达活动富于个性色彩的方式就是必须把个人的情感、观念、想象、理解等心理内容和传统的艺术表现形式以及经典的图式有机地结合在一起。这是一个内容和形式统一的过程，在这个过程中，不仅会诞生无数个富于个性色彩的作品，而且还会在争奇斗艳中产生符合时代审美文化要求的名篇佳作。

日本作家厨川白村说："艺术是苦闷的象征。"他所说的象征概念是从广义上讲的。意思是说：艺术表现不单是形式媒介和语言上的事，它还包含有人的精神性的内容。只是艺术这种文化形式在表现人的精神性内容上并不是直白、确切的，而是如同镜中月、水中花那样，是一种含蓄但直观的表达。它一方面是一种生动直观的形式，另一方面又是一种含有普遍

---

① ［英］贡布里希：《艺术与错觉》，浙江摄影出版社1987年版，第212页。
② （清）李渔：《芥子园画谱》，上海书店出版社1982年版，第277页。

性内容的形式,这样的矛盾就赋予艺术家的创作活动以挑战性。

通常艺术家们都会采用典型化的手法来化解这样一个矛盾。他们在塑造一个艺术形象时,会在生活体验的基础上,融普遍于个体,让这个形象成为典型形象,而当我们看到这个形象时,就会有一种如同见到一个"熟悉的陌生人"般的感觉。如果是一个融解了普遍性意义的具体环境,那么,它就是一个富于美感的典型环境。典型环境和典型形象的组合,就构成了一种具有审美力度的社会关系,它使得艺术表现的外层物象形式变得非常丰满。它不是个别的、感性的,而是普遍的、理性的,是一个寓普遍于个别的特殊形式。从这个意义上讲,艺术典型就是一种象征形式,或者说,不少象征形式都具有典型的价值。

不过,典型化的手法只是让艺术表现形式富于象征性意义的一个手段而已,并不能完全等同于象征。"比之于艺术的总体特征,比之于象征的多方位功能,它的范畴要狭窄得多,它所产生的审美效应也有很大的局限。"①在实际的艺术传达活动中,这种手法过于执着于形象本身的自足,从而让观赏的意义压倒了认同的意义,自足的意义压倒了象征的意义。欣赏这样的艺术,会让人觉得不是在通过艺术表现形式来自然感悟一种精神性的内容,而是被作者拽住头发往内容意义上走,有一种不自然的被引导的感觉。另外,这种艺术传达手法过于直接地托出了本应蕴含在感性形式之中的普遍性意蕴,让艺术表现形式失去了含蓄的美学特征,从而毁坏了艺术文化和人们的欣赏活动相接合的基石,不仅易于使艺术传达活动走向庸俗化,而且还容易让艺术欣赏活动变得幼稚化。

真正让艺术传达活动富于质量的象征形式应该是广义上的象征,即非指意性,而是指向性的象征形式。它不是让艺术传达活动流于表层形象的构建,让人们在程式化的结构中去寻找深层的精神内涵,而是让精神性的内容如盐化水般地融入艺术传达形式之中,只要用心感受,凭感觉去把握,就能品味到其中的内容。虽然能够感受到形式所含的意蕴,却又难以用语言来表达,只是觉得它很真切,但又很神秘。这样一种高品质的艺术传达形式,用英国美学家克莱夫·贝尔的话讲,就是一种"有意味的形

---

① 余秋雨:《艺术创造工程》,上海文艺出版社 1987 年版,第 213 页。

式"。它的形象是抽象性的,它对精神性内容的传达以及个性的展现是趋同于音乐性的。就目前艺术传达活动在体现象征性形式表现的要求上,追求并实现"有意味的形式",已经成为当代艺术家的普遍选择。

艺术传达活动要充分体现审美价值,一方面要在创作形式中融入自己的感情,让创作富于个性色彩;另一方面也必须融入自己对美的认识和追求,从而让整个传达活动具有风格的特征。有风格的作品一定是有个性的,而有个性的作品则不一定有风格。对于一个艺术家而言,个性是一种可爱的任性,而风格则是他们对这个可爱的任性形式开展自觉辩护的结果。一旦一个艺术家的艺术传达活动体现出风格上的意义,那就意味着他的创作有机会进入历史,成为后人学习借鉴的楷模。而一个艺术家要想在艺术传达活动中实现这样一个目的,就必须在艺术观念上做一番认真的思考和选择。

以戏剧表演活动为例,一些戏剧表演艺术家信奉"体验论",他们认为一个优秀的演员就应该是演什么像什么。在舞台上,他最该做的事情,就是将自己在生活中体验到的内容如实地发挥,"我就是角色!"是这类戏剧家的行动口号。而另外一些戏剧表演艺术家则信奉另外一个原则,他们认为艺术应该是表现想象中的内容,而不是简单地传达个人生活体验。他们在演出创作活动中,喊出的口号就是"我在表演!"信奉这一理论的艺术家在舞台表演活动中,会冷静地将自己和剧中人物剥离开来,让自己去演那个角色,而不是与那个角色合二为一。也就是说,对于演戏,他们更看重演出本身,而不是演好一个角色。可见,艺术家的艺术观最终主宰了其创作方向和效果。如果在艺术传达活动中没有这样一个充分体现主体性意义的因素的介入,那么,所谓的主体性特征、象征性表现以及个性的发挥,就必然会缺乏力度。这时的艺术表现形式可能会有个性的色彩,却难以具备风格的特征。

其实,在整个艺术创作活动中,艺术体验、艺术构思和艺术传达活动是融合为一、相辅相成的。正如海明威在一封信中所言:"真正优秀的作品,不管你读多少遍,你都不知道他是怎么写成的。这是因为一切伟大作品都有神秘之处,而这种神秘之处是分离不出来的。继续存在着,永远有生命力。"①严格地讲,艺术创造活动是一项天才从事的活动,它不是通过局部相加而凑成整体,也不是通过形式来说明内容的意义,而是一种一加一大于二的自然整合活动,是一种内容溢出外在形式的象征行为。我们把这项神秘、复杂且高深的活动分为三个部分来讲,只是为了满足认知的需要。当然,我们也相信,如果艺术家了解了这些内容,在平时的生活、学习与创作活动中自觉地加以应用,将有助于提高艺术创作活动的品质,让美的表现更加充分地出现在他们的创作成果当中。

第五节　艺术作品

艺术作品是艺术创作的成果。从"艺术家→艺术创作活动→艺术作品→艺术作品的传播与消费"这样一个艺术生产与消费的运作流程上看,艺术作品既标志着艺术创作活动的完成,同时也意味着艺术传播和消费活动的开始。一方面,艺术作品是一个独立的点;另一方面,它又与系统链条上的其他环节内容保持着密切的联系。如果不关注这个独立的"点",我们就失去了理论分析研究的对象;如果不从关系角度去认识这个"点",艺术作品也就失去了其特殊的文化品性和特征,我们的认识活动也就不可能有具体的发现和总结性的内容。

站在艺术创作的立场上看待艺术作品,它是一个富于生命活力的有机体,不仅具有个性特征,而且还具有永恒的魅力。但是,假如我们把它看作是一个具体的对象去深入研究、认识它,那么,艺术作品这个有机的整体,就必须被解剖。在这个过程中,我们最容易关注的,就是关于艺术作品的内容和形式问题。

一、形式和内容不可分

哲学家黑格尔在《小逻辑》中这样说:"内容即具有形式于其自身,内

---

① 《致哈维·布雷特》,转引自余秋雨:《艺术创造工程》,上海文艺出版社 1987 年版,第 154 页。

容非他,即形式之转化为内容;形式非他,即内容只转化为形式。"①简而言之,黑格尔讲的道理,就是内容和形式是不可分的。在人类的文化世界中,我们既找不到无内容的形式,也找不到无形式的内容。

就形式和内容的统一性而言,最典型的莫过于艺术了。

首先,任何一部作品的内容表达都离不开特定的物质材料形式。绘画艺术离不开色彩、线条、形体等材料形式因素的表现作用,音乐艺术表现离不开节奏、旋律、和声等材料形式因素的表现作用,文学艺术也离不开语言、文字等材料形式因素的表现作用。不然,我们就接触不到具体的艺术形象,自然也就无从感知所谓的作品内容了。

其次,艺术表现活动本身就是内容和形式高度统一的过程,而艺术品就是情感思想化的结晶。陆游《文章》诗云:"文章本天成,妙手偶得之",一个真正会作诗的人,他的构思过程就是感情和思想、内容和形式统一的过程。"不用雕镂呕肺肠,词能达意即文章"②,好文章,不是先有内容,然后再去配上形式,而是形式和内容的自然一致的表现。正如美学家朱光潜先生所言:"内容如同人体,形式如同人形,无体不成形,无形不成体,内容和形式不能分开,犹如体与形不能分开。形式未成就时,内容也就没有完全成就;内容完全成就,就等于说,它有了形式;也就等于说,它被表现了。"③我们常说"意在笔先"和构思、表达等概念,这给人的感觉好像是,在艺术上,内容与形式、思想与语言表达是分离开的两件事,严格地讲,这些都是理论分析上的说法,在实际的艺术创作活动中,在具体的艺术作品上,它们是高度统一的,既不是形式决定内容,也不是内容决定形式,而是互为因果,形式即内容,内容即形式。

最后,艺术形式的功能是表意,而不是指事。其内容是象征性的,因而也是多义的。正如苏东坡在一首题画诗中所言:"论画以形似,见与儿童邻。赋诗必此诗,定非知诗人。诗画本一律,天工与清新。"④对于艺术表现形式中的内容,我们不能靠一一对应式的理解,而是要靠感悟。这就

---

① ［德］黑格尔:《小逻辑》,商务印书馆 1980 年版,第 278 页。
② 钱钟书:《谈艺录》,三联书店 2001 年版,第 6 页。
③ 朱光潜:《谈文学》,上海文艺出版社 2001 年版,第 86 页。
④ 北京大学哲学系美学教研室编:《中国美学史资料选编》(下),中华书局 1981 年版,第 36 页。

从另外一个侧面告诉我们,艺术表现形式中的内容与形式结合得是多么紧密,我们只需靠感觉就能够通晓,而不是靠一步步地分析来把握。

艺术作品的内容和形式毫无间隔地结合为一个整体,充分印证了黑格尔在《小逻辑》中表述的思想理论。但是,就我们开展艺术认识活动而言,仅仅认识到这一步是远远不够的。为了更加深入地认识艺术作品,我们就必须"按照意义与符号的区别来区分作品的内容与形式,把内容看作为该作品的所含有的精神填充物、精神的含义、精神的信息,而把形式看作为用词、声音、动作、花纹、颜色、体积表示的这一信息、这一意义、这一涵义的物质体现"①。这样,站在艺术鉴赏的角度来说,我们感受到的就是作品的形式,而我们感悟到的就是作品的内容。换言之,艺术作品所呈现出来的就是形式,而被我们所理会和体验到的就是内容。

二、艺术作品中的内容

艺术表现形式中的内容就是情感思想,这个融化在艺术表现形式中的内容,是艺术家个人在生活中形成的情感体验和思想观念融入实际的艺术创作活动中的产物。

艺术家和常人一样,都有着自己的思想感情。只不过,与其他人相比,他们的思想感情比较富于个人经验色彩,在表达上也有其特殊性。他们依靠的是形象化的感性形式,而不是抽象化的概念形式。这一点与他们的思维方式和生活方式有着很大的关联。

就思维方式而言,艺术家的主导思维形态是感性色彩浓烈的形象思维。在这种思维方式的运行活动中,一个人的感觉、直觉、灵感、想象和理解等心理功能都被充分地调动起来,共同发挥感知和把握世界的作用。它在产生特殊结果的同时,也决定这个结果的特色,那就是它们和每个人在生活中的实际真实表现一样,不可能是一模一样的,而是体现出个人的气质禀赋、思想感情和文化修养。就生活方式而言,由于受到审美文化的影响,艺术家的生活富于自由浪漫的色彩,重视体验胜于思辨,强调过程甚于结果,追求理想多于倚重现实。这样一种生活方式使得他们的行为

---

① [苏]M.卡冈:《卡冈美学教程》,北京大学出版社 1990 年版,第 434 页。

表现具有了非功利性的特征,显得非常天真可爱。

作为一个积极参与人类社会文化建设活动的人,艺术家也和其他拥有社会人格的人一样,非常自觉地把自己的艺术创作活动纳入社会文化发展的轨道,让表现形式言之有物,让自己的行为和人类认识与把握世界的活动紧密地结合在一起。在开展这项活动的过程中,艺术家凭借自己的感知和想象与世界发生关系,并把自己的真实感受充分地表达出来,以便尽到自己的文化责任。所以,艺术家的文化行为貌似虚幻,却是有内容的,也是真实的。他们通过塑造生动的艺术形象来自我表达,也通过引起大家共鸣而实现自我价值。

那么,艺术表现形式中的内容又是通过什么概念为人们所认知的呢?概括地讲,主要是两个概念:一个是题材,另一个是主题。

(一)题材因素

对于题材这个概念,通常有广义和狭义两种说法。

广义上讲的"题材",指的是艺术创作活动中反映社会生活方方面面的材料内容,如历史题材、神话题材、宗教题材、战争题材、言情题材、科幻题材等。狭义上讲的"题材",是指构成艺术作品内容的要素,是作品中表现某方面的材料。通常情况下,普通大众、社会文化的决策机构和艺术文化的管理部门喜欢从广义的角度来认识题材概念。普通大众因此就可以在面对作品时,快速把握作品的内容指向;而负责社会艺术文化发展的决策者们因此也可以宏观规划和控制艺术文化的发展,让艺术文化更好地融入时代文化发展的历史大环境之中。而对于那些从事艺术创作的专业人士以及真正的艺术爱好者来讲,他们则比较喜欢从狭义的认识角度来理解题材概念。下面要展开谈论的"题材",就是在狭义范畴内我们所认识到的内容。

首先,一个艺术家选择什么样的题材来开展自己的创作,虽然不能决定作品最终的品质,却决定了作品未来发展的基础。艺术离不开生活,艺术家的创作活动都是从他们对生活的体验和感受开始的。就艺术作品的形成而言,艺术家在生活体验中所选定的表现题材,既反映了艺术家个人的审美趣味,同时也决定了艺术作品的内容骨架。

我们经常看到画家到各地去写生,也经常听说音乐家到各地去采风。其实,不管是从事何种艺术创作活动的人,都离不开与实际生活的接触,离不开产生艺术的原生态环境。在写生或者是采风活动中，艺术家们的感觉被鲜活的场景和动人的表现激活，他们在收集自己的创作材料的同时，也在寻找符合自己趣味的表现对象。一旦画家看到可以入画的东西，音乐家听到激发自己创作灵感的声音或曲调，那么就意味着他们在生活体验中发现了自己的创作题材。有了这样的发现，他们接下来要做的，就是如何运用自己掌握的艺术语言和修养来表现好这个题材，让它发光，成为一个鲜活而又完整的艺术形象。从这个意义上讲，艺术表现活动中的题材又不同于创作素材，创作素材是艺术家凭感觉接触到的自然和生活的原材料，是产生创作题材的温床。没有丰富的素材，就不可能有确定的题材。如果说，素材是自然与生活给予艺术家的印象，是艺术家的被动接受的感觉，那么，题材就是艺术家投射在它们身上的情感，是主观与客观的统一体，是艺术家的主动性选择。只有在这样一个基础上，艺术家再去进一步地发挥自己的艺术才华，才能产生优秀的艺术作品。

其次，题材选择不仅体现了艺术家个人的情趣爱好，而且还暴露出了艺术家情趣背后的东西——思想意识水平。同样一个题材，有些艺术家摄取的角度就不但新颖，而且还能体现出题材的深度，而有些艺术家就只能就事论事，做一些表面上的文章。

比如说《红楼梦》这部小说的创作，曹雪芹写的前八十回和高鹗续写的后四十回，不仅前后关系不大一致，而且在表现旨趣上也大相径庭，令人一看，就知道整部《红楼梦》不是一人所为。按理说，高鹗愿意去续写，除了他崇拜曹雪芹以外，肯定也对这个创作题材感兴趣。但为何后来的学者对他的续写部分评价不高呢？这在很大程度上取决于他对这个题材的理解深度。曹雪芹写的《红楼梦》揭示了社会生活的丰富性和人性的复杂性，显示出了一种悲天悯人的大情怀。而高鹗续写和改动后的《红楼梦》，则陷入了庸俗的套路之中，突出了鬼神显灵、因果报应之类的思想内容，矮化了曹雪芹的红楼梦精神。

再如在好莱坞著名导演斯皮尔伯格拍摄的电影《辛德勒的名单》中，他的视角就与拍摄同样题材影片的其他导演不同。在影片中，他不是一味地突出纳粹集中营军官们的残暴，而是讲述了人性在一个特殊时代和环境之中的表现与挣扎。一面是虐待犹太人的行为，另一面则是欣赏着交响乐的纳粹军官的生活，这样的人格分裂居然会集中在同一个人身上，这究竟是个人的思想精神品质问题,还是社会现实环境对人的教育和塑造问题? 影片通过提出这样的问题,将题材的价值充分地发掘出来,使之产生了发人深思的效应。

所以,要想保证艺术作品内容的质量,不仅需要分清素材和题材的意义,化被动为主动,重视从素材中选择题材的工作,而且还要在题材选择活动中深入地发掘题材的价值,表现其中的精神内涵,让它成为展现作品风格的一部分。

最后,谈题材选择的深度问题,并不是为了宣扬题材决定论。而不主张题材决定论,也并不是为了支持题材无用论。

鲁迅先生曾经讲过:艺术创作"选材要严,开掘要深,不可将一点琐碎的没有意思的事故,便填成一篇,以创作丰富自乐"①。德国文豪歌德也认为:一味忠实地再现自然,"就其性质而言,这种画法不可能达到高度的完美"②。很显然,这两位中外文学大家都认为,题材的选择与表现对于艺术创作和艺术作品的质量都有着非常重要的影响。但是有些人却并不这么看,他们认为:艺术创作与作品质量的好坏,与题材和题材的选择是没有什么关系的。讲题材与艺术创作、艺术作品的关系,其实就是不懂审美,缺乏艺术感觉的表现。持这种思想观点的人,就其思想立场而言,都是形式主义美学的拥趸。

已故旅法著名油画家赵无极就在其自传中说:"我在工作的时候,身在其中,但我不知道画面会成为什么样子。"③英国形式主义美学家克莱夫·贝尔更是直截了当地指出:"艺术中的再现因素无论有无害处总是无关紧要的东西。因为我们无需带着生活中的东西去欣赏一件艺术品,也无需关于生活的观念和关于事物的知识,也不必熟知生活中的各种感情,艺术本身会使我们从人类实践活动领域进入审美的高级领域。此时此刻,我们与人类的利益暂时隔绝了,我们的期望和记忆被抑制了,从而被提升到高于生活的高度。"④在这里,贝尔说的再现因素,就是艺术的

---

① 鲁迅:《鲁迅全集》第 4 卷,人民文学出版社 1991 年版,第 368 页。
② [德]歌德:《论文学艺术》,上海人民出版社 2005 年版,第 7 页。
③ 萧关鸿主编:《大艺术书坊——赵无极自传》,文汇出版社 2000 年版,第 142 页。
④ [英]克莱夫·贝尔:《艺术》,中国文联出版公司 1984 年版,第 16 页。

题材。

否定题材对艺术创作和艺术审美活动的影响力,这样的论调是有一定理论价值的,但是其偏颇之处也非常明显,其中最明显的地方就是把表现和再现对立起来,认为那些肯定了题材价值的艺术再现行为不具有真正的审美价值,由这种行为所产出的是一种伪艺术。应该说,从分析哲学的角度来看,这样的说法是站不住脚的。人的再现或模仿性行为不可能百分之百地复现对象,而饱含创作者感情的艺术再现行为就更是不可能做到这一点。19世纪法国浪漫主义画派的代表人物德拉克洛瓦说:"甚至连最固执的写实主义者,在描绘自然时,也不得不采用一些虚构的手法。在进行构图时,他不可能满足于某个孤立的生活片断,或者满足于若干个相互孤立的生活片断的堆砌。他必须把若干片断有机地结合起来,使画面成为一个统一的整体……"①从创作经验的角度来说,把表现和再现对立起来的做法也是不妥当的。在这个问题的认识上,既是创作者同时也是理论家的歌德,其看法就比较中肯。他认为单纯地再现模仿对象只是艺术创作活动中的一个最初级阶段的表现,是"进入独特风格的前厅"②,而在这个基础上开展的虚拟活动,即艺术家按照自己的臆想,抛开具体的对象而开展的艺术创作活动,则是介入模仿和独特风格之间的一个中介体,并非最完美的艺术表现形式。只有在它进一步用"比较简单的方法因而更接近于简单的模仿……试图攫取并表现对象的典型特征……通过一个纯正的、活生生的、动态的个体把这两者结合起来,它就越高级,越伟大,越受人尊敬"。③ 在歌德看来,一个离开再现和风格追求,单纯追求形式表现的"虚拟形式",是空洞的,也是没有现实审美意义的。

艺术作品的审美价值在现实社会生活中,并不只是通过某种单一的、纯粹的审美形式来体现。艺术理论家可以站在学术的立场上,强调内容和形式的某一方对审美活动的价值,但是,就艺术作品而言,它却是一个内容和形式的统一体,其价值是各个方面和各个层次的因素之和,而不是某一种因素的独秀。只看结果而不看过程,把艺术创作活动中的各个环

---

① 《德拉克洛瓦论美术和美术家》,辽宁美术出版社1981年版,第291～292页。
② [德]歌德:《论文学艺术》,上海人民出版社2005年版,第9页。
③ [德]歌德:《论文学艺术》,上海人民出版社2005年版,第9页。

节因素和活动内容割裂开来,这种形而上学的眼光以及过河拆桥式的做法,固然有利于我们看清事物的关键性面目,却不能够充分地反映事实,说明事物的真相。

艺术题材的选择与深化活动,一方面是整个艺术创作活动中的一部分,但是,另一方面,它的功能也不单纯是为了激发创作者的创作热情和想象力。因为这种活动本身就具有思想价值和文化感召力,它可以在作品中启迪人们的思想,鼓舞人们的精神。鲁迅说:"世间实在还有写不进小说里去的人。比如画家,他画蛇,画鳄鱼,画龟,画栗子壳,画字纸篓,画垃圾堆,但没有谁画毛毛虫,画癞头疮,画鼻涕,画大便,就是一样的道理。"[1]在艺术创作活动中,并不是任何素材都可以当作题材来加以表现和发挥的。正常情况下,我们在确定题材时,除了要从美感的角度考虑外,还要考虑到人们的审美文化习俗。比方说,在西方人看来,龙是邪恶的化身,是信奉基督教的圣徒们极力去诛杀的对象,他们在艺术中表现这个题材有着特殊的文化意义。而在我们中国人心中,龙是生命和正义的化身,是代表民族精神的图腾,我们在艺术上把龙作为一个题材来加以表现,意义也非常特殊。它不仅是美的,而且还是善的。它不仅可以象征生命力,而且也可以起到扶正祛邪、凝聚人心、鼓舞精神、弘扬民族文化的作用。所以,对题材的选择与表现,并不是一件完全属于艺术家个人的事情,而是一件与社会文化传统关系密切,并与人们对艺术的期待和理解牢牢结合在一起的事情。从这个意义上讲,在创作上重视题材问题,对艺术文化的现实发展有着非常积极的意义。但是,这并不意味着我们在创作上必须接受题材决定论。

尽管创作题材问题与我们在现实中开展艺术创作和艺术欣赏活动的关系十分密切,但这并不等于说光凭题材就可以决定艺术创作和艺术作品的品质。毕竟,题材只是艺术创作活动中的一部分因素,也只是艺术作品中的一部分内容,它不可能超越其自身而成为艺术的全部。不管是多么重大的题材,包含多么重要的思想性内容,具有多么重大的现实意义,都需要通过艺术语言来表达,通过鲜活的艺术形象来揭示,而不可能直截

---

① 　鲁迅:《鲁迅全集》第 6 卷,人民文学出版社 1991 年版,第 483 页。

了当地把它当成艺术的形式和审美价值本身来对待。

在中世纪的欧洲,基督教文化占统治地位。在这个特殊的历史阶段里,艺术家的创作就只能受基督教题材的主宰,而这一时期的美学也配合这种文化发展的要求,把美看成是上帝的化身。这样一来,宗教艺术就是当时的艺术典范,宗教性艺术创作就是艺术家最应该从事的艺术工作。这个思想观念在中世纪结束后的很长一段时间里还在延续着,也在很大程度上决定了西方人的艺术审美观。比如,对于题材的价值,西方人有一个传统的看法:宗教题材的创作位列第一,接下来依次是神话、历史、风俗、风景和静物。这种看法的形成与他们对人的认识有关,也与他们的宗教信仰有关。但是,如果我们从社会文化发展的现实角度来看待这种题材价值上的安排,就会发现,这样的安排有利于统治者通过艺术来维护和巩固他们的封建体制,强化他们的专制地位。所以,题材与题材选择问题,不仅关乎艺术创作和审美鉴赏活动的开展,而且还关乎社会政治,有着很大的现实意义。假如人们不认清这点,在艺术创作和作品欣赏中依据既定观念过于倚重题材的作用和价值,那么,就容易让艺术表现活动成为思想的传声筒,让艺术作品变成教育和宣传的工具。

法国画家德拉克洛瓦说:"任何题材,只有在处理得好的时候,才能够成为重要的。啊,年轻的艺术家! 你等待题材吗? 但是,题材可能是决定一切的! 题材——这就是你自己,这就是你看到的事物时所产生的印象和感受。你应该看自己的心灵,而不是看自己的周围。"[1]艺术家开展艺术创作活动需要重视题材,但更需要重视发现和选择题材的方式,不能随大流,而是要凭心灵或感觉。正如克莱夫·贝尔所言:再现本身并不是一件坏事,"现实主义的形式如在创作中运用得当,也会和抽象主义的形式一样有意味。但是,如果说某种再现形式很有价值的话,其价值也只在于其形式而不在于其再现。"[2]

作为艺术作品的一个内容因素,题材的意义对作品的审美价值而言,也不是决定性的。作家茅盾先生曾经说过:"重大题材的作品好比百花园里的参天大树,而重大题材之外的作品好比绕阶沿砌的映山红,光有松

---

① [法]德拉克洛瓦:《德拉克洛瓦日记》,人民美术出版社 1981 年版,第 313 页。
② [英]克莱夫·贝尔:《艺术》,中国文联出版公司 1984 年版,第 16 页。

柏,这百花园未免单调,就如光有映山红未免单调一样。"①有了各种各样的题材,才会有各种各样的作品内容,而有了各种各样的作品内容,艺术作品才会在形式上显示出不同面目,才可能体现出艺术风格的价值。

离开了艺术作品的题材谈内容,内容是玄妙的;而离开艺术作品的内容概念谈题材,题材就是普通的素材。在创作上,形式主义者提倡题材无用论,而现实主义者则支持题材决定论。而从美学的高度上看,艺术再现即表现,艺术表现即再现。在现实中,这两种极端化的思想主张最终都会把自己引入死胡同。在这种情况下,题材之于作品内容的意义,要么使之神秘化,要么使之庸俗化,一个太虚,一个太实,都难以达到审美理想中对艺术作品内容的真正要求。

(二)主题因素

没有了素材,也就不会有题材。而离开了题材,也就没有了主题。主题是深藏在题材内部,并通过艺术表现让人感悟到的思想或精神性内容。就艺术作品而言,光有题材,其形象特征很可能是支离破碎的,而在有了主题之后,它才能够变成一个有机的整体,成为一个富于象征性的艺术表现形式。鉴于主题与人的精神之间的密切关系,我们通常也把它称为主题思想。它是艺术创作活动中的统帅,也是艺术作品中的灵魂。

明清之际的思想家王夫之说:"无论诗歌与长行文字,俱以意为主。意由帅也,无帅之兵,谓之乌合。"②王夫之所说的"意",相当于西方文艺理论中讲的主题,"意"在艺术创作活动中的作用,也与主题的功能是一致的。美学家 M.卡冈在其著作中讲道:"题材是用艺术手段再现的物理的、物质的过程,而主题是由社会生活本身提出的精神问题。"③艺术家也同样要生活在现实社会里,他们不可能只凭感觉来生活,而不思考人生和人生中的各种现实问题。"艺术家的眼睛和思想家的眼睛,本来是二合一的"④,至今为止,我们还没有发现有哪一位艺术家可以单纯到不论是非对错,完全纯粹地表达自己的生活体验和感受。艺术作品既是他们对现

---

① 王向峰主编:《文艺学新编》,辽宁大学出版社 1987 年版,第 457 页。

② (清)王夫之:《夕堂永日绪论·内编》。

③ [苏]M.卡冈:《卡冈美学教程》,北京大学出版社 1990 年版,第 436 页。

④ 王朝闻等合著:《论剧作》,人民文学出版社 1979 年版,第 271 页。

实生活生动直观的呈现,也是他们对之理性思考的结果。所以,不论以什么形态展现的艺术作品,精神性的内容,即主题,都是存在于作品形式之中的。在主题的作用下,艺术创作活动就由简单的物质化的再现活动转化为复杂的精神性的象征活动。艺术作品因此拥有了自己的生命,艺术家的个性与自我价值也因此得到了真实的展现和充分的实现。

然而,主题在不同的艺术门类、体裁样式以及同一门类的不同题材的作品中,其体现方式也是不同的。有些比较明确,有些则比较含蓄。

一般在文学、戏剧、电影这类叙事性的艺术作品中,主题的表现就比较明确而系统。正如电影理论家张骏祥所说的,在一个剧本中,不仅仅是主要线索,"就是一切结构细节也与主题思想有关,或者说,应该以主题思想为取舍标准"①。而在音乐、舞蹈这类艺术作品中,主题在形式中的表现就比较含蓄,不那么容易被人准确地捕捉到。至于说像装饰图案这类艺术,其思想主题就是形式美,或者说,追求形式美就是作品的思想主题。在美学家康德看来,这种艺术就是自由美的化身。另外,在以自然为题材的艺术作品中,主题往往是以象征的方式来体现的。关于这个体现方式,在我国的传统艺术中非常普遍。比如说在文人花鸟画创作中,梅兰竹菊是主要的表现题材,艺术家们对这些自然题材的表现,主要是看重其道德象征的意义,比如孤傲、隐逸、清高、淡雅等,而不是对象本身。

总之,不管深层次的主题内容是如何与外在的表现形式相结合的,与我们可以直观认识到的题材不同,它如盐化水般地与外在的表现形式融合在一起,是弦外之音或画外之意。我们往往是在了解了题材之后,再通过细细品味、琢磨和感悟才能发现它。当然,就认识而言,通过这种方式捕捉到主题思想,往往是多样化的,难以形成统一的结论。这正如鲁迅所说的,一部《红楼梦》,"经学家看见《易》,道学家看见淫,才子看见缠绵,革命家看见排满,谎言家看见宫闱秘事"②。一千个读者心中有一千个哈姆雷特。从欣赏的角度看艺术作品中的主题,大家的思想立场不同、文化修养不同、性格爱好不同,认识、理解到的主题意义也就不同。而作为深藏在题材和表现形式之中的主题思想,本身就会增加我们准确解读作品的

---

① 王朝闻等合著:《论剧作》,人民文学出版社 1979 年版,第 271 页。
② 鲁迅:《鲁迅全集》第 7 卷,人民文学出版社 1982 年版,第 419 页。

难度。

从欣赏的角度看,主题内容是含蓄的、多义的和相对的。而从创作的角度看,主题的表现形式又是多层次和多功能的。在这一点上,音乐可以说是一个典型。

在音乐作品中,主题是"由乐曲中的很'活跃'的能发挥作用的旋律,即被动动机的旋律发展而成的"①。乐曲的动机,它"是可以独立的最小单位的乐思,当动机的发展形成了具有一定特征和一定完整性的片段,并具有呈示意义时,就可称为主题"②。对于音乐作品而言,主题是作品发展的重要基础,也是作品的核心。它既具有表现功能,又具有结构功能。根据不同的作品,主题的数量和样式也是可多可少的,但常常是出现在作品的呈示部分,特点十分鲜明。作为内容,主题在音乐作品中,其情感色调是很明显的,比如歌唱性的、抒情性的、戏剧性的等等。在标题性音乐作品中,主题的内容就是标题内容,如田园、英雄、命运、悲怆等事物与概念的象征、暗示与类比。在音乐表现形式的发展过程中,主题内容也并不是一成不变的,它们经常分裂、综合、再现和变化,从而让主题在乐曲中具有了不同的含义。就音乐的形式结构而言,按照一定逻辑展开和变化的主题也构成了曲式,而主题本身也往往会影响音乐家对体裁和样式的选择。所以,在音乐创作中,主题不是被动产生的,它的自觉应用能推动和决定音乐表现形式的变化与发展。

从这一点上看,在艺术创作活动中,可以有主题先行的模式,也可以有边创作边形成主题的模式,还可以有两种模式交替展开、相互作用的模式。在再现性的艺术创作活动中,艺术创作由于受他律因素的影响较大,因此,艺术家多会采取主题先行的创作模式;而在表现性的艺术创作活动中,由于受自律性因素的影响较大,边做边想,在感觉中寻找主题的模式就比较流行。而在大多数艺术创作活动中,两种模式其实是交织在一起的。在开展艺术创作活动的某些阶段,艺术家的思路是清晰的,受主题的控制;而在另一些阶段里,艺术家的思路又可能是模糊的,受直觉的指挥。这种状况下,作品的最终完成,就是意识上的自觉与不自觉共同作用,主

---

① 王宏建主编:《艺术概论》,文化艺术出版社 2000 年版,第 387 页。
② 叶纯之、蒋一民:《音乐美学导论》,北京大学出版社 1988 年版,第 87 页。

题发展的明确性与形式直觉的表现性相互激发的产物。通常,只有这样的创作模式才能产生真正具有风格价值的大作品。

三、艺术作品中的形式

若从哲学的意义上来理解形式,形式就是理性的代名词。如果更加宽泛地理解,形式就是文化的另一种说法。在《圣经》中的创世记篇里,上帝在创世前,大地就是一个无形式的虚无(formlessvoid),翻译过来,就是"空虚混沌"。当然,经人这么一说,这无形式的虚无,也就变成了一种形式。

在古希腊哲学家看来,形式就是事物不变的内容,具有本质的意义。比如说,火就是火这类事物的形式,是一个抽象的概念,它既不是热,也不是具体的火焰形象。在中国传统文化中,形式和"文"是一个意思,代表装饰、人为的举动。在儒家思想那里,它代表着礼乐文化,是一个有道德的人的外在形象,即一个有文气或文化的人,也就是一个有人格魅力的人。

艺术不是哲学,也不是道德,所以,它的形式肯定不是抽象认知的符号,也不是道德的象征形式,而只能是美的化身,是情感的符号,是有意味的形式。作为这种特殊的形式,它由内在和外在两部分内容组成,内在的部分叫结构,外在的部分叫语言表现。在具体的艺术作品中,结构和语言表现是密切地结合在一起的,在它们的共同作用下,艺术形式才充分体现出它的特殊性。

(一)结构

在社会生活中,人们追求自由是以不自由为前提的。做人的基本常识就是不管你心里想做什么,都要先讲道理和规矩,按照游戏规则来完成,不能蛮不讲理、无法无天、胡作非为。从事艺术创作同样是这样,除了要遵从美学思想的指导外,在具体的创作活动中还要按照形式结构的要求办事。否则,艺术表现形式就会脱离理智的控制和历史性的规范,在水平上就无法达到专业化的高度。

如果用语言学中的一对概念来打一个比方,艺术表现形式中的结构因素就相当于语言表达形式中的语法,而艺术语言的表现就是语言表达的各种应变形式。离开了语法结构,语言表达就失去了骨架,变成了胡言乱语;而艺术语言的表现一旦离开了内在结构性因素的支撑,就会变成

"乱弹琴"。当然,艺术学中的结构概念并不能完全等同于语言学中的语法概念。我们若是在日常生活中胡言乱语,很可能就是一种疯狂的病态表现。而在艺术创作上,一些人的"乱弹琴"和"瞎胡闹",则很可能是他们在一种新的艺术观念的指引下,开展艺术实践探索活动的创新表现。

艺术作品形式中的语言和结构的关系,并不是像一般的用来完成指意功能的语言那样,有着明确的内在和外在关系。我们常说的绘画语言、音乐语言、建筑语言、电影语言概念,其实是一种借用。它一方面说明艺术表现形式也是有所讲究的,另一方面也暗示出这种语言的特殊性,即所谓的艺术语言并不是语言学意义上的语言,它在内容表现上是表意性的,就其结构和表达的关系而言,也缺乏严格性和稳定性。所以,研究艺术作品的形式,除了要在逻辑上区分结构和语言的关系外,还必须根据实际表现来加以认识,否则就无法真正了解其真面目。

古人云:吟出五个字,用破一生心。艺术语言的表达,肯定是要有所讲究的。譬如作诗,除了要符合体裁形式的要求外,还得考虑遣词造句和设置诗眼等问题。它并非像一般人所想象的那样轻率、简单,好像它是一件仅仅凭借激情、喊两三句话就可以完成的事情。对于艺术家来讲,没有人会不承认形式结构因素的存在,但具体到它到底是什么,就马上会变成是一个需要大家一起来探讨的学术问题。导致这种局面产生的主要原因,就是艺术作品形式中的形式结构因素和语言表现二者之间的关系过于紧密,以至于它们看起来几乎是同一的。这种情况无疑会增加我们认识、界定和把握艺术作品中形式结构因素的难度。在这一点上,音乐艺术就是一个非常典型的例子。

作为有组织的乐音形式,音乐形式中的单个音符假如没有结构性因素的整合作用,就不会产生审美价值上的意义。按照19世纪著名音乐美学家爱德华·汉斯里克的观点:音乐就是其形式本身。也就是说,音乐的形式就是它的内容,而音乐的内容也就是它的形式。假如这个观念是正确的,那么,决定音乐表现形式品质的因素,就不是题材或主题,而是其内在的结构,如旋律、和声、复调、配器、曲式等。当一个音乐家在开展音乐形式表现活动时,如果能够依据上述内容,进行合乎音乐逻辑的创作,如重复、对比、层递发展、对称均衡等,他的音乐就不会是一堆杂乱无章的音符,而是一个组织严密且具有审美意味的有机整体。对于观众来说,欣赏这样的艺术作品,除了能获得审美感受外,还能得到音乐的知识,从而成为一个有音乐文化修养的欣赏者。但是,就音乐艺术作品而言,其语言表达又不是受某个单一结构因素控制的,它往往是多种结构因素共同作用的产物,有着多种组合类型和结构方式。正是它们让语言表达富于个性,也让我们难以总结出一套完整的、固定的、可以主宰音乐语言表现形式的结构性内容。

在传统的艺术表现形式中,艺术作品形式中的内在结构和外在语言的关系通常是比较明确的。比如,在莎士比亚的十四行诗中,诗的表现形式就受一个严谨的、恒定的样式支配。它们都分成四节,前三节中的每一节都由四行诗组成,每一节都展示出一种以 ABAB 形式变换的韵律式样。最后一节由两行诗组成,呈现出另外一种不同的韵律式样。一般而言,他的这类诗一共包含着七组不同的韵律对子:

a b a b

c d c d

e f e f

g g

我国的古典诗歌创作也非常重视音韵和格律安排,诗有绝句和律诗之分,词有各式词牌之别。应该说,遵从特定的格式、章法的安排来开展艺术形式的表现活动,是艺术创作的常见现象。但是,随着美学观念的发展,在西方形式主义美学开始大行其道之后,形式结构本身越来越作为一种"有意味的形式"主宰了艺术创作的走向,甚至发展成为艺术表现形式,即艺术形象本身——艺术语言走向了抽象化的轨道,诗和音乐也逐渐成为人们心中最能在语言表现形式上体现出审美价值的典范。

应该说,这样的发展既反映了美学研究的成果,也促进了艺术实践的创新,在现实中具有引领潮流的意义。但是,这对我们认识艺术作品形式中的结构因素却制造出了不小的障碍。目前,格式塔心理学在这个方面取得了很大的成就,人们用张力这个概念来解释结构与语言之间的关系,从而成功地化解了因结构与语言表现的同一性特征而引发的话语危机,使得所谓的抽象形式在美学上获得了合法性。

(二)艺术语言

外行看热闹,内行看门道。这句话应用到艺术欣赏领域,这内行看的

"门道"，就是艺术作品形式中的艺术语言。

在艺术创作活动中，艺术语言是塑造艺术形象、传达艺术内容的手段。而在艺术欣赏活动中，艺术语言则是人们最先感知到的作品的结构层次。通过它，艺术欣赏者可以领悟到作品所要传达的内容。每一个种类的艺术都有自己独特的语言，而不同种类的艺术语言又是由不同的物质媒介材料构成的。比如，文学语言就是由美的自然文字语言构成的；音乐语言中包含了旋律、节奏、和声、复调、配器、曲式等因素；绘画语言中主要有色彩、线条、形状等因素，它们在应用活动中形成了色彩语言、透视语言和构图语言；电影语言中，有远景、近景、特写等景别的运用，有推、拉、摇、移等镜头的运用，还有作为剪辑手段的蒙太奇手段的应用等；另外，雕塑、舞蹈、戏剧、戏曲都有各自的语言内容和表达方式要求。

熟练掌握艺术语言，对于一个艺术家来讲，既是一项基本功，也是艺术表现的重要手段。"台上一分钟，台下十年功"，这种经验之谈也算是艺术创作和表演活动的一个规律。艺术家在创作和表演作品时，离不开天赋和现场发挥，但是，若没有平时的勤学苦练，不断积累，他们的表现就难以稳定，他们的作品也就难以真正在观众心中站住脚。过去，在中国的戏曲界——梨园行里有一个专门培养接班人的机构，俗称"科班"。那里面的师傅带徒弟，跟现在比起来，可以说是严格到了近乎残酷的程度。学生在学戏过程中，因为不合格而遭到师傅的体罚那是家常便饭。为此，学生在入科班学习前，都必须签署一份文件，内容是，一旦入了科班，因教戏而被师傅打死者，家人不得告官。学艺术还要准备付出生命的代价，这恐怕是现代艺术教育界难以理解的。但这恰恰说明了中国传统的艺术教育，特别是梨园行的科班教育在教人习艺上的严格性。学生在科班里学的都是传统套路，也就是我们今天讲的图式语言。当他们在师傅的严格教育下一招一式都合乎规范要求后，才能登台演出，才有机会成为名角，在艺术舞台上大放异彩。很多科班出身的老艺人，在回忆往事时，都不无感慨地说：没有那段时间的严格训练，就不可能有后来在舞台上的到位表演。在舞台上，他们习惯成自然，每次出场亮相，动作都能合范、不走样，每次演出都能做到浑然一体、一气呵成，这是现在很多没有上过科班的艺人难以做到的。

传统戏曲艺术的表现如此，传统国画的创作也是如此。一个国画家要想画好一幅作品,就得在笔墨语言的掌握和应用上下足功夫。这不仅是一个熟练控制毛笔、熟悉创作材料的过程,而且还是一个运用毛笔来塑造形象、通过笔墨的变化实现审美价值的过程。在这方面,若不了解笔墨纸砚在功能发挥上的各种可能性,不能把毛笔操作得像自己的第六根手指,不能把笔墨运用技巧在宣纸上发挥到庖丁解牛的程度,那就不能算是表现功底扎实的国画家。按照国画创作最终要达到"技进于道"的境界水平的要求,这样的国画家也就不可能画出一流的国画作品。另外,从国画欣赏的角度上讲,一旦欣赏者能够从形象层面的感动深入语言层面的赏玩,就说明他们在鉴赏水平上也算是达到了一种段位,已经具备了专业的眼光,成了一个懂得看门道的行家。

不仅艺术家们在学习掌握语言材料、熟练应用艺术语言表现技巧上需要花费一定的时间,有一个熟能生巧的过程,而且艺术语言本身的形成也有一个较长的过程。这是因为,一方面艺术在人类文化领域诞生以后,有一个发育、成长、成熟和完善的过程;另一方面,人们在接受它的表现方式方面也有一个逐步适应、理解和欣赏的过程。电影艺术语言的发展就非常典型地体现出了这样一个特点。电影在 1895 年诞生以后,大约有二十年的时间,一直都被人们当成是一种杂耍性质的通俗娱乐活动来看待。直到 1914 年,才出现一部公认为比较成熟的故事片——《一个国家的诞生》。然而,拍摄这部电影的美国导演格里菲斯虽然最先尝试了蒙太奇的手法,却没有从学理上认识到它作为一种电影语言的意义。最早把影片剪辑技术——蒙太奇——当成一个问题来研究的,是 20 世纪 20 年代苏联的电影导演和理论家们。经过一番探讨和研究,他们得出一个结论:电影拍摄只有运用蒙太奇的手法,才能最充分地体现出电影艺术形式的独特性,使之从本质上不同于摄影艺术。

蒙太奇不仅是一种技术性手法,即删节和组接镜头片段,而且还是一种美学思想,即两个镜头联结在一起所传达的全部意义比每个镜头单独的意义之和要多。这种理论总结反过来又影响了美国电影艺术的发展,成为电影制作活动中的一项中心任务:把大量的电影镜头片段先予以分解,再加以剪辑、组合,构造一个电影艺术的整体形象。不管后来在电影艺术的发展过程中蒙太奇的理论经历了怎样的波折,但人们运用这一语言手法的经验和认识都大大地丰富和提高了。在这样的拍摄基础上,观众对电影艺术的欣赏也渐渐地摆脱了最初猎奇的心态和娱乐化的消费心理，开始比较严肃地对待它，把它当成是一门艺术来鉴赏和评价。

艺术表现语言的形成，既是历史文化的产物，也是认识发展的产物。一旦形成，就标志着一种艺术表现形式拥有了属于自己的表达方式和专业评判的准则。比如中国的戏曲艺术，它在历史上不仅形成了诸多剧种，而且每一个剧种都有属于自己的一套表现语言。在传统京剧艺术中，守旧、检场、行当、脸谱、行头、做派、唱腔等讲究，既在形式上融合为一个整体，又在表演活动中各有各的安排，语言规范性和程式性极强。它们在历史演变中，既契合了艺术表现自身的规律，也突出了民族性、地域性的特征，显示出了艺术语言的形成受社会历史文化发展背景影响的一面。所以，开展正常的艺术欣赏活动，公正地评价艺术作品形式中的语言价值，要事先做足功课，去了解和认识关于该艺术语言的历史知识和文化内涵。否则，就难以真正走进它的世界，无法充分地体验和感受它的独特魅力。

第六节　艺术作品的传播

艺术作品是内容和形式的统一体，也是形式语言、结构和作品意蕴三个纵深层次的完整的、有机的结合体。从表面上看，一件艺术作品的诞生标志着一次艺术创作活动的完成。但是，一次艺术创作活动的真正完成，还要结合出版、展览、演出、放映等艺术作品的传播活动，在艺术作品与艺术接受环节进行了有效的对接以后，才算是画上了句号。否则，艺术作品就只是一个有待于实现的对象。一方面，它只能成为艺术家自说自话、自得其乐、自我满足的产物，无法发挥其作为人类情感交流纽带的作用，得不到社会的肯定；另一方面，它也没有办法在社会消费环境中为艺术家换取必要的生活和生产资料，维持他们的生存，保证接下来的创作。从这个意义上讲，艺术作品的传播活动实际上也是整个艺术创作活动中的一个组成部分，是艺术作品走向艺术接受环节，在社会上充分展示和证明自身价值的纽带。

从大的方面讲，艺术创作归属于人类的实践行为，体现出主体和客体相统一的创造性特征。而艺术作品作为精神性的劳动产品，也必然要纳入生产与消费的社会实践体系中,一方面支配着人们的消费行为,另一方面又受到消费行为的推动。然而,艺术创作和艺术作品毕竟又有其特殊性。作为类实践行为的艺术创作活动,在情感和想象力的作用下,要比一般性的生产实践行为更加富于创造力。而作为满足社会审美需求的艺术作品,在满足人们消费欲望时的表现也与普通商品不同。它不是完全迎合市场的需求,也不是完全依赖于社会文化发展的现实环境,而是体现出很强的自主性和独立性。"诗穷而后工","国家不幸诗家幸",这些在艺术创作活动和艺术作品身上发生的现象,都让我们意识到艺术创作行为和艺术作品在实践和传播活动中的特殊性。下面,我们将具体说说艺术作品在传播活动中的几项特殊的表现。

第一,艺术作品都是以各自的媒介特征参与传播活动的。

任何艺术作品都有其特定的物质结构方式,并表现出各自不同的物质属性。

从说明物质存在的两大要素——时间和空间角度来看,所有的艺术作品都可以归属到三大系统中:时间的艺术、空间的艺术以及时空综合的艺术。音乐就是非常典型的在时间中展示自我的艺术,雕塑、建筑则是在空间中自我表现的典范,而舞蹈、戏剧和影视作品的展现活动则体现出了极其强烈的时空综合的特征。在它们各自的传播活动中,作用于社会大众审美心理的语言媒介也体现出了差异性。比如,旋律和节奏是音乐这种时间性艺术最为倚重的语言媒介,而体量的塑造和构图的安排则是空间性艺术特别关注的传播手段。至于时空综合性艺术,它们在传播时所倚重的表现武器虽然也体现出了综合性的特征,但是又各有各的不同。比如电影艺术,它的有效传播主要是靠蒙太奇的语言表现形式。苏联导演爱森斯坦说:"蒙太奇就是电影的一切。"①离开了蒙太奇,电影就无法真正有效地扮演自己在社会文化消费活动中的真实角色。

从单纯的物理学角度看待艺术作品的传播问题,艺术作品在传统活动中的表现又可以归为另外三大类:听觉艺术、视觉艺术和视听综合艺术。向欣赏者传播声的信息的艺术,如音乐,属于听觉艺术的范畴;向欣

---

① 李幼蒸:《当代西方电影美学思想》,中国社会科学出版社 1986 年版,第 90 页。

赏者传播光的信息的艺术，如美术，属于视觉艺术的范畴；舞蹈、戏剧、电影、电视这些既传播声的信息又传播光的信息的艺术，则属于视听综合艺术的范畴。

音乐之美是通过声波来传递的，它由音高、音量、音色和音长这四大要素构成。美术之美是靠光波来传递的，色彩的明暗、冷暖都体现出物理学上光波长短数值的变化，而我们的视觉光感接收器则负责接收和处理这些光波信息。光感接收器是我们每只眼睛的视网膜中 1.25 亿个神经细胞中的一部分，它在受到光的刺激时，就会发出电信号。视网膜是眼的光敏层，厚度为几百微米，共有 10 层。光线通过其中 8 层，被另外两层的视杆细胞和视锥细胞的光接收器吸收。其中视杆细胞负责低分辨率的、单色的、夜间的视觉，而视锥细胞则负责高分辨率的、彩色的、白天的视觉。在它们的共同作用下，处理后的信息又转成电信号，再传送给大脑。这就是由生理学家研究出来的光波信息接收原理。

戏剧、影视这类视听综合艺术之美的传播靠的是声波和光波的双重作用，但是在具体的信息传播活动中，它们又各有不同的侧重。舞蹈和电影侧重于视觉信息的传达方式，以造型和画面为主要的形象传播媒介。戏剧中的歌剧艺术则侧重于听觉信息的传达，把歌唱看成是戏剧表演活动的核心。对于这样的侧重，观众的审美习惯也起了很大的作用，这体现了艺术作品在纳入接受程序之后，必然要受到艺术消费群体的观念和趣味影响的事实。

艺术作品的信息传播模式不是单向的，而是双向的；其信息内容也不是固定的、封闭的，而是多义的、开放的。在我国，北方的观众习惯把欣赏戏曲活动叫做"看戏"，而南方的观众则比较喜欢把它称为"听戏"。那么，戏曲艺术的传播形式到底是属于听觉艺术的范畴，还是属于视觉艺术的范畴呢？要回答这个问题，不仅要看艺术作品的形式，还要看它在实际传播活动中欣赏者的态度。而这种说不清的状态正好反映了艺术作品在生产与消费语境中不同于普通商品的特殊形象。

第二，艺术作品都是依靠特定的传播方式在特定的环境中开展传播活动的。

既然艺术创作不单纯是艺术家自娱自乐的行为，艺术作品也不单纯是艺术家自我欣赏的玩物，而是正如学者易中天所说的，它是人之镜、心之桥和灵之舞,那么,离开了艺术传播活动,这些意义就无法充分地实现。

在科技落后、社会文化发展水平低下的时代,艺术的传播活动大都是以直接面对观众的方式来展开的,展厅、音乐厅、剧场等艺术展览、表演场所就是这时开展艺术传播活动的主要场所。由于空间容量、光线效果、声音放大功能、社会资金投入和交通条件等方面的限制,以此为基础的艺术传播,社会辐射面小、传播速度慢,社会文化影响力十分有限。但是这种传播方式却奠定了一种传统的艺术欣赏模式,即现场观看和欣赏的模式。它在让艺术成为一种贵族文化和奢侈品的同时,也把艺术纳入了审美观照的视野下,使艺术作品成为美的化身,也使去展厅赏画、去剧场看戏、去音乐厅听音乐,成了证明一个人拥有审美鉴赏力的表现。随着社会经济和科技发展水平的不断提高,当人类历史步入了现代社会,文化发展走入了由本雅明所定义的机械复制时代以后,艺术传播的方式和手段变得空前的多样化,艺术传播范围和速度也得到了空前的扩展和提高。

比如,扩音技术的发明和相关音响设备的使用,不仅可以让更多的观众观看演出,而且还突破了场地的限制,广场、运动场以及各种临时搭建的演出场所都成了艺术传播的舞台。舞台灯光技术和多媒体设备的使用,除了增加了舞台美术的表现手段,还大大增强了舞台演出的效果与感染力。再如,大众传媒与印刷复制技术的发展,让很多过去只能在现场观看的艺术表演现在都可以通过广播、电视、影像、图片和互联网等媒介来欣赏。这不仅节约了观赏成本,而且还提高了观赏效率。我们不必去法国巴黎的卢浮宫,通过网络就可以看到那里的全部藏品,而且还可以随时调看、放大欣赏。我们不必去维也纳,坐在家里就可以通过高清电视观赏一年一度的维也纳新年音乐会。我们可以在车里听 CD,在野外看光碟,随心所欲地欣赏音乐、观赏电影,而不必受演出时间、地点和观看次数的限制。总之,我们今天的艺术传播环境的确得到了很大的改善。在这种状况下,我们的生活实际上已经高度艺术化,对于艺术和生活,我们现在基本上无法在现实中将它们轻而易举地区别开来。

正是大众传媒和机械复制技术让我们的生活与艺术更加紧密地结合在了一起。它推动了艺术文化的传播,扩大了艺术文化的影响力,大幅度提升了艺术文化产品的商业价值,也改变了人们对艺术本质的认识。这些又都反过来推动了艺术创作活动的开展,改变了艺术作品的形象与要求。比如,歌曲录音技术的发展以及歌曲以磁带、光盘的形式传播,让歌唱家的演唱不得不受到录音设备的影响,也不能不接受录音师的调控。当这种被制造出来的声音在电视、音响和数字播放器中传播以后,就成为人们模仿学习的材料。于是,人们不会在意真正的歌声是什么,而只是在意他们在传播媒介里听到的所谓的"完美的音乐"。应该说,这是机械复制时代中艺术世界的一种新变化,也是一种对艺术文化的发展产生广泛影响的新变化。在歌手们习惯于在酒吧环境中演唱之后,当他们回到传统的演出舞台,和真正的乐队配合时,就会发生问题。他们已经不习惯让乐队去配合他们的演唱,而是畏手畏脚、中规中矩地跟着乐队走,唱出那些犹如从录音棚里出来的"完美"歌曲。

现代化的科学技术和高品质的传播媒介让艺术走进了生活,走进了千家万户,成为人们日常生活消费的一项重要内容。但是,它们也给艺术带来了一副经过机器或复制文化处理与熏陶后的新面孔。这让它们在丰富艺术世界的内容、更新人们的艺术观念的同时,也为我们提供了反思这个时代文化的材料,让我们重新思考应该以何种态度、在何种环境中、用何种工具媒介来欣赏和接受艺术。

第三,艺术作品都是以自身的文化品质赢得传播价值的。

不论艺术品质是靠哪一种媒介和方式来开展传播活动,并在社会上实现自身的价值,但大浪淘沙,最终能否在传播活动中赢得公众广泛而又持久的认可,还是要取决于自身的品质。从根本上讲,就是:它要美,要有美感和审美价值。

首先,艺术作品要美。

自从美学确立了自己的研究对象和美的价值之后,美就成了人类开展艺术创作活动的终极目标。因此,从理论上讲,艺术作品就应该是美的化身,是真与善、理性和感性,在人的意识与行动中实现统一之后的产物。不美的作品就是丑的表现,丑是美的对立面,丑的表现没有任何审美的价值,也不可能在现实传播活动中得到世人的欣赏与认可。

美在现实生活中的表现是多种多样的,而艺术作品之美就在于艺术家在创作实践活动中理解和贯彻了美的精神,创造出了一个个鲜活的、富于个性特征的美的形象。在这样的一个百花齐放、争奇斗艳的世界中,有些形象是为我们所熟知的,而有些形象则让我们感到陌生。比如,当马蒂斯的作品刚刚面世的时候,熟悉并欣赏古典艺术表现形式的人们就会感到陌生,并在感情上不能接受这样怪诞的作品,有位艺术评论家甚至还用"野兽"二字来讥讽他的画风。现在,我们终于理解了马蒂斯的创作理念,懂得了欣赏他的作品。由于普通人还是站在原有的审美观念立场上来接受这种风格,于是,就把这种艺术表现形式称为"丑美"。其实,这样的说法是不专业的,也是不负责的。人们对美的认识在不断地深入,艺术家对美的创造也在不断地发展,艺术世界中美的种类也在不断地增加。我们总不能一遇到新兴的艺术表现形式,就都冠之以"丑美"吧。美就是美,丑就是丑,所谓的"丑美",其实就是人们新的审美发现,是艺术家不流于世俗的艺术创造,是他们艺术创作个性的完美体现。

比如雨果在《巴黎圣母院》中塑造的教堂敲钟人卡西莫多的形象,或电影《泰山》中的巨猿,如果我们平时见到他们,肯定会厌恶或惊恐地躲开。然而,它们在文学和电影中却成为"丑美"的典范,因为它们的形象极其鲜明、表现特别生动,因而生活中的"丑类"在这样的表现中就化为特征,让人产生了美感。其实,这也不是什么"丑美",而是在审美活动中发生的常见现象。一方面,美的表现在于形式;另一方面,美的表现也在于内容。内容和形式不可分。所以,严格地讲,在审美范畴中,用"丑美"来评价美的作品是不合乎逻辑的,也是自相矛盾的。艺术作品之美,在于它充分展示了一个生动感人、内容和形式高度统一的形象,而不在于它是否符合把美的表现固化为一个标准的世俗观念。

其次,艺术作品要有美感。

艺术作品之美是靠形式中的美感因素来传达的,而人们发现和感受到这种美,则是通过它周身所散发出来的情调。换言之,一件没有情调的作品是不可能让人产生美感的。

情调是由作品的形式表现语言所营造的一个氛围。在所有艺术作品身上都拥有一个情调,它是艺术形象身上的光,我们称之为浪漫。浪漫是一个外来词,英文是 Romance。它原本是一个与古罗马有关的词,只是造词者并不是古罗马人,也没有生活在那个时代,他造这个词汇的目的只是表达一种怀旧的心情或历史的情怀。后来,这个词被用来形容艺术创作活动和艺术家的生活。因为一方面,艺术家在艺术创作活动中喜欢在画面中表现古罗马的断壁残垣,以营造画面中的诗意;另一方面,艺术家的生活表现也总是给人一种不切实际、狂放不羁的感觉。再往后,随着艺术史上浪漫主义运动的开展,艺术与浪漫的关系就更加紧密,在一般人的心目中,浪漫几乎就是艺术的代名词。

不同的情感表达方式会产生不同的情调。西方人的艺术在情调上肯定与东方人的艺术有所不同,比如,油画所显示出来的情调和国画肯定是不一样的。另外,不同的语言表达形式所显示出来的情调也不同,比如音乐和绘画所体现出来的情调氛围就不尽相同。即便是在同一语言表达形式中,不同的艺术家所用的方式、方法不同,也会产生不同的情调表现。正是因为有了如此丰富的情调表现内容,才烘托出了整个艺术世界的浪漫氛围,才让艺术家在创作活动中能够开展综合利用活动,以便创作出更加突显情调价值的作品。

黑格尔在他的《美学》中讲过这样一件事情:当一个孩子在向宁静的湖水中扔石子时,由于看到湖面晕开的水纹而感到十分愉悦,尔后,他会一而再,再而三地把石子扔向湖面,让自己的内心得到更多的满足感。对此,黑格尔的解释是:他"觉得这是一个作品,在这作品中他看出他自己活动的结果。这种需要贯穿在各种各样的现象里,一直到艺术作品里的那种样式的在外在事物中进行自我创造(或创造自己)"①。从这个意义上讲,情调是人的主体意识在实践中发挥作用的产物。而在艺术作品中,情调则是人的审美感情外化的结果。人们欣赏艺术,并接受艺术文化的价值,最为根本的原因就是他们从情调中发现了自己,找到了自我确证的感觉。

在艺术创作活动中,创作形态上的差异导致了不同的情调营造方式。在以再现为特征的艺术创作形态中,如小说、戏剧、影视剧等,艺术家们通常会通过在作品中塑造典型来显示情调、增强美感。而在以表现为特征的艺术创作形态中,如诗歌、音乐、舞蹈、绘画等,艺术家们往往通过在作品中创造意境来营造出自己的浪漫之光。

1. 典型

所谓典型,就是个别性与普遍性的高度统一,是艺术地再现自然对象

---

①　[德]黑格尔:《美学》第1卷,商务印书馆1979年版,第39页。

的一种基本方式。

作为艺术形象,它不同于普通的个别事物,而是一个含有普遍性的个别形象。古希腊哲学家亚里士多德认为诗所说的多半带有普遍性,在《诗学》中,他说:"所谓'带普遍性的事',指根据可然或必然的原则某一类人可能会说的话或会做的事——诗要表现的就是这种普遍性,虽然其中的人物都有名字。"[①]他的这个美学观点在德国美学家黑格尔那里得到了继承,黑格尔在《美学》中说:"在荷马的作品里,每一个英雄都是许多性格特征的充满生气的总和。"[②]他们是一个个有血有肉的个体,同时也是一个个存在于大家心中,为大家所理解、欣赏和认同的偶像。按照俄国文艺理论家别林斯基的说法:"在一个真正有才能的人写来,每一个人物都是典型,而每一个典型都是似曾相识的不相识者。"[③]奥赛罗是褊狭嫉妒的人物典型,哈姆雷特是优柔寡断的人物典型,祥林嫂是深受中国封建时代文化影响的没文化的农村妇女的典型,而阿 Q 则是底层社会中擅长用精神胜利法维护自尊的典型。当我们在艺术作品中遇到这样的人物时,我们一方面会为他们鲜活的人物个性所感动,另一方面我们也或多或少会在自己和周围人的身上看到他们的影子。很多外国人在读鲁迅先生的小说《阿 Q 正传》时,并不会认为小说只是描写了一个有趣的中国人,而是会发现在他们的国家和社会生活环境中,也可以见到阿 Q 式的人物。鲁迅先生笔下刻画的阿 Q,不仅生动地揭示了那个江南小镇上的一个底层人物的性格特征,而且还揭示了人性中普遍存在的内容。正因为如此,他的作品才具有了文学性,在世界上产生了普遍而又强烈的审美感染力。

艺术典型不同于普通的标本。它是一般与个别、个性与共性辩证发展的产物,个别中含普遍,共性中显个性。而普通意义上的标本则不是这样一个鲜活感人的形象,而是一个规范事物品质的冰冷的标准。制定这种标准的方式,不是把个别与普遍有机地统一起来,而是采取计算平均值的方式,以便最为客观地代表该事物。比如,要制作一个供医学研究用的全息高仿真的人体标本,最佳的人体材料选择就应该是那些正常、健康的

---

① [古希腊]亚里士多德:《诗学》,商务印书馆 1996 年版,第 81 页。

② [德]黑格尔:《美学》第 1 卷,商务印书馆 1979 年版,第 302 页。

③ [俄]别林斯基:《别林斯基选集》第 1 卷,上海译文出版社 1979 年版,第 191 页。

人体。老弱病残肯定是不合格的,只有健康的青年才最合适。可是,如果艺术家在塑造艺术典型时也用这样的思路,那么,艺术典型就会失去多样性和生动性,变成一个个脸谱化的人物或一个个花瓶式的形象。很显然,由于人物性格的刻画不够深刻,人物形象的塑造不够饱满,不能体现他们在社会生活表现中的多样性和复杂性,这些标本式的形象也就无法在艺术舞台上生成耐人寻味的情调,给人留下不可磨灭的印记。

艺术在人生中书写,人生在艺术中展现。只有当浪漫的表现与现实的认知、审美的感受与文化的理解、艺术的个性与人生的哲理被艺术家在创作中有机地统一在一起,艺术作品的形象富于典型性特征后,艺术作品才会散发出浓郁的情调,给人以强烈的美感,令人在这样的体验中感到无比的陶醉。

2. 意境

凡是艺术,都必然是通过感性形式来显现理念,通过形象来呈现意蕴内容,通过强调多样统一的原则来展示自己的审美价值。但是,在具体的贯彻活动中,不同类型的艺术表现形式又有不同的营造情调和表现美感的方式。

有人认为,塑造典型应该是所有艺术表现形式用来表现美感的唯一手法。在这些人看来,抒情诗这类非史诗性的艺术表现形式,看上去似乎没有什么典型形象的存在,因此,不值得当成好的审美对象来看待。但是,后来有人站出来为这类艺术作品辩护,他们认为抒情诗本身就是一个典型形象。这样的解释也不无道理,不过,就具体的手法应用而言,这种解释还是显得有些牵强。事实上,在展现艺术作品的美感这个问题上,除了有塑造典型这个手法外,还有一种手法,那就是营造意境。关于后者,它的历史也很悠久,而且在中国传统艺术表现的舞台上尤其受到重视。

和西方传统的美学思想不同,中国传统的美学思想不是建立在主客两分的思想原则立场上,而是建立在天人合一的思想原则立场上。因此,中西方在历史上的审美和艺术实践活动中就分别形成了不同的审美文化传统。

在构建美学思想体系时,西方人重视美与真的统一,建构的是哲学本体论和科学认识论相结合的美学;而我们中国人则重视美与善的统一,建构的是伦理学和心理学相结合的美学。因此,西方传统的艺术理论推崇再现和模仿的价值,而中国传统的艺术理论则看重表现和抒情的价值。就审美活动而言,西方人认为艺术美的核心在于形式因素的和谐,而我们中国人则认为艺术美的核心在于形式与内容的和谐。为了落实再现的审美价值观,西方传统的艺术家在艺术实践活动中采用了塑造典型的"写实"手法,总结出了关于这一手法的理论;而中国传统的艺术家为了弘扬表现的审美价值观,则在实践中选用了营造意境的"写意"手法,也总结出了关于这一手法的理论。如果说,典型理论侧重于作品外在形态的整一性表现,杂取种种,合成一个,让典型环境下的典型人物呈现出典型性格,使个别形象具有普遍性的意义,那么,意境理论则侧重于作品内在感情的整一性表现,物我交融,情景合一,把意与境、情与理、形与神、文与道有机地统一在一起。

作为一个美学范畴,意境这个概念诞生于唐代,但是,这一范畴的产生却可追溯至先秦和魏晋南北朝时期,老庄、魏晋玄学和佛教都对这一概念的产生和发展起到了滋养和催发的作用。在唐代诗人王昌龄的《诗格》中,他把诗分为三境:物境、情境和意境。后来,唐代文论家司空图提出了"象外之象"、"韵外之韵"的"韵致说",宋代严沧浪提出了"水中之月"、"镜中之花"的"妙悟说",明代王世桢提出了"神韵说",近代学者王国维提出了"境非独谓景物也。喜怒哀乐,亦人心中之一境界"[1]的"境界说"。意境这个概念的意义由此才在历史的积淀中日渐明确和丰满,它体现的是中国人的世界观——天人合一,展示的是中国古典美学的价值取向——以理节情、理在情中,表现的是中国传统艺术的形象特点——不着一字、尽得风流,说明的是中国人的审美心理——物我交融、得意忘形,表达的是中国人的艺术创作观念和要求——以形写神、气韵生动。概括地讲,意境就是神与形、意与境、情与理、人与物相互融合的产物。由意境表现所展现的艺术形象既符合美学大原则的要求,具有寓普遍性于个别性的特征,又带有鲜明的民族审美文化的发展特质,是一种偏向于展现人格修养,"贵情思而轻事实"[2],重类型而轻个性表达的艺术样式。如果不从这个概念角度去理解、欣赏中国传统艺术,其审美价值的传播就会受到影

---

① 王国维:《人间词话》上卷,上海古籍出版社2004年版,第8页。
② (明)李东阳:《怀麓堂诗话》。

响,而作为一种表现美感的手法类型,其价值也容易被忽视,甚至被贬低。

就主客观统一的艺术创作而言,偏于客观的再现和偏于主观的表现通常难以严格地区分开来。基于各自的文化传统,西方传统的艺术创作活动重视客观的再现和模仿,而中国传统的艺术创作活动则重视主观的表现和抒情,但是,再现和表现、模仿和抒情,在实际创作活动中是统一在一起的。为了营造情调,增加美感,提高艺术作品的审美价值,负责提高再现或模仿品质的典型塑造活动和负责提高表现或抒情品质的意境创造活动,经常会被艺术家根据实际的需要综合地利用。比如,在电影艺术的表现活动中,人物性格的塑造需要运用典型理论来指导,而对荧幕画面效果的处理,意境理论就有了自己的用武之地。从这个意义上讲,中国传统艺术文化在自身的发展活动中对意境的发现、应用和完善,也对世界艺术文化的发展做出了积极的贡献。在今天的世界艺术舞台上,它也是我们中国的艺术家与西方的艺术家开展文化交流活动的重要交流话题和展示资源。

再次,艺术作品要有审美价值。

作为一个审美对象,艺术作品只有符合现实中人们的审美心理需求,即能够引起人们的注意,能够为人们所感知,激发起人们的联想力、想象力和情感,并引导人们去理解与回味,这样才算是拥有了审美价值,成为一个真正的审美对象。照此看来,一件艺术作品要充分体现出这种价值,至少要满足两个要求:第一,要能别开生面;第二,要能耐人寻味。

1. 关于"别开生面"

"别开生面"指的是作品形式要新颖独特,要给艺术欣赏者们一种新鲜感。这个要求的提出,主要是基于两个方面的原因:一个是它符合社会大众的审美心理需求,另一个是它符合艺术作品本身的形象价值要求。

喜新厌旧是公众最为常见的心理表现。受其影响,人们对艺术作品形象就有了三个基本的要求,即新、奇、乐。也就是说,作品的形式表现要新颖、奇特和刺激。否则,它就难以引起人们的注意。如果一种表现形式没有引人注意,也就不会发生接下来的审美心理活动了。

作为艺术家,他们同时也是社会生活中的成员,他们也和其他社会成员一样,要解决自己的生计问题。艺术既是他们与世界发生关系的媒介,也是他们在社会上谋生的手段。所以,他们必须考虑社会大众的心理期待和审美需求,以便在社会上站稳脚跟,为事业的发展打下生活的基础。从这一点上看,能否在作品表现上做到"别开生面",也就成了他们通过作品在社会上立足的关键要素,也是他们通过作品在未来成名成家的重要开端。

站在美学的立场上看,艺术作品的审美价值一开始都是通过特征来体现的。美学上讲的特征,指的是内容和形式的统一。关于这一点,美学家希尔特说得更具体些,他认为:特征就是艺术表现方式的产物,是"艺术形象中个别细节把所要表现的内容突出地表现出来的那种妥帖性"①。比如,一个剧作家在编排一出戏剧时,假如他是根据情节需要来安排角色、处理剧情、取舍台词和动作的,那么,他就是在开展特殊的艺术表现活动,同时,也是在创造特征,产生体现审美价值的艺术形象。由于艺术家在主体条件和语言表达方式、方法上的差异,他们在追求内容和形式的统一,努力让艺术作品富于审美价值,即产生特征的实践探索活动中,也必然会伴随不同的个性化表达而产生各式各样的结果。从这个意义上讲,别开生面既是艺术家们根据美学原则开展艺术创作活动的必然结果,也是对艺术家之个性化创作行为的积极肯定。正因为如此,凡是创作态度严肃的艺术家们都非常看重这一点,把它当成自我价值实现和艺术传播活动中最为重要的一项内容来对待。

由此可知,艺术作品的新奇表现,不仅能引起人们的关注,满足普通大众的审美期待,而且还是认真地开展艺术创作活动的必然结果,满足了艺术家们通过作品展示自己个性的心理需求。这样的表现,使艺术作品成为让人们进一步观赏、理解和接受的对象。

当艺术家与社会就艺术作品的审美价值问题达成初步的共识之后,艺术家们在针对别开生面问题开展的创作实践活动中,却会因为个人在理解和认识上的差异,形成两种方式和结果。一种是哗众取宠,为追逐时尚潮流而求新;另一种是表现自我,为引领时尚潮流而求新。这两种求新求异的表现,从表面上看,都会给人留下别开生面的印象,但是在文化品格上却有天地之别,我们通常称前者的表现为低俗,而称后者的表现为

---

① [德]黑格尔:《美学》第 1 卷,商务印书馆 1979 年版,第 22 页。

高雅。

　　低俗的艺术表现是艺术家不顾艺术自身的利益,一味站在社会文化消费的立场上看待艺术创新问题,把别开生面的创作追求当成是取悦社会大众,并因此赚取现实利益的重要手段。而高雅的艺术表现则是艺术家在开展艺术创新活动时,坚持以艺术自身的立场面对各种时尚潮流的影响,把自我表现与个性发挥当成艺术创新的根本动力。他们通过在创作中结合流行时尚潮流元素来帮助艺术作品的传播,并以此来引导和带动时尚文化潮流的更新换代,从而促进艺术文化在现实中的健康发展。两种艺术创新模式都有自己的接受者,在现实中也都有存在的必要。但是,从艺术审美文化传播的价值角度来看,艺术作品要想得到社会的真正认可,产生永恒的价值,就必须充分肯定和树立高雅形式的导向性。

　　不过,我们在肯定雅的文化价值的时候,也必须认识到这样一个现象,那就是在现实的艺术审美活动中,大家经常喜爱和肯定那些所谓"大俗"的作品。导致这种大俗大雅现象产生的根本原因就是,当雅的表现在现实中落入程式或套路的窠臼,失去自己的生命力,在社会上沦为人们附庸风雅的玩物时,它的审美文化价值也就丧失了。而这个时候,真正有眼光的艺术家就会把自己的目光投向民间或大众文化,从所谓"俗"的文化表现中汲取养分,把它身上那种质朴单纯又充满生活气息的内容发掘出来。一旦这种努力成功了,那就会取得大俗大雅的效果。这时,所谓的"俗",也就变成了实质上的"雅",成为人们非常欣赏的艺术作品。俗和雅,本来就是一对可以在现实中实现转换的矛盾概念,只是如果不用审美文化的眼光来审视它们,这样的认识和转换也就不可能出现,而大俗大雅的艺术作品也不可能问世。

　　2. 关于耐人寻味

　　一个艺术作品要在现实中获得审美价值,除了在形式上要有新意,还要在内容上含有意蕴。耐人寻味中的"味",指的就是意蕴这个概念。

　　语言、形象和意蕴构成了艺术作品中逐步纵深的三个层次。离开了艺术语言,就不会有艺术形象;而离开了艺术形象,也就不可能有意蕴的存在。只有三者有机地统一在一起,艺术作品才是真正完整的,才会是经得起历史考验的传世之作。所以,通过语言应用和形象塑造在形式上展现出来的新意,虽然让艺术作品在传播活动中拥有了审美价值,但是,要想让它在这个活动中实现自身审美价值的最大化,还必须使之拥有意蕴。

相对于艺术作品中的形象内容,意蕴在作品形式中隐含的程度最深。因而相对于我们对作品的形象内容,如题材、寓意和通常我们所讲的思想主题内容的认识与把握程度,我们对意蕴内容的认识和把握往往不是那么确切,它总是若隐若现地活跃在我们的感觉中,我们对它的认知往往也是只可意会而不可言传。所以,意蕴的表现往往是朦胧的、模糊的且多义的,但它却是艺术作品内容中真正的主题表现,是作品形式中的真魂。离开了它,整个艺术作品的审美价值就会大打折扣。

关于这一点,黑格尔说:"意蕴总是比直接显现的形象更为深远的一种东西。艺术作品应该具有意蕴,也是如此,它不只是用了某种线条、曲线、面、齿纹、石头浮雕、颜色、音调、文字乃至于其他媒介,就算是尽了它的能事,而是要显示出一种内在的生气,情感,灵魂,风骨和精神,这就是我们所说的艺术作品的意蕴。"①在黑格尔看来,意蕴就是艺术作品的实质性内容。而我们在一件作品中首先看到的东西并不具有独立的意义,而是导引我们进一步感悟其中的意蕴的形式媒介因素,或者说是"内容所借以现出意蕴和特性的东西"②。在中国的古典美学中,对于意蕴这个概念,也有所认识和表述,只是我们用的是意、味、韵这组概念。而在说明艺术作品的内容和形式的关系上,我们用的是"形神兼备"这个词。

东晋诗人陶渊明在《饮酒》中有这样的诗句:"此中有真意,欲辨已忘言。"这是他在看到一片祥和的自然景象之后的内心感悟。这真意,是他对自然景象的直觉洞察,它藏在眼前的自然景象中,若隐若现,心有所感,但却无法用语言来表达。陶渊明在诗中说到的"意",并不是西方美学上所讲的意蕴,而是自然景物中所含有的宇宙本体精神——"道",但是,由于它也是深藏在形象之中的,而且也同样无法用语言来说明,这就与"意蕴"有了同样的功能意义。它们都是形式中的内容,都是形式所要表达的东西,只是一个落实在具体的艺术作品身上,讲意蕴,就是讲心灵;另一个存活于广阔的生活当中,讲味道,就是讲道德。我们中国人把生活当成艺术来对待,活得很有诗意。有了这样的活法,导致人们对艺术创作就有了

---

① [德]黑格尔:《美学》第1卷,商务印书馆1979年版,第25页。
② [德]黑格尔:《美学》第1卷,商务印书馆1979年版,第25页。

比较特殊的要求,特别看重形式内涵的意义。比如讲究"韵外之致"、"味外之旨"、"画外之音"和言外之意。从今天西方美学,特别是黑格尔美学的立场上看,这些要求都是对意蕴的强调,是艺术家在创作中追求美的显现的结果。

随着西方美学的发展,像克罗齐这类深受康德哲学思想影响的哲学家越来越看重非理性的艺术形式本身的表现力,把直觉或表现看成是艺术的本质,因而关于意蕴问题的认识也发生了一些改变。黑格尔把形式和内容分而论之的方式遭到了学术上的批判,"艺术是理念的感情显现"理论随之被历史抛弃,取而代之的是"艺术是直觉","艺术是有意味的形式"这样的理论。但是,不管是哪一种理论,也不管艺术形式中是否包含有意蕴这样的内容,艺术形式中有内容这一点,大家都是承认的。这些理论的分歧,不在于艺术形式中是否有内容,而在于形式中的内容是什么,它是以怎样的状态和形式结合在一起的。按照克罗齐、克莱夫·贝尔等人的观点,艺术的内容就是直觉或直觉感受到的东西,艺术与生活无关,艺术就是艺术形式本身,它的内容是受直觉形式支配的。如果说,黑格尔的美学理论让我们感觉意蕴是一个有形的实体,那么克罗齐和克莱夫·贝尔的美学思想则让我们感觉意蕴只是内容的代名词。显现和表现,意蕴和意味,虽仅一字之别,却反映出理性主义美学家和反理性主义美学家之间在思想立场上的对立,这样的对立虽然没有伤及艺术作品的内容和形式的关系,却颠覆了我们对艺术作品中内容问题的认识:艺术作品中的内容变成了一个与艺术表现形式高度统一的东西,一个只能被直觉而不能被分析、说明和认知的东西。鉴于此,承载这个功能的艺术表现形式也发生了面貌上的改变,从再现走向了表现,从具象走向了抽象。

德国美术史学家潘诺夫斯基研究和借鉴了圣像画,开创了美术史研究的新方法——图像学。在他的这套美术史研究方法论中,他坚信艺术图像并非如同普通人所看到的那么一目了然,而是含有多层次的内容,是文化的寓言与表征,包含了文化习俗、政治、宗教、历史、哲学、心理等非常丰富的知识内容。一个美术史学家就应该通过图像学描述、图像学分析和图像学解释来描述、分析和解释视觉图像中的形象、故事和寓意,从而把一个图像应有的意义揭示出来,让它们和人类社会文化及其发展更加紧密地联系在一起。不管这个学说的学术地位如何,我们至少能够从中确认艺术作品形式中的内容,而且这个内容从学术上看,的确非常深刻而抽象,富于精神性的意义。

艺术家是艺术作品的创作者,更是一个有血有肉的人。关于后者,在近现代社会中,艺术家们对这一点的表现就更加明显。因为艺术家的社会身份得到了社会的普遍承认,艺术家们的个性表现也越来越得到人们的肯定与欣赏。其实,不管是在过去,还是在现在,艺术家们在创作活动中始终都在发挥自己的主体性和创造力,在历史上越是有名的艺术家在这方面的表现就越是突出。

在意大利文艺复兴时期,尽管艺术家的社会地位和文化影响力还都远比不上今天,但是他们所取得的杰出成就已经开始令社会对他们刮目相看,并对他们的工作价值进行了重新评估。而像米开朗基罗这样的大师们,更是以他们的天赋和勤奋为这一改变做出了积极的贡献。比如,在为圣洛伦佐教堂设计和雕刻《昼》、《夜》、《晨》、《暮》这几件作品时,米开朗基罗不仅展示了他杰出的雕塑才华,而且还表现出他极其深邃的思想。他用两个不同姿势的女人象征着《晨》和《夜》,用两个不同姿势的男人象征着《昼》和《暮》。这四尊雕像,不知引发过多少饱学之士的想象和解读。有人曾经这样评说《夜》:"你在此见到的'夜',睡姿优雅,那是天使之手刻于这块无暇之石;熟睡仍然洋溢着生命力。不信就弄醒她,她会跟你说话。"[1]对此,米开朗基罗做出了自己的解释:"我乐于安睡,更因是石头而蒙福,同时忍受着痛苦和憾事;眼看而非感觉,是我现在的渴望,因此说话轻声点,别吵醒我。"[2]

艺术家自己的评说虽然不一定是最好的解释,但是,至少证明艺术家本人是有思想意图的,不是一个有手无脑,只会玩弄手艺,而不懂得创造的工匠。米开朗基罗不仅是那个时代里杰出的艺术家,而且还是一个诗人,在《论但丁》中,他这样说道:

---

① [意]乔治·瓦萨里:《著名画家、雕塑家、建筑家传》,中国人民大学出版社2005年版,第368页。

② [意]乔治·瓦萨里:《著名画家、雕塑家、建筑家传》,中国人民大学出版社2005年版,第368页。

他的灵魂来自天国，
却以尘世之身
行走于这公正与怜悯被践踏的王国，
然后回到天堂中的上帝身边，
他能令真实惶惶如日。

因纯洁的星星也被他的光芒所照亮，
我所出生的简陋巢穴，
那辽阔的大地也不过是个被轻视的奖品，
没有人应获得那奖赏，除了他的创造者。

我说的是但丁，
那位高尚的作品
依然被那些不知感恩的人们冷落、漠视的人，
那个能够检验人们践踏正义的人。

但愿我是他！生来就忍受那挥之不去的痛苦，
与他的美德一起被放逐，
若能如此，我愿放弃珍贵的一切。①

这何止是一位艺术家，简直就是一位先知，一位时代文化发展的预言家！由这样的艺术家创作出来的艺术作品，怎么可能没有内容，又怎么可能不产生永久的价值呢？

不论艺术作品的内容是以怎样的形态出现在形式中，艺术作品要想在现实传播活动中产生长久的审美价值，最根本的一点就是必须将形式和内容有机地统一在一起，让形式有新意，让内容有意蕴，让意蕴通过新形式不断为人所感觉与解释，让形式通过艺术家真实的自我表现不断走在创新的道路上。在这个过程中，艺术语言、形象和意蕴是一个天衣无缝

---

① ［意］米开朗基罗：《我，米开朗基罗，雕塑家（一部书信体自传）》，上海人民出版社 2007 年版，第 73 页。

的完整结合体,唯其如此,艺术作品才能在传播活动中成为在历史上站得住脚的精品佳作。

第七节　艺术创作心理

作为一项非常复杂的审美创造活动,艺术创作活动的开展不仅体现为艺术体验、艺术构思和艺术传达三项行为过程的相互作用与融合,而且还包含了创作者异常丰富而复杂的心理活动的介入与推动。假如没有感觉、知觉、直觉、联想、想象、理解等诸多心理因素的参与,艺术创作活动就无法具有主体性、形象性和审美性,甚至连人的行为都不算,更不要说是人的艺术创造行为了。人的行为是有主观能动性的,作为审美创造活动,艺术创作活动的开展是个人与社会、主观与客观、感性与理性、生理与心理、个性与共性相互作用、对立统一的结果。因此,要想真正揭示艺术创作的奥秘,除了要在行为特征上认识和把握它的各项内容,还必须深入艺术家的心理世界,去了解他们在创作时的心理表现,从而达到更加全面认识艺术创作活动的目的。

艺术创作心理是影响和推动艺术创作活动开展的内在动力,它的能量主要来自潜意识和意识、形象思维和抽象思维之间的辩证关系。具体而言,潜意识和意识之间的对立统一关系不仅激发了艺术家的创作灵感,使之萌生创作冲动,而且还确立了艺术创作的目标和价值。而形象思维和抽象思维之间的对立统一关系,则让艺术创作活动具有了文化的属性和审美的意义。如果说潜意识和意识之间的辩证关系更多地影响到了艺术体验和构思活动的开展,让它们富于主体性的色彩,那么,形象思维和抽象思维之间的辩证关系则更多地影响到了艺术传达活动的开展,让它富于形象性和审美性的意味。下面就分别说说这两对辩证关系。

一、潜意识和意识之间的关系和作用

凡是有艺术创作经验的人都知道,离开了创作冲动,艺术家是无法开展真正意义上的艺术创作活动的。而且,离开了创作冲动这个中介,艺术家长期的艺术体验行为与实际的艺术创作活动就不会发生关系,这样的艺术创作也必然会因为创作环节上的缺失而不可能产生好的创作成果。

很多艺术家为了搞好创作,经常到外面去采风、写生,可并不是每一次出去都能让自己有所感觉,萌生强烈的创作冲动。看来,说创作冲动这个概念容易,但创作冲动却难以受到意识的控制。很多人因此认为,这是灵感在弄人。如果灵感不来找你,即便你非常认真地按照艺术创作的行为规则来办事,也无法产生创作的激情或冲动。那么,灵感是什么呢?它又是如何作用于创作冲动的呢?

对于灵感这个现象,古今中外的人士都有所发现和关注。古希腊哲学家柏拉图把它看成是"神力附体",他在《伊安篇》中说:"诗神就像是这块磁石,她首先给人灵感,得到这灵感的人们又把它传递给旁人,让旁人接上他们,悬成一条锁链。凡是高明的诗人,无论在史诗或抒情诗方面,都不是凭技艺来做成他们的优美的诗歌,而是因为他们得到了灵感,有神力的附着。"我国南朝史学家沈约曾将灵感现象描述为"高言妙句,音韵天成,皆暗与理合,匪由理至"。南宋诗人陆游则写诗夸赞灵感的作用:"文章本天成,妙手偶得之。"到了近现代,美学家和科学家们更是关注灵感现象,认为它不仅是决定艺术创造品质的内在动力,而且还是推动科学发现的重要资源。美学家黑格尔说,灵感,"不是别的,即使完全沉浸在主题里,不到把它表现为完满的意识形象时绝不肯罢休的那种情况"[①]。著名科学家钱学森认为:"凡是有创造经验的同志都知道光靠形象思维和抽象思维不能创造,不能突破;要创造要突破得有灵感。创造思维中的'灵感'是一种不同于形象思维和抽象思维的思维形式。"[②]

灵感对于人的生活,特别是艺术与科学生活如此重要,就必然会引起人们对它进行深入的研究,希望能够通过研究解开灵感之谜,说明艺术创作活动中的诸多现象。在这方面,现代心理学家西格蒙德·弗洛伊德的科学理论为我们提供了解开灵感之谜的钥匙。

弗洛伊德是奥地利精神病医生及精神分析学家,精神分析学派的创始人。他认为,人的行为是由潜意识主宰的,在人的心理世界中有三个内容:潜意识、前意识和意识。

---

① 　[德]黑格尔:《美学》第 1 卷,商务印书馆 1979 年版,第 365 页。
② 　钱学森:《关于形象思维的一封信》,《中国社会科学》1980 年第 6 期。

不能为意识所认知的潜意识世界被他称为"Id"的本我的王国。本我是人格的初始面,是一团盲目的本能,没有逻辑结构,没有时间意识,甚至互相矛盾的冲动也并存其中,弗洛伊德把这个世界形容为"一团混沌,一锅沸腾的兴奋物"①。

前意识世界是由自我(Ego)统治的。作为人格的逻辑面和条理面,自我是"本我的那一部分,它因与外部世界临近,并受外部世界影响而被改变,其作用在于接受刺激,并保护机体免受伤害,就像一粒生活物质用以包围自身的表皮层"②。在自我的保护下,受快乐原则支配的本能冲动必须受到现实原则的制约,避免让机体陷于毁灭的境地,从而长久、安全的、成功地对人生发挥积极的作用。

意识世界是超我(Superego)的天地。超我是自我的一个方面,它的存在,让良心发挥了作用。因为在弗洛伊德看来,超我虽然是自我的一个方面或一种功能,但是它在机能上或多或少是自主的。当超我发挥其机能的时候,一个人就可以置身于自身之外,从而成为自己的观察者和批评者。我们做错了事,会自责,会惭愧,就是超我的作用。超我是人类理想的来源,也是我们会在生活中追求完美的心理动因。

在弗洛伊德的人格解剖学中,本我的层面最深,以至于它在活动时,我们都无法意识到。在本我之外,分别是自我和超我两个层面。它们虽然相互关联,但关系并不和谐。本我和超我总是要和自我发生冲突,凡是本我要求释放的东西,超我总是不加允许。在这场剧烈的冲突中,自我就必须扮演缓冲和协调者的角色。如果自我向本我让步,超我就会惩罚自我,从而让人的内心产生内疚和自卑感。如果自我向超我倾斜,那么,本我就会受到压抑,从而让人的内心产生焦虑感。因此,设法让自我在内忧外患中保持良好的状况,避免因为过度变形而产生各种心理和精神问题,就成了心理学家和精神病医生研究和解决的关键问题。

弗洛伊德的心理学理论体系是科学研究的产物,也是他开展精神病

---

① 〔美〕J. P. 查普林、T. S. 克拉威克:《心理学的体系和理论》下册,商务印书馆1984年版,第252页。

② 〔美〕J. P. 查普林、T. S. 克拉威克:《心理学的体系和理论》下册,商务印书馆1984年版,第253页。

治疗的依据。他的观点不仅在心理学和精神病学领域产生了巨大的影响力,而且还强烈地波及艺术、文学、伦理学、哲学和其他有关学科。对于艺术来说,这个理论,让我们找到了一把解开灵感之谜的钥匙。

很多艺术家在谈到创作经验时,都会说到一种非常神奇的经验现象,那就是"踏破铁鞋无觅处,得来全不费功夫"。很多时候,为了写一首诗或构思一个画面,他们费尽心机,却没有结果。可是,在不经意间,突然就来了感觉,涌现出了惊人的诗句和美丽的画面形象。为此,很多艺术家都会在平时做好准备,时刻准备着灵感的光顾。已故诗人顾城就在枕边常备一支铅笔,而在不该出现诗句的地方——他的卧室墙壁上,也都写满了诗句。"黑夜给了我黑色的眼睛,我却用它寻找光明。"这句广为流传的诗句,就是他在即将入睡时突然从脑海中冒出来的。受到灵感光顾的顾城,兴奋异常,他迅速拿起笔,当即把它写在了枕边墙壁上。西班牙超现实主义绘画大师达利在 1931 年创作《永恒的记忆》时,也遇到过这种灵感突发的情况。那天,他本来是和妻子加拉约好去看电影的,可是,临走时,他的脑海中突然浮现出一个令人兴奋的画面,于是他决定待在画室里画画,不去看电影了。妻子加拉理解他的行为,等她自己看完电影回来,看到的就是那幅后来蜚声世界的艺术杰作——《永恒的记忆》。

灵感,过去被人视为神力,后来被当成一种特殊的思维方式——灵感思维来研究,弗洛伊德的潜意识理论让人们对它有了科学性的解释,不再像过去那样感到迷惑了。

通过弗洛伊德理论的启发,美学家朱光潜认为:"灵感就是在潜意识中酝酿成的情思涌现于意识","灵感是潜意识中的工作在意识中的收获"。[①] 艺术创作既然是情感的传达活动,那么,就必然要包含潜意识的内容。换言之,缺乏了潜意识内容的情感传达活动就像是一根缺钙的软骨,是无法承担表现美的重任的。

艺术创作活动固然离不开体裁形式和风格图式的作用,但是,它们只是艺术家们开展艺术创造活动的媒介和基础而已,并不能代表艺术创作的根本目的和要求。艺术创作归根结底是在艺术感觉的指导下完成的,

---

① 朱光潜:《朱光潜美学论文集》第 1 卷,上海文艺出版社 1982 年版,第 530 页。

这其中虽然有理性的成分,但绝对不是那种科学的理性和工程师式的思维模式,而是一种类似于理性的"定式",即由一定的心理活动所形成的准备状态对以后心理活动趋向的制约性。艺术家平时的生活体验、思考、练习等都容易形成这样的定式,很多时候,他们就是在这样的定式中生活和创作的,给人一种似乎受理性控制的模式感。然而,这其实只是他们在为灵感来临做准备,为创作活动中的所谓即兴发挥做准备。

台上一分钟,台下十年功。艺术家平时只有在艺术规范的指导下本本分分地开展自己的学习和工作,才可能在舞台、画室和写字台上迸发出创作的激情,展示出艺术创造的魅力。法国雕塑家罗丹就是这样一位在工作中求创造、在心理定式的规范中求表现的伟大艺术家。他每天都会去工作室"上班",按照习惯做自己该做的事情,也就是在这样的过程中,他创作出了《思想者》、《青铜时代》、《加莱义民》和《巴尔扎克》等举世闻名的雕塑杰作。极具影响力的奥地利现代诗人里尔克曾经给罗丹当过助手,正是在这段时间里,罗丹的工作态度影响了他后来的诗歌创作,使他从一位整天坐等灵感光顾的天真诗人,变成了一位在写作中求灵感,量中求质,在有意识的活动中迎接无意识的成熟诗人。

"李白斗酒诗百篇","张旭三杯草圣传",诚然,不少艺术家会在梦中找到灵感,也会借酒力激发灵感。但是,正如黑格尔所言:"因为天才与心灵现象和自然现象都处在一种最紧密的关系中,人们就以为通过感官的刺激就可以激发灵感。但是单靠心血来潮并不济事,香槟酒产生不出诗来;……同理,最大的天才尽管朝朝暮暮躺在青草上,让微风吹来,眼望着天空,温柔的灵感也始终不光顾他。"[1]对于多数艺术家而言,灵感既不是靠外在物的刺激,也不是靠意愿的强行召唤,而是要投入生活的体验中,在想象的引导下,在艺术技巧的训练和熟练掌握的积累里,经过一番冥思苦想,反复琢磨,不断发掘,刺激并激活大脑皮层中的各个部位,从而引起大脑皮层神经的兴奋与抑制,刺激潜意识,引起它的波动,甚至是骚动,进而在全面活跃的大脑皮层的某一点上释放能量,形成灵感光临的效应。这时,艺术家脑子里各种平时积累的材料和形式内容就在它的作用下得

---

① [德]黑格尔:《美学》第1卷,商务印书馆1979年版,第345～346页。

到了整合,形成了一个富于生命感的整体形象。

因此,诗人何其芳说:"所谓灵感,就是诗人在想象中捕捉到了不落常套的构思。"①而美学家黑格尔说得更加概括:"灵感就是这种活跃地进行构造形象的情况本身。"②在他看来,一个艺术家只靠熟练地掌握学来的技巧是不能够创作出真正的艺术作品的。只有这个艺术家心里产生出一个富于生命力的形象,同时也是一个需要用艺术来表现的内容时,这样的创作活动才会富于审美价值,也才富有意义。产生富于生命力的形象,需要灵感的作用,而用艺术来表现这个形象内容,就需要在灵感激发下产生的激情或冲动了。

"现代心理学实验通过关于脑对于阈下的各种不同的潜意识(无意识)信息的电反应(诱发电位)的测定表明,脑中潜意识活动是客观存在的。人们可以在潜意识水平上处理所见到的形象并理解之。它能阻滞来自客观的大多数刺激,而让少数几种有选择的刺激信息通向显意识。"③

在艺术创作活动中,有意识的体验、构思和练习活动,会不断地激活大脑皮层的神经,并通过这种活动刺激潜意识层,让它的能量显示出来,从而让本源性的生命力量介入实际活动中。于是,忽如一夜春风来,千树万树梨花开。灵感来了,构思成了,冲动有了,接下来,就是如何去表现,把内容和形式统一在一起的问题了。用心理学的话讲,就是如何把形象思维和抽象思维统一在一起的问题了。

二、形象思维和抽象思维之间的关系和作用

在艺术创作的思维活动中,形象思维是主导。在它的作用下,逻辑思维、灵感思维也同时运转,影响着整个创作过程和结果。对于形象思维这个概念及其运行机制、作用,学术界还有很多争论,但是其中有些内容大家的意见还是比较统一的。比如,对于形象思维的特征,一般而言,大家都赞同如下三点:

---

① 何其芳:《诗歌欣赏》,复旦大学出版社 2004 年版,第 6 页。
② [德]黑格尔:《美学》第 1 卷,商务印书馆 1979 年版,第 364 页。
③ 刘奎林:《灵感发生论新探》,收入钱学森主编的论文集《关于思维科学》,上海人民出版社 1986 年版,第 351 页。

第一,形象思维的过程始终离不开感性形象。

"白日依山尽,黄河入海流。欲穷千里目,更上一层楼。"唐代诗人王之涣的这首诗,句句都离不开具体的形象,其诗意就是在这些具体的感性形象的组合中诞生的。"横看成岭侧成峰,远近高低各不同。不识庐山真面目,只缘身在此山中。"宋代文豪苏轼的这首诗,蕴含着深刻的哲理,但是他的表达方式却是形象化的。而离开了形象思维,也就不可能有这样的形式和效果。

不仅中国的诗歌如此,外国的诗歌也是如此。"白色马驹,浮出雾中。转瞬不见,回到雾里。"这是当代伊朗诗人阿巴斯·基阿鲁斯达米的诗作,读他的诗,会让人的眼前顿然显出一幅画。"这一切都在本无天空的天空下,落日根本没有落下,不躲不藏地在一朵不由自主的云后。风吹皱云朵,理由无它——风在吹。"这是波兰女诗人、1996 年诺贝尔文学奖获得者辛波斯卡的诗作《一粒沙看世界》中的一段,不论她在诗里表达了什么,通过诗句,我们都可以知道她在想象,在用形象思维来看世界。

音乐中的形象并不像绘画中的形象那样具体,但是它同样是形象思维的产物。作曲家冼星海在巴黎留学期间,曾创作过颇受好评的作品《风》。在谈到这首曲子的创作过程时,他说他是听着打在墙壁上的寒风,借风述怀而创作出来的。音乐形式本身是抽象的,但是艺术家在创作这个形式时,却是带着生活体验,带着感情和想象的。人们在欣赏音乐时,也同样是在形象思维的作用下,投入其中,获得审美感受的。正如现代抽象派画家康定斯基所讲的:"一些科学家(主要是物理学家)和一些艺术家(尤其是音乐家)在很久以前就注意到了一种音乐之声可以唤起一种精确色彩的联想。换句话说,你可以'听'色彩和'看'声音。"[1]在他看来,绘画和音乐之间的联系是非常密切的,好的画是用来"听"的,而好的音乐是用来"看"的。用听的方式来看画,画就可以摆脱庸俗的模仿,在形象思维的作用下,成为真正富于审美价值的绘画艺术。而用看的方式来欣赏音乐,就还原了音乐艺术表现形式的形象性,使它更加富于艺术感染力。

文学家和画家笔下的人物形象通常都是经过典型化处理的,但是,作

---

① 杨身源、张弘昕编著:《西方画论辑要》,江苏美术出版社 1990 年版,第 638 页。

为艺术典型,他们是寓普遍于个别的特殊形象。离开了个人对生活的体验、想象和表达,作品失去鲜活、感人的生活特征,他们就只能是一个个令人感到乏味、僵化的脸谱式的人物形象。这样的形象并不符合形象思维的要求,因而也无法产生令人满意的审美效果。

第二,形象思维的过程不是依靠逻辑推理,而是依靠想象和情感等多种心理因素。

离开了以想象和情感为主的心理因素,形象思维这个概念也就没有了实际的内容。特别是想象,如果没有它,我们根本就无从知道在我们的头脑里,还会有形象思维这回事。

在日常生活中,为了谋求现实的利益,我们通常都是凭借理性,靠逻辑思维来指导现实行动的。在这种情况下,世界被割裂来,成为性质上不同的事物。然而,作为人,我们一方面是理性的,另一方面也是感性的。在面对现实问题时,我们的理性思维会跳出来发挥积极的作用,确立思路,寻找办法,解决现实问题,克服实际困难。但是,在精神放松的时候,我们的感性思维就会变得异常活跃,它通过想象满足心灵的需求,构建出一个超出现实的理想世界,在愉悦心情的同时,也激励人们更加大胆地投入生活,迈向未来。事实上,即便是在从事具体的工作、解决具体的问题时,也需要想象力的介入。著名的物理学家爱因斯坦在《论科学》一文中说:"想象力比知识更重要,因为知识是有限的,而想象力概括着世界的一切,推动着进步,并且是知识进化的源泉。严格地说,想象力是科学研究中的实在因素。"[1]从这个意义上讲,想象就是我们人类的一种生活方式,是形象思维中的逻辑。

对于以求美为目的的艺术创作而言,想象不仅是一个不可或缺的内在动力,而且还是一个重要的内容因素。英国经验主义哲学的代表人物培根把人类的学术划分为历史、诗和哲学三部门,把人类的知解力分为记忆、想象和理智三种活动。他认为:"历史涉及记忆,诗涉及想象,哲学涉及理智。"[2]历史的复现也需要想象,但是,这种想象在培根看来,不同于艺术的想象。历史的想象是记忆性的,而艺术的想象是创造性的,其特征

---

[1]　[美]爱因斯坦:《爱因斯坦文集》(第 1 卷),商务印书馆 1976 年版,第 284 页。

[2]　转引自朱光潜:《西方美学史》,人民文学出版社 1963 年版,第 198 页。

在于"放纵自由"①。它"不受物质规律的拘束,可以把自然已分开的东西合在一起,也可以把自然已结合的东西分开"②。由于诗是想象的产品,所以它是一种"虚构的历史"。人类之所以需要这样一部虚构的历史,是因为"世界在比例上赶不上心灵那样广阔"③。从培根的上述观念中,我们已经看到了形象思维与抽象思维的区别,也更加清楚地认识到古希腊哲学家亚里士多德为什么要把诗的文化地位放到历史之上。想象,不仅让艺术愉悦了人的心灵,而且还通过有机构建,培养了人的情操,甚至提高了人的认识水平。在这个问题上,早年曾经做过培根秘书的英国经验主义美学家霍布斯做出过更加深入的说明。

在他看来,想象是和具体的欲念联系在一起的。这与我们平时在生活中可以观察到的一个现象是一致的,那就是我们的感觉通常都是和情感紧密相连的。"感时花溅泪,恨别鸟惊心","烽火连三月,家书抵万金",在不同的情感状态下,同样一个事物就会给人以不同的感觉。人的想象活动也是这样,当我们的思维受到了意图或欲念的控制时,就会有一个自身发展的轨迹。比如,当我们期望好人得到善终的时候,就会想象出诸如《天鹅湖》《白雪公主》那样的富于戏剧性的场景。这种想象不是胡思乱想,而是有着内在逻辑的心理活动。它不是与抽象思维截然对立的,而是相互补充的。他说:"想象力如果没有判断力的帮助,就不应作为一种优良的品质来表扬。"④一个诗人可以创作出超越自然存在的作品,但是他绝不可以去创作那些令人感到匪夷所思的作品。在霍布斯看来,逼真才是想象力的价值体现。一种想象要想达到逼真的效果,它不必像历史那样符合已然的事实,但是它必须符合情理,让大家觉得是可能的。所以,一个诗人或艺术家在发挥想象力的时候,就必须做足功课。比如,要想表现一位历史上的英雄人物,就需要去了解一些历史、文化上的背景知识,需要花些时间去揣摩人物的性格特征,在这一基础上大胆地想象,才算发挥了想象的作用,才能创作出优秀的艺术作品。

---

① 转引自朱光潜:《西方美学史》,人民文学出版社 1963 年版,第 198 页。
② 转引自朱光潜:《西方美学史》,人民文学出版社 1963 年版,第 198 页。
③ 转引自朱光潜:《西方美学史》,人民文学出版社 1963 年版,第 198 页。
④ 转引自朱光潜:《西方美学史》,人民文学出版社 1963 年版,第 202 页。

　　严格地讲,形象思维不属于思维的范畴,但是,它又的确有着自己的内在逻辑。形象思维的运行模式和功能不同于逻辑思维,前者主要是靠想象和情感的力量,后者则是靠分析和思辨的力量;前者的功用在于求同,而后者的功用在于辨异。但是,离开了"异",也就没有了"同"。艺术家在运用自己的形象思维能力投入艺术创作活动时,其实已经包含了他们对生活的体验和认知。也正因为如此,他们的想象才可能得到社会的认同,他们的创作才可能引起人们的共鸣。

　　第三,形象思维具有整体性的特征。

　　歌德说过:"艺术要通过一个完整体向世界说话。"①这个完整体,首先就应该是一个形式上的完整体。

　　对于艺术的整体性问题,重视理性的古希腊哲学家很早就有了认识。毕达哥拉斯学派基于他们的哲学理念,认为:"美是和谐与比例"②,是一个由数的关系结构出来的整体形式。这样的观念对于后来西方人理解艺术形式有着非常大的影响。特别是那些喜欢从形式角度来看美的美学家和艺术家,更是把寓多样性于整齐,从繁杂中见整一当成是规律和形式法则。

　　肯定艺术模仿价值的古希腊哲学家亚里士多德,就是其中的一个代表,对形式整一性的强调,是他审美哲学中的显著观点。他说:"悲剧是对一个完整划一,且具一定长度的行动的模仿。因为有的事物虽然可能完整,却没有足够的长度。一个完整的事物由起始、中段和结尾组成。"③艺术对一件颇有规模的行为的模拟,既是一种技艺,也是追求美的表现。它是对事物整体性的模仿,而不是对细节或局部的描摹。

　　18世纪法国启蒙主义思想家、艺术批评家狄德罗认识美的立场,也偏于形式主义。他说:"一个存在物,由于我们注意它的关系而美,我并不是说由我们的想象力移植过去的智力的或虚构的关系,而是说那里的实

----

①　[德]歌德:《歌德谈话录》,人民文学出版社1979年版,第137页。

②　北京大学哲学系美学教研室编:《西方美学家论美和美感》,商务印书馆1980年版,第13页。

③　[古希腊]亚里士多德:《诗学》,商务印书馆1996年版,第20页。

在关系,借助于我们的感官而为我们的悟性所注意到的实在关系。"①美是关系,这个思想观念并非完全针对具体的艺术表现形式,而是在讲超越于具体时空的美的规律。应该说,这是对毕达哥拉斯思想观念的美学解释,也是对亚里士多德关于戏剧的"整一性"理论的升华,它让我们在理解艺术表现形式的整体性问题上有了一个比较概括的理论基石。

在有了这样一个思想着眼点之后,才有后来的艺术理论家对形式的整体性问题真正富于成效的进一步研究。英国形式主义美学家克莱夫·贝尔就在狄德罗理论的指引下,提出了"艺术是有意味的形式"的著名论断。他不仅关注形式关系的问题,而且更关注有形式关系的意味,即艺术形式的内容问题。这就完善了人们对艺术完整性的理解,使我们除了知道美是关系外,还懂得了艺术是有意味的关系。

格式塔心理学从另外一个角度解释了形式的完整性问题。在格式塔心理学家的眼里,艺术表现形式中的各项形式元素,只有在处于张力结构中以后,才会在心理同构的作用下,产生表现意味,获得审美价值。一个富于整体性的艺术表现形式,就是一个完形或格式塔,即一个可以和观赏者的心理产生同构关系的审美知觉形式。它与一般形式的区别在于,构成一般形式的形式元素间的关系是逻辑性的,比如一加一等于二;而审美知觉形式中的各种形式元素,它们之间的关系是知觉性的,有张力感,富于形象性,会产生一加一大于二的形式效应。格式塔心理学的研究让我们对艺术形式的整体性表现有了一个更加科学化的认识。

哲学家黑格尔说:"哲学对于艺术家是不必要的,如果艺术家按照哲学方式去思考,就知识的形式来说,他就是干预到一种正与艺术相对立的事情。"②所谓哲学的方式就是抽象思维的方式,艺术家在创作活动中虽然也保持了清醒的头脑,知道自己想干什么,但是他们在创作时的思想状态毕竟与哲学家们不同。艺术家们要通过想象,即形象思维去完成自己的任务,将真实"化为具体形象和个别现实去认识,而不是把它放在普泛

---

① [法]狄德罗:《美之根源及性质的哲学的研究》,《文艺理论译丛》1958 年第 1 期,第 23~24 页。

② [德]黑格尔:《美学》第 1 卷,商务印书馆 1979 年版,第 358 页。

命题和观念的形式里去认识"①。这就是艺术创作活动的特殊性,严格地讲,就是由形象思维所主宰的特殊性。它一方面通过想象力让整个创作活动富于感性和整体性,另一方面又通过情感和审美直觉让整个创作活动富于现实性和内在结构性,从而让理性的内容和现实形象相互渗透、融会,让抽象思维在创作活动中不知不觉地发挥应有的作用,如羚羊挂角般无迹可求,又如出水芙蓉般自然清新。

关于艺术的整体面目,站在创作者的角度上讲,是形象思维的外化形态;站在哲学的立场上讲,它是数的和谐;站在美学的立场上讲,它是体现感性和理性统一性的关系。站在艺术批评的立场上讲,它是有意味的形式;而站在格式塔心理学的立场上讲,它就是完形,是一个可以引起人们同构反应的张力结构。

无意识和意识、形象思维和抽象思维,在整个艺术创作活动中,以辩证的关系、综合的形态发挥着能动的作用。其中,形象思维在整个创作心理活动或艺术思维活动中起着主导作用,而抽象思维和灵感则与它一道组成了一个结构异常复杂的多动力、多层次、多侧面的有机整体,对艺术创作活动的开展与规范,以及创作结果都产生了巨大的影响力。

第八节　艺术风格、艺术流派和艺术潮流

艺术家要想开展好高品质的艺术创作活动,除了要重视各个艺术创作环节的质量,并认识到艺术创作心理因素的重要性外,还需要具有风格、流派和潮流意识。因为没有风格意识,其创作就没有一个理想的目标;没有流派意识,其创作就容易变成自说自话;没有潮流意识,其创作就难以在观念形式上和时代文化发展环境共同进步。

正是因为有了各式各样的风格、流派和潮流现象的存在,艺术世界才会呈现异彩纷呈、热闹非凡的景象。没有独树一帜的艺术风格,也就没有受其影响而产生的艺术流派。没有艺术流派的强力带动,也就不可能推动社会现实中艺术潮流的发展。而当艺术世界中涌现出一股潮流后,它

---

① ［德］黑格尔:《美学》第1卷,商务印书馆1979年版,第359页。

又势必会引发出很多与之相对立的新的流派。这些流派也必然会通过树立自己的风格形象来显示自己的价值,设法引领新的潮流。如果一个艺术家的艺术创作活动没有自觉地融入这样一个系统里,或积极地跟随潮流,融入流派,展示自己的创作个性,或针对现实,坚持自己的立场,自觉将自己边缘化,以此开创一个艺术的新天地,他就只能把原本应该体现出一定社会性的艺术创作活动,变成一项完全自我封闭的行为。这样的创作状态若是发展下去,必然会走入死胡同,没有任何前途可言。

既然艺术风格、艺术流派和艺术潮流对于开展好艺术创作有着那么大的影响,那我们就应该去充分地认识它们,在强化意识的基础上再去投入创作。

一、艺术风格

在古希腊文中,风格原本是指长度大于宽度的固定直线体。到了古罗马时代,该词逐渐演化为"文体"、"书体"之意,指的是用文字表达思想的某种特定方式。在我国,风格这个词在晋人的著作中就已经出现了,指的是人的风度品格。在南朝文论《文心雕龙》中,它的意思转化为文章的风范格局。到了近现代,人们在美学、文学、艺术和艺术批评领域中广泛地使用这个词,主要是指艺术作品在整体性上呈现出的具有代表性的独特面貌。其实,从不同的立场角度来理解风格,就会有不同的所指。从哲学的角度来看,风格就是独立人格的表现;从文化学的角度来看,风格就是民族文化的典型化的表现;从社会学的角度来看,风格就是地域与族群文化的代表性形式;从艺术学的角度来看,风格就是艺术家真实自我的个性化表现。下面我们所要展开论述的就是艺术学意义上的风格概念。

尽管艺术创作具有社会性,但是,艺术创作本身却是一件个人的事情。不论是对体裁、题材、主题、素材、材料的选择,还是对形式表现方式、方法的利用与发明,都需要艺术家个人来做主,他人是无权来干涉的。否则,就是在干扰,甚至是在破坏艺术创作的正常秩序,让艺术家无法自由地发挥自己的想象力和创造力,从而严重地影响艺术创作结果的质量。特别是就艺术表达的内容——思想感情而言,就更是不能由外部的力量来支配,而必须是出自艺术家的内心,反映的是他们在生活中的感悟和体验中的真情。孔子在编《诗经》的时候,就有一个基本原则,那就是"思无邪",即思想纯正的意思。音乐大师贝多芬晚年创作的几部四重奏,被誉为他音乐成就的珠穆朗玛峰。然而,这些对于贝多芬而言是独一无二的,对于所有音乐创作来讲也是独一无二的作品,却是他在耳聋之后创作的。应该说,它们都万分真切地表达了艺术家个人内心深处的东西,因为真,因为诚,让我们看到了另外一个贝多芬,同时也让它们成为无与伦比的旷世佳作。离开了个人的立场,离开了真情实感的表达,艺术创作也就只能是一个空壳。只有当我们认同了艺术创作的个人立场之后,我们才能去谈艺术风格,去讨论艺术风格的价值问题。

艺术风格是艺术家开展个性化创作的产物。就创作者本人而言,其个性的发展是一个他在与社会发生关系之后,面对矛盾,实现对立统一的过程。而最终的结果,也是他个人的世界观、人生观、审美理想、性格气质、修养才干,与现实中具体的时代精神、文化传统、艺术潮流、民族性格、地域风俗等社会因素经过一番碰撞而产生的火花。一个没有鲜明个性的人,就不可能在艺术创作中走出自己的轨迹,说得再具体些,一个缺乏自我感觉,对自我认识不够真切,不敢自我表现的人,就不可能在创作中形成真正属于自己的风格。

还是以音乐大师贝多芬为例来说明这个问题。

有人曾经这样评价牛顿的思想:"如独自穿过陌生的思想海洋。"①若用这句话来评价贝多芬的心路历程,也是恰如其分的。音乐评价家 L. W. N. 沙利文这样说道:"要想了解贝多芬,最有意义的事实之一就是他的工作自始至终都是在有机地发展着……贝多芬创作的最伟大的乐曲是最后几首四重奏,从后往前看,每十年,他音乐都较前十年有更大的进步。"②贝多芬的艺术创作之路反映了他的心路历程,这既是他个人思想感情的发展史,也是通过音乐表达出来的个人艺术风格的发展史。

伟大的艺术家都有一个属于其个人的精神世界,在它的观照之下,世界呈现出了独特的面目,艺术也展示了独特的魅力。艺术创作中一旦有

---

①　[美]S. 钱德拉塞卡:《莎士比亚、牛顿和贝多芬——不同的创造模式》,湖南科学技术出版社 1995 年版,第 47 页。

②　[美]S. 钱德拉塞卡:《莎士比亚、牛顿和贝多芬——不同的创造模式》,湖南科学技术出版社 1995 年版,第 47 页。

了这样的内容,那么,接下来就是如何在创作中把内容和形式有机结合起来的问题。由于每一个艺术家的主体精神状况不同,他们在艺术中自我表达的方式方法也不一样,因此,他们在艺术创作活动中的表现也必然是五花八门、形态迥异的。有的人玩观念,有的人玩传统;有的人在形式上标新立异,有的人在内容上追求深度;有的人走极端个人化的路线,认真发掘自我的能量与价值;有的人则努力和时代文化发展、民族审美传统相结合,让自己的艺术成为时代精神或民族文化传统的象征。但不管怎样,只要在形式和内容上实现了统一,就都能够体现风格价值,只是在风格类型上有所不同而已。

归根结底,内容和形式的统一是形成艺术创作风格的关键。离开了个人思想感情与创作形式的结合,艺术创作就会失去独特的面目特征,就不能给人留下别开生面的印象,也就不可能产生真正意义上的艺术风格。当然,一个艺术家要想在一生的创作活动中形成自己的创作面目,拥有自己的艺术风格,并非朝夕之功,而是一个不断在创作活动中发现自我、欣赏自我、自我实现的过程。也正因为如此,贝多芬的艺术创作之路才会呈现出有机性,他的艺术创作水平才会每十年上一个台阶,不断地提升自身的品质,让自己的风格面目越来越突出,越来越完善。个人的艺术风格发展之路是如此,一种文化的样式风格的形成也是如此。哥特式建筑是欧洲中世纪宗教建筑文化的典范,它的出现标志着欧洲中世纪基督教文化发展的登峰造极。然而,在此之前,这种建筑形式却经历了好几百年的孵化。从早期巴西利卡式的教堂建筑到拜占庭式的教堂建筑,再到罗马式的教堂建筑,经过近九百年的探索与积累,终于在公元 12 世纪,在法国诞生了象征着基督教文化的标志性建筑艺术形式——哥特式建筑。可见,无论是哪一种文化行为,要想形成一种风格,并不是一件容易的事情。它不仅需要积极大胆的实践,而且还需要不断批判和总结。直到有一天,内在的精神焕发出了光芒,人们内心的感受找到了与之相匹配的形式,有了异常生动自然的外化形象,这时,艺术风格也就真正诞生了。正因为如此,每当我们谈及风格这个词的时候,它不仅代表一种文化现象,而且还代表了一种可贵的人类追求自由的文化价值。这种文化价值,对于强调个性的艺术创作活动而言,更是显得珍贵。

艺术风格是在个人与社会、感性与理性、生理与心理、内容和形式对立统一的过程中形成的。因此,从理论上讲,每一个艺术家都应该拥有属于自己的独一无二的艺术风格。从艺术家身上,我们不仅可以看到个人的性格爱好、气质禀赋、文化教养、生活习惯,而且还可以看到他们的思想追求、人生阅历和文化心理结构。由于每一个人在社会上都是独一无二的,因此每一个受个人感觉支配的艺术家,也都应该通过自己的创作活动表现出自己的感觉,展示出自己的个性,从而在艺术探索活动中形成自己的艺术风格,让自己的行为产生高贵的文化价值。

总之,在艺术世界中,风格不仅存在,而且是多样化的。它不仅体现了艺术家的个性,而且也凸显了艺术创作活动的文化价值。它是个体生命在社会环境中的孕育与成长,也是个性在时代、民族、习俗、规则等现实环境因素的作用和影响下的发展与成熟。它是艺术家在艺术创作实践活动中自我发现、自我欣赏、自我实现、自我完善的产物。在这样一个认识基础上,我们说,风格就是艺术家真实自我的个性化表达,而风格的形成,是艺术家摆脱各种僵化模式、套路的束缚,凤凰涅槃,独树一帜,在艺术创作发展中树立自我独特形象的过程。

二、艺术流派

如果说,艺术风格体现出的是艺术家的创作个性,那么,艺术流派体现出的则是风格相同或相近的艺术家们的共性。具体而言,艺术流派的形成同某一历史时期里,某一群艺术家的创作思想、观念、方式和方法的共同性有着极其密切的关系。

物以类聚,人以群分。当现实中这些志同道合的艺术家通过相互欣赏聚合在一起,在社会上以较为统一的创作面目亮相并发展壮大以后,就产生了艺术流派。历史上,艺术流派的形成有着各种各样的方式,有些是艺术家们有计划的安排,有些则是后来的理论家们的发现和总结。

随着艺术家社会地位的提升和独立性的提高,为了让自己的艺术个性得到社会广泛的理解和认同,艺术家们开始根据自己的兴趣爱好和创作风格结成创作团体,以群体的面目在社会上展示自己的思想观念和艺术风格。这样的举动在西方现代艺术的发展过程中变得越发普遍,甚至已经成为一种艺术运作的模式,在世界上不断地得到推广。艺术家要想成功,就得设法在创作上融入一个艺术流派,或是加入一个创作群体。否则,就难以引起评论家或社会上的关注。

现代艺术的发展突出的是各种各样的艺术观念的价值,在这个文化潮流中,以观念为核心的流派组织原则就显得非常流行。像1905年在德累斯顿出现的德国表现主义艺术流派的第一个社团"桥社",1909年由诗人马里内蒂宣告成立的意大利现代画坛中的未来派,1916年在瑞士诞生的达达派以及1924年出现的超现实主义,都以宣言的形式表达了自己的艺术主张,同时也树立了自己的组织原则。而超现实主义的发起人法国诗人布列顿,就是因为和达达派的思想观念发生了矛盾,才另立山头,举起了超现实主义的大旗。

当然,历史上的艺术流派并非都是那么自觉地发起和建立的。它们有些是无心插柳柳成荫,有些则是后来的艺术理论家、批评家们的发现和命名。比如印象派当初成立的时候,就是因为一些在创作风格上较为接近或者是趣味相投的人经常在一家咖啡馆里聚会,同时这些人也基本上都是在官方举办的艺术沙龙展上得不到认可的人,于是在一次聚会上,有人提出要举办一次和官方举办的艺术沙龙唱对台戏的独立艺术家展,他的建议得到了大家的赞同,由此促成了印象派的产生。众所周知,当初并没有"印象派"这个名称,第一届印象派画展的名称是"独立的版画家、画家、雕刻家艺术作品展",后来是一位名叫勒鲁瓦的批评家借用了莫奈的一幅画的名字,写了一篇讽刺性的评论文章,这才有了后来名声大噪的印象派这个概念。事实上,印象派画展从1874年举办的第一届到1886年的最后一届,其参展人员已经发生了很大的变化,这也充分显示出艺术流派发展的一个特点,即松散的组织性。

在中外艺术史上,很多出现在教科书里的艺术流派都是理论家们的发现与总结。比如文学史上著名的"建安文学",当时就没有固定或明确的流派组织。在中国美术史上,这种情况也很普遍,像元四家、浙派、吴门画派、扬州八怪等,都是后人的总结,当时并没有特定的安排与组织。在西方艺术史上,像古希腊的艺术创作流派、拜占庭的艺术创作流派、佛罗伦萨画派、威尼斯画派等,也都是出于历史研究的需要。人们在大量史料里寻找到历史的线索,并加以组织命名,从而丰富了我们的历史认识。这又显示出了艺术流派发展的另一个特点,即有争议的学术性。

思想的原则性、松散的组织性和有争议的学术性,是艺术流派在发展过程中所体现出的特征,也是艺术流派在历史上存在的主要方式。它们让原本个人化的艺术创作活动富于社会性、组织性和思想学术性,由此给社会带来了诸多效应,如诱导效应、震惊效应、证同效应、启迪效应、感染效应、象征效应、净化效应等,从而扩大了艺术创作活动的文化影响力。而诸多艺术流派之间的竞争和相互借鉴,也极大地促进和繁荣了艺术创作,推动了艺术事业不断地向前发展。所以,我们应当在现实中大力提倡和支持艺术流派的多样化,让艺术世界充满活力,也让艺术发展拥有实际的动力。

三、艺术潮流

当一种或几种艺术流派在历史发展过程中契合了时代审美文化精神和社会理想,成为引领时代审美文化的一面旗帜或聚合成势之后,就引发了艺术潮流现象。

一种艺术流派可以发展成为引领一个时代审美文化发展的艺术潮流,而一个艺术潮流却可以聚合多种艺术流派和创作方法。在艺术史上,有巴洛克、古典主义、浪漫主义、现实主义、印象主义等艺术潮流,它们基本上都是由一种风格流派发展而出,最终成为影响欧洲乃至于全世界的文化潮流运动。而现代主义和后现代主义艺术文化潮流,则是聚合了多种艺术流派,成为当代社会文化发展过程中最为主要的两种文化现象和艺术潮流类型。

现代主义艺术文化潮流肇始于康德的美学思想,就创作而言,波德莱尔的诗篇《恶之花》可以作为其兴起的标志。在思想启蒙和艺术实践的双重推动下,现代主义艺术潮流终于如春江潮水般,在汇聚了各种不同的表达方式和体裁内容之后,在19世纪末20世纪初得到极大的发展,成为这个时期中影响世界艺术文化发展的大潮流。随着西方社会文化的发展进入后工业化时代,在美学思想上,机械复制时代概念开始流行,后现代主义艺术潮流在20世纪中叶后逐渐兴盛起来,呈现出了取代现代主义艺术潮流的强劲势头。

与推崇精英化艺术发展模式、强调原创性的审美原则、重视抽象与表现形式的现代主义艺术潮流相比,后现代主义艺术潮流则推崇大众化艺术发展模式,人不再具有主体性,艺术在解构活动中体现出自己的创造性价值。艺术和生活的界限被打破了,人人都是艺术家,一切都是艺术,一切又都不是艺术。在这样一种似是而非、模棱两可的临界状态中,艺术家的创作走出了审美的框框,来到一个更加自由广阔的天地——社会文化发展的大环境之中。他们的艺术创作活动实际上已经是一种文化参与行为,反映了艺术家对现实社会、文化发展环境以及时代生活内容的解读和批判。就表现手法而言,现代主义艺术潮流重视抽象性的语言和形式本身的意味,而后现代主义艺术潮流则重视复制、解构、拼贴、挪用、反讽等语言手法。在艺术创作领域,像波普艺术、装置艺术、行为艺术和多媒体影像艺术等,都是后现代艺术语言表现手法最积极的应用者。这些艺术打破了现代主义艺术越来越显著的封闭性,以一种开放的姿态在解构中重建艺术的形象。在这个过程中,美学的深度不见,罩在艺术头上神圣的光环也褪色了,严肃成了调侃的对象,规则变成了艺术家在创作活动中积极批判的靶子。

不管是否真正存在一个后现代主义艺术潮流,艺术潮流现象在艺术世界中肯定是存在的。假如说艺术风格是个体性的,艺术流派是集体性的,那么,艺术潮流就是社会性的。它是在特定的历史发展阶段,艺术的个体性或集体性发展形态契合了时代精神,成为引领整个时代艺术发展的旗帜之后的产物。一个艺术家要想在艺术世界中取得成功,除了要按照艺术创作的规律不断地工作和努力外,还需要去了解自己开展创作的社会文化环境,在洞察艺术世界中的各种风云变幻的基础上,投身于时代潮流当中,站稳自己的立场,发展自己的艺术,力争让自己成为引领时代文化潮流发展的先锋。

第十讲

艺术鉴赏论

艺术欣赏活动是一条把艺术家和观众连接在一起的纽带。只有开展这项活动，由艺术家创作的艺术作品才能真正走入人们的生活，并影响社会文化的发展。艺术家们也可以在这项活动中寻找知音，同时也检验自己的创作水平，为接下来的创作收集批评意见。从接受美学的立场上看，艺术欣赏活动已经不是那种受艺术家和艺术作品支配的被动行为，而是作为一个创作主体，主宰了艺术创作和作品质量。所以，我们有必要对艺术欣赏这个话题做更加深入、细致的研究和说明。

艺术鉴赏和艺术批评是艺术欣赏活动中的两项最主要的内容。艺术鉴赏主要讲的是审美，而艺术批评主要讲的就是艺术作品的价值。接下来，我们先讲讲艺术鉴赏活动。

第一节　艺术鉴赏活动

人在心理上有知、情、意三种表现，对应到人的现实行动，它们分别是求知、审美和实践。作为现实中人们所拥有的一种能力,审美判断力也叫鉴赏力。具体而言,它就是美学家朱光潜所说的那种能够让人去"玩索一种作品的趣味"①的能力。

大自然气象万千,风光旖旎,大家看起来都觉得很美,可是,为什么美学家们却不认为它们是合格的审美对象呢?对此,美学家黑格尔的解释最为雄辩。他说:"自然美只是属于心灵的那种美的反映,它所反映的只是一种不完善的形态,而按照它的实体,这种形态原已包含在心灵里。"②在黑格尔看来,"艺术美是由心灵产生和再生的美,心灵和它的产品比自然和它的现象高多少,艺术美也就比自然美高多少"③。所以,在黑格尔看来,艺术才是美的化身,而所谓美学其实也就是艺术哲学。对美的欣赏如果不以艺术为对象,那就不能充分地体现出审美性,不能体现出人类审美欣赏活动的价值。

当然,把艺术当成是合格的审美对象也会有一定的问题。那就是,从历史上看,艺术曾经长时间地在地球上的各个民族的文化发展史中扮演着教师的角色,在人们心中,它的存在是和含有教义的寓言结合在一起的。古罗马时代的著名诗人和文艺理论家贺拉斯就说:"诗人的愿望应该是给人益处和乐趣。……既劝谕读者,又使他喜爱。"④应该说,把艺术的功能定位在寓教于乐的意义上,虽然是一种世间普遍流行的观念,却是一种在现代美学家看来十分肤浅的观念。"艺术在原则上不应以追求不道德和提倡不道德为目的。"⑤然而,"把追求不道德看作艺术表现的明确目的是一回事,不把追求道德看作艺术表现的明确目的却是另一回事"⑥。艺术不是道德,艺术有它自己的目的。按照黑格尔的美学观念,这个目的就是显现和表现人的心灵,弘扬人的主体性。所以,面对人类异常丰富的艺术表现,我们在开展艺术审美或鉴赏活动时,一定要多关注艺术形式本身,不要把自己的眼光过多地停留在那些只是体现出宣传教育或道德象

---

① 朱光潜:《谈文学》,上海文艺出版社 2001 年版,第 17 页。
② [德]黑格尔:《美学》第 1 卷,商务印书馆 1979 年版,第 5 页。
③ [德]黑格尔:《美学》第 1 卷,商务印书馆 1979 年版,第 4 页。
④ [古罗马]贺拉斯:《诗艺》,人民文学出版社 1962 年版,第 142 页。
⑤ [德]黑格尔:《美学》第 1 卷,商务印书馆 1979 年版,第 64 页。
⑥ [德]黑格尔:《美学》第 1 卷,商务印书馆 1979 年版,第 64 页。

征意义的作品上。

按理说,任何人都应该具有审美能力。可是,在现实生活中,却常常听到一些人说自己看不懂画,听不懂音乐,没有艺术鉴赏力,这又是为什么呢?回答这个问题要从主客观两个方面来说明。

一、从客观方面来讲,这种现象的发生与这些人关于审美问题的思想认识有关。

在现实中,我们所看到的,其实都是我们想看到的东西。离开了思想观念或眼光的作用,所谓的发现或看见,其实都不具有文化的价值。所以,如果我们想在现实中有效地开展审美或艺术鉴赏活动,也是需要思想观念指导的。在这个方面,理解美学家康德在《判断力批判》中为美所规定的四个契机是关键。通过学习和认识这一伟大的美学思想,我们在思想上也就拥有了一盏可以引导自己正确开展审美活动的明灯。

首先,康德告诉我们:审美是一项无关功利而生愉快的活动。也就是说,假如我们在现实中开展的是审美活动,那么,这项活动就一定不是为了认识对象的本质,也不是为了评判对象的好坏,而只是为了通过观照对象形式本身而获得精神上的愉悦。

他说:"关于美的判断只要混杂有丝毫的利害在内,就会是很有偏心的,而不是纯粹的鉴赏判断了。"①比如,夏日里,我们乘游艇在海上观光,黄昏时节,微风习习,海上的波浪与落日相映成趣,形成一幅美丽的画卷,令人陶醉,乐而忘返。突然,喇叭里传出了紧急通知,船长告诉我们,游艇发生了机械故障,希望大家穿好救生衣,做好弃船的准备。在这种情况影响下,还有谁会有心情再去欣赏眼前的美景?没有了无关功利的心情,美,即便在大家眼前出现,通常也没有谁会看到。再如,当我们刚开始欣赏人体艺术的时候,往往会被它们的性别和身体功能所误导,在这种关乎利害的精神状态下,我们实际上并不是在欣赏人体美,我们从观看活动中得到的快乐,是我们完成了一次关乎性别的认识判断和关乎身体功能的道德判断而得到的快感,这不是真正意义上的审美愉悦。如果想在欣赏人体美的过程中得到审美愉悦,我们就得排除上述功利心,直观其形式,

---

① ［德］康德:《判断力批判》,人民出版社 2002 年版,第 39 页。

即形体本身。从美学上讲,无关乎利害而生出愉快的对象,就是美。我们在审美活动中需要关注的,就只能是这个对象。至于说你我是否能够发现和观赏它,关键取决于我们在审美活动中能否保持一种非功利的观照态度。

其次,康德告诉我们,审美是一项无概念却又具有普遍性美感的活动。在这项活动中,审美对象是主观的产物,却又能够给人带来普遍性的愉悦。

关于这一点,康德说:"美是无概念地作为一个普遍愉悦的客体被设想的。"①"愉悦的普遍性在一个审美鉴赏判断中只表现为主观的。"②当我们在春天里散步,看到花园里百花齐放,景色宜人,心情顿感愉悦。这时,我们就是在审美了。因为我们并不知道、也不在意自己所看到的花叫什么名字,属于什么品种,只是心里感觉它们很讨人喜欢,惹人爱。在这个活动中,每个人心中的愉悦可能是不同的,但大家心中的愉悦感,即美感却是相同的。

其实,主观性的判断是不可能产生绝对具有普遍性意义的意识成果的。但是,因为审美活动是在超功利的精神状态下完成的,因此,平时人们在感情上的那些差异表现,在审美状态中就一下子被高度统一起来,变成了一种非常单纯的情感——美感,这种表现,让人觉得仿佛是达到了逻辑概念的水准,体现出了普遍性的价值。在一个讲主观的世界,居然也能存在着体现普遍性意义的东西,这不是一件令人感到十分惊奇的事情吗?但是,在审美世界里,这种看似矛盾的表现却是极其自然的。它不是概念,却又具有普遍性;它无关功利,却又让人感到愉快。

再次,康德告诉我们,审美活动的开展是有其目的性的,这个目的性就是"对象表象的不带任何目的(不管是主观目的还是客观目的)的主观合目的性"③。结合具体的内容讲,就是只要我们是在欣赏美的事物,那么,就一定是在观照对象形式本身,而不是对象形式之外的任何东西。

康德说:"一个纯粹的鉴赏判断既不是以魅力也不是以激动,一句话,

---

① [德]康德:《判断力批判》,人民出版社 2002 年版,第 49 页。
② [德]康德:《判断力批判》,人民出版社 2002 年版,第 51 页。
③ [德]康德:《判断力批判》,人民出版社 2002 年版,第 56~57 页。

不是以任何感性（审美）判断的质料的感觉作为规定依据的。"①比如说，单独敲击钢琴上的一个琴键，会让人产生感觉上的愉悦。画作上的一块绿颜色，看起来也会令人感到舒适。但是，这并不能说明我们是在审美。因为它并不符合审美欣赏活动的基本要求。一般情况下，我们由一个乐音或一块颜色那里获得的所谓"美感"，只是那种感官刺激上的快乐。而在真正的审美欣赏活动中，我们所观照的是一个体现主体性意义的形式整体，感受到的是来自形式自身的意义。我们说一幅画很美，说一首歌好听，如果不是在上述意义上讲的，那么，这种表达基本上就是在敷衍，没有什么意义。审美形式本身是没有外在目的性的，看画，画不能当饭吃；听歌，歌不能当水喝。但是我们却可以在欣赏它们的时候，得到精神上的愉悦，这就是审美形式自身的目的。我们在审美判断中不仅获得了美感，而且还在这种判断中得到了形式自身的目的。这一切，都不是事先预断的，而是当下即得，在不经意中一下子就出现在人的感受中的，只有这样，我们才算是在进行一种纯粹的鉴赏判断。

最后，康德还告诉我们，离开了共通感这个前提，审美判断活动是不可能的。这个共通感不同于通常人们讲的知性意义上的共通感（常识），因为它不是通过概念而是通过感情来确定的必然性。

康德说："美是那没有概念而被认作一个必然愉悦的对象的东西。"②当我们于晨曦中站在泰山之巅，遥望东方，看到一轮红日喷薄而出，心情激动万分，情不自禁地高声呼喊："太美了！"从这种不约而同的呼喊声中，大家都相信，此时此刻，眼前的景色确实是美的。因为美的必然性不是来自科学实验上的证明，也不是来自少数服从多数的决定，而只能是来自大家心灵深处的感情，即共通感。"鉴赏判断必定具有一个主观原则，这条原则只通过感情而不通过概念，却可能普遍有效地规定什么是令人喜欢的、什么是令人讨厌的。"③由于这个原则的作用，我们在开展审美活动的时候，一般都会伴随着非常强烈的心理期待，在欣赏一幅画时，会非常期待听到周围人赞赏的话语，或者看到周围人投向这幅画的欣赏目光。否

---

① ［德］康德：《判断力批判》，人民出版社 2002 年版，第 62 页。
② ［德］康德：《判断力批判》，人民出版社 2002 年版，第 77 页。
③ ［德］康德：《判断力批判》，人民出版社 2002 年版，第 74 页。

则,就会感到非常沮丧、失望和痛苦。当这种情绪达到顶端的时候,一个人往往就会表现出愤世嫉俗的神情,认为周围的人全是些不懂审美的艺盲。假如这个人是艺术家,那他就会在这种极端情绪的导引下,放出狂言,说自己的作品是给一百年以后的人看的。关于这样一些现象,只要知道审美共通感这个概念,也就会一笑了之,不会觉得特别奇怪。审美无争辩,趣味有高低。在判断美丑的问题上,因为判断原则的主观性问题,我们一旦争执起来,估计一辈子都会没完没了。但是,就开展审美活动而言,不承认这个主观性原则,无视共通感的作用,那么,谈审美判断这件事,也就没有什么意义了。我们在同一些朋友分享自己的审美经验时,一定是先在心里把他们当成了知音,设想他们已经赞同了自己的审美判断,否则不会自讨没趣,对牛弹琴。这就是审美判断的一个特点,也是审美活动中存在共通感的一个力证。尽管这个共通感是被人们假定的,可是这个概念却在实际审美活动中发挥了重要的作用。它不仅让我们的心灵在审美欣赏活动中“作自由的和不确定的合目的性的娱乐”①,使“知性是为想象力服务的,而不是想象力为知性服务的”②,让每一个人都可以在审美活动中自由大胆地阐发自己的观点,而且它也使得艺术交流活动的开展成为一种必须。毕竟,我们可以希望他人和自己的审美观念保持一致,却不能强迫他人必须要和自己的思想观点保持一致。人们要想在审美活动中找到共通点,让审美活动契合共通感的要求,从现实角度看,方法只有一个,那就是持续不断地开展艺术交流活动。通过这种活动,大家可以在不同趣味的碰撞和不同观点的交锋中,探讨确立审美主观性原则——共通感的可能性。从这一点上看,我们目前所确立的任何一个审美评判标准都是极其珍贵,同时又是极其孱弱的。

战国时代的思想家荀子说:“心不使焉,则白黑在前而目不见,雷鼓在侧而耳不闻。”③离开了意识和目的,人就难以真正地认识和把握事物,并且在实践中取得好的效果。在审美或艺术鉴赏活动中,假如一个人缺乏审美意识,不了解康德在“美的分析论”中所讲的四个契机理论,即审美要

---

① [德]康德:《判断力批判》,人民出版社 2002 年版,第 79 页。
② [德]康德:《判断力批判》,人民出版社 2002 年版,第 79 页。
③ 《荀子·解蔽》。

有超功利的心态,要以非概念性的方式来获得普遍性的情感,要让自己的行为符合"无目的的合目的性"要求,要用一个主观性的原则——共通感来评判事物的价值,那么,他要想审美,恐怕就难以取得应有的品质。爱美之心人皆有之,但是,就审美本身而言,却不是所有拥有爱美之心的人都会懂得并知道如何去正确行动。因为美是一个太复杂的概念,不经美学的研究与确认,那么爱美之心,其实是不知所云的。也正是在这样一种情况下,不少人才会产生审美上的焦虑:本来从小到大都在讲美,怎么上了大学,见了艺术,反而感觉自己在审美方面没有了发言权,不敢随便讲美了呢? 这主要是因为以前你在讲美的时候,太随便,过于想当然,不够自觉。现在,你发现美原来还是一种理论、一种眼光、一种修养,而这些你都没有基础,心里怎么可能不慌乱呢?

二、从主观方面来讲,那些说自己不懂艺术、没有艺术鉴赏力的人,与他们平时不大重视审美文化的修养有关。

"鉴赏是评判美的能力。"①作为一种特殊的能力,鉴赏力的培养也有其特殊的方式。除了需要增强美学认识外,一个想要提高鉴赏力的人,还需要在日常生活中不断加强审美文化修养,让自己拥有善于发现美的眼睛和善于聆听音乐的耳朵。具体而言,提高审美鉴赏力,需要在以下几方面下功夫。

首先,要开阔自己的心胸,培养超然于物外的心态。

开展艺术鉴赏活动的关键前提是确立正确的生活态度,即在生活中保持非功利的心态。作为社会中的存在物,每一个人的生活都不可能摆脱现实环境的影响,不可能不被各种各样的现实问题所困扰。为了生存与发展,大家在成长过程中,都会逐渐地学会面对现实,适应现实环境对个人的要求。于是,我们开始从单纯变得不单纯,开始在追求名利中谋求自我实现,去赢得属于自己的未来。很多人因此在现实中迷失了自我,最终没能实现人生的美好理想,成了生活的牺牲品。这些人的命运是值得同情的,他们被现实吞没的过程,实际上也是审美鉴赏力随之渐行渐远的过程,在这样一个过程中,他们失去了自我,同时也失去了对美的发现与

---

① ［德］康德:《判断力批判》,人民出版社 2002 年版,第 37 页。

欣赏能力,最终就会对生活中的一切失去兴趣,整个人的感觉就会变得相当麻木。

如果说在生活中,这样的人至少还有活着的权利,那么,在审美鉴赏活动中,这样的人基本上是没有资格参与其中的。若不及时调整、改善,那么,他们的生活就会跟审美绝缘,变得越来越乏味、无聊。所以,生活中,我们要注意培养自己高远的情怀,避免自己在现实中堕落。而在审美活动中,我们更是要注意培养好自己的心态,让自己的心灵保持自由的状态,不为现实所禁锢,不为功利所俘获,这样,我们的爱美之心才会真正地释放出力量,而我们的生活也才会为之改变,不至于过于庸俗。

一个人的精神如何才能在现实中保持自然轻松的状态,一个人的心理如何才能在现实压力下保持平衡和稳定,这里面有很多方式和方法,但是,得到较多肯定的"药方"只有两个:一个是经常接触大自然,另一个就是让自己学会游戏和娱乐。

接触大自然,包括平时在家养花弄草,都可以让人从现实的名缰利锁中暂时解脱出来,给自己的精神透透气,让紧张的心理得到适当的放松,培养自己的情操,让自己拥有热爱自然的情怀。很多人喜欢在紧张的工作之后外出旅游,领略大自然的美景,游览大自然的风光,就是这个道理。在中国古代文人的心态培养中,其中一大项内容,就是投身于琴棋书画。在他们看来,一个人平时在这些事情上投入精力和时间,所得到的回报,不是玩物丧志,而是养心。养心的结果是什么?就是可以通天。一旦一个人的精神可以通天,非但其修养了得,而且整个人生的品质也会随之而发生改变,这时他们所过的就是"随心所欲而不逾矩"的生活,天人合一的理想在这种生活里就得到了实现。从美学上讲,一个人能够长时间地痴迷琴棋书画,浸染其中,陶然忘我,就是懂得品味和审美的表现。如果大家平时能够花些时间接触一下文艺活动,不一定要痴迷其中,只要能有所爱好就可以,这样的生活,不仅能调剂身心,丰富生活内容,而且对于进一步提高鉴赏力也是颇有益处的。

其次,要多接触艺术,多体验生活。

常言道:观千剑而后识器。这一对于提高思想认识活动的经验也同样适用于提高审美认识活动。因为艺术鉴赏力的提高,主要是发挥了感知的独特功能。具体而言,就是发挥了我们的感官对形式的感受力和领悟力。这种能力在我们发挥理智认识功能的时候并没有受到重视,甚至还被有意地遏制。因为在我们的认识系统中,感性认识只是形成理性认识的一个初级阶段。站在理性认识的立场上看感性认识,它们的认识成果都只是不成系统的碎片和经验,不具有服务于认识发展的概念意义。但是,艺术家在从事艺术审美实践活动时,并不这样看待感觉经验的价值。在他们看来,人的感觉,特别是知觉,是具有独立的文化价值的,它的独特功能就是可以发现形式对象中的美。

关于这一点,无论是古希腊哲学家亚里士多德,还是现代美学的创始人康德,都做出了积极的阐述。他们的思想理论奠定了艺术审美文化发展的观念基础。现代格式塔心理学通过科学性的研究,在大量实验材料证明的基础上,也非常雄辩地说明了知觉功能在审美活动中的独特作用。中国虽然没有涌现亚里士多德、康德这样的美学家,但是我们在艺术实践活动中,对于发挥知觉作用的完形手法的应用,却是非常普遍的。比如唐代温庭筠的诗句:"鸡声茅店月,人迹板桥霜。"(《商山早行》)还有元代马致远写的:"枯藤老树昏鸦,小桥流水人家,古道西风瘦马,夕阳西下,断肠人在天涯。"(《天净沙·秋思》)它们都利用人的知觉整合能力,在似乎不大相关的概念当中,营造出来一片感人的情调,产生丰富的审美意蕴。

凡是能够被称为艺术的东西,它们在形式上都一定会呈现出符合知觉审美功能要求的格式塔结构。我们的审美能力的提高,很大程度上取决于我们的感觉在发现和感受这种形式结构方面的能力。所以,多接触艺术品,就可以发掘和培养我们的知觉感受力,同时也可以提高我们的艺术鉴赏力。

对于艺术而言,形式和内容是不可分的。当我们拥有了形式感受力之后,实际上也就对其内容有了一定的把握。英国美学家克莱夫·贝尔认为,当我们用知觉的方式感知形式时,形式本身的审美价值就得到了最为充分的体现,也就是说,你不仅仅感受到了一个富于视觉张力的形式,而且也发现、感受到了其中所蕴含的美的内容。当然,对于艺术作品的形式和内容的关系,也不能完全站在形式主义美学的立场上来看待。艺术在现实中的发展是非常具体的,也就是说,它必然要带有民族性、时代性和社会性,这样我们在开展艺术鉴赏活动、提高艺术鉴赏力的时候,就不能回避对艺术作品形式中所含有的社会历史文化知识的认识和理解问题。在这一点上,艺术鉴赏力的提高就不完全在于单纯地培养知觉感受力方面,这里面还有一个通过积累生活经验、丰富人生阅历、提高思想认识水平,在提高人的形式感受力的基础上,提高形式感悟力的问题。

清代文学家张潮在《幽梦影》中讲道:"少年读诗,如隙中窥月。中年读诗,如庭中望月。老年读诗,如台上玩月。"明月无古今,情怀自浅深。同样是一轮明月,观者的心境、情怀不同,看出来的样子、品出来的滋味也不尽相同。技有优劣,艺无古今。从古到今,艺术都是以抒发和传达情感为功能的,这里面必然要包含艺术家的思想感情。历史上,伟大的艺术通常都会蕴含有深厚的思想情感,这一方面决定了作品的审美品质,另一方面也决定了它在艺术史中的地位。所以,一个人要想提高自己的鉴赏力,就像一个艺术家想提高自己的艺术创作力一样,功夫要在画外,品格的修炼、文化的修养是不能少的。

艺术鉴赏力的提高,主要得益于人的审美经验。孟子说:"孔子登东山而小鲁,登泰山而小天下。"[1]任何价值都是比较出来的,不多接触艺术,就难以在自己的心中形成价值批判的坐标或参照系,也难以形成自己的审美趣味。另外,没有丰富的人生阅历,光凭形式感受力也难以让审美判断达到高水平,形式中有内容,感觉中有感悟,理在情中,意在象外,能知其味者,必通其情矣!

再次,要多与他人开展交流和讨论活动。

艺术审美活动牵涉到个人的趣味和审美观念的发展。从审美角度讲,萝卜白菜各有所爱,你喜欢这种风格的艺术,我喜欢那种风格的艺术,你喜欢听音乐,我喜欢赏画作,这些都是个人的自由,很难分出高下优劣。

但是,就趣味而言,由于有审美认识问题,针对同样一个对象,趣味上还是有高低之别的。比如,对于古希腊的人体艺术,有些人在观看时比较在意性别和肉体特征,而有些人则会关注形体动态、比例、曲线等形式意义。又如,有些人在听歌曲时,比较关心歌词内容,而有些人则会在意曲调、旋律,他们常常会哼唱一首歌的旋律,却记不住歌词。对于这样的现象,我们只能用审美趣味的高低来解释。审美趣味高雅的人,在观看世界

---

① 《孟子·尽心上》。

和开展审美活动时,看到的是它们的形式趣味;而审美趣味低俗的人,看到的则是它们的实质和意义。之所以会形成这样的差别,主要是因为每个人在思维方式、生活习惯和审美认识水平方面的差异。很多人都带着日常的思维逻辑来看待艺术,认为艺术的形式和内容是手段和目的的关系。他们不懂美学,不知道美的形式是内容和形式的统一,艺术家的创作是手段和目的的统一。对于这种表现形式,假如你没有感受力,单凭平时养成的逻辑思维去欣赏艺术,那自然是无法登堂入室,去享受艺术世界中的美好事物的。如果这些不懂得艺术欣赏的人,拥有了社会地位和话语权力,肆意地宣扬他们所谓的审美理想,推广他们喜爱的艺术,除了更加充分地暴露出这些人低俗的审美趣味外,还会造成社会审美文化发展的悲哀。

想要提高自己的审美趣味,就需要在艺术欣赏活动中积极地与他人展开讨论,在交流活动中发展自己的审美认识,提高自己的审美趣味。当今的艺术世界正在不断地发生变化,无论是在观念上,还是在表现手法上都不断地涌现出新的内容。面对这样一个世界,艺术鉴赏力的提高,就不单是局限在审美趣味的提高上,还要加强对艺术自身的认识和批判。它要求我们以一种开放的态度看待艺术和艺术问题,大家在交流、讨论活动中,提高的是对艺术概念的认识,开拓的是审美的新视域。比如,过去我们在艺术欣赏活动中,证明自己具有艺术鉴赏力的方式是可以看懂古典学院派艺术之美,而现在证明自己拥有艺术鉴赏力的方式,则是能够欣赏毕加索的创作,理解安迪·霍荷的波普艺术。这些变化,一是历史发展对审美欣赏活动提出了新要求,人们的审美水平不断得到提高;二是大家在交流讨论活动中,通过自我否定,解放了自己的思想,看到了一个艺术的新天地。

从这个意义上讲,艺术鉴赏力水平的提高,具有两个方面的意义:一个是就审美趣味的提高而言的,另一个是就艺术认识水平的提高而言的。

最后,要接受艺术教育,亲自体验艺术创作过程。

常言道:百闻不如一见,百看不如一练。开展审美活动,提高艺术鉴赏力,到现场参观是一个有效的方式。而要想真正懂得艺术表现的妙处,从一个看热闹的外行变成懂门道的内行,最好还是亲自体验一下艺术创作。在这个过程中,你会了解艺术创作的全过程,理解它的追求和艰辛,有了这样一个情感基础,再去欣赏艺术,对其评头论足,自然就能够说到点子上,令人心服口服。

另外,艺术文化的发展已经在历史上形成了一整套制度。在很多现代美学家看来,整个艺术世界就是这套制度的产物。换言之,离开画廊、美术馆、艺术批评家、艺术市场、艺术出版物等机构、制度和环境,我们是无从定义艺术,更无法确定艺术价值的。所以,一个人若是想在现实中真正地懂艺术,成为艺术鉴赏领域中的权威,就需要花时间去学习艺术史、美学、艺术批评以及熟悉艺术市场运作等内容。通过这样的积累,审美鉴赏力才能得到品质上的保证,观点、看法才会充分地体现出共通感的意义,从而把审美对象的真实价值充分地揭示出来。

综上所述,我们知道,一个人要想懂审美,拥有鉴赏力,确实不是一件十分容易的事情,不仅要花费一番心思去认识美是什么,而且还要花费大量精力去保养自己的心态,培养自己的审美感觉,提高自己的审美趣味,巩固自己的艺术话语权。在这个过程中,有些人先入为主,先学习美学理论,然后再投身于审美经验的积累发展活动;而有些人则是在实践中发展理论,通过经验的提升来领悟美学的真谛。前者是一般学校教育中普通人提高鉴赏力的模式;后者则是艺术家提高鉴赏力的模式。这两种模式都有其合理之处,人们可以根据自己的情况与条件来加以选择和应用,以便收到好的效果。

第二节　艺术批评活动

艺术欣赏活动中的另一项关键性内容是艺术批评。如果说,艺术鉴赏主要讲的是人的审美态度和鉴赏力的培养问题,那么,艺术批评主要讲的就是人的审美品位和艺术的价值问题。

在西方,艺术批评诞生于 18 世纪末,严格地讲,是在法国大革命之后。1793 年 7 月 27 日,法兰西共和国颁布法令,中央艺术博物馆(卢浮宫前身)将在 1793 年 8 月 10 日,也就是王权颠覆暨共和国成立周年纪念日那天对公众开放。随着中央艺术博物馆中一大批原本属于皇家和教会收藏的艺术品的对外开放,不仅社会公众在开放日到博物馆参观艺术品成为一种时髦,而且也带动了艺术批评事业的发展。因为这些昔日只为贵族和有教养的人创作的艺术品趣味高雅,不易为普通市民所欣赏和理解,所以需要有人专门来教导这些观众,帮助他们提高审美趣味,以欣赏和接受这些昔日象征着贵族地位和教养的艺术表现形式。在艺术品和观众之间架设一道理解和沟通的桥梁,就成了艺术批评活动最初的功能。之后,随着艺术家队伍的创作状态越来越走向独立,他们在创作个性上的自我要求越来越高,艺术批评活动的作用就开始逐渐地从教育大众拓展到甄别艺术品好坏、评判艺术价值的领域中。比如,印象派这个概念就是当年法国艺术批评家路易斯·勒罗伊开展艺术批评的产物。当时,他发明这个概念的目的并非赞扬,而是为了挖苦讽刺那些在他看来缺乏审美价值的印象派作品。

随着西方现代艺术大幕的开启,艺术批评的作用点再次发生了转移。在这个新的艺术发展舞台上,艺术不再是一个"眼见为实"的对象,而是一个需要观念引导才能欣赏、理解的对象。针对这样一种语境的变化,艺术批评家开始在更新人们的艺术观念方面发挥批判和引导作用。比如,为什么这个放在美术馆展厅里的东西是艺术,而同样一个东西放在另一个场所就不是艺术?回答这种问题,不仅是艺术哲学家的责任,而且也是艺术批评家的责任。因为它不仅牵涉到了什么是艺术,而且还牵涉到了什么是好的艺术。对于后者,当然要依靠艺术批评家的工作来完成。

在有了艺术批评活动之后,通过艺术批评家的工作,艺术欣赏活动不仅使人们的艺术鉴赏力水平得到了迅速的提高,而且对于审美欣赏活动而言,艺术批评家们的思想观点也使人们在日新月异的艺术发展潮流当中解放了思想,更新了观念,开拓了思维,认识和欣赏了新的艺术。在这一点上,英国现代艺术批评家罗杰·弗莱和艺术哲学家克莱夫·贝尔对推动西方现代艺术审美文化发展做出的贡献就是典型案例。

众所周知,保罗·塞尚是"西方现代艺术之父"。但是,如果没有批评家罗杰·弗莱的发现与宣传,没有艺术哲学家克莱夫·贝尔所阐释的形式主义美学思想,我们今天甚至不可能知道塞尚这个名字,西方艺术史上当然也就不可能有后印象派这个概念。

郭沫若说:"批评也是天才的创作","文艺是发明的事业,批评是发现的事业。文艺是在无之中创出有。批评是在沙之中寻出金。批评家的批评在文艺的世界中赞美发明的天才,也正自赞美其发现的天才。"①艺术批评在批评活动中,不仅沟通了艺术家和观众之间的关系,提高了观众的艺术欣赏水平,而且还在艺术的百花园中发现了最值得赞美的花朵,树立了时代审美的典范。而在这样一个过程中,艺术批评对艺术创作活动的影响也是不容置疑的。

艺术家是自己作品的第一个欣赏者。由于艺术家是站在个人立场上借艺术创作来抒发思想感情的,也是以自己的审美趣味来自我欣赏和评价的,所以他们的自我欣赏与评价往往容易带上自恋或孤芳自赏的色彩。一个艺术作品要想产生真正的审美价值,就必须让自己的表现引起社会的共鸣和得到历史的肯定。也就是说,艺术家必须在创作活动中努力用个人的声音唱出大家的心声,表达出人类的思想感情。这对于站在个人立场上思考问题,在创作活动中集中精力表达自我感觉的艺术家来说,是很难事先有所认识和把握的。通常情况下,他们只能保证创作出让自己满意的作品,而无法保证创作出让所有观众都满意的作品。为了尽可能地创作出既让自己满意,也让观众满意,即富于审美品质的作品,除了要深入地体验生活,努力去发挥自己的想象力和创造力,更加真实地展现自我外,还要虚心地接受艺术批评家的指导。因为艺术批评家是站在审美立场上讲话的人,他们的学识和素养决定了他们有资格代表公众在审美价值问题上发表意见。对于这样的意见,任何一位想在有生之年见证自己成功的艺术家都不会肆意忽视。假如一个艺术批评家肯定了艺术家的创作,那当然能为其未来的创作增强信心。但是,假如艺术家在创作上的努力没有得到艺术批评家的肯定,而是得到他们善意的批评,也能为艺术家提供一个反思的机会,并为其接下来的创作确立新的目标和方向。艺术批评不是那种无端的攻击与谩骂,艺术家和艺术批评家之间也不是敌对的关系,两者实际上是为了艺术事业的发展共同奋斗的战友,是同志加兄弟的关系。他们之间的争执,甚至对立,都是属于学术上的问题,而不是生活中的利益冲突。只有那些想在艺术创作上不断攀登新高峰的人,才会主动关注和接受艺术批评。而只有那些真心希望推动艺术潮流不断

———————————

① 郭沫若:《郭沫若论创作》,上海文艺出版社 1983 年版,第 538 页。

发展的人,才会热衷于从事艺术批评活动。如果艺术创作和艺术批评,艺术家和艺术批评家之间没有建立起一种良好的互动关系,那么,不仅彼此的事业发展会受到严重的影响,而且整个艺术文化发展的环境都将为此付出代价。因为一个没有艺术批评的社会文化发展环境,是不可能诞生优秀的艺术作品和营造浓郁的艺术创作氛围的。

在现实中,好的艺术批评家与好的艺术家一样少见。一个想在艺术批评领域施展才华的人,除了要学习掌握一些必要的专业知识外,更重要的是要不断地提高自己的素质,即要具有科学家的思维能力和艺术家的感受能力。一个优秀的艺术批评家和一个优秀的艺术家之间的区别,除了在所做的具体事情上有所不同外,就素质而言,前者是一个科学理性思维优先、擅长逻辑性语言表达的人,而后者则与之相反,是一个艺术形象思维优先、擅长形象性语言表达的人。

艺术批评对象的特殊性,决定了艺术批评活动和从事这项活动的艺术批评家素质的特殊性。为了完成描述、分析、解释和评价这些艺术批评工作中的基本任务,名副其实的艺术批评家们就必须兼有科学思维和艺术想象的双重细胞,他们要有艺术家的审美感受力,以便于知觉到现实中真正具有审美价值的对象;他们还要有美学家的理性分析力和总结概括力,以便于凭借作品输出观念。当然,作为艺术批评家,他们最好还要具有政治家的宣传鼓动力和文学家的语言表达力。比如积极推广后印象派的艺术批评家罗杰·弗莱,就被后人称为最成功的鼓吹家,因为他用自己的思想和语言成功地使人们改变了以往的审美习惯,接受了新的艺术审美趣味。而立体派艺术批评家阿波利那尔,也被人称为立体派的喉舌,他对立体派艺术发展的贡献不言而喻,毕加索今日的盛名就是一个明证。

对于艺术史而言,"审美经验(视觉经验)事实上是艺术史学科的中心"①。一部现代的艺术史,不仅要鉴定材料、技法、作者、时间、地点、意义和机能七大问题,而且还必须把各个作品与同一流派、同一时代、同一文化的其他作品进行比较,对其显著的美感特质进行解释和评价。对此,罗杰·弗莱认为:作为"学术的艺术史",是必须含有艺术批评的。"艺术

---

① 王秀雄:《艺术批评的视野》,新星出版社 2010 年版,第 7 页。

批评是具有历史性、再创性、批评与判断的视觉活动。它是对探讨以往艺术史上所欠缺的价值判断的训练。"①如今,他的这个见解不仅成为人们批判、反思以往艺术史写作的契机,以及人们开展新艺术史写作的指导思想,而且也为艺术批评家们拓展了学术空间,让艺术批评活动更加广泛地渗透到艺术理论研究的各个领域当中。

艺术批评在审美活动中的作用虽然十分广泛,但是其主要作用点还是集中在提高人的艺术鉴赏力和推动艺术创作潮流的发展上。它的发展,一方面保证了艺术欣赏活动的品质,另一方面也保证了艺术文化领域的活力。

第三节　生产与消费关系下的艺术欣赏活动

站在经济学的角度上,如果我们把艺术创作看成是艺术生产活动,艺术作品就是这种生产活动的劳动产品,那么艺术欣赏活动以及为此投入的金钱,就是对艺术产品的消费。由此产生的一系列社会学和美学问题,是非常值得我们认识和探讨的。

一、生产与消费理论

首先,从通常意义上讲,艺术家通过艺术创作完成了一件作品,就算是完成了一次艺术活动。但是,就艺术活动的整体性要求而言,如果离开艺术作品的传播、接受和欣赏活动,艺术创作与作品就不能充分地实现自己的价值,从而在实际效果上达不到人们对艺术创作活动的期待与要求。毕竟,艺术作为一种精神性的生产实践活动,其目的在于满足人们不断发展的审美需求,让更多的人在艺术欣赏活动中享受到精神上的愉悦和满足。所以,尽管我们常说"文章自有命运",即艺术家只要创作出了作品,就算是大功告成,无须费神考虑人家是否接受,但事实上,艺术活动一旦缺失了接受与欣赏活动,不仅将无法发挥自己的社会功能,而且还会失去

---

① 王秀雄:《艺术批评的视野》,新星出版社 2010 年版,第 7 页。

推动其发展的内在动力。关于后者,我们可以通过马克思的生产与消费理论来加以解释和说明。

在马克思看来,消费对于生产而言并不是被动的,"因为消费创造出新的生产的需要,因而创造出生产的观念上的内在动机,后者是生产的前提。消费创造出生产的动力;它也创造出在生产中作为决定目的的东西而发生作用的对象"①。人的劳动与动物自然的生命活动之间的一大区别就是,人在劳动中具有自觉性和目的性。在劳动活动中,人不仅知道自己在做什么,而且还知道自己为什么而做。在劳动产品被生产出来之前,它们就作为表象化的形式观念目的而预先存在于劳动者的脑子中,这不仅激发了劳动者的生产积极性,而且还让整个生产活动富于观念性。于是,消费对于整个生产活动而言,就不仅仅是一个被动地等待和利用劳动产品的行为,而是作为一个生产目的,让生产行为不仅有了动力,而且还有了观念上的追求,从而成了一个影响生产活动发展的能动因素。

二、艺术生产与艺术消费的关系

马克思的上述理论观点对我们认识艺术创作(生产)和艺术欣赏(消费)之间的关系也有很强的现实指导意义。

作为社会文化生活的一分子,艺术家的创作活动必然要与社会上人们的审美文化需求发生关系,一方面他们源源不断地为社会提供各式各样的艺术作品,另一方面他们又必须在欣赏与批评活动中接受检验,以确立自己的文化价值,谋求进一步的发展。

事实上,站在艺术欣赏的立场上思考问题,作为一种对象化的审美活动,艺术审美与批评活动也必须和艺术作品发生关系。如果不是去玩索某一作品的趣味,我们也就无法意识到那个作为审美主体的自我,也不会知道自己是在审美。如果离开了对作品价值的评判,我们也就无法在趣味的判断中肯定和确证自我。因此,艺术欣赏活动的开展,既关乎作品自身的品质,也关乎欣赏者的审美水平。当欣赏者的审美趣味足以体现时代精神,反映一个社会的整体审美需求时,它就会成为现实中艺术家们开

---

① 《马克思恩格斯选集》第2卷,人民出版社1995年版,第94页。

展艺术创作或生产活动的内在动力与目标。由于生产与消费、创作与欣赏、创新与期待,在艺术的发展历史中始终是相辅相成的,所以艺术欣赏与消费的需求也就作为观念存在于艺术生产者的脑海中,成为他们的创作目的。而艺术欣赏水平的不断提高,也就对艺术创作不断提出新的要求,成为推动其发展和完善的一大动力。

三、艺术生产与消费关系的特殊性

生产与消费、艺术生产与艺术欣赏、艺术创新与社会现实中人们的审美期待之间的密切关系,很容易让人们产生一个错误的认识,就是艺术作品一定要和时代文化发展环境紧密地结合在一起,它必须像一面镜子一样如实地反映现实社会,成为时代精神的象征。

事实上,艺术作品既是对现实的反映,也是对现实的表现。它为我们提供的不是关于现实的镜像,而是关于现实的意象。这一点,不论是对于具象性作品,还是对于抽象性作品,情况都是一样的。正如美学家科西克所说:"每一个艺术作品都具有统一而不可分割的双重特性:它是对现实的表现,但是它也构造现存的现实——不是在作品之前或者作品之后进行构造,而实际上正是在作品之中进行构造。"①对于这个新的构造,艺术欣赏者的反映是积极的,他们在一个个关于新形式的欣赏活动中受到感染,从而形成了观察历史的新角度,形成了自己关于以往历史问题的新观点。比如,当人们看到拉斐尔的作品之后,必然就会重新审视和评价达·芬奇的创作。如果新的表现形式不断地涌现,那么人们也就会对过去的作品不断地产生新的观赏角度和形成新的评判尺度。这种促进作用在丰富人们的文化生活内容的同时,也必然会提升人们的精神品质,从而让他们在现实中带着新思想来重新审视、评判和构造现实,让精神的力量转化为一种改造现实的力量。从这一点来看,艺术生产活动固然受社会上的艺术消费活动的影响,但是,它在社会文化消费活动的带动下的自身发展反过来又影响了艺术消费者的思想感情,让他们在生活方式上开始模仿艺术,也让艺术开始成为一种影响现实社会发展的文化价值观。

---

① 〔美〕伊瑟尔:《审美过程研究》,中国人民大学出版社1988年版,第107页。

　　马克思在谈及古希腊艺术的魅力时,曾经说过:"困难不在于理解希腊艺术和史诗同一定的社会发展形式联系在一起。困难的是,它们何以仍然能够给予我们艺术的享受。而且就某方面来说,还是一种规范和高不可及的范本。"①每一个时代的艺术都有自己发生、发展的历史文化背景,古希腊艺术的发展也是如此,离开了古希腊社会的城邦制度,离开了它的宗教和哲学观念,离开了古希腊民族的风俗习惯,我们就难以真正理解和欣赏这种艺术。但是,艺术的价值并不只是作为时代文化发展的象征物,也不仅是用来说明某一特定社会发展形式的证明材料,艺术的价值主要体现在其自身的意义上,即审美价值上。我们对艺术表现形式的肯定,主要是因为它在传达人类情感方面的强大功能,而不是它在传承文化、记录历史、象征精神方面的作用。明月无古今,情怀自浅深。不同时代和地区的艺术家所表达的现实感情虽然形态不一,但是就实际内容而言,却是能够为人们所感知和理解的。关于这一点,俄国文学家托尔斯泰说:"一个中国人的眼泪和笑声会感染我,正像一个俄国人的笑声和眼泪一样,绘画、音乐和诗(如果它被翻译成我所理解的语言)也正是这样的情形。吉尔吉斯人和日本人的歌曲能感动我,虽然不如感动吉尔吉斯人和日本人那样深。日本的绘画、印度的建筑和阿拉伯的神话也同样感动我。"②艺术之所以是伟大的,其中最关键的一点,就是它能够打动人,能够引起广泛的共鸣。古希腊的艺术之所以能够穿越时空,超越特定的时代,到今天还能够令人感动,甚至成为人们创造、欣赏艺术的典范,就是因为它们致力于传达人的情感,而且还形成了自己的形式风格系统。

　　每一个时代都有属于自己的艺术,每一个时代里的人们都特别喜欢欣赏属于自己时代的艺术表现形式。但是这并不是说,艺术与现实的关系就是机械的模仿或直接的反映。艺术创作与艺术欣赏活动并不是现实中生产与消费关系的翻版,艺术家的表现与社会消费群体的期待也不是庸俗的迎合和取悦关系。在人类社会历史的发展过程中,艺术创作活动越来越自觉地依照自身的规律,摆脱外在因素的限制,最大限度地发挥自身的文化功能。而艺术作品也越来越作为一种独立的精神产品影响和作

---

① 《马克思恩格斯论艺术》第 1 卷,中国社会科学出版社 1985 年版,第 149 页。

② 〔俄〕列夫·托尔斯泰:《论艺术》,人民文学出版社 1958 年版,第 102 页。

用于艺术欣赏者,让生活模仿艺术,让审美影响人生。

马克思的生产与消费理论,让我们看到艺术欣赏活动对艺术创作活动的积极影响,同时也让我们了解艺术生产与消费活动的特殊性,看到物质生产的发展与艺术生产的发展之间的不平衡关系。生产艺术的现实条件可能已经改变了,但是曾经由各种各样的现实条件所催发的艺术,有的却成为影响后世艺术创作和欣赏的经典。它们穿越时空,摆脱现实的羁绊,以艺术史的方式影响着艺术生产的内容和发展,实现着经济学领域中的生产与消费关系在艺术美学领域中的转译,让艺术的生产与消费、作品的欣赏与接受有了自己的关系表达。而对于这种关系的深入研究,不仅让接受美学走上了历史舞台,而且还引发了一场美学革命,从而推动了西方现代艺术的发展。

第四节　期待视野中的艺术欣赏活动

通过生产与消费理论,我们看清了艺术生产和艺术消费、艺术作品和艺术欣赏、艺术家和观众之间的现实联系。

通过这种联系,我们又进一步认识到,过去的美学在谈论艺术创作和艺术欣赏问题时,要么是站在艺术家的立场上,认为美是通过艺术家的创作来揭示,通过人们的欣赏来发现的客观对象;要么是站在社会历史文化发展的立场上,把艺术创作看成是反映社会现实的一面镜子,而艺术创作活动只是那种机械地受市场及现实环境控制的商品生产活动。这样的认识,以 20 世纪 60 年代兴起的接受美学的观点来看,是不符合人类审美活动事实的。

在 20 世纪 60 年代的联邦德国,以康斯坦茨大学教授、美学家 H. R. 姚斯为代表的一群美学家开始研究和宣传接受美学。这个美学思潮的产生,有其社会历史文化背景上的原因,也有美学研究自身遇到的窘境。特别是文学批评研究在这个时代里遇到了严重的危机,人们用来开展文学批评的方式陷入了封闭和僵化当中,不再适应艺术现实发展的新要求。心理学、社会学、语言学等领域的实证主义方法由此纷纷介入艺术批评领域,它们在给艺术批评世界带来活力的同时,也引起了站在人文事业发展的根本立场上思考问题的美学家们的忧虑。他们担心如果这样的潮流发展下去,会让美学研究陷入科学化的陷阱,使人文学科的研究失去自己的特色,美的世界从此不再富于活力,美学的研究和美的创造、批评活动也将因此变得僵硬和呆板。

　　艺术批评范式的老化和危机,特别是美学家们对实证主义批评的日渐不满,应该是导致姚斯等人决定开创艺术批评的新范式的直接动因。对于自己的努力和成果,姚斯将之命名为“审美形式主义”,并在20世纪60年代末70年代初把他的理论称为“接受美学”。

　　接受美学理论的发展受到了俄国的形式主义、布拉格的结构主义、罗曼·英伽登的现象学、伽达默尔的阐释学,以及艺术社会学的影响,特别是受到了俄国形式主义思想流派尤其显著的影响。在它们的启发下,以姚斯为代表的美学家,一方面接受了从读者或消费者的观点来看艺术的观点,另一方面也通过对无视历史知识的形式主义观念和轻视艺术本体价值的马克思主义文艺理论的批判,建立起了自己的美学观。“只有当作品的延续不再从生产主体思考,而从消费主体方面思考,即从作者与公众相联系的方面思考时,才能写出一部文学和艺术的历史。”①与实证主义美学家不同,接受主义美学家试图通过自己的研究和观点阐释,来重新恢复艺术和历史的关系。姚斯的接受美学研究,其意图就是要统一马克思主义美学和形式主义美学间的矛盾,把美学和历史联系起来,开创新的艺术史编写范式,让过去的艺术品与现代人之间的关系重新得到确立。

　　为了完成这样一个艰巨而又有意义的任务,姚斯借助了一个非常关键的术语概念——期待视野,他说这是他最重要的理论文章中的“方法论顶梁柱”②。对于这个并非他个人独创的术语,姚斯并没有准确地加以定义。它大致上指的是一个超主体系统或一个假定的读者可能赋予一本文本的思维定向。在他的接受美学思想体系中,“美学意义蕴含于这样一个事实中,读者首次接受一部文学作品,必然包含着与他以前所读的作品相

---

　　①　[美]R. C. 霍拉勃:《接受美学与接受理论》,辽宁人民出版社1987年版,第339页。

　　②　[美]R. C. 霍拉勃:《接受美学与接受理论》,辽宁人民出版社1987年版,第340页。

对比而进行的审美价值检验。其中明显的历史意义是,第一位读者的理解,将在代代相传的接受链上保存、丰富,一部作品的历史意义就这样得以确定,其审美价值也得以证明"①。他讲的这番话,意思是说:历史经验构成了人们接受艺术作品时的视野,而作品本身又让人们的视野不断地建立和改变,从而完成对期待视野的重建。"视野产生于作品,而作品对视野有所影响和冲击。"②比如,当我们在阅读唐诗宋词时,肯定是凭借一个现代人的感觉来阅读和欣赏的,而不可能和李白或苏轼有着完全一样的感受。这就是接受美学中所讲的期待视野或者是阅读视野。

在期待视野概念的引导下,我们对艺术作品的审美价值判断,就比较倾向于它的新颖性表现,把是否具有独创性的品质看成是它是否拥有艺术特征的关键要素。在接受美学看来,作为一个真正有审美价值的艺术作品,它既要体现传统图式的要求,不然无法引起人们的观赏兴趣,同时又必须在形式上体现个性价值,给读者或观众留下陌生化的印象,即作品形式与实际生活以及既定图式间的距离感。这就是接受美学中所强调的历史和美学的统一在实际创作活动中的具体表现和要求。

从 1750 年德国哲学家鲍姆嘉通创立美学这个概念开始,直到康德写出《判断力批判》,整个 18 世纪美学研究的传统都建立在艺术品的概念和功用这个单一视点上。他们这种偏重主体性的研究立场对于后来人们认识美、创造美,影响极大。就艺术史的编写方式而言,大部分致力于这项工作的研究者都是把精力放到说明艺术作品的生产、制作过程以及意义与描述形态内容上,而不论及作品的接受问题。自从有了接受美学,人们在编写艺术史和开展艺术创作活动时,就开始比较自觉地把自己的关注中心转移到读者或观众立场上,在思考、发现现实中的艺术作品的艺术特征时,不仅看它是如何影响当时的条件和事件,而且还看它是如何被各种现实因素所影响的。这样一种视点转移或批评范式的改变,对于艺术欣赏活动价值的理解和开展方式的思考,意义是非常重大的。

---

① [美]R. C. 霍拉勃:《接受美学与接受理论》,辽宁人民出版社 1987 年版,第339 页。

② [美]R. C. 霍拉勃:《接受美学与接受理论》,辽宁人民出版社 1987 年版,第343 页。

首先,它让我们认识到,艺术欣赏活动不只是一种孤立于艺术创作之外,受作品意义支配的被动行为。在这种被动行为之中,我们所认识的美是一种知识,而不是需要我们去感受、阐释和误读的对象;艺术欣赏是一个提高个人审美趣味和鉴赏力的活动,而不是个人参与艺术创作、影响艺术创作活动开展的行为。接受美学告诉我们,人们对艺术欣赏活动的这种认识是错误的。真正的艺术欣赏行为是在期待视野的作用下,积极开展误读的过程。它不仅是整个艺术创作环节中的一部分,而且还会影响艺术史的整体发展进程。

关于这个说法,我们中国人是比较容易理解的。因为在我们传统的审美文化中,艺术家是非常注意站在观众的立场上考虑创作及其质量问题的。在诗歌创作中,我们通常都会虚化主格,比如李白的《静夜思》:"床前明月光,疑是地上霜。举头望明月,低头思故乡。"在这首诗中,诗人并没有在每句诗的开头加上一个"我"字,这种处理不但没有让人感觉吟诗的主格不存在,反而让我们在吟诵过程中,不知不觉地幻化为主格,从而更好地体会到了诗意,欣赏到了诗歌的美感。另外,在中国古代水墨画中,计白当黑、虚实相生的手法也应用得非常普遍。这种手法的应用,固然有哲学思想上的影响,但是就美学而言,由此产生的美感效果是非常显著的,它激发了观赏者的想象力,让他们在与作品情调的互动中,得到了物我交融般的审美感受,体验到了艺术审美活动带来的精神快乐。

其次,接受美学的思想观念,也让我们重新思考艺术欣赏活动的开展方式及其对艺术文化发展的意义。过去,我们在旧美学思想的指导下,认为开展艺术欣赏活动的目的,就是提高自己的审美认识水平,增强自己的艺术修养,丰富自己的文化生活,为个人生活增添情趣和快乐。大家在开展这样的活动时方式主要是多听、多看,多接触艺术,在心领神会、潜移默化中实现上述目的。然而,接受美学的思想观念却要求我们在欣赏活动中除了完成上述任务外,还要自觉地承担起促进和推动艺术文化发展的责任。也就是说,我们要用批评或误读的武器来开展艺术欣赏,让艺术欣赏者摆脱被动接受一种既定事实的状态,使他们以创作主体的身份,本着市场、地位、身份、性别、权力等意识,以个人的视野来"描述我们在世界中的位置"①。在这样的接受活动中,过去被人当成贬义的"偏见"、"误读",此时得到了合法化,成为我们欣赏、理解、探讨、揭示艺术作品真实性的一种正常方式。

假如艺术欣赏活动的职能真的能在现实中发生这样的转变,那么这不仅会更新我们对艺术欣赏活动及其价值的认识,而且更为重要的是,还会给艺术创作活动带来新的活力,让艺术家可以站在欣赏者的立场上来开展自己的创作活动,使整个创作更多地体现出可阐释的价值,也使创作意图更加具有开放性。期待视野中的艺术欣赏活动,就是一种积极肯定误读价值的审美再创造活动,也是艺术家更换传统的创作立场,以非常个人和开放的态度投入创作的活动。在这种活动中,艺术生产与消费的关系是新型的,人们对艺术作品的欣赏或消费,不再是被动的,而是作为帮助作品最终完成的一部分而参与到整个艺术创作活动中。艺术创作也不再是那种受到特定现实及文化发展要求的生产行为,而是根据个人期待视野所开展的,体现出个人与社会、历史、文化等诸多因素间特殊关系的艺术创造行为。这种表现越充分,其审美价值就越高,其艺术性就越强。这就是接受美学带给艺术世界的新思想,及带给艺术欣赏活动的新观念。

第五节　审美鉴赏活动中的心理因素

注意、感知、联想、想象、情感和理解,是审美鉴赏活动中最为突出的心理表现。它们既彼此独立又相互作用,构成了一个完整的审美心理结构,在这个结构的能动作用下,艺术鉴赏活动的审美再创造活动才得以实现。

---

① ［美］R. C. 霍拉勃:《接受美学与接受理论》,辽宁人民出版社 1987 年版,第323 页。

一、注意

所谓注意，就是"心理活动对一定对象的指向和集中"①。注意是帮助我们和外部世界发生关系的最初的、也是最为关键的心理功能。荀子说："心不使焉，黑白在前而目不见，雷霆在侧而耳不闻。"由于我们的注意力没有集中在某些事物或环境中，导致它们即便出现在我们眼前，发生在我们身边，我们有时也难以感觉到它们的存在。离开了注意这种心理活动，世界也好，现实也好，对于我们个人来讲都是不存在的。比如，当一个艺术家潜心于艺术创作活动中时，外部世界对于他而言，就仿佛是不存在的一样。另外，没有了注意，接下来的一系列思维认识活动的开展也就无法调动和集中起来，成为我们感觉和认识事物的工具。所以，谈注意这个概念，就一定是和指向性、集中性这两个特点联系在一起的。鉴赏艺术作品，显然也是不能离开"注意"这个心理因素的。假如一个人在文化生活环境当中，没有注意到艺术作品的存在，那么，他也就不可能开展审美鉴赏活动。作为体现审美价值的艺术作品，之所以能够在诸多文化产品当中被人关注，除了其形象的特殊性之外，还与观赏主体的态度、心境、爱好、经验有关。也就是说，当我们注意到了一件艺术品时，无论是在生活环境中，还是在艺术环境中，都意味着一方面我们受到了对象形式的刺激，另一方面我们的内心开始进入了审美心理状态，我们的思想认识也从一种功利性的态度转换成了一种非功利性的态度。这正是作为审美心理范畴中的"注意"与一般心理学上讲的注意概念之间的差别所在。

对于人们为何会形成审美意义上的"注意"，20世纪初的瑞士心理学家布洛曾经提出了著名的"距离说"。他认为，人们之所以会注意到美的形式，关键在于主体对客体保持了适度的"心理距离"。有了这样的心理距离，人们就可以产生非功利性的审美态度，从而在现实感受中发现美的事物，在心理上获得美感。这也就是我们平常所讲的"距离产生美"。

据说，在1822年美国巴尔的摩市上演莎翁的话剧《奥赛罗》时，曾发生了一个惊人的事件。一个白人士兵因为不满剧中黑人将军奥赛罗杀死白人妻子苔丝迪蒙娜的行动，开枪射伤了那位舞台上的演员。这个故事

---

① 华东师范大学心理学系编：《心理学》，华东师范大学出版社1952年版，第85页。

告诉我们,如果人们在审美活动中没有把舞台表演与实际生活区分开来,使自己与审美对象间的心理距离过近,不仅将无法产生美感,而且还可能引发现实中的悲剧。

有一位画家,因为经济拮据,买不起回家探亲的飞机票,不得不接受了一批画扇子的行活。他每画好一把扇子,嘴里都会念叨:"现在飞机轮子有了,现在飞机翅膀有了。"由于艺术家把艺术创作当成了实际工作,把作品价值等同于经济利益,这种思想状态下的审美活动与艺术作品间的心理距离又过大了,同样也无法产生美感,得不到美的享受。

只有有了合适的审美心理距离,我们的审美活动才会具有指向性,我们才能注意到具体的审美对象,从而在感知、联想、想象、情感、理解等心理活动的联动状态中,进一步投入其中,增强自己的审美感受,丰富和充实自己的审美体验。关于这个道理,中国传统艺术家们很早就懂得。

虽然"距离说"不是我们中国人提出来的,但是中国的艺术家很早就开始应用这个理论。在京剧表演舞台上,我们经常看到的景象是有杯无筷、有酒无菜、家无门窗、行无车马,艺术家全靠表演上的功夫来暗示现实中的场景、氛围和举动。演员在台上用心地演,观众在台下用心地看,台上的演员是傻子,台下的观众是疯子,一切美好的感受都在不言之中。这些都应当归功于观众与演员之间的默契,归功于传统的艺术表演形式在两者之间所营造的那种恰如其分的距离感。

审美心理活动中的注意还有一个特点,那就是集中性。具体而言,就是说这种注意比平时我们注意一个对象时集中注意力的时间要长,在一段时间中,它体现出比较持久的稳定性。我们在审美欣赏活动中,经常用陶醉、痴迷、物我交融、流连忘返这样的词语来形容艺术欣赏者投入欣赏活动时的状态表现。这样的表现当然是主体审美心理结构共同发挥作用的产物,但是如果离开了心理学上讲的带有指向性的注意,不是在特定的思想态度下十分积极、稳定地注意到审美对象,保证各种心理活动都能充分地介入其中,那么这样的结果肯定是不会出现的。

孔子在《论语》中说,他听完典雅的宫廷音乐《韶乐》以后,竟然能长久地沉醉其中,以至于很长时间内吃肉都感觉乏味,可见艺术的感染力,及其对人的精神的滋养和升华作用有多大。为了能够接触这样的文化,享受这样的生活,我们就必须重视审美心理活动中注意的作用。一方面要树立鉴赏主体的注意意识,另一方面也需要艺术家不断地应用一些艺术手法,在作品形式和观众之间制造出一种疏离感,为审美注意活动的开展创造客观条件。

二、感知

艺术鉴赏活动真正的开始,应该说是从审美感知算起的。

审美性感知活动与认识性感知活动不同,一方面它不是为形成抽象的理性认知服务的,而是具有独立的功能;另一方面它感知的也不是个别的、琐碎的感觉材料,而是富于张力结构的完形形式。

对于前者,18世纪中叶的德国哲学家鲍姆嘉通曾专门著书论述,他所创立的新概念——伊赛斯惕克,其准确的翻译就是"感知学"。对于后者,格式塔心理学认为,任何事物形状一旦被人感知,都是被知觉进行了积极的组织或构建的结果。比如说,你在看三个点的时候,脑子里会出现三角形知觉反应。如果它是一个等边三角形,那么就会让人觉得十分稳定。如果它是一个锐角三角形,那么就会让人感觉到一种势能。当点、线、面在一个画面中构成一种张力关系时,就会引发心理同构现象,让鉴赏感知者的内心产生情感反应,获得审美高峰体验。

专门研究视知觉问题的格式塔心理学家鲁道夫·阿恩海姆认为:艺术作品就是一个完形结构,在艺术欣赏活动中,它唤醒了人们的完形感知能力,让人感受到了形式本身的生命力,而且还带动了其他审美心理因素的融入。

感觉和知觉并称为感知,感觉是知觉的基础,知觉是感觉的深化。在正常的认识活动中,二者是紧密结合在一起、共同发挥作用的。任何一个健康的人都具有感知能力,但是他们要想获得音乐家那样可以感知音乐的耳朵,及画家那样可以感知形式的眼睛,就需要接受特殊的培训和教育,在不断接触、玩味和体验美的事物中,刺激和培养审美感知能力,让知觉的整体性、选择性、理解性和恒常性特性在感知活动中得到综合性的发挥。艺术家因此在创作中创造出富于张力的美感形式,而艺术欣赏者也因此感受到艺术表现形式本身的魅力,进而更加深入地品味艺术欣赏对象的审美价值。

三、联想

我们在投入艺术鉴赏活动中时,都会有这样一种经验,那就是浮想联翩。

看一幅山水画,脑子里会浮现出自己游历过的山山水水。听一首歌,会想起曾经发生过的一个个故事。看一部电影,影片中所展现的情节和渲染的气氛,也会不断地激起自己内心的波澜,让人感觉到有些场景似曾相识,有些内容仿佛就是自己的亲身经历。在我们开展艺术鉴赏活动时,假如内心世界中没有这样的翻腾状态,开展这项活动的意义似乎也就不存在了。联想与想象,是制造这种心理状态的心理因素,也是保证审美欣赏活动品质的关键因素。可以说,如果没有它们,开展艺术鉴赏活动也就失去了意义。

在心理学上,联想是指"由一事物想到另一事物的心理过程。包括由当前感知的事物想起另一有关的事物。如看到冰河解冻,想到冬去春来,还有由已经想起的一事物而想起另一事物,如想到冬去春来,自然而然地想到万物复苏"①。联想的种类很多,有接近联想、相似联想、对比联想、因果联想、自由联想和控制联想等,它在心理活动中占有重要地位。

艺术鉴赏不是一种被动、机械地接受和反映对象材料信息的感受活动,而是一种主动、积极地与艺术家交流互动的审美再创造活动。所以,联想在审美心理中也有着不可或缺的价值和意义,它可以帮助我们丰富艺术形象,领会作品形式的内涵和意义,让艺术作品和我们的生活体验发生更加紧密的关系,从而推动审美鉴赏活动品质的提高。

审美活动的开展离不开两个关键环节:一个是要与审美对象保持审美心理距离,另一个就是要与审美对象发生移情关系。有了审美距离关系,我们才能够发现美的形式;而有了审美移情关系,我们才能真正地投入审美活动中,获得审美愉悦,印证审美价值。审美距离这个概念已经在上文中谈过了,现在我们就来谈谈审美移情。

德国心理学家立普斯最早提出了"移情说"。他认为,在现实中,审美

---

① 宋书文等主编:《心理学词典》,广西人民出版社 1984 年版,第 246 页。

现象的发生是人的感情投射到事物身上并为之感动的结果。杜甫诗中言："感时花溅泪,恨别鸟惊心。"这就是杜甫与原本无情的自然世界发生移情关系后的真实表达。自然界中的花如何会流泪?分明是我们把悲伤的感情投射到了它们身上,并在感情化了的对象那里感受到了自己心中的悲伤。在移情的作用下,就有了李清照词中的"绿肥红瘦"(《如梦令》),就有了姜夔词中的"高柳晚蝉,说西风消息"(《惜红衣》)。如果没有移情,世界不仅会失去色彩,而且也会缺乏温度。而在一个没有色彩和温度的世界,其实也是一个没有人的世界里,谈美又有什么意义呢?

立普斯的"移情说",引入了情感在审美活动中的意义,对于我们正确地认识审美活动意义重大。审美活动的开展,离不开情感的介入,而联想正是情感介入审美活动的第一推手。在它的作用下,想象活动进一步推波助澜,彻底地激发出情感表达的活力,使整个审美活动迅速升入高潮,让人获得高峰体验。

试想一下,我们在阅读孟浩然的诗句"春眠不觉晓,处处闻啼鸟。夜来风雨声,花落知多少"时,如果没有展开现实的联想,那会是怎样的一种感觉?再试想一下,我们在聆听德彪西的交响乐《大海》时,如果脑子里没有联想到辽阔的海面上那变幻无穷的景象,又如何能够投入音乐的欣赏活动中,去感受其中的美丽与快乐呢?

联想是想象的开端,也是激发审美感情的敲门砖。在审美鉴赏活动中,有了联想的作用,移情现象才会发生,审美才会步入一个新的阶段。艺术鉴赏活动中的联想与普通认识活动中的联想,最大的区别就在于它必须围绕着具体的艺术作品或形象来展开。在审美对象的激发下,联想带动了想象的翅膀。作为一种积极的心理因素,一个人的联想能力越强,即体现广阔性、敏捷性和选择性,就越能够鼓舞想象的力量,为移情活动提供强大的动能。联想力的提高,与鉴赏主体的生活经验、认识水平、情感倾向、情绪状况等都有着非常密切的关系。一个人生活经验越丰富,认识水平越高深,情感越真挚,内心越敏感,就越能够培养和激发联想力,从而在审美对象那里得到更为充分的审美享受。

四、想象

仰望星空,想到河流以及动物的形象,这叫联想;而能够由此想到王母娘娘,想到牛郎织女的故事,这就是想象。看山间瀑布,感觉到它像一个水帘,这是联想;如果能够进一步发挥,变出花果山美猴王的故事,这就是想象了。

根据心理学的研究,想象是指人脑对已有表象进行加工改造而创造新形象的过程。而已有表象则是一个人记忆中的事物形象。比如我们去风景区旅游时,你感觉这座山的形状像公鸡,那座山的形状像卧佛,这些都是记忆表象在观赏活动中起作用的结果。而在审美活动中,想象的作用就是对头脑里的记忆表象进行加工改造,编造出新的结构,创造出世界上尚且不存在,甚至是根本不存在的事物形象。所以,"想象是人的创造活动的一个必要因素"①。我们人类的劳动行为,离开了想象力的参与,就难以与动物的行为区别开来。因为,作为一种合目的性的行为,想象让劳动事先就有了预期结果的表象。根据这个表象,我们接下来所采取的行动才体现出了合目的性的特征,而这正是人类劳动行为的本质特征。"任何劳动行为都必然包括想象。它更是艺术、设计、科学、文学、音乐以及任何创造性活动的一个必要方面。"②

不仅艺术创作活动离不开想象力的作用,艺术鉴赏活动也同样离不开它的作用。"床上明月光,疑是地上霜。举头望明月,低头思故乡。"读了李白的这首诗,如果你的脑子里不能把关于月光、霜、明月和故乡的表象整合为一个统一的意象,那么,你如何能够为这首诗所打动,引发孤独感和思乡情?观赏一幅中国传统山水画,如果你没有发挥想象力,又如何能够走入其中,去体验计白当黑,无画处皆成妙境的美感?

想象可分为再造性想象与创造性想象两种,在审美鉴赏活动中,想象发挥的主要形式是再造性想象。它不是无中生有式的发挥,而是根据具体的图形、音响和语言描述的示意,在头脑中再造出相应的新形象的过程。它在绘画、音乐、文学等艺术欣赏活动中发挥着积极的作用,让整个鉴赏活动富于再创造的特征。

有了它,我们在读完莎士比亚的戏剧——《哈姆雷特》后,每一个人的心里都会浮现出一个属于自己的哈姆雷特;有了它,我们在观赏齐白石的

---

① [苏]彼得罗夫斯基主编:《普通心理学》,人民教育出版社 1981 年版,第 373 页。
② [苏]彼得罗夫斯基主编:《普通心理学》,人民教育出版社 1981 年版,第 373 页。

杰作《十里蛙声出清泉》时,尽管只见蝌蚪不见蛙,只见线条不见泉,却能感受到那种热闹的场面,体会到画中的意境;有了它,我们在观赏京剧《三岔口》时,尽管舞台上有灯光布景,却依然可以领会夜里发生的事件。

可以说,如果没有想象,我们就根本无法欣赏艺术,无法开展真正的审美鉴赏活动。所以,教育家叶圣陶先生说,对于文学作品的阅读,必须"驱遣着想象来看"。比如我们在读王维的诗句"大漠孤烟直,长河落日圆"时,如果只是就字论诗,那是无法完全领会诗意的。我们必须"在想象中展开眼睛来,看这十个文字所构成的一幅图画"①,才能真正把握它的美感。

鉴于想象在审美鉴赏活动中的重要地位,想象力越活跃,审美鉴赏的品质就越高,所以,在平时的生活中借美育来培养和发挥人的想象力就显得非常重要。对于鉴赏者而言,艺术素养与文化水平越高,生活阅历越丰富,在针对艺术作品所开展的想象活动中,其想象的空间就越大,内容就越多,想象出来的形象就越丰满。它不仅使人们在艺术欣赏活动中丰富了艺术作品中的形象,而且也让想象者本人通过这种情感的释放,获得了精神上的自由,从而得到极大的满足感。

五、情感

美国符号论美学家苏珊·朗格认为,艺术是情感的符号。俄国美学家普列汉诺夫也认为:"艺术既表现人的情感,也表现人们的思想,但是并非抽象的表现,而是用生动的形象来表现。"②对此,俄国大文豪列夫·托尔斯泰也是赞同的,他以一位作家的身份说:"人们用语言相互传达思想,而人们用艺术互相传达感情。"③

如果我们同意上述美学家和作家的观点,就一定要非常□□□□□□赏活动中情感的作用。

情感是人对客观现实的一种特殊反应形式,是人对客观□□□

---

① 叶圣陶、夏丏尊:《阅读与写作》,开明书店 1938 年版,第 91 页。

② [俄]普列汉诺夫:《普列汉诺夫美学论文集》第 1 卷,人民出版社 1983 年版,第 308 页。

③ [俄]列夫·托尔斯泰:《艺术论》,中国人民大学出版社 2005 年版,第 39 页。

合自身需要所做出的一种复杂的心理反应,也是主体对客体的一种态度。与动物的情感相比,人的情感具有非常强烈的社会性色彩,可具体划分为三项内容:道德感、美感和理智感。另外,它还可以划分为肯定性的情感——爱与否定性的情感——恨。当一个人的欲望得到了满足或其欲望满足行为得到了促进时,就会引发积极的情绪状态,并巩固为一种肯定性的情感。反之,则会引发消极的情绪状态,并巩固为一种否定性的情感。所以,人的情感是非常复杂而高级的,它在人类社会的历史进程中不断地发展,具有社会历史性。相比之下,动物的情感则是比较简单的,是生物性的低级情感。

举一个简单的例子来说明一下这个问题,会更加便于我们理解。

同样发生在母子之间的爱,人类社会中这种爱的发生包含了爱与回报爱这样一个过程。母亲对孩子的爱,一般都会得到孩子的回报,他们要么报之以微笑,要么在成年之后孝顺母亲来回报母亲给予的爱。而这样一种爱的形式,在动物那里是不太可能发生的。我们几乎没有见到过一只被老狐狸驱赶走的小狐狸,哪一天会叼一块肉回来孝敬它的父母。在动物世界中,是极少有投桃报李这种回报爱的事情发生的。

艺术是情感的传达,对于艺术表现形式的欣赏,如果离开了情感体验,那也就不知道所欣赏的是何物了。

艺术表现形式是个别与普遍的统一体,就内容而言,它是思想和感情的混合体。艺术作为情感的符号,它所表现的不是个人的情感,而是人类的情感,确切地讲,是关于人类情感的"概念"。它深藏于人的内心,具有个别与普遍、感情与思想、爱与恨交织、统一在一起的特征。对于这个内容的揭示,普通语言是无力完成的,但是艺术却可以承担起这个责任,完成起来得心应手。所以,高品质的艺术欣赏活动,对于鉴赏主体的情感品质也是有所要求的。

首先,艺术欣赏者得拥有审美感情。

艺术表现形式不同于科学、数学和逻辑的符号表现形式,它是形象性的,而不是抽象性的。尽管它也有抽象的表现形态,但这种形态本身还是形象性的,而不是抽象的概念或公式。宋代文豪苏东坡就说过:"论画以形似,见与儿童邻。"艺术形式所表现的并不是它所再现的事物,而是比经验中的个别更具有普遍意义,并包含有更多意味的东西。这个东西,被美学家克莱夫·贝尔叫做"意味",被苏珊·朗格具体化为"情感"。艺术家靠直觉和想象来表达这个朦胧的、神秘的且似是而非的东西,而艺术鉴赏者也必须靠直觉在作品中捕捉和感知这个东西。在克莱夫·贝尔看来,有了这样的直觉力,人才算是在开展真正的艺术审美活动。因为在这个时候,人们才算是投入了审美感情,并在接下来发生的移情和共鸣现象中体验到艺术审美的乐趣。

其次,艺术欣赏者得拥有博大的人文情怀。

艺术作品中所蕴含的情感是人类的感情,而人类的感情当然就要比个人的感情丰厚、饱满、细腻且复杂得多。通常这样的感情,我们是说不清楚的,甚至是说不出来的。比如,爱极生恨,真正的爱往往连着恨。对于这种复杂而又高级的感情,我们通常只能感受到它的存在,却无法通过语言准确地加以表达,而艺术家却可以通过塑造艺术形象来自由地表现。不过,如果观赏者没有深厚的人生阅历和人文修养,在生活中体验到的情感不够丰富,领悟到的感情不够饱满,那么在观赏那些优秀的艺术作品时就无法深入其中,也无法在作品内容中得到共鸣的体验,从而真正地走入作品,和作者默契地开展思想感情上的交流活动。

列夫·托尔斯泰说:"艺术活动的基础是这样的:一个人用听觉或视觉来领悟他人传达的感情,这个人便能体会到传达情感的人所体会过的相同的感情。"[①]但是能够体验到感情是一回事,能否准确、深刻、细致地体验到作者所表达的感情又是另一回事。艺术审美活动中的情感体验,虽然要依据作者表达的内容,但是,并不等于要完全符合作者所表达的内容,与作者本人的情感体验同一。列夫·托尔斯泰的一家之言,固然有其合理性,但是偏颇之处也显而易见。第一,艺术家在艺术作品中所表达的感情,不一定都非得是自己体验过的。很多时候,它只是基于艺术家非凡的想象力。第二,在艺术审美活动中,人们的情感体验也具有主动性,鉴赏主体的文化素养和平时积累的情感认知程度,都会让他们在开展艺术审美活动时,一方面更加深入地体会到作品的内涵和意蕴,另一方面也发掘出一些连创作者本人都没有意识到的思想情感内容,让整个情感体验

---

① 〔俄〕列夫·托尔斯泰:《艺术论》,中国人民大学出版社 2005 年版,第 39 页。

活动显得特别深厚而饱满。

六、理解

在艺术鉴赏活动中,理解并不是独立发挥作用的。

由于艺术作品中牵涉到理解力的"思想内容"是如盐化水般地融化在表现形式之中,因而我们在审美活动中所应用的理解力也是化解在各个心理因素中,并在整体性的审美活动中自然地发挥作用的。确切地讲,在艺术欣赏活动中得到发挥的理解力,应该叫做形式感悟力。

心理学讲的"理解",是人们逐步认识事物的关系和联系,并发展到认识其本质和规律的一种思维活动。理解包括直接理解和间接理解。"所谓直接理解是指没有中介思维参与,而是个体通过目前的亲身经验实现的理解;所谓间接理解则是指借用前人经验和个体以往的经验,通过一系列的分析综合、抽象概括等中介思维而实现的理解。"①与审美欣赏活动相关的理解,应该就是心理学上讲的直接理解。陶渊明的《饮酒》诗云:"采菊东篱下,悠然见南山。山色日夕佳,飞鸟将与还。此中有真意,欲辨已忘言。"艺术鉴赏活动中的理解,就是这样一种无须分辨与思考,当下即得式的洞察。

当然,艺术鉴赏活动也离不开间接理解的参与。

首先,很多艺术作品包含有主题、题材、情节、场面、形象、典型等内容,有些作品还具有浓厚的图像学的意义,它们身上含有不少历史典故、象征意义和文化背景知识,欣赏这类作品,就不能离开间接理解的参与。比如,对于哥特式教堂建筑艺术的欣赏,你如果不对基督教思想有所认识,不懂得它所倡导的超越精神,就无法理解它为什么要造那么高的尖塔。带着这样的不理解去看一样东西,那又怎么可能达到欣赏的理想程度呢? 文艺复兴时期的学者们就是因为带着古典文化的眼光来看待、评价中世纪的这种教堂建筑风格,才给它起名为"哥特式",这个称谓包含着古典学者对这种风格形式的贬低与挖苦。

其次,在艺术舞台上,艺术表现形式是多种多样的。每一种艺术表现

---

① 宋书文等主编:《心理学词典》,广西人民出版社1984年版,第230页。

形式都有它自己的一套语言和手法。比如西方古典芭蕾舞，就有一套属于自己的表演程式和动作寓意；比如舞台上男士向女士鲜花的动作，表示爱情；比如演员双手交叉捧胸出场，表示鬼魂等等。如果在欣赏艺术的时候，我们不懂得相关的形式语言规范和套路方面的知识，就很难在具体的欣赏活动中达到非常饱满的观赏体验程度。

正所谓风格即人，真正优秀的艺术作品是内容和形式的统一，也是感性和理性的统一。在生动的表现形式中都包含有深厚的意蕴，是整个人生命的真实写照。在中国传统美学思想中，谈艺术创作活动，讲究"不着一字，尽得风流"的价值；谈艺术欣赏，则着重于弦外之音和言外之意，强调品味作品形式内涵的意义。把握意蕴和品味神韵，都离不开理解的作用。在面对作品，投入理解时，通常都是直接理解和间接理解的综合体，即形式感悟力或悟性。

在王实甫《西厢记》第一折中，落魄张生路过蒲州，偶至普救寺，在寺中游览时，在佛殿撞见崔莺莺，张生的第一反应就是："呀，正撞着五百年前风流业冤！"就这样一个照面，不仅令张生意乱情迷，接着说"我死也"的疯话，而且也让他悲剧性地预感到"空着我透骨髓相思病染，怎当他临去秋波那一转"。明清时期，几乎所有点评《西厢记》者都认为，"怎当他临去秋波那一转"是整部《西厢记》的关窍。相国府小姐崔莺莺临去时的顾盼，一切尽在不言中。而张生的神魂颠倒，也证明了他的好眼力、解风情。晚明时期的畅销书容与堂刻本《李卓吾先生批评北西厢记》批道："张生也不是俗人，鉴赏家！鉴赏家！"可见，被称为鉴赏家的人，没有透过表面形式知觉真意的本事是不行的。而这样的领悟力，除了天生的本领外，还得靠平时在生活环境中的学习和积累。

古人讲：尽信书不如无书。读书贵在领会，在于知识的融会贯通。陶渊明在说到这一点时，说自己读书是不求甚解。苏轼在谈到自己的领悟力时，讲的是"书到今生读已迟"。这话透着骄傲，也透着哲理。就哲理而言，一个人读书明理的本事是长期积累出来的。离开了生活与艺术经验的积累，艺术家就不能做到熟能生巧，而鉴赏家也就无法真正养成洞悉内容根本的直觉感悟力。

注意、感知、联想、想象、情感和理解，是我们现在所发现的积极介入艺术审美活动的几大心理因素。我们分别加以介绍，是为了认识上的方便,并不是说它们在审美鉴赏活动中是各行其是、独立发挥作用的。在真实的审美鉴赏活动中,各种审美心理因素是交织、融合在一起的,它们相互渗透、相互影响,是一个动态的结构。在它的作用下,我们不仅从审美对象——艺术作品那里,发现了美、感受了美,而且还体验了美,获得了情感上的共鸣和精神上的升华。

第六节　艺术鉴赏活动中的心理表现

　　艺术鉴赏活动的开展离不开各种审美心理因素的相互作用,从表面上看,它具有当下即得的特征,似乎一次审美鉴赏活动是在不假思索的状态下瞬间完成的。事实上,这一瞬间完成的活动,即使时间再短,若是展开来看,它也体现出一个过程。具体而言,它由三个层次构成:审美直觉、审美体验和审美升华。它们在不同层次上将各种审美心理因素结合在一起,在实现各自目标的过程中,又相互贯通,在一个动态的模式中保证了艺术鉴赏活动的品质。下面,我们就结合一些事例来具体分析说明一下这个过程。

一、审美直觉

　　从心理学的角度讲,有人把人的认识分为三种方式:直觉、知觉和概念。直觉的对象是事物的外表,它不涉及事物的意义。知觉的对象,不仅关乎事物的外表,而且还关乎事物的意义。概念只涉及事物的本质,所以,它是抽象的,其意义也只能是通过抽象的思维方式来把握。

　　按照认知活动的规律,直觉先于知觉,知觉又先于概念。但在实际认识活动中,三者又是高度统一的。知觉离不开直觉,概念也离不开知觉。反过来,知觉离不开概念,直觉也离不开知觉。因为"知觉是根据以往经验去解释目前的事实,而以往的经验大半取概念的形式存在心中"[1]。不管怎样,直觉针对的都是事物的感性形式,它与个别事物的外貌联系在一

---

　　① 朱光潜:《朱光潜美学文学论文选编》,湖南人民出版社 1980 年版,第 45 页。

起。这是直觉概念的基本特征。

作为一个美学概念,审美直觉在保持了心理学上的基本意义之外,又有自己的概念特征。它不仅是人们开展知觉表象与概念抽象活动的原始基础,而且还有属于自己的功能。关于这一点,18世纪中叶的德国哲学家鲍姆嘉通就专门用过一个新概念——"Aesthetica"(中文译为"美学")来说明。在他的研究中,直觉感知活动的独立作用第一次得到了肯定,人的感知活动除了能为知觉提供感性材料外,也能实现自身的价值——发现美。

17世纪英国经验主义美学家夏夫兹伯里说:"眼睛一看到形状,耳朵一听到声音,就立刻认识到美、秀雅和和谐。"[1]19世纪俄国美学家普列汉诺夫也说:"一件艺术品,不论使用的手段是形象或声音,总是对我们的直觉能力发生作用,而不是对我们的逻辑能力发生作用,因此,当我们看见一件艺术品,我们身上只产生了是否有益于社会的考虑,这样的作品就不会有审美的快感。"[2]对于美感问题,编剧艾伦·史贝灵讲得更加直白:"我无法定义美,但当美出现在眼前时我立刻就能知道。"[3]这些审美经验非常清楚地告诉了我们审美直觉的显著特征,那就是当下即得的直观性,它是独立的、直接的,也是观照性的、创造性的。

无论是听一首歌、看一幅画,还是读一首诗、看一处风景,我们对它们的欣赏,都不需要动脑筋去想,而只是靠当下即得的心领神会。从表面上看,艺术鉴赏活动是艺术鉴赏者对艺术审美对象形式的赏析,而实际上,它是两个心灵之间所达成的默契。当艺术鉴赏者在艺术鉴赏活动中通过审美直觉发现了美,也就意味着他发现了另外一个与自己有着同样心灵的人,他们就是彼此的知音。

在审美直觉发挥作用的过程中,我们对它的独立性、直接性和观照性是比较容易理解的,在谈到它的创造性特征时,就不太容易理解了。关于这个问题,意大利美学家克罗齐说得十分清楚。他说:美是直觉,直觉是

---

① 北京大学哲学系美学教研室编:《西方美学家论美和美感》,商务印书馆1980年版,第95页。

② [俄]普列汉诺夫:《没有地址的信》,人民文学出版社1962年版,第125页。

③ [美]南茜·艾科夫:《美为何物》,贵州人民出版社2010年版,第8页。

表现,表现是创造。在这里,直觉虽然与感觉发生联系,但是却并等同于感觉。直觉发现的是美,感觉发现的是个别形式。面对一片风景,艺术家看到了画意,而一般人只是感觉到了平淡无奇的景色。同样是看风景,艺术家用直觉看到了美,而一般人只是用眼睛看到了物象。人们在应用审美直觉的时候,往往是在调动和发挥通感的作用,让各种感觉相互渗透或挪移,这极大地丰富和拓展了我们的审美感受,显示了审美直觉活动的表现性和创造性特征。苏东坡说王维的诗是"诗中有画"、"画中有诗";白居易在《琵琶行》中夸赞琵琶演奏者弹出了"大珠小珠落玉盘"的感觉;而我们在聆听《黄河大合唱》的时候,眼前也仿佛浮现出了那奔腾咆哮的黄河。这些都是通感在审美活动中发挥作用的结果。

当代格式塔心理学认为,通感现象的产生是心理同构的产物。不管是声音、图形,还是动态,只要它们在力的图式和强度上体现出共同的意义,就会在人的审美直觉活动中相互转换,并整合出一个更为强烈的感觉来。这种感觉不同于普通意义上的感觉,它可以让我们观照到形式本身的意义,让我们在平淡无奇的现实生活中发现美。雕塑家罗丹所谓的那种可以发现美的眼睛,说的就是这种感觉;画家达·芬奇号召大家要学会"看",说的也是这种感觉。

审美直觉打开了艺术欣赏活动的大门,让我们在发现美的同时,也开始为之感动,并在感动当中将整个审美活动进一步地引向高潮。

二、审美体验

审美直觉活动让我们在瞬间感受到了审美对象形式之美,但是单凭这一点,我们还不足以完成艺术鉴赏活动所要求完成的任务。

一个孩子凭借自己良好的审美直觉能力,会感觉一首曲子很美,但是这与他成年之后聆听同一首曲子时内心产生的美感是不同的。一个学龄前儿童会模仿大人读完一首古诗,并因为琅琅上口而感觉到美,但是等他长大成人之后再去读同一首诗,就会因为学识、阅历上的丰富和积累而产生不同的感觉。在西方,交响乐的听众群主要是中老年人,因为这种富于思想情感内容的音乐表现形式只有在上了年纪的人那里才容易产生共鸣。

艺术鉴赏活动不仅要求我们能够发现和感受形式美,而且还要求我们能够发掘和领会与形式美同等重要的,诸如题材、主题和意蕴等内容美。正如审美心理学家金开诚所讲:"初感虽然敏锐,却不一定准确和全面,甚至还会有错觉。因此在抓住某种初感后,不仅要对此反复玩味,还要结合对整个作品的全面感受,统一进行思考,才能使敏锐而隐约的初感转化为准确而深刻的欣赏。"①要完成这样的任务,就必须要有审美体验活动的介入。

在整个艺术鉴赏活动中,审美直觉只是起到了拉开序幕、打开大门的作用,而登堂入室,直至获得充分的审美享受,得到美国人本主义心理学家马斯洛所讲的"高峰体验",则需要启动审美体验的程序,让想象、联想和情感活跃起来,使鉴赏主体反作用于艺术作品。这时,人的心理活动处于一种主动状态,而艺术鉴赏行为也逐渐地演变成审美再创造活动。从这个意义上讲,审美体验既是艺术鉴赏的第二个层次,也是开展艺术审美活动的中心环节。它在审美直觉的基础上,把整个艺术审美活动推向了高潮,让观赏者于审美再创造当中发现了自我,并确证了自己作为人的本质力量。

审美体验活动表现出来的最大特征就是鉴赏者对艺术作品的再创造。在通感的激发下,鉴赏者的想象力、联想力和情感都被充分地调动起来,以至于他们忘乎所以地投入作品当中,把自己的人生体验与作品的内容融合为一。读《西游记》,想象着孙悟空和猪八戒;读《红楼梦》,想象着贾宝玉和林黛玉;听《田园交响曲》,仿佛置身于空旷幽静的原野;看电影《阿凡达》,感觉自己似乎也成了外星球那个神秘世界中的一员。有了审美体验,我们的审美鉴赏活动就变得更加积极活泼起来,这不仅使艺术形象变得生动具体、性格鲜明,而且还让观赏者在交流活动中对自我有所认识,从而更加清楚自己的性格、趣味、爱好和文化修养水平。

根据接受美学的理论观点,在审美体验层次中表现出来的再创造特征与鉴赏者的期待视野和文本的呼唤结构有着紧密的联系。

按照期待视野的理论,我们在开展艺术鉴赏活动时,并不只是被动地接受对象形式对感官的刺激,而是在通过审美直觉发现并感受美的同时,

---

① 金开诚:《文艺心理学论稿》,北京大学出版社 1982 年版,第 173 页。

发挥我们在成长过程中所积累下来的审美经验的作用,对审美对象,即"文本"形成了定向期待和创新期待。"它不经意的,有时甚至是无意识的习惯的方式支配着阅读过程,读者阅读中的定向、选择和同化,完全是在不知不觉、不假思索中进行的。"①期待视野决定了我们对审美对象的选择,同时也决定了我们在欣赏和理解它们时的方向与程度。在这种前结构和心理图式的作用下,艺术鉴赏者会主动地寻找符合自己的审美趣味和鉴赏能力的作品,并且在这一过程中,想象着更加完美的形象。于是,整个审美过程变成了艺术家与鉴赏者交流互动的过程,鉴赏者对审美对象(文本)的欣赏成了一种再创作,而由此形成的新的期待视野,又为艺术家的创作提供了新的动机,从而推动了艺术创新事业的发展。

作品形式中的呼唤结构是引发鉴赏者成为艺术作品创造者的一个客观原因。

接受美学认为,任何一种语言表达形式,在符号与符号之间都存在着一定程度的"间隙"(gap),即使是看上去天衣无缝、自然而然的艺术表现形式也不例外。这就意味着,我们无论是在理解一段文字,还是欣赏一个作品时,都不可能离开误读与想象。换言之,任何理解都是"误读",而任何欣赏都是在想象作用下的审美再创造。由于文学作品形式中存在许多不确定的因素和空白,读者在阅读时如不运用想象将这些不确定的因素确定化,将这些空白填满,他的阅读活动就进行不下去,也就无法完成对作品的欣赏或"消费"。文本中的"空白"或"不确定",体现出一种需要,这种需要会诱发、激起读者再创造的欲望,成为读者再创造的激发点。正因为如此,聪明的艺术家为了激发大家的欣赏热情,就会主动扩大文本形式中的"空白",故意在作品形式中留下想象的空间,以此来召唤人们关注、欣赏和消费他们的艺术表现。在这方面,中国传统戏曲表演和水墨画艺术都是很好的说明材料。比如在中国传统戏曲舞台上,通常我们都是在欣赏演员的表演功夫,而不是去看舞台上那些现实的场景。演员在舞台上假戏真做,把唱念做打的功夫和自己对生活的想象结合在一起,演得很投入,像是着了魔的"疯子"。而台下的观众因为有了这样一种体现召唤

---

① 朱立元:《接受美学》,上海人民出版社1989年版,第41页。

结构的艺术表现形式而变成了忘乎所以的"傻子",他们为作品所吸引,忘掉了现实,与剧情、人物融合为一,用自己的想象和情感丰富着、创造着舞台上的形象,使他们更加鲜活迷人。

不管我们是从审美发展过程的角度认识艺术鉴赏活动中的审美再创造问题,还是站在接受美学的立场上认识审美再创造活动,在艺术鉴赏活动中,审美再创造现象与审美体验过程的紧密关系是毋庸置疑的。它的存在让艺术审美活动富于人的主体性特征,让人们在投入这种活动时,不完全受制于作品形式的影响和作者意图的控制,而是积极主动地参与到作品形象和价值的构建之中,在欣赏和接受作品的同时,也明确了自己作为鉴赏主体的身份。有了这样一个基础,我们在艺术鉴赏活动中实现精神上的升华才会有所保障。

三、审美升华

在艺术鉴赏活动中,审美心理表现中的审美直觉的任务是捕捉和发现审美对象,并由此产生初步的审美感受。随后登场的审美体验表现,其任务是化被动为主动,发动想象、联系和情感的作用,完成审美再创造,进一步丰富和深化我们的审美感受。再后来,就轮到审美升华表现来发挥作用了,在"理解"这个心理因素的介入下,鉴赏者通过顿悟和共鸣领会到了审美对象的意蕴,在内心得到了极大的审美愉悦的同时,也实现了人的确证,获得了极大的精神满足。

按照黑格尔的美学思想,艺术创作就是通过塑造艺术形象来表现理念,即自由的心灵。站在辩证唯物论的立场上,继承并批判了黑格尔哲学思想的马克思认为,艺术创作过程"是人的本质的对象化"①。作为审美对象的艺术表现形式,不管它表现的是自由的心灵,还是人的本质力量,有一点黑格尔和马克思都是肯定的,那就是艺术的表现形式中含有精神性的内容。也就是说,当我们在开展审美鉴赏活动时,如果没有发掘或触及这个内容,那么,整个鉴赏活动就必定是不完美的。

所以,真正的审美鉴赏活动理应终止于审美心理表现活动中的审美

---

① 《马克思恩格斯论艺术》第 1 卷,中国社会科学出版社 1982 年版,第 156 页。

升华层面。止步于审美直觉层次的审美活动,得到的只是形式美,其情况类似于我们在看一幅图案装饰画,听一首背景音乐,或者是观看一部娱乐性商业影片时的感受。止步于审美体验层次的艺术欣赏活动,因为有了想象与情感的介入,以及通感和期待视野的作用,不仅审美对象在我们的感觉中变得越发丰满而生动起来,而且我们的精神也变得异常活跃而主动。如果我们在审美鉴赏活动中的心理表现只是到此为止,不再上一层楼,在理解力的帮助下启动审美升华机制,让我们的审美感受深抵艺术作品形式中的内容实质——意蕴,我们就不能够真正地与审美对象在感情上融合为一,在心灵上产生共鸣,在人格上得到确证。

"身无彩凤双飞翼,心有灵犀一点通。"李商隐的诗句告诉我们,在情感交流上,我们人的心灵可以发挥神奇的作用,在默契的表现中实现深层次交流的目的。我们要想发现和感悟审美对象形式中体现的精神性意义的意蕴,也只能靠心有灵犀般的默契。对于这种感悟,我们只可意会而无法言传。鉴赏者只能靠直觉或顿悟来触及、把握,而无法用语言文字来分析、说明。此时,我们用来把握意蕴的直觉已经不是最初我们用来发现和感觉形式语言美感的那种直觉力,而是综合了包括理解在内的所有审美心理因素的更高级的直觉力——顿悟或悟性。在这种力量的作用下,我们才能真正读懂审美对象,使它充分地焕发出美的光彩来。

面对人体艺术,大部分中国人难以像西方人那样欣赏它的审美价值,而面对一幅中国的传统水墨画,西方人也同样难以像中国人那样理解它的美。应该说,这样的现象在艺术欣赏活动中是非常普遍的。虽然艺术是一种国际性的语言,我们可以凭感觉在一定程度上欣赏其他民族创造的艺术,但是要想深入地鉴赏、全面地把握,就必须接受一定程度的文化教育和熏陶,并使其成果转化为一种文化感情,才能在审美活动中收到好的效果。

所以,在现实环境中开展艺术鉴赏活动,离开了理解,光凭良好的感觉,是不能圆满完成鉴赏任务的。有些人在面对哥特式教堂时,可以通过造型之美感悟到其中的神圣意味和宗教精神;有些人在观赏中国传统水墨画时,可以从笔情墨韵当中玩味出天人合一的意趣,领会到写意画的精神。就鉴赏活动中启动审美升华的心理机制而言,这些人能做到这一点,泛言之,是因为他们的感觉能力强;而细论之,则是因为他们的素质高,文化底子厚,领悟力强。当这些修养性的内容和感觉化合为一以后,就成为鉴赏活动中顿悟或审美升华的契机,让整个鉴赏活动的开展有了圆满的可能。

顿悟引发了审美升华,让人们在审美欣赏活动中体验到了美国心理学家马斯洛所讲的"高峰体验"。人们在这种体验当中,由于心理需求得到了最大的满足,因此在精神上也获得了最大的愉悦感。顿悟还引发了共鸣的现象,让艺术鉴赏者与艺术创作者在思想感情上实现了高度的统一,成为心灵相通的"知音"。此时,艺术欣赏就不仅仅是一件找点感觉、体验感情、调剂生活、放松心情的事情,而是一个交流感情、寻找知音、发现和认知自我、欣赏和确证自己的过程。

最后需要说明的是,艺术鉴赏活动中的心理表现既是一个完整的结构,也是一个动态的过程。从分析结构上讲,我们把它区分为审美直觉、审美体验和审美升华三个层次和阶段性发展过程,但从实际表现上看,它在整个审美鉴赏活动中的表现又是一个相互作用的整体。在这个整体中,审美直觉在鉴赏活动中的表现始终是主导性的,而审美体验和审美升华的表现只是对它的丰富和完善。假如我们没有弄清楚这个关系,不重视和突出审美直觉在整个审美鉴赏活动中的关键作用,那么整个审美鉴赏活动的文化品质就无法得到根本性的保障。

人名目录（以汉语拼音为序）

A

阿巴斯·基阿鲁斯达米（Abbas Kiarostami，1940— ）：伊朗著名导演，诗人。

阿道尔诺（Theodre Wiesengrund Adorno，1903—1969）：德国哲学家，法兰克福学派宗师。

阿洛伊斯·里格尔（Alois Riegl，1858—1905）：19世纪末20世纪初奥地利著名艺术史家，维也纳艺术史学派的主要代表，现代西方艺术史的奠基人之一。

阿诺德·豪泽（Arnold Hauser，1892—1978）：匈牙利人，后入美籍，20世纪西方最著名的艺术社会学家之一。

埃伦·温纳（Ellen Winner）：美国波士顿学院心理学教授。

艾伦·史贝灵（Aaron Spelling，1923—2006）：美国金牌电视制作人，两度赢得艾美奖。

爱德华·泰勒（Edward Burnett Tylor，1832—1917）：英国人类学家，文化进化论的代表人物。

爱森斯坦（Sergei Eisenstein，1893—1948）：苏联导演，电影理论家。

爱因斯坦（Albert Einstein，1879—1955）：美国著名物理学家，诺贝尔物理学奖获得者。

安迪·霍荷（Andy Warhol，1928—1987）：美国艺术家，波普艺术的倡导者和领袖。

B

柏格森（Henri Bergson，1895—1941）：法国哲学家，诺贝尔文学奖获得者。

柏拉图(Plato,约公元前 427—公元前 347):古希腊伟大的哲学家,西方哲学乃至整个西方文化最伟大的哲学家和思想家之一,同苏格拉底和亚里士多德并称为"希腊三贤"。

鲍姆嘉通(Alexander Gottliel Baumgarten,1714—1762):德国启蒙运动时期哲学家、美学家。

鲍桑葵(Bernard Basanquet,1848—1923):英国哲学家、美学家,表现主义美学代表之一。

贝多芬(Ludwig van Beethoven,1770—1827):德国著名的作曲家和音乐家,维也纳古典乐派代表人物之一。

本雅明(Walter Benjamin,1892—1940):德国现代卓有影响的思想家、哲学家和马克思主义文学批评家,被称为"欧洲最后一名知识分子"。

毕达哥拉斯(Pythagoras,公元前 572—公元前 497):古希腊数学家、哲学家。

毕加索(Pablo Picasso,1881—1973):西班牙画家、雕塑家,西方现代派绘画的主要代表。

别林斯基(V. G. Belinskiy,1811—1848):俄国革命民主主义者、文艺批评家、哲学家。

波留克列特斯(Polyclitos):古希腊雕刻家、艺术理论家。

博厄斯(Franz Boas,1858—1942):德裔美国人类学家,现代人类学的先驱之一,享有"美国人类学之父"的称号。

布封(Georges-louis leclerc de Buffon,1707—1788):18 世纪法国博物学家、作家。

布列顿(Andre Breton,1896—1966):法国作家、诗人、超现实主义理论家。

布洛(Edward Bullongh,1880—1934):瑞士心理学家、语言学家。

布诺德(maxbrod,1884—1968):捷克作家。

步日耶(Breuil,1877—1961):法国考古学家,巴黎人类古生物学研究所和法兰西学院史前学教授,法兰西研究院院士。

C

车尔尼雪夫斯基（Nikolay Gavrilovich Chernyshevsky，1828—1889）：俄国革命家、哲学家、作家和批评家，人本主义的代表人物。

D

达·芬奇（Leonardo Di Ser Piero Da Vinci，1452—1519）：欧洲文艺复兴时期的天才艺术家、科学家、发明家。

达尔文（Charles Robert Darwin，1809—1882）：英国生物学家、进化论的奠基人。

达利（Dali，1904—1989）：西班牙超现实主义画家。

丹纳（Hippolyte Adolphe Taine，1828—1893）：法国艺术哲学家，曾任美术学校教授，法兰西科学院院士。

德拉克洛瓦（Eugène Delacroix，1798—1863）：法国著名画家，浪漫主义画派的代表人物。

狄德罗（Denis Diderot，1713—1784）：法国启蒙思想家、唯物主义哲学家、无神论者和作家，百科全书派的代表。

E

E. 格罗塞（Ernst Grosse，1862—1927）：德国艺术史家、社会学家，现代艺术社会学奠基人之一。

F

凡·高（Vincent Willem van Gogh，1853—1890）：荷兰后印象派画家，表现主义的先驱。

弗雷泽（James George Frazer，1854—1941）：英国人类学家、民族学家、宗教史学家。

弗洛伊德（Sigmund Freud，1856—1939）：奥地利心理学家、精神病医师，精神分析学派创始人。

G

冈察洛夫(Иван Александрович Гончаров,1812—1891):19 世纪俄国著名的批判现实主义作家之一。

高尔基(Максим Горький,1868—1936):苏联著名作家。

高更(Paul Gauguin,1848—1903):法国后印象派画家、雕塑家、陶艺家及版画家。

歌德(Johana Wolfgang von Goethe,1749—1832):德国著名诗人、文学家。

格里菲斯(David Llewelyn Wark Griffith,1875—1948):美国电影导演。

格林伯格(Clenment Greeberg,1909—1994):美国现代艺术批评家。

贡布里希(E. H. Gombrich,1909—2001):英国艺术史家,艺术史、艺术心理学和艺术哲学领域的大师级人物。

果戈理(Nikolai Vasilievich Gogol,1809—1852):俄国 19 世纪前半叶最优秀的讽刺作家、讽刺文学流派的开拓者、批判现实主义文学的奠基人之一。

H

H. G. 布洛克(H. G. Blocker):美国著名美学家,曾于 1984—1987 年担任美国俄亥俄大学哲学系主任,现任该系教授,教授哲学和美学。

H. R. 姚斯(Hans Robert Jauss,1921—):德国文艺理论家、美学家,接受美学的主要创始人和代表人物。

海德格尔(Martin Heidegger,1889—1976):德国哲学家,20 世纪存在主义哲学的创始人和主要代表之一。

海明威(Ernest Miller Hemingway,1899—1961):美国作家和记者,20 世纪最著名的小说家之一,曾获诺贝尔文学奖。

海森默(Werner Karl Heisenberg,1901—1976):德国物理学家,量子力学的主要创始人,哥本哈根学派的代表人物,1932 年诺贝尔物理学奖获得者。

汉斯立克(Eduard Hanslick,1825—1904):19 世纪奥地利著名音乐

评论家、音乐美学家。

贺拉斯(Quintus Horatius Flaccus,公元前 65—公元前 8):古罗马诗人、批评家。

黑格尔(Georg Wilhelm Friedrich Hegel,1770—1831):德国古典哲学的集大成者。

华兹华斯(William Wordsworth,1770—1850):英国文学史上最重要的诗人之一,英国浪漫主义运动中最伟大和最有影响的诗人。

霍布斯(Thomas Hobbes,1588—1679):英国政治哲学家。

J

伽达默尔(Hans-Georg Gadamer,1900—2002):德国当代哲学家、美学家,现代哲学解释学和解释学美学的创始人和主要代表之一。

杰克逊·波洛克(Jackson Pollock,1912—1956):美国抽象表现主义画家。

K

卡斯特维特罗(Lodovico Castelvetro,1505—1571):意大利文学批评家,新古典主义戏剧理论方面的重要代表人物。

卡西尔(Ernst Cassirer,1874—1945):德国哲学家、文化哲学创始人。

开普勒(Johannes Kepler,1571—1630):德国天文学家,数学家。

康德(Immanuel Kant,1724—1804):德国著名哲学家,德国古典哲学创始人,开启了德国唯心主义和康德主义等诸多流派。

康定斯基(Василий Кандинский,1866—1944):抽象画派的代表人物。

康斯特布尔(John Constable,1776—1837):英国著名风景画家。

科曾斯(Alexander Cozens,1717—1786):英国风景画家。

科林伍德(Robin George Collingwood,1889—1943):英国哲学家、历史学家和美学家。

克莱夫·贝尔(Clive Bell,1881—1964):英国形式主义美学家,当代西方形式主义艺术的理论代言人。

克鲁伯(A. L. Kroeber,1876—1960):美国人类学家。

克罗孔(ClydeKluckhohn,1905—1960):美国人类学家。

克罗齐(Benedetto Croce,1866 —1952):意大利新黑格尔主义的首要人物,20世纪以来西方影响最大的哲学家之一。

库尔贝(Gustave Courbet,1819—1877):法国现实主义画派画家。

L

拉斐尔(Raphael Sanzio,1483—1520):文艺复兴时期意大利著名画家,"文艺复兴后三杰"中最年轻的一位。

里尔克(Rainer Maria Rilke,1875—1926):德国著名诗人,文学家。

立普斯(Theodor Lipps,1851—1914):德国心理学家、美学家,德国"移情派"美学的主要代表。

列·斯托洛维奇:苏联美学家。

列夫·托尔斯泰(Лев Николаевич Толстой,1828—1910):19世纪末20世纪初俄国最伟大的文学家。

卢梭(Jean-Jacques Rousseau,1712—1778):法国18世纪伟大的启蒙思想家、哲学家、教育家、文学家,18世纪法国大革命的思想先驱,杰出的民主政论家和浪漫主义文学流派的开创者,启蒙运动最卓越的代表人物之一。

鲁道夫·阿恩海姆(Rudolf Arnheim,1904—2007):德裔美籍艺术心理学家。

路易斯·勒罗伊(louis leroy,1812—1885):19世纪法国版画家、画家和剧作家,因发明"印象派"一词而出名。

罗丹(Auguste Rodin,1840—1917):19世纪法国最有影响力的雕塑家。

罗杰·弗莱(Roger Fry,1866—1934):英国著名艺术史家和美学家,20世纪最伟大的艺术批评家之一。

罗兰·艾默里奇(Roland Emmerich,1955—):德裔美国人,著名导演、编剧、制片人。

罗曼·英伽登(Roman Ingarden,1893—1970):波兰当代现象学哲学家和美学家。

罗森伯格（Harold Rosenberg,1906—1978）：美国现代艺术批评家。

M

马尔库塞（Herbert Marcuse,1898—1979）：德裔美籍哲学家和社会理论家,法兰克福学派的一员。

马里内蒂（Filippo Tommaso Marinetti,1876—1944）：意大利诗人、作家、剧作家、编辑,20世纪初未来主义运动的带头人。

马林诺夫斯基（Bronislaw Malinowski,1884—1942）：英国社会人类学家,功能学派创始人之一。

马塞里诺·德·桑图拉（Marcelino de Santuola,1831—1888）：西班牙业余考古学家,阿尔塔米拉洞窟壁画的最早发现者。

马斯洛（Abraham H. Maslow,1908—1970）：美国著名社会心理学家。

马歇尔·杜尚（Marcel Duchamp,1887—1968）：法国艺术家,20世纪实验艺术的先锋,达达主义及超现实主义的代表人物和创始人之一,被誉为"现代艺术的守护神"。

蒙德里安（Piet Cornelies Mondrian,1872—1944）：荷兰画家,风格派运动幕后艺术家和非具象绘画的创始者之一。

米勒（Jean-Francois Millet,1814—1875）：19世纪法国现实主义画家。

米罗（Joan Miró,1893—1983）：西班牙画家,超现实主义绘画的伟大天才之一。

莫扎特（Wolfgang Amadeus Mozart,1756—1791）：欧洲最伟大的古典主义音乐作曲家之一。

N

尼尔·陆登庭（NeilL. Rudenstine,1935— ）：美国著名教育学家,第二十六任美国哈佛大学校长。

牛顿（Isaac Newton,1643—1727）：英国著名物理学家。

诺瓦利斯（Novalis,1772—1801）：德国浪漫主义诗人。

P

潘诺夫斯基(Erwin Panofsky,1892—1968):德裔美国美术史学家。

培根(Francis Bacon,1561—1626):英国哲学家。

皮埃尔·波尔兹(Pierre Boulez,1925—):法国作曲家、指挥家、作家、钢琴家。

普列汉诺夫(Георгий Валентинович Плеханов,1856—1918):俄国马克思主义理论家,俄国和国际工人运动活动家、文艺理论家、美学家。

普鲁斯特(Marcel Proust,1871—1922):20 世纪法国最伟大的小说家之一,意识流文学的先驱与大师。

Q

乔安妮·凯瑟琳·罗琳(Joanne Kathleen Rowling,1965—):英国畅销书作家。

乔尔乔·瓦萨里(Giorgio Vasari,1511—1574):文艺复兴时期意大利画家和建筑师。

乔治·迪基(George Dickie,1926—):当代著名哲学家和美学家。

乔治亚·奥基芙(Georgia Okeefee,1887—1986):美国女画家。

R

荣格(Carl Gustav Jung,1875—1961):瑞士心理学家,分析心理学首创人。

S

S. 钱德拉塞卡(S. Chandrasekhar,1911—1995):曾任美国芝加哥大学物理学教授。

塞尚(Paul Cézanne,1839—1906):法国著名画家,印象派后期的主将,被称为"现代艺术之父"、"造型之父"和"现代绘画之父"。

斯宾塞(Herbert Spencer,1820—1903):英国社会学家,被称为"社会达尔文主义之父"。

斯皮尔伯格(Steven Allan Spielberg,1946—):美国著名电影导演、

编剧和制作人。

苏格拉底(Socrates,公元前469—公元前399):古希腊著名思想家、哲学家、教育家。

苏利文(J. W. N . Sullivan,1886—1937):英国著名科普及传记作家。

苏珊·朗格(Susan Langer,1895—1982):美国符号论美学家。

索菲亚·穆特（Anne-sophie Mutter,1963—):德国小提琴家演奏家。

T

屠格涅夫(Иван Сергеевич Тургенев,1818—1883):俄国19世纪批判现实主义作家、诗人和剧作家。

托马斯·特朗斯特罗姆(Tomas Tranströmer):瑞典诗人,诺贝尔文学奖获得者。

W

威廉·布莱克(William Blake,1775—1827):英国浪漫主义诗人、画家。

魏尔(Hermann Klaus Hugo Weyl,1885—1955):德国近代数学家,20世纪上半叶最重要的数学家之一。

温妮·海德·米奈(Vernon Hyde Minor):美国著名艺术史家。

沃尔夫林(Heinrich Wlfflin,1864—1945):瑞士著名美学家,用德语写作的最重要的美术史学家,西方艺术科学的创始人之一。

X

希尔恩(Y. Him):芬兰艺术学家。

希尔特(Aloys Hirt,1759—1837):美学家。

席勒(Johann Christoph Friedrich von Schiller,1759—1805):德国18世纪著名诗人、作家、哲学家、历史学家和剧作家,德国启蒙文学的代表人物之一。

辛波斯卡(Wislawa Szymborska,1923—2012):波兰女诗人,1996年诺贝尔文学奖获得者。

雪莱(Percy Bysshe Shelley,1792—1822):英国浪漫主义民主诗人,第一位社会主义诗人、小说家、哲学家、散文随笔和政论作家、改革家、柏拉图主义者和理想主义者。

Y

亚里士多德(Aristotélēs,公元前 384—公元前 322):古希腊伟大的哲学家、科学家和教育家,堪称古希腊哲学的集大成者。

尤·鲍列夫(Борев,Ю. Б.):苏联著名美学家。

约翰·赫伊津哈(Johan Huizinga,1872—1945):荷兰语言学家、历史学家。

约翰·亚奥西姆·温克尔曼(Johan Joachin Winckelmann,1717—1768):德国考古学家与艺术学家,考古学奠基人。

Z

詹姆斯·卡梅隆(James Cameron,1954—):加拿大著名电影导演。

詹姆斯·库克(Captain James Cook,1728—1779):人称库克船长,英国皇家海军军官、航海家、探险家和制图师。

后　记

　　经过近两年的写作,这本书终于写完付梓了。

　　写本书,原本是为了完成一项教材编写任务,后来,觉得与其组织人来编写,不如自己独立写一本。因为经过十来年的教学,针对艺术学中的很多理论问题,我自己的确有很多话要说。然而,实际写起来,难度要比自己想象的要大,很多问题平时想想,还能理顺,可真正写起来,却不断出现疙瘩,需要再思考、再认识,当然,还有文献的查阅和引用也费去不少时间,结果就错过了约稿人规定的时间。但是,开弓没有回头箭,既然决定写,就一定要把它写完,权当是在总结这十几年开"艺术概论"这门课的思想认识吧。

　　其实,我决定自己独立完成这部教材的写作,还是有现实针对性的。在平时的生活中,我发现,不仅艺术圈以外的人对艺术的认识甚少,而且就是在艺术圈中,很多艺术家说起艺术来,思想也非常混乱。很多时候,大家聚在一起,都会害怕谈论艺术理论,认为,这是一个很混乱而且还经常让人失语的领域。真是这个样子吗?

　　作为一种文化,艺术有自己的历史,也有自己的思想哲学。在其历史发展中,人们也已经对这些内容做出了不少梳理、归纳和总结,形成了一定的思想理论认识成果。这些成果,目前都是我们谈论、评价和进一步认识艺术的基础。我们当中的很多人不愿意,甚至是不敢谈艺术,其中主要原因,就是缺乏比较系统的艺术理论知识的教育,没有认真谈论艺术问题的本钱。当然,我们也可以针对艺术谈谈自己的感受,可是,艺术问题就只能够这样谈吗?特别是对于专业人士而言,想要在艺术道路上取得更高的成就,难道不需要谈深一点、谈透一点吗?

　　发展任何一种文化都需要有一定的思想自觉性,也就是说,针对一个概念,我们既需要知其然,又需要知其所以然。当一个人的认识水平达到理论化的层次时,他才算是一个思想成熟的人,才能说自己懂了一件事,才有可能去做好一件事。创作和欣赏艺术也应该是如此。作为一本教材，它的对象是接受艺术教育的专业和非专业的大学生。对这一个层次的受教育者而言，讲述一些基础性的艺术理论知识，给他们一个思想上的支点，来帮助他们更深地认识、理解艺术，是非常必要的。否则，就无法在内容和层次上将高等教育中的艺术教育和中小学的艺术教育区别开来。

这本教材中讲的十个问题，基本上涵盖了艺术学理论所涉及的各个方面。在这本书中，我讲的理论知识大都是属于常识性的，一个大学生如果能够通过学习领会这些内容，再去做艺术、看艺术和谈艺术，眼光和立场就不容易显得不靠谱。当然，你也有可能通过这本书，在思想上获得一些启发，激起进一步研究艺术学理论的兴趣，成为一个艺术理论家。

既然这本书中讲的是常识，这就意味着，它所讲述的观点内容，尽管有助于我们认识、理解和谈论艺术，但是，它们还是一个个需要严格审问的问题。当年，古希腊哲学家苏格拉底就是通过重新审问人们心中的一个个"常识"，才发现真知识的。对于艺术理论来讲，由于艺术问题本身是开放性的，所以，不论是哪一种艺术理论，都不可能成为指导我们认识和把握艺术的圣经。从这个意义上讲，这部书中所讲的内容，可能会帮助你知道、明确一些概念，提高审美认识能力，树立一种艺术观，也可能引起你的批判，导致你对某一个问题展开更加深入的思考和认识。不管怎样，这都是一种收获。

感谢厦门大学出版社蒋东明社长对出版本书的支持，感谢刘璐编辑对书稿的出版所做的实际工作。希望这本书的出版能够在现实中起到一定的传道、解惑作用，帮助那些热爱和从事艺术事业的人走出思想的迷宫，更加有信心地开展自己的工作，发展自己的事业。

童焱

2014 年 8 月 22 日于西村卜二斋

图书在版编目(CIP)数据

艺术学十讲/童焱著.—厦门:厦门大学出版社,2014.11
ISBN 978-7-5615-5291-9

Ⅰ.①艺⋯　Ⅱ.①童⋯　Ⅲ.①艺术学-研究　Ⅳ.①J0

中国版本图书馆 CIP 数据核字(2014)第 249901 号

官方合作网络销售商:

厦门大学出版社出版发行

(地址:厦门市软件园二期望海路 39 号　邮编:361008)
总 编 办 电 话:0592-2182177　传真:0592-2181253
营销中心电话:0592-2184458　传真:0592-2181365
网址:http://www.xmupress.com
邮箱:xmup @ xmupress.com
厦门集大印刷厂印刷
2014 年 11 月第 1 版　2014 年 11 月第 1 次印刷
开本:720×1000　1/16　印张:20.5　插页:4
字数:353 千字　印数:1~2 000 册
定价:40.00 元
本书如有印装质量问题请直接寄承印厂调换